◆ 湖北省一流本科课程配套教材

行走江城

——华中科技大学城乡规划专业
社会调查获奖作品集

罗 吉　黄亚平 / 编著

XINGZOU JIANGCHENG
——HUAZHONG KEJI DAXUE CHENGXIANGGUIHUA ZHUANYE
SHEHUI DIAOCHA HUOJIANG ZUOPINJI

华中科技大学出版社
http://press.hust.edu.cn
中国·武汉

图书在版编目(CIP)数据

行走江城：华中科技大学城乡规划专业社会调查获奖作品集 / 罗吉, 黄亚平编著. -- 武汉：华中科技大学出版社, 2022.12
ISBN 978-7-5680-7557-2

Ⅰ. ①行… Ⅱ. ①罗… ②黄… Ⅲ. ①大学生 - 社会调查 - 湖北 - 文集 Ⅳ. ①D668-53

中国版本图书馆CIP数据核字(2022)第144469号

行走江城——华中科技大学城乡规划专业社会调查获奖作品集
XINGZOU JIANGCHENG——HUAZHONG KEJI DAXUE CHENGXIANGGUIHUA ZHUANYE SHEHUI DIAOCHA HUOJIANG ZUOPINJI

罗吉　黄亚平　编著

出版发行：华中科技大学出版社（中国·武汉）	电话：（027）81321913
地　　址：武汉市东湖新技术开发区华工科技园	邮编：430223
出 版 人：阮海洪	

策划编辑：易彩萍　　　　　　　　　　　　　　　责任监印：朱　玢
责任编辑：易彩萍　　　　　　　　　　　　　　　封面设计：原色设计

印　　刷：湖北金港彩印有限公司
开　　本：889 mm×1194 mm　1/16
印　　张：17
字　　数：532千字
版　　次：2022年12月第1版第1次印刷
定　　价：99.80元

投稿热线：(010)64155588-8000
本书若有印装质量问题，请向出版社营销中心调换
全国免费服务热线：400-6679-118　竭诚为您服务
版权所有　侵权必究

前 言

编者

改革开放后的40余年是我国城镇化高速发展的时期，也是我国经济与社会双重转型的时期。城市社会阶层不断分化，居民社会生活方式不断改变，利益诉求多元化带来城市社会空间结构的剧烈变化。城市规划具有公共政策属性，以公平分配城市的空间资源为己任，离不开对社会发展、社会现象、社会矛盾、社会需求的敏锐感知和深刻理解。这也是华中科技大学建筑与城市规划学院城市规划系2005年设立"城市社会调查"课程的初衷。经过近20年建设，该课程一直秉持武汉在地化实践与社会规划需求相结合的教学态度，形成了紧扣社会现实、理论联系实践的教学特色，并逐步成为国家级社会调查竞赛、大学生创新训练项目等学生课外实践的主干培育课程。

从课程设置上来讲，"城市社会调查"在城乡规划系被安排在三年级下学期。在这一阶段，学生们完成了规划设计的基本技能训练，开始进入专项规划设计阶段以及与相关理论课程并行的规划业务提升阶段，处于规划认知的提升时期。城市社会调查课程扮演着起承转合的角色，不仅要完成对城市规划社会属性的认知，而且要培养专业基础研究能力。其教学任务要围绕着规划的实际需求展开：①通过发现及剖析社会问题，回答学科价值取向的问题，聚焦城市社会与空间的关系，建立起规划实践与学科价值之间的认知桥梁，明晰规划专业所肩负的为社会服务的价值目标；②通过社会研究方法的实践，培养解决复杂问题的能力，鼓励学生将社会研究中的方法和技术运用到社会空间分析中，并通过访谈交流和沟通协商等工作方法解决城市规划的实际问题；③通过撰写社会调研报告，回答如何开展科学研究的问题。贯彻选题设计、田野调查、数据分析、成果制作与汇报表达等教学流程，强化文献综述、分析研究和报告撰写等环节训练，为高年级或研究生阶段的科学研究奠定基础。

本书所依托的"社会调查实践"课程被湖北省教育厅认定为2022年度湖北省社会实践一流本科课程。本书收集了2011—2020年"城市社会调查"课程的部分优秀作业，它们分别在城乡社会综合实践调研报告评优、城市交通出行创新实践评优以及WUPENiCity城市可持续调研报告国际竞赛等活动中获得奖项，共计50项（表1），凝聚着大量老师的辛勤汗水。其中参与课程指导的老师有罗吉、陈征帆、黄亚平、万艳华、朱霞、郭亮、贺慧、刘晓晖、戴菲、李欣延、彭翀、赵丽元、刘合林、王智勇、王宝强、赵守谅、朱继任等。指导老师分别在社会学研究、经济学研究、区域发展研究、战略规划研究以及量化分析上有专长，多元化、多学科的知识结构有利于学生树立正确价值观，保证了教学中不同领域知识的交融创新、与时俱进，有效助力学生探索学科的未知领域。同时，本书也是华中科技大学城乡规划专业莘莘学子的辛勤劳动成果，感谢他们的超强洞察能力和分析能力，给我们展现了一幅幅生动的城市社会画像。

表 1 城乡社会综合实践调研与交通出行创新实践获奖作品一览表（2011—2020 年）

序号	年份/年	作品名	作者	指导老师	奖项名称
1	2020	此"疫"时彼亦"食"——突发公共卫生事件下武汉市"公转+民转"社区食物保障体系调研	朱予沫、冯京昕、丁芷芯、陈银冰	罗吉	WUPENiCity 城市可持续调研报告国际竞赛优秀奖
2	2020	迎"韧"而解——疫情视角下韧性空间的识别与测度：以武汉市洪山区金地太阳城社区为例	彭陈万里、康怡宁、张小伟、李晓琪	罗吉	WUPENiCity 城市可持续调研报告国际竞赛优秀奖
3	2020	"疫"路同行——疫情期间武汉社区居民交通出行方式及供给需求调查	左沛文、胡骏、熊梓洋、余春洪	王宝强	WUPENiCity 城市可持续调研报告国际竞赛优秀奖
4	2020	会当凌绝顶——重庆市屋顶空间开发利用调研	邓璐茜、霍文言、张喆、周妠倚	赵守谅	WUPENiCity 城市可持续调研报告国际竞赛优秀奖
5	2020	"旧貌新颜"——老旧社区消极空间调研及优化建议	郑科、李剑、邓澳、朱余欣	朱继任	WUPENiCity 城市可持续调研报告国际竞赛优秀奖
6	2020	战疫到"递"——疫情前后武汉社区末端物流运输机制对比调研	魏欣然、孙鑫淼、阿沙汗·伊力哈木江、况盛慧	朱继任、罗吉、王宝强	WUPENiCity 城市可持续调研报告国际竞赛优秀奖
7	2019	行停无间，智享出行——基于智慧停车模式的武汉老城区路边停车调查与优化	施鑫辉、许梧桐、刘安利、王宇涵、黄佳磊	郭亮、刘合林、王宝强、罗吉	城市交通出行创新实践作业评优佳作奖
8	2019	爱心房客还是匆匆过客——武汉市江汉区"爱心房客"项目演进过程调研	赵海静、周明智、朱鑫如、袁菁菁	刘合林、郭亮、王宝强、罗吉	城乡社会综合实践调研报告作业评优二等奖
9	2019	机网开来，E 路畅通——以武汉天河机场为例的交通枢纽网约车管理模式调研	王煜华、赵倬祺、陈俊竹、徐子涵	王宝强、罗吉、郭亮、刘合林	城市交通出行创新实践作业评优佳作奖
10	2019	无微不至——武汉夜行公交微线运行效率评价及优化设计	徐灿、张明月、陈林、罗凯中	王宝强、罗吉、刘合林	城市交通出行创新实践作业评优二等奖
11	2018	自食"骑"力——武汉市光谷中心区外卖骑手现状与矛盾调研	李伟健、付佳明、徐子媚、王璇	陈征帆	城乡社会综合实践调研报告评优二等奖
12	2018	湖说："湖缩"	王雨晨、陈慧羽、燕翔	陈征帆	城乡社会综合实践调研报告评优佳作奖
13	2018	旧楼新"升"——既有住宅加装电梯"三位一体"模式研究	史书沛、陈琬仪、唐楷	彭翀、王宝强	城乡社会综合实践调研报告评优佳作奖
14	2018	人人有车	罗斌、武丹、金雅倩	赵丽元	城市交通出行创新实践竞赛评优佳作奖
15	2018	"B+M"车轨同行——城市轨道交通与地铁换乘模式调研	刘子昂、孙盼迪、王欣宇、邹玥虹	赵丽元	城市交通出行创新实践竞赛评优二等奖
16	2018	异门漂泊客，征鸿尤未归——武昌老城区街头工匠生存现状研究调查	唐亚军、黄著诚、杨培	赵丽元	城乡社会综合实践调研报告评优三等奖
17	2017	深谋远"绿"——武汉市东湖绿道骑行安全现状调查与改进建议	屈佳慧、徐思莹、万舸、刘晨阳	陈征帆	城乡社会综合实践调研报告评优二等奖
18	2017	"所"为伊人——女性对公共卫生间的使用体验研究	孙源、吴小青、刘炎铷、高健敏	陈征帆	城乡社会综合实践调研报告评优佳作奖
19	2017	"校"口为你开——对武汉洪山区校际公交专线的调研与优化	赵爽、余伏音、罗楚南、周烈金、蒋睿婕	郭亮、陈征帆	城市交通出行创新实践作业评优三等奖
20	2017	何处田园在云端——武汉市满春街定制屋顶绿化模式调查与研究	谢智敏、金桐羽、张阳、吴昱辰	罗吉	城乡社会综合实践调研报告评优二等奖

续表

序 号	年份/年	作品名	作 者	指导老师	奖项名称
21	2017	风驰电掣，一路无阻——武汉市BRT及其沿线交通组织调研与优化	郭俊捷、郭旸、冯诗妍、何书慧	罗吉	城市交通出行创新实践作业评优三等奖
22	2017	步『布』为营——武汉市共享汽车交通模式现状调研及其优化	徐弈、尤颖、曹舒影、黎子群	赵丽元	城市交通出行创新实践作业评优三等奖
23	2016	难辞其"旧"——武汉市古旧书店发展状况的调查报告	季琳、李璋、吴雨芯、舍慧玉	陈征帆	城乡社会综合实践调研报告评优佳作奖
24	2016	衣归何处？——慈善背景下的武汉市旧衣物回收箱运行调研	许璇璇、廖丹青、刘梦漪	陈征帆	城乡社会综合实践调研报告评优佳作奖
25	2016	"未来"之舟，路漫途艰——湖北省监利县上车湾镇乡村校车安全性调查	李杜若、雷链、姚旺、戴鲁宁	陈征帆、王智勇	城乡社会综合实践调研报告评优佳作奖
26	2015	私人订制，不再囧途——武汉定制公交运营现状调查与优化	李杜若、袁俊杰、吴恩彤、张哲琳	陈征帆	城市交通出行创新实践评优一等奖
27	2015	打破"空载"魔咒——破解"老武昌"城市观光巴士叫好不叫座的难题	戴鲁宁、李舒梦、夏欣怡、黎锦	李新延	城乡社会综合实践调研报告课程作业评优三等奖
28	2015	属于你的"私人订制"——武汉某高校"民间校车"现状调研及优化	吉丽格丽、张梦娟、李楠楠、王乐力	罗吉	城市交通出行创新实践评优佳作奖
29	2015	围城里的乌托邦——基于社会空间二元视角的农村留守老人幸福感调查	邹祖钰、万尘心、郑有旭、谭江迪	罗吉、彭翀	城乡社会综合实践调研报告课程作业评优佳作奖
30	2015	博博万象，路在何方？——武汉市民间博物馆发展状况调查研究	张潇、任白霏、罗汉增、杨燕燕	赵丽元、罗吉	城乡社会综合实践调研报告课程作业评优二等奖
31	2014	谁主沉浮？——武汉市水域救生条件与防护设施调查	谢智子、刘宇婷、卢玉洁、李晛玥	陈征帆	城乡社会综合实践调研报告课程作业评优二等奖
32	2014	落"叶"归根何处？——对武汉市树葬现状的调查报告	杨乐、苏颖、李贞、唐凯	郭亮	城乡社会综合实践调研报告课程作业评优三等奖
33	2014	速度与"击"情——武汉打车软件使用情况调研与分析	工励颖、许阳、高欣、廖芯	李新延	城市交通出行创新实践竞赛佳作奖
34	2014	江城留舫——武汉轮渡使用现状调研（以"武汉关—中华路"航线为例）	严晓瑜、毛晓舒、孙楠、周子荷	李新延、戴菲	城市交通出行创新实践竞赛二等奖
35	2014	桑榆寓于桃李林——高校退休老教师日常活动空间特征与问题社会调查	柯磊、肖翔、曹伯镛、陈晓璇	罗吉	城乡社会综合实践调研报告课程作业评优佳作奖
36	2014	无"微"不至——武汉市汀汉经济开发区"微公交"运营状况调研	顾家焕、陈禧、万雍曼、付丝竹	赵丽元	城市交通出行创新实践竞赛佳作奖
37	2013	雪山上的来客——关于藏族大学生在武汉地区适应情况的社会调查	邓春梅、刘敏、德吉央宗、柏瑄	陈征帆	城乡社会综合实践调研报告课程作业评优佳作奖
38	2013	未完"城"——武汉市南湖片区"上楼农民"社会适应性调查	李文越、顾萌、沈潇、袁敏航	陈征帆、刘晓晖	城乡社会综合实践调研报告课程作业评优三等奖
39	2013	零距离：图书馆与市民——武汉市24小时自助图书馆POE调研	高雅清、何宗玲、何笑梅、武明妍	戴菲	城乡社会综合实践调研报告课程作业评优三等奖
40	2013	车城小巴——武汉经济技术开发区小巴的调研与分析	李澜鑫、王璇、张星、朱海伦	戴菲	城市交通出行创新实践竞赛评优佳作奖

续表

序号	年份/年	作品名	作者	指导老师	奖项名称
41	2013	"飞"去来兮——武汉天河机场巴士运营状况调查	王夔、骆旸、孙盛楠、沈宇飞	郭亮	城市交通出行创新实践竞赛评优 佳作奖
42	2013	"盲目穿行"不如"走走停停"——武汉市东西湖区"区域的士"调研与优化	张宝方、聂晶鑫、李建沂、赵粲	罗吉	城市交通出行创新实践竞赛评优 一等奖
43	2012	老有所"依"	黄博、梁英竹、韦琼椿、龙婷婷	陈征帆	社会综合实践调研报告课程作业评优 二等奖
44	2012	孤独的列车在"何芳"	杨矣聪、蒋舒田、朱淑珍	郭亮	城市交通出行创新实践竞赛 佳作奖
45	2012	当"乔迁之喜"遭遇"出行之难"——武汉市主城区新建小区公交盲点问题调研报告	杨晨、陈建滨、曾亚婷、徐钰清	郭亮	社会综合实践调研报告课程作业评优 三等奖
46	2011	漂泊的童年——武汉市流动儿童社会调查	梁力予、孙蕴慧、艾丽米热·艾尔肯、任露凌	陈征帆	社会综合实践调研报告课程作业评优 三等奖
47	2011	"拼"在囧途——武汉市东湖高新地区拼租客调查报告	周敏、付莉莉、李晨晨	陈征帆	社会综合实践调研报告课程作业评优 佳作奖
48	2011	以"合"为贵—光谷软件园通勤车调研报告	许金华、王鑫、任世民	贺慧	城市交通出行创新实践竞赛 二等奖
49	2011	"落地生根"—水库移民生活融合度调查报告	余露、高远、张辛月、袁雪	贺慧、郭亮	社会综合实践调研报告课程作业评优 佳作奖
50	2011	江城"新"行——武汉市电动自行车推广项目	薛晓娜、牛顺志、牛琛	刘晓晖	城市交通出行创新实践竞赛 佳作奖

目 录

此"疫"时 彼亦"食"——突发公共卫生事件下武汉市"公转+民转"社区食物保障体系调研	8
迎"韧"而解——疫情视角下韧性空间的识别与测度：以武汉市洪山区金地太阳城社区为例	25
战疫到"递"——疫情前后武汉社区末端物流运输机制对比调研	42
"疫"路同行——疫情期间武汉社区居民交通出行方式及供给需求调查	58
爱心房客还是匆匆过客——武汉市江汉区"爱心房客"项目演进过程调研	75
"B+M"车轨同行——城市轨道交通与地铁换乘模式调研	94
自食"骑"力——武汉市光谷中心区外卖骑手现状与矛盾调研	103
风驰电掣，一路无阻——武汉市BRT及其沿线交通组织调研与优化	114
"校"口为你开——对武汉洪山区校际公交专线的调研与优化	121
何处田园在云端——武汉市满春街定制屋顶绿化模式调查与研究	128
私人定制，不再囧途——武汉定制公交运营现状调查与优化	144
博博万象，路在何方？——武汉市民间博物馆发展状况调查研究	152
江城留舫——武汉轮渡使用现状调研（以"武汉关—中华路"航线为例）	170
谁主沉浮？——武汉市水域救生条件与防护设施调查	180
落"叶"根归何处？——对武汉市树葬现状的调查报告	199
"盲目穿行"不如"走走停停"——武汉市东西湖区"区域的士"调研与优化	212
零距离：图书馆与市民——武汉市24小时自助图书馆POE调查	225
木完"城"——武汉市南湖片区"上楼农民"社会适应性调查	234
当"乔迁之喜"遭遇"出行之难"——武汉市主城区新建小区公交盲点问题调研报告	250
漂泊的童年——武汉市流动儿童社会调查	260

2020年
WUPENiCity城市可持续调研报告国际竞赛
优秀奖

此"疫"时 彼亦"食"
——突发公共卫生事件下武汉市"公转+民转"社区食物保障体系调研

指导老师：罗 吉

作者：朱予沬　冯京昕
　　　丁芷芯　陈银冰

摘要

在疫情突发阶段，城市社会应急管理与基层社会治理受到广泛关注。武汉市作为国内疫情最初暴发地，在基础物资保障方面积累了大量经验，形成的"公转+民转"特色食物保障体系在疫情中发挥了重要作用，维护了社会稳定。

由此，本调查对武汉封控防疫期间社区食物保障体系进行认知调研，从线上、线下两个方向入手，以武昌区茶港社区科苑小区作为体系末端的代表，通过问卷调查、访谈调查、路径跟随等方法，综合社区工作人员、社区居民、社会志愿者、生产经营者等群体的观点，反馈该体系在运行中出现的特有问题、协调问题和共有问题。通过研究国际现有食物保障措施，发掘"公转+民转"体系的实施路径和改良途径，为未来城市社区应对公共卫生危机提供有益参考。

目 次

1 绪论
　1.1 研究背景
　1.2 研究思路

2 社区"公转+民转"食物保障体系认知
　2.1 公转体系：政府主导的食物保障体系
　2.2 民转体系：居民自导的食物保障体系

3 社区"公转+民转"食物保障体系问题
　3.1 体系特有问题
　3.2 体系协调问题
　3.3 体系共有问题

4 总结与建议
　4.1 总结
　4.2 建议

附录 A 调研问卷
附录 B 访谈记录

1 绪论

1.1 研究背景

1.1.1 防疫措施影响社区居民生活

2019年底，新冠肺炎疫情肆虐全球，武汉市作为国内疫情最初暴发点，采取了封控防疫措施。在疫情的三个阶段中，防疫措施不同，对应出台的食物保障措施也不同，共同影响着居民的生活（图1）。

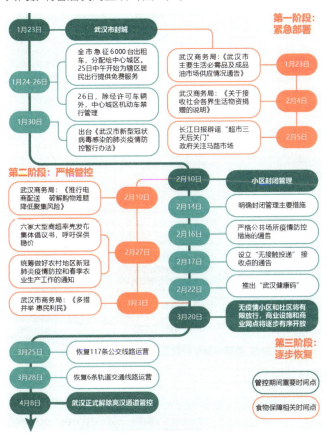

图1 武汉市疫情发展时间轴（封控期间）

1.1.2 "公转+民转"食物保障体系的形成

封控防疫期间，食物市场经营受限，难以满足市民食物需求，因此形成了"公转+民转"特殊食物保障体系。

公转体系指2020年1月23日武汉封控以来逐步建立的以武汉市政府机构为主导的，突发公共卫生事件情况下的食物保障体系。民转体系指在电商覆盖范围、食物供应有限的情况下，武汉居民、商家自发组织形成的依托"自组织团购群"的食物保障体系。二者随时间而兴衰变化，覆盖疫情期间食物保障全流程。

"公转+民转"食物保障体系改变了居民获取食物的渠道，从商超、菜市场变为民转体系下的网络平台、自组织群团购和公转体系下的政府直供/社区团购渠道（图2~图4）。

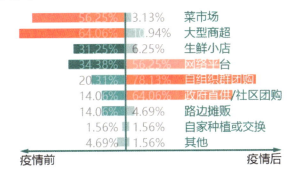

图2 疫情前后居民食物获取方式对比

图3 疫情期间食物市场经营变化

图4 公转体系和民转体系的发展逻辑

1.1.3 食物保障是国际长期重要话题

食物系统规划是社区食物保障和可持续发展的重要领域，覆盖经济措施、健康策略、生态保护、社会公平、人文传统等多个方面，旨在将食物系统与城市空间有机结合（图5）。

图5 食物系统规划

食物救济是国际上的长期研究课题，由政府和非营利组织两种主体分别开展研究。以美国的 SNAP 和 Food Bank 食物救助体系为典型代表（图6）。

图6 美国的 SNAP 和 Food Bank 食物救助体系

1.2 研究思路

1.2.1 研究目的

（1）总结抗疫经验，提供有益借鉴。总结武汉市在抗击新冠肺炎疫情期间食物供应的相关经验，为将来应对类似事件提供有益的参考。

（2）发掘改善路径，优化保障体系。基于公转体系和民转体系角度，通过对突发公共卫生事件下武汉市的社区食物保障体系的评价与反思，发掘公转体系和民转体系的改善路径，优化社区食物保障体系。

（3）提高社区韧性，增强可持续性。通过社区食物保障体系的优化与调整，提高社区应对公共卫生事件的韧性，增强城市发展的可持续性。

1.2.2 可行性分析

（1）数据方便获取。调研的对象易于接触，调研数据的获取渠道通畅。

（2）有理论支撑。国际上的社区食物保障理论已经非常成熟。

1.2.3 调研选址

调研选址为武汉市武昌区水果湖街道茶港社区的三四网格，即中国科学院

图7 调研选址

武汉分院辖区及其职工小区，简称科苑小区，位于武汉市二环线内、八一路中段与洪山侧路之间（图7），具有良好的交通和生活设施条件。其位于中心城区，疫情期间有确诊病人，在疫情期间社区食物保障体系研究中具有代表性和典型性（图8）。

图8 社区现状

1.2.4 研究对象与调研方法（图9）

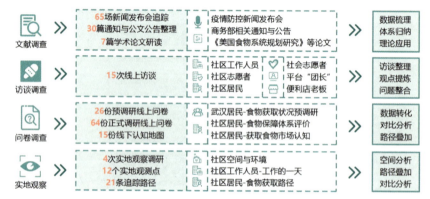

图9 调研对象与研究方法

1.2.5 技术路线（图10）

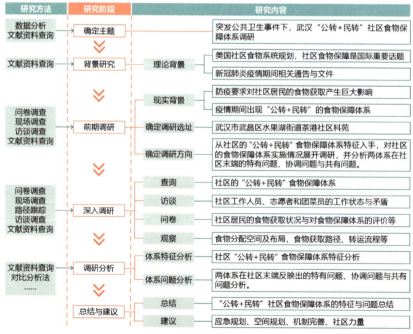

图10 技术路线

2 社区"公转+民转"食物保障体系认知

2.1 公转体系：政府主导的食物保障体系

在管控的78天，武汉市共举办65场新闻发布会，平均1.2天进行一场，以此追踪公转食物保障体系的变化，发现其具有统筹全局、层级递进、保障基础、短期存在等特点（图11）。

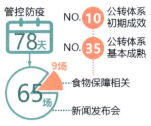

图11 疫情期间公转体系的构建

2.1.1 统筹全局：对接区域，控制流程

1. 对接区域食物支援

公转体系对外接收全国调配的食物。2020年1月23日商务部搭建起九省联保联供机制平台。

各省份援助物资大部分通过武汉市商务局接收，经统计后配给至大型商超或下辖区，也有部分省份对下辖区进行定向援助（图12）。

省份	安徽	河北	海南	湖南	重庆	总计
数量（吨）	2.19	16.915	106.172	114.5	335.432	
省份	广西	山东	云南	湖北	江西	4200.011
数量（吨）	376.035	809.19	988.7915	1247.975	无数据	

图12 各省份物资捐助统计

2. 统筹市内食物流程

公转体系对内覆盖"农业生产—食物储备—食物市场—食物运输—食物分配"的全流程。市商务局承担接收统计物资、统筹监管市场的工作；社区作为公转体系末端，与商超对接订单和物资，向下配送给居民。社区分布广、密度大，是公转体系食物分配的重要环节（图13）。

2.1.2 层级递进：储备先行，分配落实

自新冠肺炎疫情暴发以来，人们不断更新对此种新型病毒的认识，时局持续变更，公转体系的关注重点也随之变化，从生产储备转向社区分配，从新闻发布会相关内容词频统计可以看出这一特点（图14）。

图13 公转体系流线

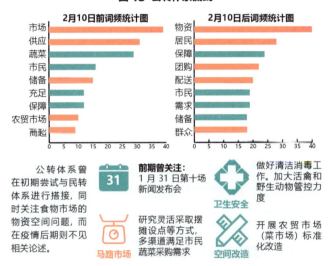

图14 2020年疫情期间食品关键词词频统计

2.1.3 保障基础：满足生存，倾斜弱势

1. 保障基本需求

公转体系始终致力于保障市民对食物的基本需求。通过运营监管、价格调控确保大部分居民食物需求，对人员、车辆和食物订单实行标准配给。

（1）运营监管。12个督查组加强监管，始终注重稳定市场价格，建立居民购物服务平台（图15）。

图15 社区张贴团购套餐明细

（2）标准配给。"公交线路上的车（310台）……4704台出租车分到我们相关的社区，有关的社区大的五台，小一点的三台……"

（3）价格调控。商超电商联合倡议，储备粮肉低价增投，一元菜特价蔬菜包，六大商超价格公示，发消费券刺激消费。

2. 开展困难帮扶

公转体系始终重视对困难群体的帮扶。通过社区人员保障、开展有针对性的帮助措施，以保证特殊群体的食物需求。

（1）人员保障。协调多方力量，全市招募志愿者；单位干部下沉，社区积极应对；发动网格团队，实行全天值守。

（2）困难帮扶。加强最低生活保障工作；加强对特困群众的监护、照料服务工作；加强对困难群众临时救助工作；加大对困难群众的基本生活保障力度。

2.1.4 短期存在：灾时应急，日常弱化

公转体系是封控（尤其是小区封禁）特殊期间推行的食物供应体系，随着城市逐步解封，商铺恢复营业，商超恢复对个人开放，公转体系基本消失，其功能被消费券替代（图16、图17）。

2.2 民转体系：居民自导的食物保障体系

小区解封后，民转体系是大部分居民解决食物问题的首要选择，其间批发商、居民、合作社、企业等多个主体都不断加入该体系中。调研发现，民转体系具有灵活供给、时序变化、需求导向和持续运转的特点。

图16 食物保障方式及类型

图17 消费券抢购平台

2.2.1 灵活供给："1+X"多渠道转运

"1+X"食物供给体系以城市"移动食物车"为主，以社区店铺、食物交换等其他供给方式为辅，形成一种多元化、极具灵活性的放射状体系（图18）。

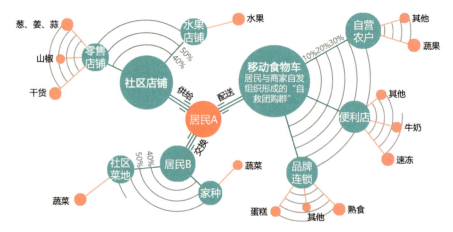

图18 "1+X"多渠道民转转运体系

（1）流程。社区采用食物车的形式，依托原有信息发布群、瑜伽群等各类网络群进行临时转变，展开食物供给行动（图19）。

（2）灵活性。对居民来说：民转体系在食物获取时间和价格上更灵活（图20）。对商家来说：食物车在供应食物种类上的灵活性能很好地解决商家产品积压等问题。

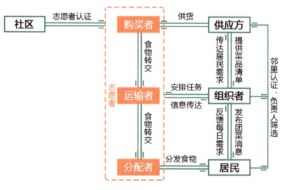

图19 民转体系流程 **图20 民转体系居民评价**

2.2.2 时序变化:"益"—"商"应时转变（图21）

1. 志愿者群体参与

志愿者的参与是民转体系从商业性转为公益性的直接体现。

2. 更加关照弱势群体

民转体系给予弱势群体的关照比平时更多。

3. 食物价格接受度更高

居民对食物价格的接受度比平时更高。

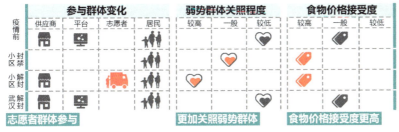

图 21 时序变化

2.2.3 需求导向:满足"多样高质"需求

1. 提供更多样的食物选择

居民在民转体系中对食物种类的选择具有更高的自由度和权限，同时也有更多的可选择食物类别（图22）。

2. 提供更高品质的食物选择

短距离运输减少食物损伤，商家品牌保障食物品质，时效性保证食物新鲜度。

2.2.4 持续运转:认证+预购的供应方式

1. 开放邻里认证的微信群平台

在民转体系中，食物车采用邻里认证制度，居民通过相互推荐、认证来筛选供应商，以保障食物的安全性和品质，从而打消居民对食物品质的顾虑，为民转体系的可持续运营打下基础（图23）。

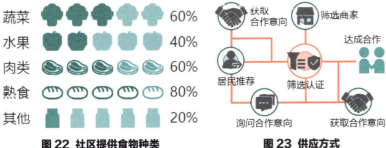

图 22 社区提供食物种类　　**图 23 供应方式**

2. 建立微信接龙式的订购机制

线上订购的方式不需要居民花费时间和体力购买及运输食物。没有各类订购平台的软件下载要求和复杂订购操作，只需通过微信群接龙发布订单。线上订购的方式消除了线下地理空间上的差异。

3 社区"公转+民转"食物保障体系的问题

3.1 体系特有问题

3.1.1 公转体系特有问题:建立较晚，配给同质化严重

1. 社区级应急食物供给体系建立较晚

科苑小区作为单位制大院，是由三方管理与运营的小区:其在行政上属于茶港社区，但主要由科学院（中科院武汉分院）管理，物业公司负责运营。在疫情初期，三者的权责不明确，也没有专门的社区单位来进行食物统筹，前期组织混乱（图24）。

图 24 2020 年社区食物供给权责机制

2. 体系运转同质化、均一化

（1）统筹分配同质化导致物资不足。

解决方案:指定就近供应商超，指定供应车辆。

早期社区的物资分配呈现出同质化现象，车辆、供应超市按社区分配，然而科苑小区所在的茶港社区居民人数较多，面积较

大，分配车辆严重不足，分配效率也不高。

（2）食物种类均一化导致选择受限。

尽管超市推出了多种食物套餐以满足不同居民需求，但由于某种食物只出现在相应的套餐内，居民购买某种食物时必须捆绑购买其他食物，导致居民在食物选择上受到较大限制（图25、图26）。

图25 社区工作人员访谈　　**图26 居民食物选择受限频率统计分析**

3. 体系总体服务品质有待提升

疫情期间，约一半居民对社区在食物供应方面提供的各种服务的总体满意度为"比较满意"，超半数的居民对供应食物的安全"比较放心"，大部分居民认为食物分配秩序"非常好"和"比较好"（图27）。

图27 食物供应评价满意度分析

对以上各类评价结果进行加权平均，其得分均在70左右，说明公转体系整体服务可以基本保底，但未达到"优秀"水平，仍有提升空间。

3.1.2 民转体系特有问题：力量不足，渠道层次性不强

1. 慈善团队能力有限

早期没有政府行政部门的食物应急供应，一些慈善团体自发为市民团购送菜，然而受限于人力，效果不大好。

2. 运营体系不完善

（1）平台物流水平低。

小区解封后商家逐渐复工，许多电商平台与社区居民达成合作，形成更加丰富的民转体系。

但在实际运作中，平台物流未能达到专业快递配送的水平，菜品配送出现错漏，运输过程中存在质量、损耗等问题，都有待解决（图28）。

（2）个体商户难营收。

图28 有关销售平台的市民访谈

个体小商户自行进货组织团购受限于自身能力，时常需要自行承担一些食物错漏受损的风险，有时还会面临一些诚信问题，难以营收（图29）。

图29 有关个体商户的访谈

3.2 体系协调问题

"公转+民转"食物保障体系在时间上的错位，未能进行很好的协调。

"公转+民转"食物保障体系在理论上虽然可以通过互补协调达到较好的食物保障水平，但是这两者在时间上形成了错位，如表1所示，一个阶段只有一种体系在运作，并没有协调，导致各阶段也出现了不同层次的问题。

3.3 体系共有问题

"公转+民转"食物保障体系除了特有问题、协调问题外，在人员、空间、食物品质三方面还存在着共有的问题。疫情期间，社区居民生活与服务人员开展工作都存在一定困难，居民的食物获取流线与相关空间缺乏人文关怀与考量，而获取的食物品质则普遍不高。

表 1 体系对比

第一阶段：两种体系皆不完善	第二阶段：只有公转体系	第三阶段：主要为民转体系
公转不健全 公转体系对社区层级分配关注不足，居民仍需要冒被感染的风险出门去买菜 **民转难凝聚** 居民自行组织的网络团购主要由志愿者来统筹，水平有限，难以凝聚成有效力量	**公转待提升** 小区封控时搭建以社区为核心的社区食物保障体系，整体能保证基本生活所需，但存在可选择的食物少、单一化的问题 **民转难实现** 小区封控时民间力量无法参与食物供应	**公转渐退位** 小区解封，人们重新出门买菜，公转体系逐渐退出 **民转重升级** 个体商户、电商平台抓住机会与社区居民达成合作意向进行网络供应，但营收困难

3.3.1 人员问题：关照不足，工作进展困难

1. 社区居民生活艰难

（1）食物开销增大。

图 30 食物开销变化

图 31 居民食物现状分析

大多数社区居民在疫情期间的食物开销都高于平时（图30），超过半数的居民表示，疫情期间的食物开销大幅增加（图31）。

（2）弱势群体关照效果不佳。

公转体系下弱势群体接受的照护服务种类与水平不一（图32）。

总体而言，弱势群体对关怀服务的满意度不高（图33）。

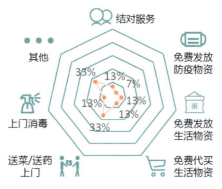

图 32 接受关怀服务统计

图 33 关怀服务满意度调查

2. 服务人员工作难

（1）社区工作任务繁杂。

服务人员在抗疫工作中遇到的最大问题是工作强度高（图34）、心理负担重（图35）。

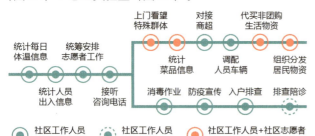

图 34 社区人员工作清单

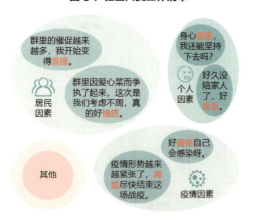

图 35 社区人员心理负担

（2）工作时间长。

每天工作超过 10 h，且无休息日（图 36）。

（3）工作量大。

一个网格员平均负责 700 人，排查压力大。

社区的帮扶群体基数较大，工作任务重（图 37）。

（4）分配错误偶发。

分配出错的频率虽然不高，但仍存在偶发性（图38、图39）。

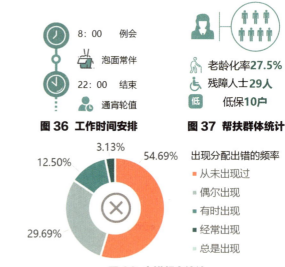

图 36 工作时间安排　　图 37 帮扶群体统计

图 38 出错频率统计

图 39 任务微访谈

3.3.2 空间问题：流线过长，选址欠缺考虑

1. 食物获取流线普遍延长

受防控需求与出入口开放位置影响，居民对距离较远的市场选取减少，但对 10 分钟骑行圈附近的食物获取频率增高，食物获取流线普遍延长（图40）。

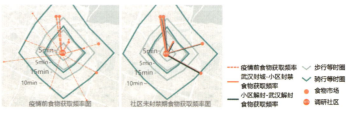

图 40 食物获取频率图对比

2. 分配点的设置考虑不周

疫情防控期间，社区开放南北两个大门，"公转+民转"体系下的食物分配点均设置在此处。但社区食物分配点的设置仅考虑到了分配端分发食物的便利性，却忽略了居民取团购食物的步行路径长度、分配与等待空间的质量（图41）。

（1）分配点到楼栋路径普遍较长。

对比分析各楼栋居民获取食物路径，发现户数较少的楼栋的居民食物获取路径较短，而大多数居民的食物获取路径较长。可见分配点的设置缺乏路径长度的关怀考量（图42）。

（2）分配空间缺乏层次，等待空间缺乏关怀。

社区于南北两个大门处临时占用门旁空间与道路为分配空间，空间层次划分不明晰且空间拥挤，有卫生、安全隐患（图43）。

社区的食物分配等活动仅限于门口，社区内部的广场等弹性空间并未得到充分利用。

3.3.3 食物问题：运输易损，久存难保品质

1. 远程运输的菜品质量损耗

因远程运输损耗，居民获取的菜品质量不高，损坏的食物的处理与退换问题成为麻烦（图44）。

2. 储备食物的新鲜程度问题

受疫情影响，居民囤积食物的倾向性变高，食物的新鲜程度与品质降低，居民摄入食物的总体品质不高（图45）。

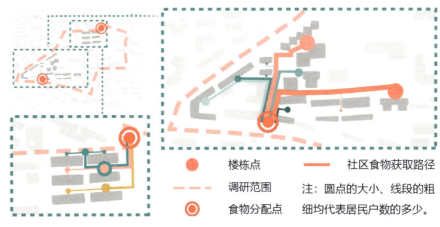

图41 社区内食物获取路径图

图42 分配户数统计

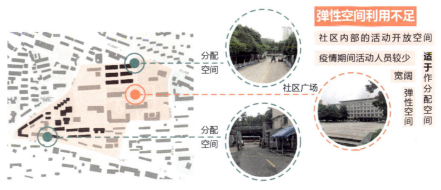

图43 分配空间分析

图44 菜品远程输配流程

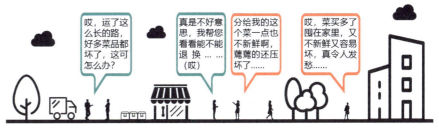

图45 社区食品储备情景

4 总结与建议

4.1 总结

本次调研梳理了武汉市封控防疫期间形成的公转体系和民转体系两种社区食物保障体系,从一个社区反馈体系问题,对此我们作出总结和建议。

4.1.1 社区食物保障体系认知总结

1. "公转+民转"体系流线

"公转+民转"体系构成了从区域到社区的完整食物保障流线。在中端食物市场中,两种体系相互沟通,共同保障居民利益,但民转体系诸多环节不能全程存在(图46)。

图46 食物保障流线

2. "公转+民转"体系特征

两种体系相互配合,特征互补对应,随防疫要求而不断进行内部调整,理论上能够兼顾所有居民对食物的基础保障和个性化需求(图47)。

图47 两种体系特征对比

4.1.2 社区食物保障体系问题总结

1. 政府缺乏食物保障应急预案

(1)公转体系权责不明。

因缺乏应急预案,在突发状况的初期因防治单元和治理单元错位,致使多方权责不明,最终造成公转食物体系初期"三不管"局面(图48)。

图48 "三不管"问题现状

(2)公转体系物资人员设置失当。

公转体系以社区为单位,标准化配置人员物资,忽视社区容量大小差异,增加工作难度。然而,社区工作人员平时不直接介入小区具体事项,人员数量和其自身素质都较难满足应急需求。

2. 居民缺乏食物救济经验

(1)民转体系缺少统筹。

尽管民转体系往往借助电商平台开展,但仍没有形成多层次、覆盖全域的体系。流线短而零散,冲击之下容易大量消失。

(2)民转体系盈利困难。

民转体系难以在源头上保障食物品质,尤其缺乏食物在运输中受损的问题应对措施。独立进货的个体店铺,则需要在应对价格竞争的同时,独自承担订单错漏和运输损坏等造成的损失。由于缺乏相应的补偿机制,末端店铺往往很难盈利。

3. 食物系统规划缺位

(1)"公转+民转"体系协调不佳。

缺少系统性规划,公转+民转体系协调不佳,在各个阶段往往由单一体系承担大部分食物保障工作,以致疫情期间整体满意度不高(图49)。

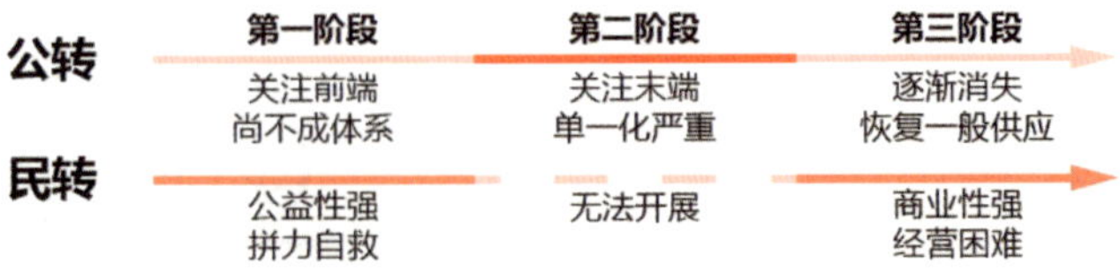

图49 体系协调问题

（2）"公转+民转"体系忽视食物空间问题。

"公转+民转"体系未能关注食物空间，造成居民与常去的食物市场距离增加，食物获取距离长，占用原有交通空间，而弹性空间荒废（图50）。

防疫背景下食物空间	现有形式	食物空间问题	防疫要求居民需求
食物获取流线	食物市场分配地点	距离增加、频率降低改变居民生活习惯	减少人群聚集保持习惯、更多菜品
食物分配空间	门口空地小区车行道	临时布置、仓促利用缺少层次和人文关怀	保持安全距离组织有序、减少时间
其他弹性空间	内部广场楼间空地	缺乏组织、基本荒废	逐步加以利用社区蔬菜自种

图50 食物分配空间分析

4. 社区互助互救和团结建设不足

（1）困难帮扶成效不佳。

封控防疫期间，武汉市民家庭生活较为艰难。许多家庭将老人接入家中同住，小区内需要关照的特殊群体增多。然而，由于社区工作人员缺乏经验、人手不足等问题，特殊群体满意度不高。

（2）未能充分调动社区内部力量。

居家防疫中，居民是可以充分调动的志愿服务资源，可以将防疫危机转为增强社区凝聚力的契机，但社区未能充分调动社区内部力量。

4.2 建议

4.2.1 建立完善相关应急预案，提高食物应急供应能力（针对行政机构缺乏食物保障应急预案的问题）

1. 将食物规划纳入相关应急规划

完善公共卫生突发事件应急体系，将食物保障体系纳入应急规划中。建议制定针对食物保障体系应急规划的操作指南，将其列入《国家突发事件应急体系建设"十三五"规划》中。

2. 有效统筹安排社区物资配置

因地制宜地配置社区所需物资；按就近供应原则，安排社区对接供应商。

依据社区规模等因素合理分配物资；依据就近分配原则合理安排社区附近的商超作为社区对接供应商，以减少运输路程。

3. 合理搭接公转体系和民转体系

完善公转体系和民转体系间的搭接形式，构建成熟的公、民合营食物供给体系。

全局统筹、保障基础、短期存在与灵活供给、需求导向、持续运转——对应，对应的二者一定程度上形成互补。

4.2.2 关注发展社会协同力量，完善相关管理补偿机制（针对居民缺乏食物救济经验问题）

1. 提升民间协同应急能力

支持引导社会力量规范有序参与应急救援，提升社会协同防范和应急能力。提升应急志愿者服务能力和专业水平；借鉴美国Food Bank食物救济站运营形式，支持并引导完整的民间非营利性食物救援团体或体系的成立和运营。

2. 完善食物运输管理与筛查机制

规范食物运输的流程，完善其管理机制，并增设食物筛查机制。从车辆卫生、车辆行驶、工作人员奖惩机制、食物放置和食物搬运这五个方面来完善食物运输管理机制；增设筛查机制以保障食物安全与品质。

3. 建立个体经营户补偿机制

相关补偿制度保持公开化、透明化，增强个体经营户的生活保障。让经营者了解相关制度规定，使因食物运输而利益受损的个体经营者有途径获得相应补偿。

4.2.3 统筹规划社区公共空间，降低活动人员感染风险（针对食物系统规划缺位的问题）

1. 增设分配点，优化食物获取路径

设置多个分配点来分散人流量，避免出现人群大量集中的现象；合理规划食物获取路径以减小路径长度和重叠度。

2. 完善等待空间和分配空间

扩大分配空间面积，搭建临时食物分配区，并设置开放的居民排队等候区以分离人流。一个分配点设两到三个排队等候区并间隔开，预留大面积食物暂置处以降低食物错领概率，让出足够交通空间避免堵塞。

3. 规划预留社区弹性活动空间

进行社区规划时预留足够的社区弹性空间，打开社区入口集散广场，减少高密度聚集。预留间隔式弹性活动空间，恢复社区绿化面积，释放开放空间；注意出入口集散广场的预留和打造。

4.2.4 加强社区居民团结建设，充分调动现有居民力量（针对社区灾难自治和团结建设不足问题）

1. 加强志愿者安全防护措施

配备足够的合格口罩和防护服，设置领取隔离窗口，减少志愿者与居民的直接接触。配置完备的防护设施，并采用窗口服务的方式进行接触性隔离；大型平台采用机器人配送的无接触分配方式。

2. 合理设置和丰富奖励机制

增加志愿者奖励机制，并适当加大奖励力度、提高奖品价值，以鼓励居民参与志愿者服务活动。为志愿者提供相应物质奖励，如一定量食物或口罩、酒精等防疫物资；与志愿者工作单位对接并提供相应荣誉、奖励，如荣誉称号或奖状，用于丰富其简历和工作评优等。

3. 积极组织社区活动

多组织社区居民聚会、素质拓展等活动，增进邻里认知交流，增强社区居民的凝聚力。

附录A 调研问卷

关于居民对社区食物供给体系的评价调研

您好！

非常感谢您在百忙之中抽空填写本项调查问卷！

本次调查旨在了解新冠肺炎疫情冲击下贵社区食物供给系统的运转状况。您的回答将为本研究以及未来社区食物供给系统的规划与设计带来重要帮助！

本问卷不要求填写姓名，您的回答无关对错，请您按照自己的实际情况作答。问卷结果仅供本次研究分析，不会透露给任何其他无关人员，请放心作答。

1.【多选题，最多选三项】疫情发生前，您最常获取食物的方式是：

A. 菜市场　　B. 大型商超　　C. 生鲜小店

D. 网络平台（如盒马鲜生、天猫超市）

E. "买菜群"团购（居民自组织）

F. 政府直供或社区组织团购　　G. 路边摊贩

H. 自家种植或食物交换　　I. 其他

2.【多选题，最多选三项】疫情封控期间(2020年1月23日至4月8日)，您最常获取食物的方式是：

A. 菜市场　　B. 大型商超　　C. 生鲜小店

D. 网络平台（如盒马鲜生、天猫超市）

E. "买菜群"团购（居民自组织）

F. 政府直供或社区组织团购　　G. 路边摊贩

H. 自家种植或食物交换　　I. 其他

3. 总体而言，疫情封控期间相比正常状态下，您在食物购买中的开销：

A. 大幅增加　　B. 少量增加　　C. 基本持平

D. 少量减少　　E. 大量减少

4. 疫情封控期间，您的家庭出现食物短缺情况的频率：

A. 从未出现过　　B. 偶尔出现　　C. 有时出现

D. 经常出现　　E. 总是出现

5. 疫情封控期间，您的家庭出现食物选择受限情况的频率：

A. 从未出现过　　B. 偶尔出现　　C. 有时出现

D. 经常出现　　E. 总是出现

6. 疫情封控期间，您的家庭出现食物分配出错情况的频率：

A. 从未出现过　　B. 偶尔出现　　C. 有时出现

D. 经常出现　　E. 总是出现

7. 疫情封控期间，您对获取食物时的秩序评价为：

A. 非常好　　B. 比较好　　C. 一般

D. 比较混乱　　E. 非常混乱

8. 疫情封控期间，您对所获取的食物的安全性评价为：

A. 非常放心　　B. 比较放心　　C. 一般

D. 比较不放心　　E. 非常不放心

9. 此次疫情期间，您对于所在社区食物供给系统的整体满意程度是：

A. 非常满意　　B. 比较满意　　C. 一般

D. 比较不满意　　E. 非常不满意

10. 您是否支持将非官方组织的食物获取渠道（如路边摊贩、"买菜群"等）规范化以保障食品质量和消费者权益：

A. 非常支持　　B. 比较支持　　C. 一般

D. 比较反对　　E. 非常反对

11.【多选题】请勾选您的家庭成员中符合以下条件的选项（若选 D，则直接跳转至 14 题）：

A. 独居、空巢老人　　B. 残障人士

C. 低保人员　　D. 都无

12.【多选题】疫情封控期间，您在 11 题中勾选的家庭成员受到了社区的哪些关怀与服务：

A. 网格员、志愿者结对联系

B. 免费发放消毒水、口罩等防疫物资

C. 免费发放米面油菜等生活物资

D. 免费代买生活物资

E. 送菜、送药上门

F. 上门消毒

G. 其他

13. 此次疫情期间，您对于所在社区对特殊困难群体的关怀服务的整体满意程度是：

A. 非常满意　　B. 比较满意　　C. 一般

D. 比较不满意　　E. 非常不满意

14.【填空题】请依次填写在疫情封控期间，您的家庭中居住成员符合以下哪个年龄段：

A. 0-14 岁　　B. 14-18 岁　　C. 18-40 岁

D. 41-65 岁　　E. 65 岁以上

15. 您家庭的年收入为？

A. 低于 3 万元　　B. 3-8 万元　　C. 8-30 万元

D. 30-100 万元　　E. 100 万元以上

附录B　访谈记录

访谈对象 1：社会志愿者刘先生

（慈善救援会的志愿者；负责联系城郊农产品滞销农户和城市居民。）

Q: 刘先生您好！我听母亲说您在疫情期间作为慈善救援会的志愿者，为城市居民送菜，请问您是怎样得知该慈善救援会，又是怎样成为配送志愿者的呢？

A: 是朋友介绍的，闲在家里无聊，就去申请做志愿者了。

Q: 那您是从什么时候开始做志愿者的？现在还在做配送工作吗？

A: 我本来有一个做农产品和民宿的公司，从事农产品贸易和民宿开发运营，先前做了一段时间志愿者，现在在自运营。

Q: 那么您就是因为原来的公司那边有认识的农户，所以才能跟农户取得联系给城市居民送菜的吗？

A: 那也不是，做志愿者时，介绍我的朋友跟物业及社区书记熟，他们讲了需求，朋友组织供给，我承担了接电话、安排配送等工作，那段时间，物业负责收集需求，我们只负责配送，社区书记把我们的联系方式放在公告栏和群里。

Q: 那您和您的团队是如何与供应方取得联系的呢？

A：供应方是白沙洲市场，以及市郊的农场业主，主要还是通过线上征集的。

Q: 那请问您在这份志愿者工作中，有没有遇到什么棘手的情况？是如何解决的呢？

A: 精力不够；很多人打电话报需求，当时电话太多了，平均一人要接二百多个电话。人手不够；处理不过来！团队每天工作十多个小时。

Q: 团队人手是不是不太多呀？那真的很辛苦。

A: 对，春节期间，又加上疫情高峰，很多人不愿意冒险，或者确实没办法出门。每天很紧张，到医院、到小区，得到的消息都很糟糕，虽然做了防护，但也很害怕。

Q: 那后来情况有变好一点吗？

A：那样的日子十几天吧，后来超市恢复供应，就好多了。

Q：你们团队这边送菜的压力也变小了？

A：后来超市及商业团购平台恢复，我们就没送菜了。

Q：但是您送菜也确实帮到很多人了，我是很有印象的！感谢您疫情期间的付出！最后，还是想问问，您对于这份志愿者工作整体的感受如何呢？

A：有机会做点有价值的事挺好。事后，我们公司也在重新定位自己的价值观，目前也做一点小公益活动。

Q：好！十分期待你们今后的表现！

访谈对象2：平台团菜员徐先生

（电商平台"十荟团"与武汉市社区合作的"团长"；负责组建小区微信团购群、分享商品信息、线下收货、组织取货等。）

Q：徐先生您好！请问您是从什么时候开始参与向各个小区送菜的呢？

A：2020年3月4日。

Q：那您是从什么渠道联系到食物供应方的呢？

A：我本来是住在汉阳那边的，那边小区有食物供应的平台。因为疫情期间不能外出买菜，所以只能在平台上购买。后来因为家里老人需要照顾，我就回到八一路我爸妈这里来住了。但是我发现我爸妈这个社区没有（平台），所以我就申请了（平台"团长"）。

Q：那您是申请专门成为平台的送货员了吗？请问是哪一个平台呢？

A：十荟。

Q：那您平常接触到的供应商都是些什么人呢？

A：供应商上层的人暂时没接触到，每次都是接触的送货司机。

Q：那您是怎么送货的呢？

A：是这样的，因为我父母的小区和我奶奶的小区挨得很近，司机先送到我的小区，然后我从我们小区（银海华庭）再送我奶奶旁边的小区（科苑小区小洪山西区）。

Q：好的，那您现在是全职送菜，还是将这个作为兼职呢？

A：我现在交给我妈妈做了，因为我已经复工了。

Q：好的！那请问您在这份工作中有没有遇到一些棘手的情况，又是如何解决的呢？

A：棘手的情况就是发错货，因为送过来的货很多，然后很容易搞混；然后就是售后，因为都是邻居嘛，就不能去马虎对待。

Q：就是分发工作量稍微多了一点，容易搞混然后发错以及供应的食物质量有可能存在的问题，是吗？

A：有时候会出现这样的问题。比如说一些青菜，因为是货车拖过来的，往往菜很多，就容易压坏；还有就是肉，因为是冷冻食品，也容易解冻。

Q：那出现这些问题之后平台会有赔偿吗？还是说配送员负责呢？

A：可以赔偿，是平台方负责的。

Q：好的。最后，就您看来，您对这份工作体会如何呢？还有哪些流程可以优化改善？

A：疫情期间大家都很困难，赚钱很难！吃饱肚子是最应该解决的问题。优化方面，我觉得物流应该再优化一下，因为物流有时候会出问题，平台配送有时候容易搞错。

Q：好的！非常感谢您的意见！

访谈对象3：社区工作人员陈女士

（茶港社区党员服务中的工作人员；在疫情期间统管整个社区的食物物流调配。）

Q：陈女士您好！我想知道，社区层面的食物是如何调配的呢？

A：在2020年2月8日左右，小区完全封禁，我们就与指定的商超展开对接了，先征集各个网格的志愿者然后拉群，统计对应网格居民的菜品需求，由志愿者上报到我这里来，然后我们再统计核算，报给对接的超市，超市再送过来。

Q：超市那边的菜品是怎样送来的呢，配送过程中会遇到什么问题吗？

A：我们这个茶港社区比较大，算是三个普通社区的规模了，整个配送量特别大，一天最多可以达到12000份菜品，来回运了几趟，一直到晚上十点以后才分配到每个网格点，之后网格点的志愿者还要再帮忙分菜。一开始的车辆完全不够用，后来向上面反映了问题，便派了公交车过来帮忙运输，社区的下沉党员还申请了单位的公车来帮助社区运菜，得到了很多的帮助。

Q: 那在疫情初期小区还没有完全封禁的时候，社区这边有什么行动呢？

A: 从武汉市宣布封控防疫那天起，我们社区基层人员就从每天早上八点到晚上十点在岗工作，没有休息一天。那个时候也是暴发期，我们主要是进行人员排查以及安排对特殊群体的帮扶，比如帮忙买菜买药送上门，然后也会和一些菜市场的人进行对接，让居民们能够尽量不出门买菜，之后就是完全封禁小区了。

Q: 那在这几个月的防疫工作下，您的个人感受是怎样的呢？

A: 感受就是大家是真的众志成城，齐心抗疫吧。因为这还算是个突发情况，我们这里也没有经验，有点措手不及，不只是社区啊，超市那边也是完全没有准备的，早期也十分混乱。但是最后我们都在工作中不断优化，把这个事做得比较好了，居民们也都十分配合并理解我们的工作，除了少部分居民对提供的菜品不太满意，就是想自己买自己挑，我们有的时候也没办法就私下单独给他们买。

访谈对象4：社区零售店老板

（在社区营业了二十年，主营烟酒零食生活用品；2020年3月底进入了本社区网格的团菜群开始经营。）

Q: 您好！我在我们小区的网格群里发现你们这家店也在接龙团菜，请问你们是从什么时候进群卖菜的呢？

A: 不是我们要怎么卖菜，是疫情逼得我们没路走，没有人，没有生意做。大概就是3月底进群卖菜了，现在没办法，做这个也不赚钱，赚不赚钱都无所谓，就是想做点事把一天耗过去。

Q: 那你们是通过什么渠道联系到这些菜的供应商的呢？

A: 通过别人介绍的，去网上找（供应商），找到了就打个电话，微信沟通一下，我们这边把小区的需求量报过去，他们就自己运过来。

Q: 那这个组织团菜的过程中您遇到过什么棘手的问题吗？比如，送错菜或者有人拿错菜。

A: 那是经常有的事情，有的时候是居民拿错了，有时候，说实话，好多人就随手扔了（途中受损的菜或者本身不太好的菜），回来换新的（菜）。有时别人不要的我们还自己留着吃；有时帮忙退菜，退不了就自己留着。做生意不能以自己的利益为上，现在就想把自己的影响扩大一点，让自己充实一点，赚钱都是次要的，也赚不了多少钱。

访谈对象5：社区志愿者杨女士

（医生党员，所在医院非新冠肺炎定点医院，未被指派前往一线抗疫；作为小区志愿者，参与了社区团购食物的分配等事务。）

Q: 杨女士您好！您是怎样得知本社区的志愿者工作，又是怎样成为本社区的志愿者呢？

A: 我在微信群里看见网格员问社区中有没有党员，号召本社区党员下沉来为大家做一些工作，于是我就报名了。然后我们就单独建了一个志愿者群。

Q: 那我们这个社区的志愿者群体是怎样的构成呢？

A: 像我在的这个群里一共有25人，大部分是党员，20岁到50岁的都有，40多岁的中年人居多，年轻人一两个吧。

Q: 疫情期间您在社区食物供应中承担的工作是什么？除了分发社区团购的食物，您还做了哪些工作？

A: 我之前还没有成为志愿者的时候曾联系过外面的志愿者给社区拼过团买过菜，先统计订单信息然后分发。做了志愿者后我主要也是负责分发社区统一团购的菜品，我们这些志愿者主要就是做这些工作。

Q: 在您的工作过程中，您遇到了哪些情况，比如说分菜的时候排队有没有出现比较混乱的情况呀？或者拿错菜呀？您又是怎样解决的呢？

A: 遇到过有人拿错菜的情况；还有就是菜到了，我们通知他（居民）来拿，但他很久都不来，我们就把菜放在那儿（门口），结果另一个人就把这份菜拿走了。之后就把钱退给了没拿到菜的人，或者就是别人把菜退还给他了，都出现过，但总的来说出现的频率比较少，基本上还是比较顺利的。

Q：疫情期间，您的工作感受如何呢？对整个社区的食物供应体系有什么看法呢？

A：疫情期间能为大家做一点事情还是挺开心的，自己作为党员，在无法复工的时间里，也尽到了自己的一份责任。我们社区食物体系还挺好的，基本上能满足大家的需求，社区提供了许多团购的途径，能保证每个居民的生活需要。

访谈对象6：社区志愿者张女士

（机关工作党员，科苑三网格志愿者群体的总指挥；参与各项志愿事务。）

Q：张女士您好！您是怎样得知本社区的志愿者工作的，又是怎样成为本社区志愿者的呢？

A：那时候是响应省直机关的号召，党员下沉到各自社区出一份力嘛，我就报名了。其实我们单位也有一个抗疫突击队，要到别的社区去支援，但我家里还有老人小孩，就不是很愿意去那边，就主要参与本社区的志愿者工作。

Q：疫情期间您在社区食物供应中承担的工作是什么？除了分发社区团购的食物，您还做了哪些工作？

A：我统计出了一份本社区需要给予特殊帮扶的老人名单，主要是那些90岁以上的高龄老人、独居老人这些，他们不太会用手机，平常就需要对口帮扶。然后就是分菜了，我们社区对口的超市是中百，每次它按路线送到我们科苑这边的时候就已经很晚了，那个时候就要在微信里通知团购了菜的居民下来拿菜，然后分发。

Q：在您的工作过程中，您遇到了哪些情况，比如说分菜的时候排队有没有出现比较混乱的情况呀？或者拿错菜呀？您又是怎样解决的呢？

A：我这次做了志愿者就感觉社区里的工作还是挺难做的，因为这是和人们生活贴得很近的层面了，有各种各样的细碎的事情要处理，而不是在单位里就做某一种类的工作。遇到的问题主要有这么三类：

第一，很多居民在疫情期间买菜没有规划，因为一开始都很混乱，毕竟是突发情况，跟平常的生活状态肯定很不一样，但有些居民们还按照原来的生活方式买菜，家里菜快没了才去团购，但是菜又不能马上到，然后他们就会在群里催，也给我们带来一定压力，我们后来就在群里反复强调要科学规划，看看冰箱里还剩什么，无缝衔接地去买菜。

第二，就是分菜的时候拿错菜的情况，比如张三把李四的菜拿走了，这个时候我们就去做工作，让李四把钱在网上退给张三，减少接触，更加安全，不过总体而言这种情况还是比较少。

第三，就是需要特殊帮扶的群体那边，有的子女不在身边嘛，一开始我们工作还没做到位，没有及时关照到他们，子女就来指责说家里老人不会用手机，小区封闭了就买不到菜了，然后我们就建立档案，把需要关照的户数调查了一下，我们网格大概有50户吧，之后就和他们单独联系，看需不需要送菜上门，后来有些老人的子女们也进群来为他们团购买菜，这个问题就差不多解决了。

Q：疫情期间，您的工作感受如何呢？对整个社区的食物供应体系有什么看法？

A：我的感受就是居民们对党中央的决策是非常信任的，然后也就非常支持我们的工作，然后我们科苑的老同志们都非常优秀，做了很好的榜样。

我因为这份志愿者工作的原因加了很多人的微信，每次微信群里有人说一些不好的言论的时候，那些老人就给我发信息，让我不要在意他们，我非常感动。像楼栋里的李奶奶，一个人住，也不太会用手机，我让她把需要的菜品列出来我们代买，她就只让我们买过一次，然后自己就慢慢地学会了在微信上团购买菜，真的是非常体谅我们。

再就是感觉邻里关系更和睦了，原来我也不怎么认识小区里的人，最多见面点个头，现在加了很多人微信嘛，之前做核酸检测的时候要每家每户地去发条码，也跟我们楼栋的人都很熟，见面还能聊聊天，讲个笑话，感觉也特别好；还有就是也感觉到现在的年轻人也是非常有希望的，这次疫情有非常多的大学生志愿者积极参与了工作，看着他们也真觉得确实是不错的"后浪"。

2020年
WUPENiCity城市可持续调研报告国际竞赛
优秀奖

迎"韧"而解
——疫情视角下韧性空间的识别与测度：以武汉市洪山区金地太阳城社区为例

指导老师：罗 吉

作者：彭陈万里　康怡宁
　　　张小伟　　李晓琪

摘要

社区韧性是社区应急能力的一种新的表现形式，是世界范围内社区应急管理新兴的发展方向，在面对新冠肺炎这种突发性公共卫生事件时，社区韧性对城市应对灾难冲击有着举足轻重的作用。韧性空间将成为社区内重要的空间类型长期存在。调研基于扎根理论、现场访谈等方法对于选取的基地——金地太阳城社区进行韧性空间的识别与测度，共从社区 9 类 68 处公共空间识别出 5 类韧性空间；通过居民满意度评价等方法对于韧性空间进行测度，提出韧性空间的空间特征、使用特征等。通过对于韧性空间现状问题的分析，提出社区优化建议，提升韧性空间品质，为同类型、同等级的社区韧性提升给出参考意见。

目 次

1 绪论
1.1 调研背景
1.2 调研目的

2 调研对象和组织
2.1 基地概况
2.2 调研方法
2.3 内容框架

3 扎根理论
3.1 运用流程
3.2 数据处理

4 现状特征
4.1 社区韧性空间的总体特征
4.2 社区韧性空间的使用特征
4.3 社区韧性空间的影响因子分析

5 问题分析
5.1 安全性问题
5.2 速达性问题
5.3 景观性问题
5.4 共享性问题
5.5 认知性问题

6 优化策略
6.1 空间布局建议
6.2 场地设计优化
6.3 使用维护管理

附录 A 扎根理论主轴编码表
附录 B 访谈评价表
附录 C 现场访谈记录
附录 D 电话访谈记录
参考文献

1 绪论

1.1 调研背景

1.1.1 现实背景

1. 社区韧性研究的缘起

早在20世纪末，世界发达国家就已开始注意到社区韧性，成立了专门的研究机构和组织，如社区和区域韧性研究协会(CARRI)。后来，韧性理论也被引介而进入我们国内。

> 发展历程：①韧性理论研究在20世纪60年代以来经历了工程韧性、生态韧性和社会-生态系统韧性的发展；②20世纪90年代末逐渐转向社区韧性这一新焦点；③基于对韧性能力的演进研究，社会生态系统韧性表现为稳健性、多样性、冗余性、自组织性、适应性等能力的集合。

2. 社区韧性上升为国家疫情治理战略

党的十九届四中全会提出优化国家应急管理能力体系建设，提高防灾减灾救灾能力。社区作为应急管理的基层组织，是国家防灾体系的重要组成部分。

3. 社区韧性空间的当下发展

社区韧性空间研究结合15分钟生活圈规划，对社区进行网格化管理，将韧性空间予以组织并加以利用，在社区封闭管理的模式下，实现对社区居民生活的保障。

1.1.2 理论背景

1. 学界重视对韧性社区建设的研究

中国社会科学网、《光明日报》《人民日报》、凤凰网等多家权威媒体与机构在疫情期间都登载了与社区韧性相关的文件或者文章，韧性空间的研究逐步深入。建设"韧性社区"、补齐社会治理短板的要求迫在眉睫（图1）。

我们对2000年1月1日至2020年11月10日公开发表的国内外文献进行检索，共检索10个数据库，最终筛选出38篇文献，其中中文12篇，英文26篇。发现中文文献发表峰值在2020年，许多学者开始关注"社区韧性"问题（图2）。

其中，经济资本、社区建设、公共管理、社会资本与自然条件等5个指标出现的频率最高（图3）。

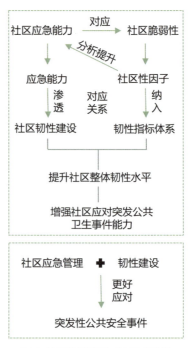

图1 社区韧性建设研究技术路线

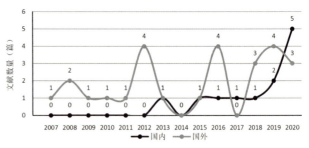

图2 文献发表时间分布

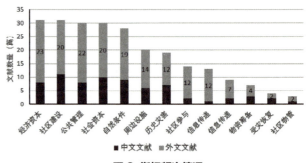

图3 指标频次情况

1.2 调研目的

①构建韧性空间评价体系，明确韧性空间评价指标和评价方法。

②阐述韧性空间在疫情期间实际发挥的作用，探究韧性空间的复合功能及应急潜力。

③明确社区韧性提升的必要条件。

④制定可推广社区韧性提升策略，提升社区对突发灾害的应对能力。

2 调研对象和组织

2.1 基地概况

2.1.1 调研范围

现场踏勘调研范围选定为武汉市金地太阳城，研究范围扩展到武汉市全部社区。

2.1.2 基地概况

1. 基地区位

金地太阳城位于武汉市洪山区关山大道369号，属于阳春社区，北接新玉路，南接新竹路，西临关山大道，东临明玉路，占地约230亩（15.33ha），建筑面积约22万平方米，容积率低至1.45，房屋住户1943户，是光谷的一个大规模超低建筑密度庭院社区（图4、图5）。

2. 交通分析

金地太阳城的周围包括珞瑜东路、光谷大道、高新大道、关山大道等几条城市主要交通干道，城市道路便利。

有多个公交站点位于金地太阳城的附近，亦有两个地铁站点，交通条件较为便利。

3. 配套基础设施

社区配套服务设施完善，居民生活便利：①医疗设施有武汉市第三医院光谷院区、湖北省中医院；②教育设施有华中科技大学、中南民族大学、光谷第一小学；③商业设施有光谷广场商业圈、光谷K11、武汉保利广场。

图 4 基地区位

图 5 社区配套基础设施分布

2.2 调研方法

1. 文献查阅法

查阅有关扎根理论、韧性空间的论文期刊，掌握扎根理论运用、韧性空间的识别与测度的基础方法。

2. 扎根理论分析法

收集新闻56条，访谈光谷社区、阳春社区等8个相关社区的居民，获得有效记录16份，得到韧性的51个概念并归纳得出韧性空间的4个特征。

3. 问卷调查法

调研访谈发放了70份问卷，获得有效问卷69份，有效率达98.6%。调查问卷以韧性空间的特征为指导，设定了9个指标因子、10个评价等级，根据特征识别出了5类韧性空间。

4. 实地访谈法

通过访谈了解韧性空间存在的问题及影响因子。

5. 结果分析方法

包括对比分析法、主成分分析法、语义分析法等。

2.3 内容框架（图6）

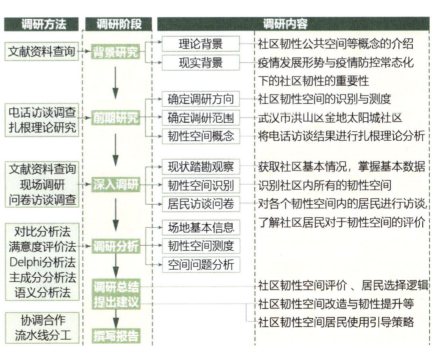

图 6 内容框架

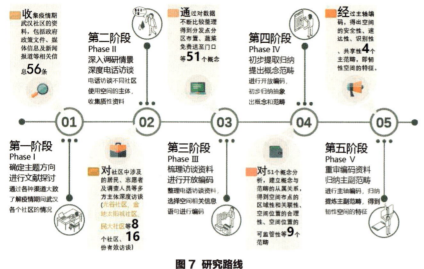

图 7 研究路线

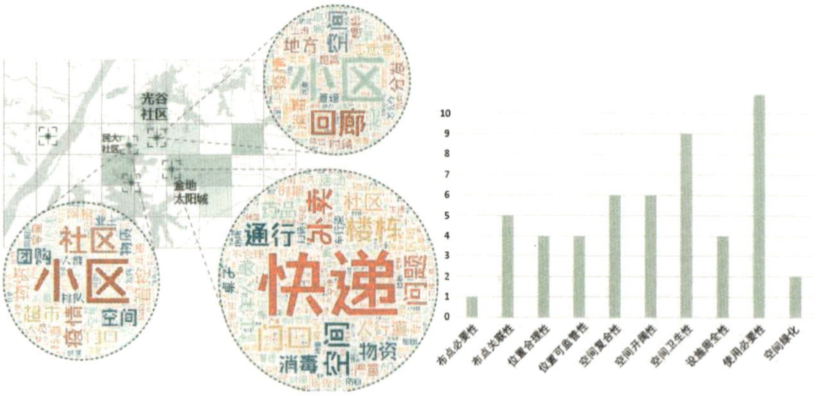

3 扎根理论

3.1 运用流程

3.1.1 理论基础

扎根理论是一种质性研究方法，研究目的是从经验资料中生成理论，而不是描述和解释研究的现象，根本逻辑是进入情境收集资料和分析资料，对资料进行抽象化、概念化操作，提炼出相关的概念、范畴，通过构建范畴间的关系建立理论。

3.1.2 技术路线

具体研究路线如图7所示。

3.2 数据处理

3.2.1 数据初审

将获得的访谈原文进行整理，选取与空间特征（位置布局、场地特征、使用情况、维护管理等）相关的词语（图8）。

图 8 相关词语频数

图 9 推演逻辑简图

图 10 推演路径示例

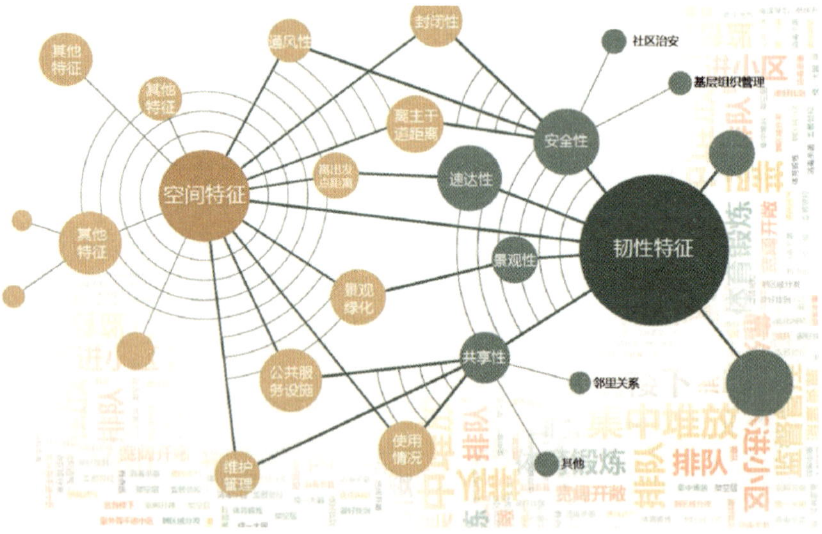

3.2.2 结论推演

结论推演分为推演逻辑、推演路径（图9、图10）及数据编码过程。

开放编码阶段：亦称为实质性编码，通过对实地访谈数据、新闻媒体数据等的不断比较，整理得出51个概念，再次推演得到9个副范畴。

主轴编码阶段：分析副范畴，并建立主、副范畴的联系。归纳出主范畴，得到韧性的4个特征：安全性、景观性、共享性、速达性。

社区原来是有网格的，但我们发现以前网格的划分不科学。于是我们做了一个航拍，把社区信息做了一个梳理，重新优化了这个社区网格。

3.2.3 韧性特征与空间特征对应关系

韧性特征与空间特征对应关系如图11所示。

图 11 韧性特征与空间特征对应关系

4 现状特征

4.1 社区韧性空间的总体特征

4.1.1 空间位置特征

通过扎根理论识别韧性空间特性，共从9类68处公共空间中识别出5类韧性空间（图12）。

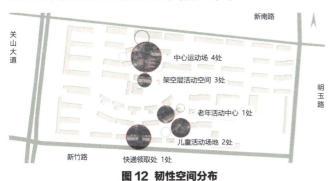

图12 韧性空间分布

4.1.2 空间配置特征

1. 场地氛围

①老年活动中心：活动中心缺乏足够太阳光，主要依靠灯光照明；活动中心四周封闭，通风性能不佳，夏季使用体感温度高，使用者要在室外通风；使用者彼此相熟，运动及闲谈时均未戴口罩（图13）。

②架空层活动空间：地面和屋顶以及墙面都是裸露的混凝土，长年缺少维护，已经存在很多污迹；通风性良好，且阳光很难直射进架空层，可提供夏日遮阴空间；经常有老人将座椅摆成围合形态聚集聊天（图14）。

2. 配置

①儿童乐园：绿植带设有长椅坐凳，给家长提供休憩空间，也便于家长看护儿童；中部为通行空间避免儿童与行人的碰撞；内部活动区的地面为塑胶铺地防止摔伤（图15）。

②中心运动场：中心草坪场地下沉，内有较多健身器材；篮球场与草坪通过绿化带隔开，羽毛球场与草坪通过灌木隔开；文化长廊南侧设有坐凳和少量健身器材（图16）。

③快递领取处：南门常年封闭，人行道作为停车位，疫情期间快递在南门附近进行收取；门外空地可供快递员停车、取货及等待（图17）。

图13 老年活动中心

图14 架空层活动空间

图15 儿童乐园：安全性好、绿化率高

图16 中心运动场：共享性高、通风性好

图17 快递领取处：识别性高、通达性差

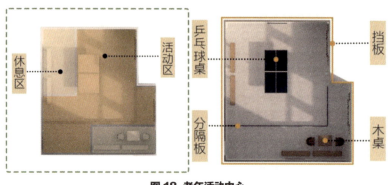

图 18 老年活动中心

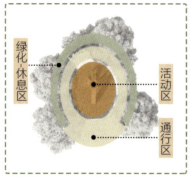

图 19 儿童乐园

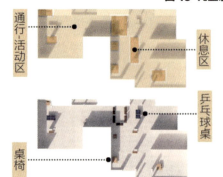

图 20 架空层活动空间

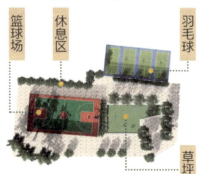

图 21 中心运动场

图 22 快递领取处

4.1.3 空间韧性特征

1. 老年活动中心（图 18）

安全，室内，集中活动空间。

①空间特征：处于 30 栋架空层中，分割出"L"形虚拟空间；采光主要来自室内灯光。

②韧性功能：隔板简易分隔出的活动区域，日常使用率高，作为室内运动场地承担起熟人交流、日常运动的功能，是一个相对封闭的安全空间。

2. 儿童乐园（图 19）

安全，小型，集中式开敞空间。

①空间特征：为椭圆形场地，采用同心椭圆向内收缩，最外层为灌木乔木形成的绿植带，中间层为通行区，内层为活动区域。

②韧性功能：为小型的开敞空间，日常可增添社区绿意、为儿童游乐与家长交流提供场所；疫情期间可作为疫情防护隔离带。

3. 架空层活动空间（图 20）

速达、分散、开敞空间。

①空间特征：处于社区内多栋住宅楼一楼架空层中。

②韧性功能：架空层活动空间分布较广，具有相当好的速达性，在疫情期间提供通风性极佳的交流空间，也可以作为物资整理和存放的区域。

4. 中心运动场（图 21）

开敞、大面积、集中活动空间。

①空间特征：不规则形态的场地，有 4 片主要活动区域———篮球场、羽毛球场、中心草坪、文化长廊，通过石砌路面连接，主要用灌木分隔。

②韧性功能：社区内主要运动场地，面积较大且开敞通风，疫情期间安全性好，居民可分散活动；同时可作应急防疫场地。

5. 快递领取处（图 22）

易识别的出入口空间。

①空间特征：东西两侧为人行道路，人行道路略高于车行道，车行道两侧种植乔木。

②韧性功能：快递领取方便，社区内识别度较高，道路、空间相对开敞，疫情期间可承担物资集散、分发职能。

4.2 社区韧性空间的使用特征

4.2.1 年龄"两极化"的人群特征

调查显示，社区韧性空间的使用人群以老年退休职工和未成年学生为主并呈现出"两极化"的特点，其中男性居多（图23~图25）。

4.2.2 "多元化"的活动特征

1."波动性"的活动时间特征

①调查结果显示，8时前的早晨时段和16时至20时的时段为活动的高峰，整体呈现出明显的波动化特点（图26）。

②韧性空间被主要当作晨练和晚饭前后运动的主要场所。

2."多频次、长时间"的活动参与特征

居民在韧性空间的活动频率主要集中于每周4~10次，即集中在每天1次左右，活动时长大多集中在每次1~2h，总体表现为多频次、长时间占用的特征，居民使用韧性空间的积极性很高（图27、图28）。

3."多元化"的活动类型特征

活动类型大致上分为散步、运动、休憩、闲聊等，活动的场地与活动的方式等均有差异，呈现出多元化的特征（图29）。

4."不均质"的活动路径特征

与活动目的地的距离评分相对分散，主要集中在6~9分，这说明居民到达目的地的距离远近不一，体现出了"不均质"的特征（图30）。

5."熟人为主"的活动伙伴特征

有79%的居民选择跟家人及朋友等熟人一起在空间内进行活动，体现出"熟人为主"的活动伙伴特征（图31）。

6."主客观结合"的活动场地选择逻辑

与不同伙伴一同进行活动时，活动频率会随之发生显著变化；对于客观环境的选择方式也会影响活动的频率，可以看出居民在选择活动场地时遵循"主客观结合"的逻辑（图32、图33）。

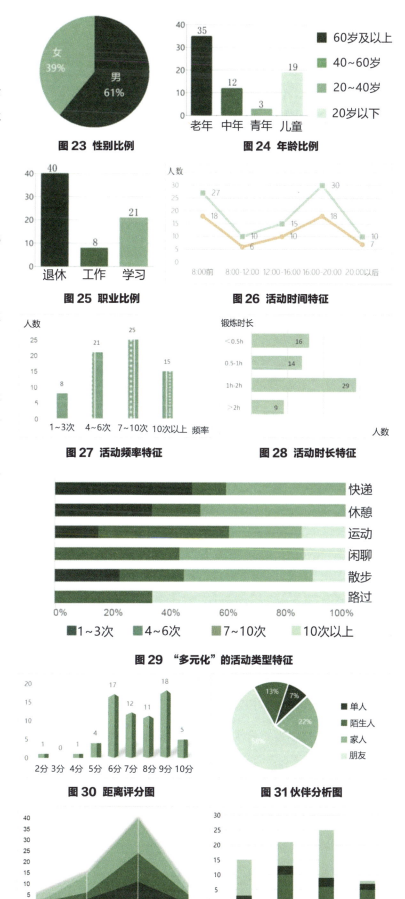

图23 性别比例　　图24 年龄比例

图25 职业比例　　图26 活动时间特征

图27 活动频率特征　　图28 活动时长特征

图29 "多元化"的活动类型特征

图30 距离评分图　　图31 伙伴分析图

图32 场地选择逻辑1　　图33 场地选择逻辑2

4.3 社区韧性空间的影响因子分析

4.3.1 安全性

为了更好地研究社区韧性空间的安全性，评价过程中将安全性分为封闭性、通风性、距主干路距离。小区整体安全性较良好，评分为 6.8，其中通风情况为更多的居民所关注。

1. 相对"安全僻远"的儿童乐园

对评价数据进行相关性分析，总评分和封闭性之间的相关系数值为 0.852，并且呈现出 0.01 水平的显著性（图34）。

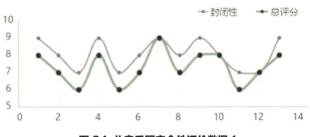

图 34 儿童乐园安全性评价数据 1

对评价数据进行相关性分析，总评分和距离主干路距离之间的相关系数值为 -0.729，并且呈现出 0.01 水平的显著性（图 35）。

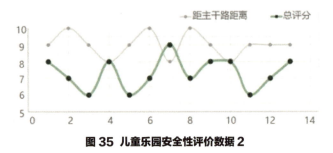

图 35 儿童乐园安全性评价数据 2

①封闭性对总评分有显著的正向影响；距主干路距离对总评分有显著的负向影响。

②儿童乐园需要封闭性，与外界因素隔开；需要远离主干道，确保更加安全。

2. 注重"围合隐私"的老年活动中心

对评价数据进行线性回归分析，封闭性的回归系数值为 0.457(t=4.172, p=0.014<0.05)，意味着封闭性会对总评分产生显著的正向影响关系（图 36）。

对评价数据进行线性回归分析，通风性的回归系数值为 -0.763(t=-4.681, p=0.009<0.01)，意味着通风性会对总评分产生显著的负向影响（图 37）。

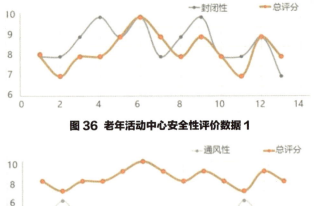

图 36 老年活动中心安全性评价数据 1

图 37 老年活动中心安全性评价数据 2

①封闭性对总评分有显著的正向影响；通风性对总评分有显著的负向影响。

②场地内主要的活动——乒乓球运动需要无风的、相对静态的环境（围合封闭性）。

4.3.2 速达性

评价过程中将速达性表现为距出发点距离。小区整体空间速达性比较好，评分为 7.4 分，但部分空间的速达性有待提高。

对评价数据进行相关性分析，距离出发地距离的回归系数值为 0.829(t=13.126, p=0.000<0.01)，意味着距离出发地距离会对总评分产生显著的正向影响（图 38）。

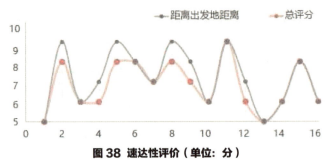

图 38 速达性评价（单位：分）

①距出发地距离对总分有显著影响。

②社区需要更多快递点，避免快递领取全部集中局限于一个区域；需要更便利的设置点以辐射更多居民。

4.3.3 景观性

韧性空间的景观性由景观绿化情况来反映，金地太阳城总体绿化率为 36%（数据来源：百度），是绿化情况较好的社区，但韧性空间识别性评价平均分仅为 6.91 分，说明其绿化水平与社区总体评价水平脱节。

1. 缺少绿化的快递领取处

将所有数据进行线性回归分析，景观绿化情况的回归系数值为 0.285($t=2.400, p=0.047<0.05$)，意味着景观绿化情况会对总评分产生显著的正向影响。

快递领取处处于两栋高楼之间，景观绿化情况平均分为 6.81 分，处于较低水平，居民普遍渴望有更多的绿化景观来提升环境氛围（图 39）。

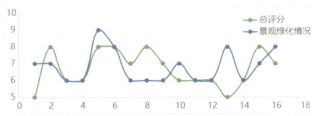

图 39 快递领取处景观绿化情况评价（单位：分）

2. "拒绝绿化"的中心活动场

将所有数据进行线性回归分析，景观绿化情况的回归系数值为 -0.902($t=-5.983, p=0.004<0.01$)，意味着景观绿化情况会对总评分产生显著的负向影响。

中心活动场地是社区居民健身运动的首选空间，对于运动者而言，绿化招引蚊虫，树池等设施也会对场地进行分割，破坏了场地完整性。在中心活动场地，绿化对于使用者改善环境的正作用不及其负效应，故使总评分与绿化环境呈显著的负向影响关系（图 40）。

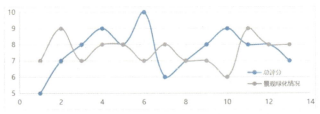

图 40 中心活动场景观绿化情况评价（单位：分）

4.3.4 共享性

韧性空间的共享性评价包括使用人数、设施齐备程度、维护管理水平等。评价结果为：社区整体共享性处于较高水平，总评分为 7.24 分，居民对韧性空间使用积极性高，社区设施齐全，维护水平高。

将总评分和公共服务设施进行相关性分析，相关系数值为 0.747，并呈现出 0.01 水平的显著性，因而说明总评分和公共服务设施情况之间有着显著的正相关关系。

架空层活动空间主要活动形式以居民闲聊和休憩为主，需要一定量桌椅板凳等基础服务设施支撑，其与总评分的正相关关系反映出居民对于公共服务设施的需求（图 41）。

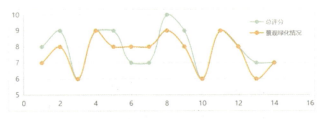

图 41 共享性评价（单位：分）

5 问题分析

5.1 安全性问题

从封闭性、通风性、距主干路距离等方面来分析安全性。从居民评价中可以看出，快递领取处封闭性太强，老年人活动中心的通风性很差，老年人活动中心、儿童乐园距离主干路的距离很近，存在安全风险（图 42）。

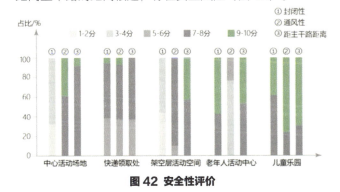

图 42 安全性评价

5.1.1 封闭、通风性的权衡

老年人活动中心主要活动为乒乓球运动，需要封闭和相对无风环境以达到活动舒适度，但封闭、不通风也给老人们带来困扰。

快递领取处南门相对封闭，处于两栋高层之间，给人压迫感（图 43）。

图 43 相关场地特征

5.1.2 距主干道太近的困扰

儿童乐园与主干路之间只有隔离带且已出现缺损,给安全性带来了威胁(图44)。

图44 儿童乐园的安全隐患

5.2 速达性问题

将速达性用距出发点的距离来表示。总体来说大部分活动空间的速达性都较高,但是某些具有更高要求的活动场地还需要改进,以做到更好地服务居民(图45)。

图45 速达性评价

5.2.1 场地分布的"单一化"

疫情期间,快递外卖需求量锐减,领取点集中于南、北门,但随着疫情形势向好,居民需求增加,快递点限制于此区让居民产生不满。而架空层速达性好,布点分散,选择空间大。

5.2.2 场地位置的"远距离"

快递主要领取点南门位于社区南端,对于大部分使用者而言,穿越大半个社区才能到达,如果是收取大型或重型物品,会更容易影响使用者的体验(图46)。

图46 偏远的快递点区位

5.3 景观性问题

从图47中可以看出,老年人活动中心、快递领取处的景观性较差,其中老年人活动中心是老年人的活动基地,访谈得知老人并不希望活动空间绿化过多。

而快递领取处的南门处于两栋高层住宅之间,给人以压迫感,绿化也相对较少,景观性较差。

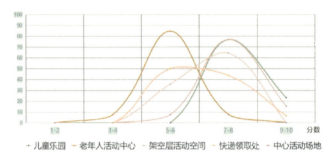

图47 景观性评价(单位:分)

5.4 共享性问题

从使用人数、公共服务设施、维护管理三个方面分析共享性。从居民评价中可以看出,社区活动空间使用人数整体偏少,居民互动不多;服务设施、维护管理整体较好,但是质量参差不齐,某些场地较差(图48)。

老年人活动中心、架空层、快递领取处使用人数较多,说明了使用的普遍性。

老年人活动中心服务设施情况较差,活动器材有限,与使用人数不成正比。

儿童乐园、老年人活动中心、架空层维护管理最差,存在绿化带被破坏、设施陈旧等问题,地面也随处可见掉落的树枝。

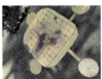

图48 社区空间共享存在的问题

5.5 认知性问题

居民对社区内活动空间的熟悉程度呈两极分化,比较熟悉的人有自己的圈子,和邻里关系较好,而不熟悉的人较少融入社区活动(图49)。

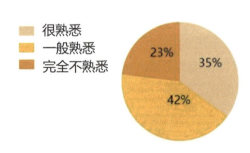

图49 认知性问题分析

6 优化策略

6.1 空间布局建议

社区空间布局首先考虑各空间的整体联系，是否能够构成体系、是否存在景观中轴等空间形态。

在提升社区韧性这一方面，社区空间应该对空间进行复合化利用，挖掘空间的多重功能。

空间设置优化应该考虑：①加大医疗投入增加社区医疗点数量，加大社区医疗建设投入以实现空间复合化利用；②完善服务设施，服务设施配套应完善，实现非意识性高效覆盖和意识性路径锁定；③实现多样化管控，针对污染物，结合人居行为特征探索污染物道路等方面的规律，进而通过空间设计和引导予以缓解；④实行多种情形下的兼容性设计；⑤在未来公共空间或社区规划中融入更多韧性元素。

在社区空间布局中：①增加开放空间，设置更多的弹性空间、开敞空间，释放空间潜力，增强社区韧性；②设施布局灵活多变。

在设施布局上考虑：①合理布局功能设施，通过时空间距范围与使用者行为速度来计算功能设施间距，设置合理的阈值；②设施与需求相结合，功能上根据马斯洛需求层次理论，将几类功能设施内容与使用者需求分层对应；③进行多样化设计，现状设计风格单一时，应该考虑形式的多样化（图50）。

图 50 空间布局建议

6.2 场地设计优化

"软质"的社区游憩空间：对社区中的儿童乐园等游憩空间加强安全性建设，排除安全隐患。可以适当增加软质分隔，增加绿化带等相关分隔带。其次是进行设备更新，做到社区设备常换常新（图51）。

图 51 增设"软质"社区游憩空间

"开放式"的社区活动中心：老年人活动中心应增设通风设施，增加乒乓球桌、台球桌等设备的数量。扩大空间范围，做到不拥挤、不密闭。场地设计上加强开阔程度，改善围合界面的尺度（图52）。

图 52 "开放式"的社区活动中心

"多人群使用"的架空层开放空间：社区架空层开放空间应加强通风设施建设，排除安全隐患，考虑可达性与速达性。在布点合理的情况下，服务设施的多样性能够提高吸引力（图53）。

图 53 "多人群使用"的架空层开放空间

"多功能复合"的社区便民服务设施点：快递领取处等社区便民服务设施点应保证快递领取、物品购买等的安全性。考虑避雨、通风设施以及快递货架的摆放，以提升场地韧性。

图 54 "多功能复合"的社区便民服务设施点

"设施完备"的开敞活动空间：中心活动场地等开敞活动空间使用频率较高。设备维修管理应到位，对于大尺度中心活动场地，景观种植与绿化环境要慎用，不可牺牲场地活动性质。

6.3 使用维护管理

6.3.1 维护管理建议

1. 建立维护管理长效机制

社区加强对公共设施的管理，落实管护责任，制定社区公共设施的管理制度，责任到人，建立起"随坏随修"的公共设施维护管理长效机制。

2. 增加服务设施与弹性空间

在有条件的小区增加公共服务设施与弹性空间，如羽毛球场、乒乓球场等，以满足中青年居民的健身需求以及社区整体韧性的提升。

3. 加强宣传指导

加强全民使用韧性空间的指导和宣传，引导大家正确使用韧性空间，提高市民素质教育，增强维护、爱护公共设施与韧性空间的自觉性。

4. 设立韧性空间相关专项基金

社区应通过核算设立韧性空间的专项管理基金，专人管理、专款专用，使社区韧性空间的管理得到保障。

5. 进行标识的优化设计

①采用生活中常见、亲切、有活力、正能量的具象图形作为标识。

②图形设计考虑赋予色彩变化，通过LED灯光来传递交通信息。

③采用更大的字号、更易辨认的字体风格、敏感度高的色彩、对比强烈的背景、较高的空间照度。

6.3.2 未来使用建议

1. 居民自觉维护

居民在使用过程中应该做到自觉爱护公共设施。

2. 发掘社区韧性空间

在保证场地功能完整性的情况下，居民或管理者均可挖掘场地的弹性，用作韧性空间。

3. 空间功能可灵活调整

韧性空间可进行他用。增加空间的复合性、多样性。

附录A 扎根理论主轴编码表

扎根理论主轴编码表

访谈原文	开放性编码	
	概念化	范畴化
当然也有人看错了拿错的，我觉得啊，这个菜太多了，都集中堆在一个位置，是很容易发生这种事情的	没有布点，集中堆放造成困扰	空间布点的必要性
小区实行封闭管理后，后勤保障处承担起帮居民采购、分发生活物资的重任，先是按东区、西区、北区划分区域分发，为最大限度地减少交叉，他们又改为将采购的物资直接运送到各楼栋区域分发	分发点分区布置，且在所在区域内与各楼栋之间互动便捷	空间点的区域性和关联性
不定期会有新鲜蔬菜送来，送到每家门口	新鲜蔬菜免费送至门口	
我们社区原来是有网格的，但是后来我们发现以前社区空间网格的划分不科学，在对社区航拍之后，对社区每一户有多少人及布局信息做了一个梳理，重新优化了这个网格	社区网格重新划分，根据网格来布点	
除了公务员和医护人员，其他人不能出楼栋，药品和生活必需品会送到楼下	物资存放点需要通达各个楼栋	
在小区封闭期间，如果有急事需要出小区，需要先到居委会办理许可证，会绕很大一圈路	没有其他办理许可证的布点或是布点与出口设置不合理	空间位置的合理性
回廊在小区花园的中间位置，四面都是开阔的，花园在小区的楼栋中间，因为小区的人领菜不能出去	不同小区布点位置不同	
我们同时开设了三块区域，作为团购物资的存放点，位置尽量靠外围，不要进小区		
在小区大门外专门制作了架子，给不同的外卖平台分配了空间	外卖商品提取于小区外，分平台管理	
快递一开始只有EMS，所以在放外卖商品差不多的位置划定了一块区域	EMS快递与外卖一致位于划定区域	
别的没有了，不允许使用了，因为空间要在可监控的范围内	空间需要在监控管理范围内	空间位置的可监控性
这些空间都是设定好的，并不是自发形成的空间，其他空间不准使用以免不在监管范围内	空间是经过设定的，在管控范围内	
会有社区管理人员坐在门口空地上监督	有监管地点	
日常通行会用到小区的人行道，停车会用到停车位，停好车进组团会穿过组团内的公共绿地	小区空间的使用	空间绿化
小区绿化这边基本都是物业在管，但是疫情期间好多绿化都没维护，草坪小道都被遮住了	绿化空间	

36

续表

访谈原文	开放性编码	
	概念化	范畴化
在下雨的时候,他们把这个团购的物资放到小区的架空层,保证物资不被淋坏	使用了架空层的储存性和遮蔽性	空间的复合性
另外还有一个消防门,平常是不用的,这次专门用来排队取团购的物资,这个门比较低,比较适合物资的传递	使用了消防门的低矮易传递物资性	
防疫物资储备在居委会内	居委会成为储存点	
近日各地纷纷报道社区、写字楼等公共空间电梯里放置了纸巾	公共空间里放置纸巾	
从物资集散地上货,到每栋楼下卸货,从楼梯口上货,到每户业主家门口卸货	货物分发方式	
平时这个回廊是居民活动的地方,疫情期间临时作为存放点、分发点	活动空间成为物资临时存放、分发点	
回廊在小区花园的中间,四面都是开阔的,分发的地方是一个广场,是一个敞开的空间,菜都放在地上	空间开阔	空间的开阔性
有一种买菜方式是团购,团购以后志愿者把菜送到小区里面来,然后要求大家隔着一定距离领取	人与人之间间隔一定距离	
那个排队的位置是我们小区的一个消防门	需要排队	
分发的地方是一个广场,是一个敞开的空间,菜都放在地上	空间敞开	
进来的车辆全部在入门的旁边找了块空地进行严格的消毒杀菌	需要给车消毒停放的空间,且不影响通行	
楼栋门步道一侧搭起来一个帐篷,里面放一张桌子,社区人员在里面办公;菜品和药品的集散场所在楼栋内,用桌子分隔居民和工作人员的空间,通过篮子来传递物品	由于楼栋里居民居家隔离不能出门,空间无法敞开,但空间较为宽阔,可以摆放桌子帐篷	
多次对学生宿舍及食堂、社区居民楼、办公楼、南北校门等公共场所进行消杀	公共场所消毒的要点指导,消毒有要求	空间的高度无菌化和卫生性
物业中心工作人员坚持每天对楼栋公共区域进行消毒并分时段清运封控楼栋的垃圾	公共区域不仅消毒且确保卫生,确保频率	
确保楼梯走道每天早晚各消毒一次,电梯等公用设施每两小时消毒一次,学校操场、人行道、花坛等地每三天消毒一次	公共设施消毒频率要求	
回廊每天早上消一次毒,晚上消一次毒,因为每天都有物资在这里分发,人员较容易集中,所以消毒一定要做好	人群集聚区域消毒频率要求	
我们在所有走人的通道门口都设立了红地毯,然后上面喷的消毒水是湿的,走过踩一下就可以达到杀菌的效果	人行通道消毒	
穿上红马甲,戴上口罩,拿好体温计、消毒液,开始在社区门前站岗、巡查,这是社区工作者的"标配"	社区工作者的职责与用具	
情况好了之后人开始多起来了,其实大家主要的活动空间还是在小区外面的沙湖公园	活动空间多为外部沙湖公园	
买菜的时候在手机上下单,需要在小区门口提货,进出小区都需要扫码标注	手机下单,进出扫码	
进来的车辆全部在入门的旁边找了块空地进行严格的消毒杀菌	车辆也要消毒	

续表

访谈原文	开放性编码	
	概念化	范畴化
我们小区一共有三个门,本来是有两个进出车辆的双向通道的,有可进可出的两个门,在一个星期内我们坚持使用一个门进行统一管控,另外还有一个门是我们小区的消防门,平常是不用的,这次专门用来排队取团购的物资,这个门比较低,比较适合物资的传递	为方便管理封闭了一个门,同时启用了另外一个备用门,也实现了人车分流	空间内设置的周全性
小区针对行人通行作出了限制,本来两边车行道就都是单行线,一边进一边出,现在把两边的人行道也进行限制,一边只能进,另一边只能出	行人通行同样受到限制	
本来小区的人行道和一侧的车道都被铁皮封锁,没办法通行,现在没有适合运送物资的备用门,封锁住一侧车行道能够通行,偶尔遇到会车问题,只能等待	没有适合运送物资的备用门,封锁住一个门后造成不便	
相当于用挡板分隔出了一条进出小区的路,挡板上粘贴着二维码	挡板分隔小区出入口	
很多人在小区里走路	居民出来活动	空间使用的必要性
稍微宽松一点以后,这个楼栋的人可以下来活动一个小时,但是还是要保持安全距离,然后过一会儿另一个楼栋的人再下来,错开活动	居民希望出来活动	
在疫情稍微缓和以后,我们把整个小区可以运动的场地做了一个清理,现在在推社区健康疫情防控运动让大家锻炼,最好的防疫不是关在家里不出门,而是大家分批在家附近的地方活动,有人利用小区的空地以家庭为单位进行体育锻炼,提高免疫力,这个是比较有意思的,现在我们也在对居民周围的空间进行挖掘,其实主要是挖掘一些活动空间	碎片空间的挖掘和小片区的运动	
之前还可以出门遛狗,现在不让出门了,因为小区的健身步道没法正常使用	健身步道无法使用	
小区的通道现在基本被堵死了,留下了一个供紧急使用的通道	通道无法正常使用	
小区车库开进来就不让出去了	车库只进不出	
阳台现在不敢打开,衣服晾晒成了问题	阳台无法正常使用	
社区基本没有可以交流的空间,全是一些通勤用的道路,没有可以坐着交流的地方	社区内居民无法相互交流	
不知道到底是不是疫情的原因,小区物业把原有的一些属于业主的空间比如楼下大厅都占用来堆放物资之类的了	楼下大厅空间被占用	
现在是各种快递公司自己选定位置,在小区大门外的人行道上摆摊,实际上压缩了行人的空间	快递摊点压缩行人通行空间	
有时候会在小区里面走走路,但是频率很低,平常也很少见到人	小区内见不到人	

扎根理论编码表

相关概念	主轴编码	
	副范畴	主范畴
外卖商品提取于小区外，分平台管理；存放点尽量靠外围，不要进小区；EMS快递与外卖一致，划定区域	空间位置的合理性	安全性
空间要在可监控的范围内，其他空间不准使用，门口空地有人监督，快递点设定在一个特定位置	空间位置的可监管性	
分发广场是一个敞开的，回廊四面是开阔的，隔着一定距离排队分发，需要给车消毒停放的空间且不影响通行，搭起帐篷，里面放桌子	空间的开阔性	
消毒有要求，确保卫生和消毒频率，车辆也要消毒	空间无菌性和卫生性	
健身步道无法使用，通道无法正常使用，车库只进不出	空间使用的必要性	速达性
没有布点集中堆放，造成困难		
分发点分区布置，考虑各楼栋之间的便捷程度，新鲜蔬菜免费送至门口，物资存放点需要通达各个楼栋，社区网格重新划分，根据网格来布点	布点区域性和关联性	
EMS快递与外卖一致，划定区域，到居委会办理许可证会绕很大一圈路，花园在小区的楼栋中间	空间位置的合理性	
封闭了一个门，启用另一个备用门，实现了人车分流，行人通行受到限制，没有适合运送物资的备用门，封锁住一个门后造成不便，挡板分隔了小区出入口	空间内设置的周全性	
回廊在小区花园的中间位置，同时开设了三块区域作为团购物资的存放点，EMS快递与外卖一致，划定区域	空间位置的合理性	
停好车进组团要穿过组团内的公共绿地，疫情期间好多绿化都没剪，草坪小道都被遮住了	空间的绿化	景观性
居委会成为储存点，公共空间里放置纸巾，在开敞空地分发物资，平时的回廊活动空间成为临时物资存放、分发点，利用架空层来储存物资	空间的复合性	
挡板分隔小区出入口，封闭了一个门，启用了另外一个备用门，利用消防门传递物资	空间内设置的周全性	
活动空间成为临时物资存放、分发点，空间开阔，排队时人与人之间隔着距离，需要有给车消毒、停放的空间且不影响通行，由于楼栋里居家隔离不能出门，空间无法敞开，但是也较为宽阔，可以用来摆放桌子、帐篷	空间的开阔性	共享性
社区居民无法交流，楼下大厅空间被占用，小区内见不到人，快递摊点压缩行人通行空间，通道和健身空间无法正常使用	空间使用的必要性	

附录B 访谈评价表

访谈评价表

分项		安全性 7/分			通达性 1/分	识别性 2/分	共享性 4/分		总分
		1~10	1~10	1~10	1~10	1~10	1~10	1~10	
		通透/封闭	不通风/通风	距离远/距离近	距离远/距离近	绿化不好/绿化好	使用人数少/多	设施不齐全/设施齐全	维护不好/维护好	
		封闭性	通风性	距离主干道距离	距离出发地距离	景观绿化情况	使用人数	公共服务设施情况	维护管理	
儿童乐园		9	9	8	6	7	2	10	7	8
		8	10	9	8	9	3	9	6	7
		7	9	10	2	8	3	7	6	6
		9	8	9	10	8	2	9	8	8
		7	9	10	6	7	2	7	5	6
		8	10	9	4	9	2	8	6	7
		8	9	7	6	8	2	8	8	7
		8	10	10	9	7	2	9	6	7
		9	9	8	8	8	2	8	8	8
		8	8	9	7	9	3	8	7	6
		7	6	9	6	7	2	7	5	6
		7	9	10	8	6	2	7	6	7
		9	9	8	6	7	2	8	7	6
老年人活动中心		8	3	8	5	5	6	9	8	6
		8	6	8	9	6	2	10	9	7
		9	4	10	7	6	6	10	6	8
		10	3	9	6	5	5	8	9	9
		10	3	8	6	4	5	10	8	10
		8	4	8	6	6	2	9	9	9
		9	4	10	7	7	6	8	8	8
		10	4	8	8	5	4	9	9	9
		8	6	7	7	5	3	8	7	7
		9	4	10	7	5	6	10	7	7
		7	3	9	9	6	4	8	7	7
架空层活动空间		3	8	9	10	8	2	7	7	8
		2	7	9	8	6	6	8	7	6
		4	7	9	8	6	6	7	6	7
		1	9	9	9	8	5	9	9	9
		4	10	8	8	7	4	8	6	7
		2	7	9	8	6	6	8	7	7
		3	6	8	9	7	5	8	7	7
		1	7	10	9	7	6	7	7	7
		3	8	8	10	5	6	7	8	9
		3	7	8	7	6	6	6	6	6
		2	8	8	9	7	4	9	7	7
		4	8	9	7	6	6	7	7	7
		4	8	8	10	8	3	6	6	7
		1	7	10	9	7	4	7	7	7
快递领取处		7	6	6	5	7	1	6	5	5
		9	7	6	7	7	1	5	4	5
		6	6	6	7	6	1	6	4	5
		8	5	6	7	5	2	5	6	6
		8	9	8	7	9	2	6	6	8
		6	8	8	8	5	2	5	7	6
		7	5	6	6	6	1	4	6	7
		6	7	6	7	5	5	4	5	6
		6	6	6	6	6	2	6	6	6
		7	8	8	6	7	2	6	7	6
		5	6	5	9	6	2	5	6	9
		7	7	6	7	6	1	4	5	6
		8	7	8	7	5	2	5	7	6
		6	6	6	8	7	1	6	4	8
		7	8	8	6	7	2	5	6	6
中心活动场地		1	7	8	6	7	12	8	8	7
		2	8	7	10	9	5	9	6	7
		1	9	8	7	8	7	8	5	7
		3	9	9	8	8	12	9	7	9
		3	9	8	8	8	12	9	10	9
		1	9	7	9	7	12	8	9	10
		3	8	7	5	4	6	7	7	7
		2	7	9	7	7	4	8	7	8
		3	7	9	7	6	6	9	7	9
		2	9	8	7	7	5	7	7	7
		1	8	7	6	8	10	6	6	7

附录C 现场访谈记录

地点：儿童乐园

正在乘凉的大爷：我们不是带孩子来儿童乐园，是因为旁边打球的地方太热了，我们出来抽根烟、乘乘凉，外面也有风，感觉里面太闷了，但是又不能装空调和电扇，所以出来聊聊。

带着孩子的家长A：我带孩子来的，感觉这个设施有点老了，滑梯上面有好多裂痕和划痕，因为是露天的，也有点脏，所以其实不是很放心让孩子来玩，怕被伤着，有时候玩的孩子多，都挤在一起，也担心安全问题，地上有时候有断掉的树枝，也怕孩子踩着摔跤。

带着孩子的家长B：这个小公园离车道还是有点近，虽然有绿化带挡着，但是绿化带被人走出来很多缺口，万一孩子跑出去就会很危险。

地点：老年人活动中心

围观下棋的大爷：一开始是由于打乒乓球大家才聚集起来，其他地方也有乒乓球桌，但是这边有围栏不用捡球，等待的时候还能看看打牌，后来慢慢大家都往这儿来，这里基本上都是熟人，离家近，也有人气，我基本上每天下午都会到这来，疫情稍微好转一点这里就开放了，已经持续了一个多星期。

拿着乒乓球拍休息的大爷A：在这里打球就是图一个方便，离家里不远，然后也不用费劲儿捡球，就是太热了，这地方不怎么通风，稍微动一动就一身汗，然后整间屋子都是一股味儿。

拿着乒乓球拍休息的大爷B本来没戴口罩，见我走来跟他说话就把口罩戴上，我追问原因，他说：大家都是熟人，通过微信群联系约球，疫情期间大家互相都知道是谁。

地点：老年人活动中心

正在排队的小哥：快递和外卖的东西都在这儿领取，我觉得有点形式主义，说是能保持距离，但是隔一道铁门起不到什么作用，遇到重东西还要搬来搬去，反而增加感染风险，之前大家还知道排个队，现在都是一窝蜂，我觉得挺危险的。

领取完快递的叔叔：我觉得不太方便，现在只能在指定的地方收快递，多远都得自己扛回家。

地点：中心运动场

篮球教练：我是体院的学生，之前小区里有很多家长想让孩子学篮球，就让我来带着他们训练，今天是疫情之后的第一次（训练），我们跟业委会商量好，训练的时间里能用一个半场（总共两个）。场地围墙挺高的，不怕球飞出去，但是塑料场地下雨容易打滑，人摔倒时也会感觉比一般场地更疼。

穿着篮球服的小哥：小区篮球场之前都是每天下午才定时开放，现在好像没有限制了，但是一直觉得场地有点少，打球的人基本上都互相认识，都是小区里的，大家都是在群里约好时间一起来打球。

玩滑板的小朋友：我今年小学四年级，这些男生女生我们都互相认识，一起玩自行车和滑板，篮球场这边要比网球场高，所以我们每次就把自行车或者滑板推上去，再一起滑下来。

地点：架空层活动空间

打乒乓球的大叔：我跟儿子一起打球，儿子体质太差需要多运动，这里离家很近，但是只有乒乓球台没有球网，球老是乱跑。空间有点小，施展不开，没人来维护。

坐着聊天的奶奶：我住这附近，过来很方便，会有很多老人自发来这里聊天，这里阴凉又通风，大家都认识，不用刻意联系，有人会来扫地，但是凳子和椅子有点脏。

地点：社区街道办公室

①关于出入小区：最严格时禁止出入，理论上要出入证，实际上并没有检查。

②关于送货（菜、药品等）：志愿者是主力，送货到楼栋，为行动不便的居民送货上门，货物在西门进行清点和结算。

③关于购买渠道：西门旁边有一家中百仓储，几乎整个小区的物资都来自这家超市。

④关于快递：总的来说小区有四个可以收取快递的地点——南门、北门、党员服务中心、社区委员会。

⑤居民活动场地：从武汉解封开始，居民就可以在社区内自由活动，各种集中活动地点在四月中下旬才逐步开放，目前也会限制每天的开放时间，主要的活动区域是楼栋的架空层和小区内的集中绿地和广场。

⑥车辆占用公共空间现象：小区内机动车位不足，疫情期间车辆都停放在小区内，只能默许这种情况的发生。

附录D 电话访谈记录

光谷社区电话访谈

Q：那当时是怎么管理的呢？

A：管理就是志愿者和保安在小区里面巡逻，遇到有些老人下来，就反复劝说，要保证疫情防控绝对稳定。

Q：我听我妈说您那段时间还要去上班，您出小区门的时候要怎么办？

A：出小区门就要把单位给你发的一个函给保安看，出示证明，武汉涉及公众管理的职业必须要上班，但是也必须要有单位发的公函才行。

Q：那是在怎样的空间去管控出入的？可以描述一下吗？

A：小区门都是关闭的，要进去需要按按钮，要求必须戴一次性手套按，或者是喷酒精以后按，然后也要测体温。

Q：平时买菜怎么办？

A：买菜的话，一种是团购的，团购了以后志愿者把菜送到小区里面来，然后要求大家隔着一定距离分发；还有一种是外卖，就放在小区的铁栅栏那里。

Q：那小区里面有集中放菜的地方吗？

A：有，我们小区有一个回廊，然后菜就直接开车送进来，通知居民隔一定距离排队来领。

Q：分发的地方也是回廊吗？

A：分发的地方是一个广场，是一个敞开的，菜都放在地上。

Q：回廊在小区的哪个位置啊？

A：在小区花园的中间，四面都是开阔的。

Q：它是在楼栋之间还是在靠近门口的位置？

A：在小区的楼栋中间，因为小区的人领菜不能出去的。

Q：回廊是疫情期间临时应急使用的，对吗？

A：平时这个回廊是居民活动的地方，疫情期间临时作为存放点、分发点。

Q：除了上班，在小区还有其他活动吗？

A：啥活动都没有了，不准出来的。

Q：那稍微宽松一点以后是什么情况？

A：那就是这边楼栋的人可以下来活动一个小时，但是人和人之间还是要保持安全距离，错开活动。

Q：楼栋里面会不会设置放菜的空间，比如架空层？

A：没有，不允许的。

我们电梯、楼道、回廊每天早晚消毒，然后电梯按键都是用塑料纸喷酒精，定时撕下来重新贴再喷。

Q：那段时间快递怎么办？

A：放在铁栅栏那里，不在门口。

有一回我们买回来的菜被别人拿了，我一开始以为是和别人买的菜很相像，就拿了我们的菜，后来发现一点也不像，才知道是大家都急了。你知道的，因为这段时间的菜都是用来救命的，所以大家就很着急，拿错菜的人说："这是我买的菜！"其实一下子就看得出来，因为买的菜不可能一模一样，然后就会出现这种情况，拿错菜的人当时情绪也不是很受控制的，我们就只好给他了。肯定是极端情况下了，他没有吃的受不了了。

Q：那疫情期间你们小区把门口铁栅栏附近作为排查消毒、发放物资的空间，还有没有别的这种类似空间？

A：别的没有，不允许使用了，因为空间要在可监控的范围内。

Q：所以这些空间是规定好的，并不是自发形成的空间？

A：对的，这些空间都是设定好的，其他空间不准使用，以免不在监管范围内。

小区的防疫是由这几个部分组成的：第一个是街道、居委会，第二个是小区的物业管理，第三个是志愿者和下沉干部，整体组成防疫消毒系统。

民大社区电话访谈

Q：怎么管理？

A：会有社区管理人员坐在门口空地上监督。

Q：生活需要怎么解决？

A：手机下单，药品和生活必需品会送到楼下。

Q：具体是什么样的空间形态？

A：楼栋门步道一侧搭起来一个帐篷，里面放一张桌子，社区工作人员在里面办公；菜品和药品的集散场所在楼栋内，用桌子分隔居民和工作人员的空间，通过篮子来传递物品。

Q：稍微放宽一点是什么状态？

A：楼栋解封，不能出小区，但是小区内全面自由，经常能看见幼儿园年龄段的小朋友被父母带来玩，傍晚也会有很多人在小区里走路。

Q：你个人有什么样的活动吗？

A：曾经坐车出去，在小区大门口要接受盘问和检查，出入小区的时候都要盘查。

本来小区的人行道和一侧的车道都被铁皮封锁，没办法通行。

现在只有一侧车行道能够通行，偶尔遇到会车问题，只能等待解决。

大门口的情况从最严重的时期到现在都是这样。

Q：快递和外卖是什么情况呢？

A：快递和外卖的东西都是放在小区门口，但是通过小区物业购买的食品和药品，有些还是会送到楼栋。

Q：门口具体什么位置呢？

A：快递是在本来就有的快递网点，外卖在小区门口设置了专门的存放处。

Q：这一阶段还有其他不同吗？

A：包括楼栋电梯在内的小区消毒没有那么频繁了。防疫物资储备在居委会内。

Q：在武汉全面解封之后有什么不同吗？

A：购买物品不需要通过社区志愿者了，可以自行购买。

Q：这一时期跟最严重的时候还有什么区别呢？

A：出行管理更加宽松，只用绿码就能通行。

Q：觉得小区整体的防疫措施怎么样？

A：总体上跟着上级的要求来，没有什么问题。

Q：个人角度来看有觉得不合理的地方吗？

A：除了被"关"在家里，没有影响到正常的生活。

小区大门只留下单行道有些许不合理，但是在目前的车流量下是可以接受的，没有出现问题。

在小区封闭期间如果有急事需要出小区需要先到居委会办理许可证，会绕很大一圈路。

参考文献

[1] 马婷婷.基于扎根理论的社区冲突及治理研究——以青岛市宁夏路街道为例[D].青岛：青岛大学,2018.

[2][1] 彭翀,李月雯,王才强.突发公共卫生事件下"多层级联动"的城市韧性提升策略[J].现代城市研究,2020(9).

[3] 孙立,展越.面向应急管理的社区公共空间韧性评价指标体系研究[J]北京规划建设,2020(2):23-26.

[4] 黄晓星,蔡禾.治理单元调整与社区治理体系重塑——兼论中国城市社区建设的方向和重点[J].广东社会科学,2018(5):196-202.

2020年
WUPENiCity城市可持续调研报告国际竞赛
优秀奖

战疫到"递"
——疫情前后武汉社区末端物流运输机制对比调研

指导老师：朱继任　罗 吉　王宝强

信息：魏欣然　孙鑫淼

阿沙汗·伊力哈木江　况盛慧

摘要

新型冠状病毒肺炎疫情在武汉爆发后，为避免疫情传播，武汉市采取了封控防疫措施，对市内及进出武汉的通道进行了严格的交通管制。与此同时，各类防疫救援所需的保障物资和居民隔离在家所需的民生物资难以得到有效保障。为降低此次疫情造成的危害，构建高效完善的应急物流体系迫在眉睫。本调研对武汉市社区层面末端运输在疫情中存在的突出问题进行调研和简要分析，并提出了后续如何调整优化物流末端运输的对策建议。

目 次

1 绪论
　1.1 调研背景
　1.2 调研组织

2 社区末端物流运输概况
　2.1 平时状态
　2.2 疫情状态

3 疫情前后物流运输的变化
　3.1 快递员：只要你买我就送
　3.2 社区：疫情不退我不退
　3.3 居民：宅家物资有保障
　3.4 疫情前后快递点开放情况

4 疫情期间末端运输服务评析
　4.1 快递员视角
　4.2 社区视角
　4.3 居民视角
　4.4 末端运输服务评价
　4.5 总结分析

5 疫情期间物流运输相关政策分析
　5.1 国家层面
　5.2 地方层面
　5.3 物流公司层面

6 总结与建议
　6.1 总结
　6.2 建议

附录A 调查问卷
附录B 访谈记录
参考文献

1 绪论

1.1 调研背景

2019年12月武汉暴发新冠肺炎疫情以后，人们响应国家的号召，少出门、不聚餐、勤洗手、勤消毒，出门时佩戴医用口罩，不去人多的地方。

人们开始减少外出购物，在网上购买各种物品，从而大大凸显了物流的重要性。

武汉市于2020年1月23日凌晨通告采取封控防疫后的初期，各类防疫所需的保障物资和居民隔离在家所需的民生物资一时难以得到保障。

在此形势下，武汉市物流迅速被组织起来，以保障民生物资的高效流通。

1.2 调研组织

1.2.1 调研目的

对比疫情前后社区物流运输机制的变化，提出应急机制的优化方案，发现平时状态下快递点应对危机的不足之处和隐患，提出增加社区物流运输的快速预警方案。

1.2.2 调研设计

1. 确定主题

依据时事新闻报道及疫情期间居民生活体验，关注武汉市疫情期间社区末端物资配送的问题，并思考此问题在特殊时期如何改善。

2. 确定云调研

依据疫情防控要求展开云调研，通过网络进行信息检索并收集相关资料，查找地理信息数据与POI（Point of Interest，兴趣点）数据，为后期调研做准备。

3. 文献资料查询

查找相关论文研究，了解相关研究发展动态，通过政府网站、快递公司网站、社区服务中心网站了解相关政策措施及相关情况。

4. 问卷调查

发放问卷300份，回收有效问卷269份，通过问卷调查更加客观地了解到居民视角下社区末端运输状况。

5. 访谈调查

对武汉市13个行政区的社区快递点工作人员以及社区服务中心、社区物业工作人员抽样，进行访谈调查，了解快递配给与管理方面的情况。

6. 分析总结

对调研数据及资料进行分析处理，运用相关分析方法进行科学处理并分析数据，对结果进行总结，并提出改善末端运输机制的建议（图1）。

1.2.3 调研对象

本次的调研对象主要是武汉市居民、快递配送人员及社区管理人员。

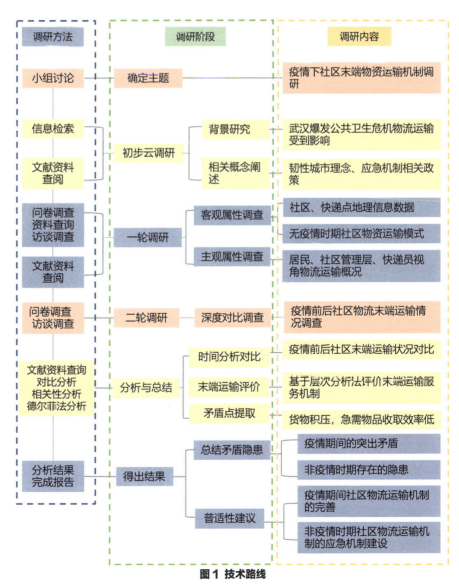

图1 技术路线

2 社区末端物流运输概况

2.1 平时状态

2.1.1 物流点

根据高德地图数据显示,武汉市物流中转站、网点、自提点等合计约5982处(图2、图3)。

2.1.2 自提模式

以洪山区K11周边片区为例,快递模式由过去配送到户发展为配送到自提点,客户自行前往各自提点领取快递,避免快递员与客户时间冲突,也提高了快递员的配送效率(图4~图7,表1)。

图2 平常状态下武汉物流行业布点

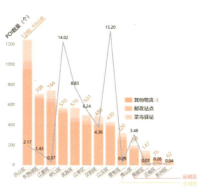

图3 武汉各区单位面积内物流点数量

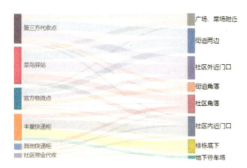

图4 各物流点对应位置

表1 自提模式

	智能自提柜	菜鸟驿站	第三方代收点
主要类型	丰巢快递柜	—	超市、便利店等
布局区位	小区内部	小区内部 小区入口附近	小区内部、小区周边
适用范围	注册即可使用	圆通、申通、中通、百世、汇通、韵达	物流公司与代收点达成合作
收费情况	对快递员按每件0.3~0.4元收费	物流公司付费	物流公司付费
营业情况	24小时	9:00-21:00较多	8:00~12:00较多

图5 社区物流点分布

图6 传统送货模式与客户自提模式对比

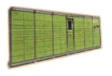

图7 不同网点物流模式

2.1.3 送货模式

1. 顺丰快递工作人员，26岁，入职半年

负责送某品牌咖啡外卖，顺丰与该品牌合作同城快送服务。工作日常往返于商场和写字楼。

2. 京东快递工作人员，28岁，入职两年

送三四个小区。下班时间在小区门口摆摊等人来取快递，摆两个小时，快件积累到一定数量了就来摆，取走差不多了就离开，超时未取就放在快递柜或菜鸟驿站。

3. 圆通快递工作人员，21岁，入职半年

送四五个小区。每天要送200~300件快递，会几次去集散点拿快递，拿完之后大部分都是放在快递点或者自提柜，少数客户要求配送上门。

4. 中国邮政工作人员，36岁，入职七年

送2个小区、1个老社区、1个商场、1个写字楼。包裹、信件、报纸一起送，因挂号信、专递信要签名，故会在楼下等客户，有时因与客户时间冲突，要等很久。

5. 顺丰快递工作人员，24岁，入职一年半

每天送100多件快递。每件快递都会联系用户确定时间上门配送，也可选放在快递柜或二次配送。送货上楼时将剩余快递放在楼下会有丢失风险，所以个人比较喜欢放在快递柜，省时且安全。周末和送大件时更多会送上门。

2.1.4 社区与居民（图8）

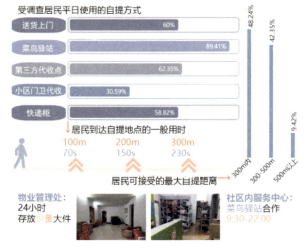

图8 社区内居民取快递方式

2.2 疫情状态

2.2.1 物流点（图9）

2020年1月下旬：天天、中通、德邦、申通、圆通、韵达、百世等主流快递停运，武汉网点关闭。大部分菜鸟驿站停止开放。春节前发往武汉的网购订单多被取消。

3月21日—3月25日：大多数快递企业开启武汉网点运营，基本恢复包裹寄递业务。

3月底—4月初：由于部分网点员工返岗不齐等原因，有些片区的快件被滞留在区域分拨中心，未能及时派送。电商店家向武汉地区的发货仍有滞后。

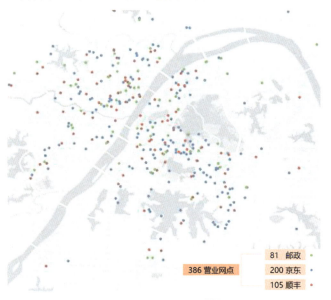

图9 疫情期间武汉市邮政业正常营业的网点

2.2.2 疫情期间各物流公司运营情况（图10）

1. 中国邮政

①接收包装食品、医疗用品等各类生活必需品和防护物资。

②武汉网点服务和投递揽收服务不中断。

③物资援助运输任务重，因此社区散件送达速度受到较大影响。

④临时调配生鲜直通车、志愿者团队助力社区生活物资配送。

2. 京东物流

①仅配送其平台自营的货品。

②京东是少有的疫情期间供武汉市民下单的网购平台，是许多居民从网上购买，获取特定生活必需品的地方。

③疫情期间配送量不减反增。

④根据货品仓库地点，有武汉同城配送和跨地区配送。

3. 顺丰速运

①为了优先保障特殊、紧急物资的运送，对于寄往武汉的快件，顺丰只接收医疗物资及防护品。

②时效性受到较大影响。

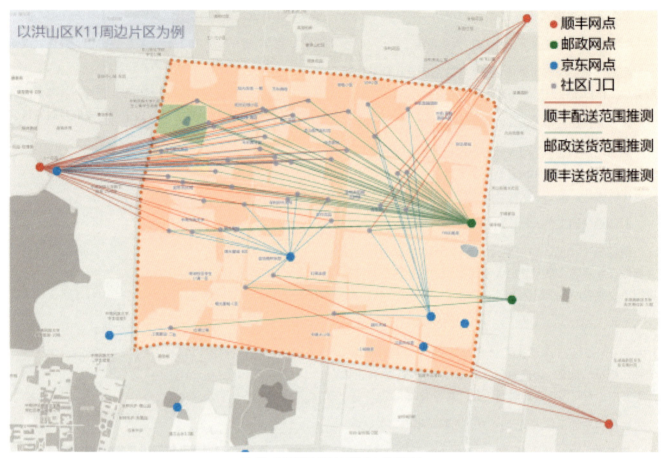

图 10 疫情期间 K11 周边片区快递网点

2.2.3 送货模式

1. 韵达快递便民服务点

位于洪山区，负责 3~4 个小区。

①配送量少了，从每日 1000 件减少到 200~300 件。

②送到门口，打电话让居民到门口领。

③公司各级分拣中心都会进行一次消毒。

2. 顺丰速运营业点

位于东西湖区，负责范围含东西湖区、硚口区、汉口区。

①送货量明显比平日小，社区货少，医院货多。

②疫情期间封路的地区完全送不过去。

③快递放在小区门口，居民自取。

3. 京东配送自提点

位于洪山区，负责 33 个小区。

①送货量比平日大，每日 1000 多件。

②居民在家就到门口拿，不在家就放在值守点，小区内的快递柜用不了，小区外的仍在用，每个快递员会根据社区情况采取不同的配送措施。

③平日要求当天送达，疫情期间时效性降低很多，希望购买生鲜的居民可以立即下来领取。

④公司想学习团购模式但未能推广。少数社区有业主合作代收的方式，配送员送到该业主处，然后通知客户取。京东会付费给代收业主。

2.2.4 社区与居民

绝大部分社区采取了禁止快递员进入的措施，部分社区对居民出入也有次数限制。社区封闭的情况下，卡口设快递接收点，实行"无接触配送"。大部分小区内的快递柜因此无法使用。

是否真正"无接触"？几种典型措施：①不允许快递进入，居民自行到门口找快递员领取；②社区门口搭建临时的收件点，供快递员办理收寄业务；③居民代表主动承担代收业务，其他居民到其住处领取；④社区物业处、保安亭代收，居民排队领取；⑤居委会和社区工作人员帮忙送上门。

3 疫情前后物流运输的变化

3.1 快递员：只要你买我就送

3.1.1 工作时间

将近一半快递点开放时间减少，少量快递点开放时间增加（图11）。

图11 快递点开放时间变化

3.1.2 货物运送量

2020年1—3月武汉总体运送量减少近1/3（图12）。

3.1.3 货物运送结构

2020年1—3月邮政寄递、快递业务都受到不同程度的影响，收入和业务量都大幅减少。其中异地快递数量减少最多，同城、国际/港澳台快递受到影响较小（图13、表2）。

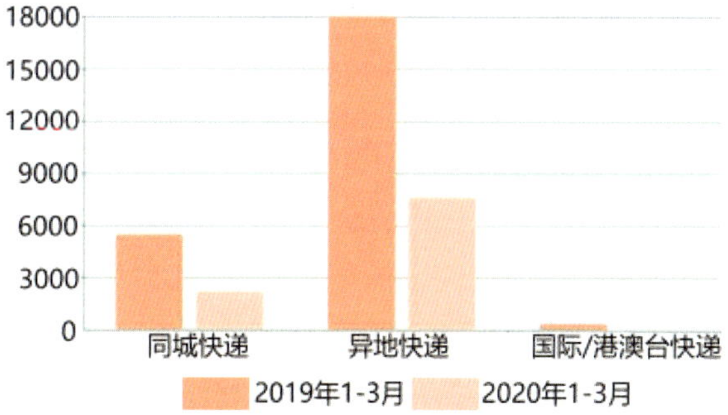

图12 快递业务量分月情况（单位：件）

图13 货物运送结构（单位：件）

表2 全市邮政行业发展情况

指标名称	2020年1月/亿元		比去年同期增长/%		2020年2月/亿元		比去年同期增长/%		2020年3月/亿元		比去年同期增长/%	
	累计	当月	累计	当月	累计	当月	累计	当月	累计	当月	累计	当月
邮政行业业务收入	6.82	6.82	-49.52	-49.52	11.3	4.48	-46.96	-42.52	19.57	8.27	-40.33	-28.02
1.邮政寄递服务	0.74	0.74	-13.48	-13.48	0.93	0.19	-33.90	-65.84	1.10	0.17	-47.64	-75.40
2.快递业务	3.43	3.43	-65.26	-65.26	6.99	3.56	-56.31	-41.91	13.43	6.44	-46.86	-30.54
邮政行业快递总量	9.21	9.21	-57.41	-57.41	12.81	3.60	-64.10	-74.38	25.62	12.45	-55.94	-42.50
1.邮政寄递服务	1657.57	1657.57	-35.27	-35.27	3303.48	1645.91	-26.50	-15.16	4595.27	1291.79	-33.45	-46.28
2.快递业务	2875.52	2875.52	-68.58	-68.58	4125.31	1249.79	-71.89	-77.38	9997.45	5872.14	-58.10	-36.06
同城	599.67	599.67	-73.47	-73.47	1007.21	407.53	-71.31	-67.40	2237.95	1230.74	-59.19	-37.63
异地	2197.92	2197.92	-67.43	-67.43	3015.46	817.54	-72.40	-80.43	7630.93	4615.48	-57.60	-34.72
国际/港澳台	77.93	77.93	-45.36	-45.36	102.65	24.72	-56.46	-74.95	128.57	25.92	-66.27	-81.46

3.1.4 工作强度及要求

在安全方面对快递员提高了要求，佩戴口罩、测量体温等成为基本要求。

运用德尔菲法，平时得分为4.7分，疫情期间得分为6.3分，快递工作人员疫情期间工作强度有明显增加，且体力劳动强度和工作紧张程度增大更为明显（表3）。

快递员A：疫情期间工作量少了很多，一般是送到社区门口，然后打电话叫居民下来取。

快递员B：和平时很不相同，平时送货量固定，而疫情期间送货量明显减少，并且这个快递点运输的是20千克以上的大件，一般放在小区门口，联系居民让他们自取。很多工作人员都是外地的，有30多人，疫情期间过不来，2月份只有几个工作人员，3月份十几个。

快递员C：站点特殊，配送员有7人离职，3~4人不能返岗，疫情期间快递点只有两三个人工作，京东在疫情期间不断供，市民恐慌情绪导致网购购买力并没有太下降，一人一天送1000多单。最大的困难是人手不足，配送速度减慢很多。正常情况下的时效要求是当天送达，疫情期间配送能力很低，每天都有货物积压。

不同快递点运送量有不同变化。而且因为外地工作人员无法及时返回，部分工作人员离职，部分快递点工作人员人手不足。

表3 打分表（满分10分）

	体力劳动强度 0.3		脑力劳动强度 0.2		工作班次安排 0.3		工作紧张程度 0.2	
	平时	疫情	平时	疫情	平时	疫情	平时	疫情
快递员	7	9	4	5	6	8	4	6
居民	6	7	3	4	5	4	3	6
社区	5	8	4	5	5	6	4	7

3.2 社区：疫情不退我不退

3.2.1 社区管理

疫情状态下，社区由常态治理转为应急治理，要求更为严格，实行全方位的封闭管理（图14）。

图14 疫情期间社区管理

3.2.2 针对快递员

社区A：不允许进入，由保安或物业代收快递。

社区B：设立临时投递点，快递员送至投递点。

社区C：门口设挡板完全阻隔快递员和居民，隔空取快递。

社区D：快递员自费进行核酸检测。

快递员疫情期间基本无法进入社区（图15）。

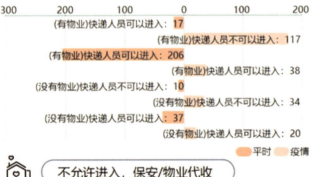

图15 社区对快递员的管理

3.2.3 针对居民

居民出行受到较大限制，不能随意进出小区。只能下楼在小区内部错峰分批取快递，受到的影响较大。

3.3 居民：宅家物资有保障

1. 取快递方式发生较多变化

疫情严重期间社区物业代收、快递柜自提及第三方代收成为最常用的取货方式；物流恢复后，市民更多选择第三方代收和快递柜自提这两种取货方式，并且疫情期间临时搭建的快递点承接了相关服务。

2. 取快递次数变化

居民在疫情期间网购次数虽然减少，但是需求量大。

3. 快递需求变化

居民对日用百货的需求量始终较大，而在疫情期间，居民对包装食品、果蔬生鲜需求量明显增多（图16）。

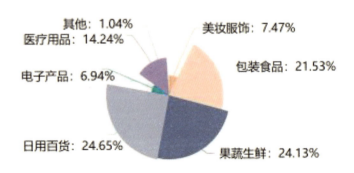

图16 疫情期间网购最多的物品

3.4 疫情前后快递点开放情况

疫情期间武汉市内开放快递点数量明显减少，但大部分中心城区快递点仍在开放，快递服务受到的影响较小（图17~图19）。

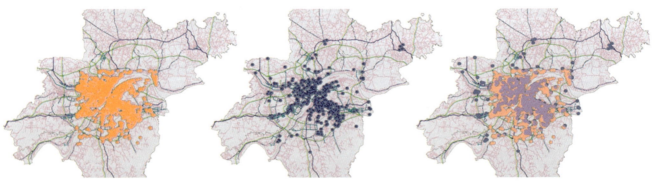

图17 平时开放的快递点　　**图18 疫情期间开放的快递点**　　**图19 覆盖范围重合部分**

4 疫情期间末端运输服务分析

4.1 快递员视角

快递员A：疫情期间快递员需要自行（自费）去进行核酸检测，近期才免费。

快递员B：最大的困难是人手不足，配送能力很低，货物每天都有积压，一些社区不考虑取快递方便问题，不帮忙代收，把人拦在外面就不管了。

快递员C：外地员工有30多号人疫情期间过不来，只有几个工作人员在工作（图20）。

图20 疫情期间快递员视角下的末端运输主要困扰

4.2 社区视角

1. 对快递员进行"有限进入"管理

社区对快递员采取了各种管理措施（图21）。

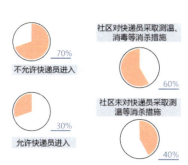

图21 社区对快递员采取的管理措施

2. 对货物实行"代收"管理

社区对货物代收设置了管理措施（图22）。

3. 对居民采用"无接触"管理

社区对居民也采取了管理措施（图23）。

图22 社区货物代收的管理措施

图23 社区对居民采取的管理措施

4.3 居民视角

4.3.1 物品需求

疫情期间，居民物品需求存在的问题：①物流慢，食品生鲜等网购过来担心变质；②母婴用品，宠物用品等需求品网购困难；③医疗用品需求较急，常常不能及时取到货（图24）。

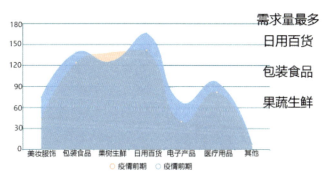

图24 疫情期间居民物品需求变化

4.3.2 取货体验

最突出的问题是取件时间限制造成取货不及时，其次是快递点人员密集，再次是一些社区对于快递的摆放缺乏管理。

居民对取件的意见基本集中在消杀措施、无接触等关乎安全的工作，其余是增设快递柜等意见。

快递柜成为最受居民欢迎的取货方式，但与当前居民取货情况对比来看，快递柜并没有得到有效利用（图25）。

图25 居民疫情期间取货理想方式与现实取货方式对比

4.3.3 疫情期间居民视角下的末端运输问题

①必需品不能及时运达，如生鲜变质、医疗用品未及时收取、母婴或宠物用品不配送等，与物流慢、社区管理程度不够合理等有关。

②时间限制问题，社区安排的取货时间段过少，导致许多居民时间安排不过来，经常未能及时收取快递。

③取货不便，社区代收点未进行快递分类管理，也不曾进行快递编号摆放等处理，居民自行取货时出现越翻越乱的状况，造成取货不便。

④快递柜闲置，许多社区设有快递柜，但疫情期间因为各种原因停用，从居民取货方式意愿调查来看居民们普遍希望启用快递柜，但事实上快递柜并未得到充分的利用（图26）。

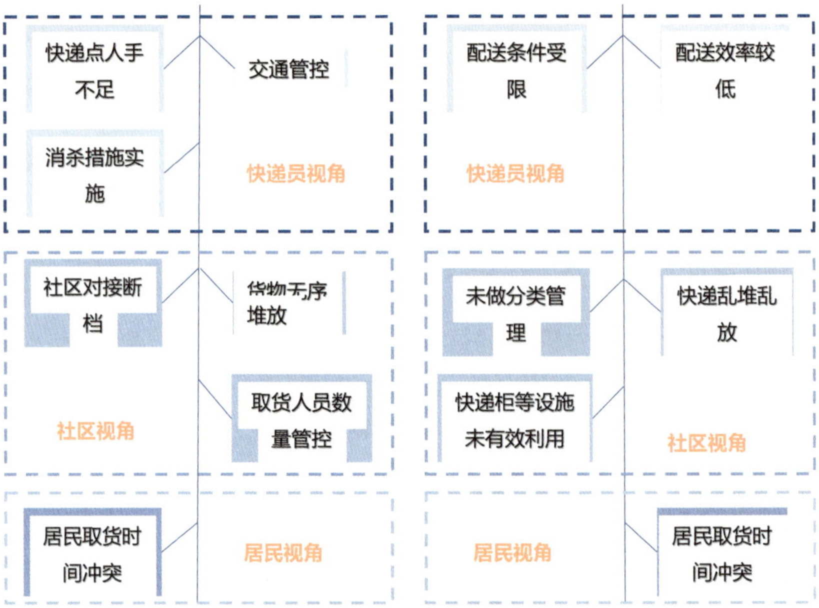

图 26 疫情期间末端运输问题综合

4.4 末端运输服务评价

基于层次分析法的疫情期间末端运输现状服务模式评价分析，疫情下末端运输服务质量评价指标如下表4所示。

基于层次分析法进行模糊综合评价，基于AHP确定各级指标权重（表5）。

计算权重的判断矩阵经检验均具有较为满意的一致性，计算得出的权重结果成立，符合事实依据和评价需要。

确定评语集：将服务质量评价分为很好、较好、一般、较差四个等级。

根据运输服务评价指标权重及评价数据，由问卷调查、访谈内容等得出评价数据（表6）。

模糊综合评价分析结果，计算评价矩阵与综合评价结果，对各子系统进行综合评价，计算得到指标向量（表7）。

基于计算所得综合评价结果，根据最大隶属度原则可知评价集中在"0.353557"，对应的评价结果为"较好"，过程结果基本符合问卷、访谈调查情况（表8）。

表 4 评价指标

目标指标（A）	一级指标（B）	二级指标（C）
疫情下末端运输服务质量评价指标	服务人员	快递人员服务态度
		快递配送效率
	取件时间	通知取件时间是否准时
		距离取件地所需时间
		快递是否准时送达
	产品质量	货物是否保管良好
		货物到达第三方是否损坏
	防疫措施	快递员体温是否经过检测
		快递员是否对快递物品进行消毒
		社区是否对快递物品进行二次消毒
		社区对人员防控管制是否到位

表 5 指标权重

一级指标	一级指标权重	二级指标	二级指标权重	综合权重
服务人员	0.071	快递人员服务态度	0.25	0.018
		快递配送效率	0.75	0.053
取件时间	0.153	通知取件时间是否准时	0.53	0.081
		距离取件地所需时间	0.134	0.021
		快递是否准时送达	0.336	0.051
产品质量	0.244	货物是否保管良好	0.667	0.163
		货物到达第三方是否损坏	0.333	0.081
防疫措施	0.531	快递员体温是否经过检测	0.247	0.131
		快递员是否对快递进行消毒	0.182	0.097
		社区是否对快递进行二次消毒	0.105	0.056
		社区对人员防控管制是否到位	0.466	0.247

表6 指标权重及评价数据

目标层	一级指标	权重	二级指标	权重	评语集			
					很好	较好	一般	较差
A	B1	0.071	C1	0.25	0.3	0.5	0.15	0.05
			C2	0.75	0.2	0.4	0.3	0.1
	B2	0.153	C3	0.53	0.4	0.3	0.2	0.1
			C4	0.134	0.3	0.4	0.2	0.1
			C5	0.336	0.2	0.4	0.3	0.1
	B3	0.244	C6	0.667	0.4	0.4	0.1	0.1
			C7	0.333	0.35	0.4	0.1	0.15
	B4	0.531	C8	0.247	0.4	0.3	0.3	0
			C9	0.182	0.7	0.1	0.2	0
			C10	0.105	0.4	0.4	0.1	0.1
			C11	0.466	0.3	0.4	0.3	0

表7 指标向量

指标向量			
0.225	0.425	0.2625	0.0875
0.3194	0.3134	0.2672	0.1
0.38335	0.4	0.1	0.11665
0.3586	0.3394	0.2713	0.0352

表8 评价结果

一级指标权重	综合评价结果	最大隶属度	评价等级
0.071	0.348797		
0.153	0.353557	0.353557	较好
0.244	0.227979		
0.531	0.068666		

4.5 总结分析

本次调研通过模糊综合评价的方法对疫情期间武汉市末端运输服务质量进行了评估。从评估结果可以看出在此次突发的重大公共卫生危机的情况下，武汉市在兼顾防控疫情的情况下解决居民收取快递问题所采取的一系列措施获得了大多数居民的肯定。但末端运输暴露出的问题仍不可忽视。服务人员方面的评价结果为一般。一方面快递配送效率降低，原因多在于配送条件受限、人手不足、社区层面对于快递的管理存在疏忽，另一方面，突出的就是货物积压问题，针对这一问题，社区层面存在的问题较大，如何在社区防疫工作有序进行的同时，提高对快递的管理效率与质量值得思考。

5 疫情期间物流运输相关政策分析

5.1 国家层面

①各地区、各有关部门要突出重点，保障疫情期间湖北省特别是武汉市的各类应急运输，优先保障疫情防控物资、生活必需物资运输。

②低风险地区，要全面恢复正常寄递投递秩序。中风险地区，要在保证邮递员、快递员健康的基础上，允许其进入小区、社区、物业等管理区域进行末端投递。

③高风险地区，要为邮递员、快递员取件投递提供相关便利措施，不得禁止取件和投递。

④物业企业要结合小区实际情况，既要确保疫情防控工作严格落实到位，又要充分考虑市民的生活实际，不可简单粗暴，一封了之。

5.2 地方层面

保障武汉等重点地区生活物资供应。优先保障运输医疗物资、生活必需品，对相关车辆优先通行，协调解决应急运输问题。在严格落实疫情防控措施的前提下，重点抓好增加货源、用工组织、复工复产和畅通物流工作。

5.3 物流公司层面

京东、苏宁、顺丰等物流企业在疫情期间正常运营，对小区采取封闭式管理有如下应对方法。

①顺丰：针对消费者需求增多的现象，顺丰同城急送，提供更多、更全的帮买、帮办服务，实现消费者全场景生活化。顺丰同城急送背靠顺丰集团冷链仓储等优势，打造出全链路即时物流，为城市生活增添更多便利。

②京东：京东与湖北省政府展开合作，正式承建应急物资供应链管理平台。通过大数据分析和预测技术，挖掘疫情地区的历史订单人群分布和未来订单规律，主动对武汉重点医院订单优先满足、精准配送。

③苏宁：依托苏宁小店+前置仓，"1小时生活场景圈"带给用户足不出户的社区生活服务，通过苏宁小店APP下单，零食、酒水、干调、日化等商品只要30分钟或1小时内即可配送到家。

6 总结与建议

6.1 总结

6.1.1 疫情期间的突出矛盾

1. 快递点的密度不足

运营快递点数量减少，对社区服务的物流点仅有三家公司，约三百余个快递点，片区内物流点和到达该片区的物流链数量均大大减少，社区运力降低。

2. 快递员人手不足

正值春节假期，人手缺乏，疫情期间绝大部分员工无法返岗。服务社区的快递点基本在原有的配送范围进行工作，少有网点之间的人员配合与调度。部分人手缺失严重的网点在疫情期间运送压力大，负责片区的运送效率低。

3. 社区管理欠缺

所有社区都采用了严进严出、测温等措施，但是快递的有效收取被不少社区忽略了。部分社区并没有作为协助者和管理者有效介入快递员和居民的对接过程，不利于居民特定生活用品的安全接收。

4. 居民领取快递的无序性参与

居民在接到通知后，在空闲时间到门口领取，每人取件的数量以及取件的时间不同，选择领取的时段可能导致排队高峰，不利于防疫，部分居民在领取快递时的防疫意识缺乏。

6.1.2 非疫情时期存在的隐患

①偏远地区的物流体系存在缺陷，应急状况下服务能力差。

②一旦封闭快递点和进行交通管制，末端运力低下。

③智慧物流建设不完善，应急状态下使用场景还不够广泛。

④很难做到真正的无接触，存在安全隐患。

6.1.3 现有机制的评价总结（表9）

表9 现有机制评价表

派件方式	优势	劣势	人员聚集程度	等候时长	灵活便捷性	配送效率	客户体验
送货上门	可以做到无接触；避免代收引起的纠纷；避免居民出门暴露、聚集	快递员工作量大、效率较低；受居民在家时间限制	低	短	较高	低	较高
快递柜	隐私安全问题少；取件时间自由；取件快；人员接触少	快递柜容量有限；不适合放置特大件和长时间放置生鲜产品；可能意外损坏	较低	较短	高	较低	较高
物业代收	避免快递员进入社区快递员送货快，取件时间相对灵活	人员接触多，等待时间长	较高	较长	较低	高	较低
业主代收	减轻社区和物业管理压力；可以与业主互助团购结合	管理、消毒缺乏专业；货物可能混乱、丢失；等待时间长；该业主人员接触多	较高	长	低	较高	较低

注：同色系颜色越浅者，该项评估越好。

6.2 建议

6.2.1 完善疫情期间社区物流收取机制

快递员与社区工作人员共同完成"最后一公里"配送（图27）。

①设置社区内快递员专用通道。

②每日定时消毒、对快递员进行测温。

③收货量大、人数多的社区可以按楼栋分时段、分取货点位以疏散人流。

④快件按楼栋、单元进行分类排放，提高取件的效率。

⑤设置多排货架，防止物品杂乱堆积。

图27 疫情期间社区物流收取机制

6.2.2 建设后疫情时代社区物流运输的应急机制

1. 智慧物流建设方面

（1）推广丰巢等无接触快递物联终端企业。

①智能快递柜在更大范围内推广，尤其在高密度小区、写字楼进行推广。在社区门口设有杀菌装置的双面快递柜，门外放、门内取，实现高效无接触（图 28）。

智能快递柜有多受欢迎？

由于社区大规模封闭，社区内的快递点和快递柜无法使用。而大部分的快递柜都设在社区内部。

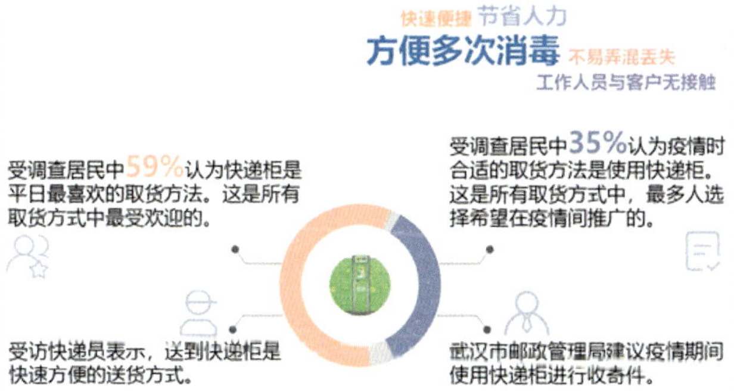
快速便捷 节省人力
方便多次消毒 不易弄混丢失
工作人员与客户无接触
受调查居民中59%认为快递柜是平日最喜欢的取货方法。这是所有取货方式中最受欢迎的。
受调查居民中35%认为疫情时合适的取货方法是使用快递柜。这是所有取货方式中，最多人选择希望在疫情间推广的。
受访快递员表示，送到快递柜是快速方便的送货方式。
武汉市邮政管理局建议疫情期间使用快递柜进行收寄件。

图 28 智能快递柜在疫情期间受到欢迎

②物流数据跨平台整合，形成仓库、集散点、自提柜智慧物联，数据共享。

（2）优化京东、苏宁等互联网电商物流企业。

①数字供应、智慧仓储、智能配送一站式服务，在服务居民同时通过智能监测、预测、调度、路线计算，优化配送服务。

②无人配送技术成本降低，建立仓储—分拨—配送的无人闭环供应链，减少人力，减少接触。

2. 物流应急机制方面

①迅速建立合作机制，菜鸟等分布广的代理点为这些物流公司提供末端的代收，在应急期发挥作用。

②超市仓储与外卖平台、物流同城配送服务合作，形成小范围社区供应链。

③负责片区的重新划分，物流点间配送人员调度。

④成熟的电商平台直接接入某家物流公司的配送链，临时形成完整的供应链，进行合作，充分利用各公司社区末端配送能力，避免调配失衡。

3. 社区配送机制优化

附录A 调查问卷

关于武汉市民日常及疫情期间快递及物资收货情况调研问卷

您好！我们是社区末端物流调研小组。感谢您百忙之中抽空填写我们的问卷。

我们的调研目的是比较日常和疫情状态下的社区物流机制。我们将从问卷中收集有关市民收取快递货品的基本情况，您的作答将对调研有极大的帮助。

此问卷不涉及重要隐私，结果仅用于本调研的分析总结，请您放心填写。

在此向每个在武汉度过全市封控防疫时期的市民致以敬意。

1. 请问您居住在武汉哪个辖区的哪个小区？________(填空题)

2. 您所居住的社区是否存在物业禁止快递人员进入小区的情况？

	A.（没有物业）快递人员可以进入	B.（没有物业）快递人员不能进入	C.（有物业）快递人员可以进入	D.（有物业）快递人员不可以进入
平时				
疫情				

以下问题是针对平时（无疫情时）的收货状况。

3. 您平时网购最多的物品类型是？（最多三项）

A 美妆服饰 B 包装食品 C 果蔬生鲜 D 日用百货

E 电子产品 F 医疗用品 G 其他 _______

4. 您平时一个月收快递的次数是？（单选）

A 0 次 B 1~4 次 C 5~9 次 D 10 次以上

5. 您平时到达最近取货点的距离？（单选）

A 步行 3 分钟内 B 步行 5 分钟内 C 步行 10 分钟内

D 步行 15 分钟内 E 步行 15 分钟以上

6. 您最常去的取货点的位置是？（单选）

A 社区内部 B 社区内（门口附近）

C 社区外（门口附近） D 社区外（有一定距离）

7. 您平时最常用的取货方式是什么？（最多三项）

A 官方物流点自提（菜鸟驿站、顺丰、申通、中通、

圆通物流点等）

  B 第三方代收点（便利店、美宜佳等）自提

  C 社区物业代收 D 快递柜（丰巢等）自提

  E 送货上门 F 其他 ____

8. 您对下列快递服务的哪几方面最看重？（多选题）

  A 收发件及时程度 B 运送时长

  C 物流信息详细程度 D 工作人员服务态度

  E 快件安全程度

9. 您觉得平时用哪种取货方式最方便？（多选题）

  A 物流公司物流点自提 B 第三方代收点自提

  C 社区物业代收 D 快递柜自提

  E 送货上门

10. 您认为平时自提服务的缺点有哪些？（多选）

  A 排队时间长 B 营业时间短 C 物品丢失

  D 隐私暴露 E 自提点距离远 F 其他 _____

以下问题是针对整个疫情期间的收货情况。

11. 您所去快递点的开放时间较平时是延长还是减少了？（单选）

  A 延长 B 减少 C 不变 D 不清楚

12. 疫情期间您的社区或物流公司对于取货采取了哪些措施？（多选）

  A 快递集散点日常消毒 B 无接触配送服务

  C 社区物业代收 D 机器人无人机送货

  E 送货上门 F 增设应急隔离区

  G 错峰分批安排取货 H 其他 _____

13. 疫情期间取快递有哪些不便？（多选）

  A 快递丢失 B 随意堆放难以寻找

  C 人员密集 D 快递点空间闭塞

  E 快递堆积太多且混乱无序

  F 排队时间长 G 只能在指定时间去拿

  H 其他 _____

14. 疫情期间你更愿意使用什么取快递方式？（单选）

  A 社区门口或社区内定点自提

  B 原有快递点自提 C 社区快递柜自提

  D 快递员、社区人员无接触送货上门

以下问题针对疫情期间，在大多数快递停发，顺丰等快递还在运营的时期（2020年1月23日全市封控防疫至3月23日物流公司全面揽收武汉快递）。

15. 在此期间社区的取货方式有哪些？（多选）

  A 物流公司物流点自提 B 第三方代收点自提

  C 社区物业代收 D 快递柜自提 E 送货上门

  F 临时搭建的快递点自提 G 其他 _____

16. 在此期间您对哪类物品的物流运送需求最大？（最多三项）

  A 美妆服饰 B 包装食品 C 果蔬生鲜 D 日用百货

  E 电子产品 F 医疗用品 G 其他 _____

17. 您在此期间收了几次快递（普通包裹、物资、网购口罩等）？（单选）

  A 0次 B 1~5次 C 6~10次 D 10次以上

18. 您在此期间网购了几类物品？（多选）

  A 美妆服饰 B 包装食品 C 果蔬生鲜 D 日用百货

  E 电子产品 F 医疗用品 G 其他 _____

以下问题是针对疫情发生期间，以及物流基本正常的时期（2020年1月23日之前、3月23日之后）。

19. 在此期间的取货方式？（多选）

  A 物流公司物流点自提 B 第三方代收点自提

  C 社区物业代收 D 快递柜自提

  E 送货上门 F 临时搭建的快递点自提

  G 其他 _____

20. 您对疫情期间接收快递有哪些建议和想法？

_____

_____

再次感谢您的作答！

附录B 访谈记录

快递点访谈记录

韵达快递某便民服务点（洪山区）

Q1. 配送范围包括哪些社区？

A：洪山区某小区1和小区2，也会送一些公司，但他们疫情期间没开门。

Q2. 疫情期间配送有什么变化？比如工作量、服务范围、送达速度、运送方式？

A：工作量少了很多，以前都是每天1000件，疫情期间只有200~300件，快递员送到社区门口，然后打电话叫居民下来取。

Q3. 跟平日相比，疫情期间社区采取了什么措施？你们觉得这些措施效果怎么样？你们觉得疫情期间用什么取货方式合适？

A：公司会在总部消毒一次，在下面分公司会再消毒一次，工作人员分货一般会进行消毒，会戴口罩，在社区内的门店要求消毒到位，后期社区内的网点可以开了。

Q4. 社区对快递员送货有什么要求吗？疫情期间如何沟通协调？

A：疫情期间快递员需要自费进行核酸检测，最近是免费。

顺丰速运某门店1（硚口区）

Q1. 配送范围包括哪些社区？

A：配送周围的医院、某商城，还有周围的四五个社区。

Q2. 疫情期间配送有什么变化？比如工作量、服务范围、送达速度、运送方式？

A：一直营业，疫情最严重的时候也没停，疫情期间配送的工作量比平时要多。

Q3. 快递点与社区有合作吗，工作内容与平日有不同吗？

A：没有合作，社区不让快递员进，只能送到门口。

Q4. 你们的物流公司有提出新的配送要求，或是采取什么措施以应对疫情吗？

A：戴口罩、消毒。

顺丰速运某门店2（硚口区）

Q1. 配送范围包括哪些社区？

A：大约有四个巷口。

Q2. 疫情期间配送有什么变化？比如工作量、服务范围、送达速度、运送方式

A：能进小区就会送进去，一般放置在小区门口，小区门口会放置桌子或者快递投放点，一般放在那里。

Q3. 你们的物流公司有提出新的配送要求，或是采取什么措施以应对疫情吗？

A：快递员要佩戴口罩、日常消毒消杀。

顺丰速运某营业点（硚口区）

Q1. 配送范围包括哪些社区？

A：配送范围较大，包括与硚口相连的东西湖和汉口其他市区的社区，是大的物流点。

Q2. 疫情期间配送工作有什么变化？比如工作量、服务范围、送达速度、运送方式？

A：和平时很不相同，平时的送货量是固定的，而疫情期间送货量明显减少，疫情期间有封路的话就完全不能送货，疫情期间往医院送货较多，社区的货量较少，并且这个快递点运输的是20千克以上的大件，一般就是放置在小区门口，之后联系居民让他们自取。

Q3. 快递点与社区有合作吗？工作内容与平日有不同吗？

A：和社区有合作的一般都是小的运营点，我们这里配送范围很大，没有和社区合作。

Q4. 你们的物流公司有提出新的配送要求，或是采取什么措施以应对疫情吗？

A：这边很多工作人员都是外地的，有30多号人，疫情期间他们过不来，2月份只有几个工作人员，3月份有十几个，这些工作人员上班期间会采取测量体温、戴口罩、消毒消杀等措施。

京东物流某配送、自提点1（江岸区）

Q1. 配送范围包括哪些社区？

A：周边几十个小区吧。

Q2. 疫情期间配送有什么变化？比如工作量、服务范围、送达速度、运送方式？

A：有人在家就到小区门口拿，不在就放到值守点。有些快递柜还在使用中，但是小区进不去，所以小区里的快递柜是不会用的。

Q3. 快递点与社区有合作吗？工作内容与平日有不同吗？

A：送到社区门口，居民下来拿。所有的小区都不让快递员进，值守点会有临时棚子。与社区沟通良好，还算相互理解。跟社区没有什么合作，都是自己来拿或者放在值守点，菜鸟驿站都没有营业。

Q4. 您觉得用什么样的取货方式合适？

A：希望居民买了生鲜立即下来拿，不然也不好放。其他物品放快递柜、代收点就可以了。

Q5. 你们的物流公司提出过新的配送要求，或是采取什么措施以应对疫情吗？

A：送快递的每个人有自己的方法，并不是按公司统一规定，统一规定并不适合每个快递员。我们都会根据每个社区和用户的具体情况，按实际情况来看怎么配送最合适。

京东物流某配送、自提点 2（江岸区）

Q1. 配送范围包括哪些社区？

A：包括周边 33 个小区。

Q2. 疫情期间配送有什么变化？比如工作量、服务范围、送达速度、运送方式？

A：我们这个站点比较特殊，春节的时候因为这个疫情，配送员有 7 人离职，3~4 人不能返岗，疫情期间我们快递点只有两三人工作。我当时 1 天送 1000 多单，人手不足是最大的困难。而且京东是自营配送，跟其他物流公司发不发武汉没什么关系。为了保证供应，京东平台疫情期间不断供，市民有恐慌情绪，导致网购购买力并没有太下降，所以配送速度减慢了很多。正常情况下，京东要求时效是当天送达到客户手里，但是疫情期间配送能力很低，每天都有货物积压。下单量没有减少反而增加，配送量跟着增加。我记得 4 月 10 号左右其他快递公司订单才开始发武汉。

Q3. 快递点与社区有合作吗？疫情期间工作内容与平日有不同吗？

A：社区主要就是为了封闭楼栋、减少人员流动，尽量减少外来人员进去。小部分社区会提供快递临时堆放点，大部分没有，所以原有的送货上门改成了打电话，到了门口就叫居民下来到门口取。我送的社区都没有什么管理经验，极少数保安亭会帮忙代收，这个要看小区的服务水平。社区的沟通协调这方面很少的，他们应对措施都是以疫情为先，不会考虑送取快递是否方便，不会帮忙送，很少有代收，把快递员拦在门外就不管别的了。

Q4. 你们的物流公司提出过新的配送要求，或是采取什么措施以应对疫情吗？

A：新的措施是有的。社区代购在疫情期间发挥了一定作用，京东也想采用这种方式，但是由于内外部一些原因没有推广开，只在个别社区有业主代收的方法。比如说业主群的群主，他作为临时京东便民点，相当于社区内菜鸟驿站的角色，京东把货送到他那儿，整个社区的居民都去那个业主家拿货。这种不属于团购，因为下单方式还是各自在 APP 下单，但是京东配送员默认送货到那个业主那里，配送员会通过短信通知客户已经配送到某栋某户的业主家。京东会给那位业主一些费用，业主不会向其他居民收费。

社区访谈记录

紫菘花园

Q1. 您所在的小区大约什么时候成为无疫情社区？疫情期间有过封闭吗？

A：疫情情况还好，2020 年 3 月 10 日到 3 月 20 日成为无疫情小区，因为属于老旧小区，进行了封闭管理。

Q2. 小区在疫情期间针对取快递有什么管理措施吗？管理时遇到了什么麻烦吗？

A：在门口有挡板完全阻隔快递员和居民，没有接触地隔空取快递，没有什么麻烦。

Q3. 小区代收的情况如何？比如收货量、开放时间、快递柜使用状况等。

A：收货量很小，开放时间取决于快递员，一般是早上 8:30 到下午，晚上基本没有。社区没有快递柜，只有菜鸟驿站。

智慧城社区

Q1.小区在疫情期间针对取快递有什么管理措施吗？管理时遇到了什么麻烦吗？

A：疫情严重期间没有快递，疫情平缓后快递员打电话给居民，将快递放置在小区门口，保安代为管理，然后居民下来取。

勤劳社区

Q1.您所在的小区大约什么时候成为无疫情社区？疫情期间有没有封闭？

A：2020年4月8日左右成为无疫情小区，实行封闭管理。

Q2.小区在疫情期间针对取快递有什么管理措施吗？管理时遇到了什么麻烦吗？

A：快递人员不能进小区，物业代收后送上门或者居民下来取，所以对快递人员无措施。我们这里没有快递柜。

武汉工程大学小区

Q1.您所在的小区大约什么时候成为无疫情社区？疫情期间有封闭吗？

A：我们属于单位型社区，老旧小区，是第三批公布的无疫情小区。

Q2.小区在疫情期间针对取快递有什么管理措施吗？管理时遇到了什么麻烦吗？

A：快递员不能进入，快递送到门口交给保卫处，保卫处送到居民楼栋，居民下来取。我们会对对快递员的体温进行测量。

Q3.小区代收的情况如何？比如收货量、开放时间、快递柜使用状况。

A：门口收快递时间没有限制。小区内有快递柜，但是疫情期间没有使用。

向前社区

Q1.您所在的小区大约什么时候成为无疫情社区？疫情期间有没有封闭？

A：我们是第三批公布的无疫情小区，也就是2020年3月12号左右。平常是开放社区，疫情期间进行封闭管理。

Q2.小区在疫情期间针对取快递有什么管理措施吗？管理时遇到了什么麻烦吗？

A：严重的时候快递员不能进入小区，社区专门设立投递点，由社区工作人员进行管理，物业管控楼栋，快递员按固定时间送到快递点，社区居民排队取快递，快递量挺大的。疫情平缓后就居民自己取快递，没有快递柜。

参考文献

[1] 葛明峰.关于"最后一公里"的末端物流配送模式分析[J].商场现代化,2019(17):50-51.

[2] 朱永彬,孙翊,吴静,等.关于发挥智慧物流在国家应急物资保障体系中作用的建议[J].科技中国,2020（5）:19-21.

[3] 孙瀚,杨帆.关于物流机器人配送在社区疫情隔离中的应用探讨[J].数字通信世界,2020,25(2):25-26.

[4] 郎子健.基于ＡＨＰ层次分析法的快递末端共同配送模式研究[J].现代商贸工业,2019（23）:29.

[5] 吴珊珊.基于电子商务的共同配送中末端配送问题探析[J].物流工程与管理,2020,42(5):102-104.

[6] 蔡晓冉,朱辛格.重大疫情期间全封闭管理下社区配送模式优化——以襄阳市为例[J].物流技术,2020,39(3):1-4.

[7] 余家祥,王遥飞,索馨,等.应对新冠肺炎疫情武汉应急物流——发展问题与对策建议[J].综合运输,2020,42(4):4-7.

2020年
WUPENiCity城市可持续调研报告国际竞赛
优秀奖

"疫"路同行

——疫情期间武汉社区居民交通出行方式及供给需求调查

指导老师：王宝强

作者：左沛文　胡　骏
　　　熊梓洋　余春洪

摘要

2019年底，武汉成为国内新冠肺炎疫情暴发地。为了解疫情期间社区居民交通出行情况，分析影响出行的因素及存在的问题、进一步分析武汉社区交通供给需求关系，本次调研选取车站街辅堂社区、积玉桥街凤凰城社区两个典型社区，聚焦于一般社区居民、公共保障人员及社区管理人员这三类调查对象，通过问卷调查及电话访谈的方式对其进行抽样调查。结果表明：①疫情期间社区居民存在购物、就医等刚性需求，出行呈现步行化与短途化的特点；②疫情期间居民出行的影响因素包括空间、政策、管理与心理等；③疫情前期及中期出现交通供给需求不匹配现象；④基于调研，我们提出了出行方式多样化、交通空间便利化、交通政策刚性、弹性结合的优化建议。

目 次

1 绪论
    1.1 调研背景
    1.2 调研概述

2 疫情期间社区居民出行状况调查
    2.1 一般社区居民出行状况
    2.2 公共保障人员出行状况
    2.3 管理人员出行状况
    2.4 小结

3 疫情期间影响居民出行的因素
    3.1 影响居民出行的空间因素
    3.2 影响居民出行的交通政策因素
    3.3 影响居民出行的心理因素
    3.4 小结

4 基于供需视角的交通出行评价
    4.1 疫情期间交通供给方式
    4.2 疫情期间交通需求特征
    4.3 不匹配的社区居民交通供给需求
    4.4 小结

5 总结与建议
    5.1 调研总结
    5.2 相关建议

附录 A　调查问卷

附录 B　访谈记录

1 绪论

1.1 调研背景

1.1.1 武汉成为新冠肺炎疫情国内集中暴发地

1. 武汉市疫情核心时间线

从 2019 年 12 月 8 日首例病例被通报到 2020 年 4 月 8 日武汉解封,武汉一直是全国人民关注的焦点(图 1)。

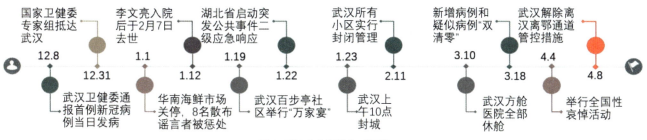

图 1 武汉市疫情核心时间线

2. 对新冠肺炎疫情的认知

人感染新型冠状病毒感染导致的肺炎(下文简称新冠肺炎)后,常见体征有发热、干咳和乏力等。在较严重病例中,感染可导致急性呼吸窘迫综合征、脓毒症休克以及多器官功能衰竭等,甚至死亡。目前对于这种新型冠状病毒所导致的疾病没有特别有效的治疗方法。

3. 疫情发展状况及特点

疫情初期,由于大众对新冠肺炎疫情的重视不够,全国每日确诊人数逐日增加,上升幅度越来越大,治愈率却上升缓慢,确诊速率和医疗资源跟不上疫情发展的速度(图2)。

随着疫情的蔓延,全国各地都出现了不同数量的确诊病例,新冠肺炎疫情变得越来越严重。

4. 武汉市疫情期间交通管控

从 2020 年 1 月 23 日封控防疫到 4 月 8 日解封,武汉采取了一系列交通管控措施以控制疫情的蔓延。

2020 年 1 月 23 日 10 时,武汉开始封控防疫。武汉市城市公交、地铁、轮渡、长途客运暂停运营;市民无特殊原因,不得离开武汉,机场、火车站离汉通道暂时关闭。

1 月 25 日武汉市过江隧道关闭,三环内过江桥梁通行实施体温检测管控。全市紧急征集 6000 台出租车分配给中心城区每个社区,解决市民出行不便等问题。

1 月 26 日除经许可的保供运输车、免费交通车、公务用车外,中心城区区域实行机动车禁行管理。

2 月 10 日起,对全市范围内的所有住宅小区实行封闭管理。

3 月 21 日,三环内过江桥梁检测点开始撤除。

3 月 25 日武汉市恢复 117 条公交线路运营。

3 月 28 日,武汉恢复轨道交通 1 号线、2 号线、3 号线、4 号线、6 号线、7 号线运行,武汉各火车站到达业务正式恢复。

4 月 8 日零时,武汉市解除离汉及离鄂通道管控措施,有序恢复对外交通;同日,武汉轨道交通 8 号线一期恢复运行。

疫情期间,武汉作为疫情的中心,武昌区、硚口区、江岸区成为确诊病例较多的城区,武汉的中心城区医疗压力大。但随着疫情得到控制,复工复产的工作有序进行,武汉作为全国最后一个确诊病例清零的城市,解封后城市生活逐渐走入正轨。

纵观整个疫情的发展过程,疫情总体呈现上升幅度大、蔓延速率快、有拐点但需要控制的特点,出台相关管控政策对有效遏制疫情的发展起到了很好的作用。

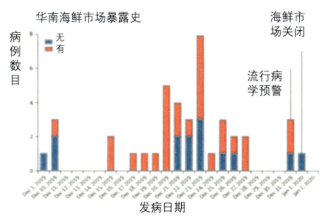

图 2 首批 41 名病患不同日期发病人数统计图

1.1.2 武汉市疫情期间交通需求变化

1. 弹性需求减少

随着疫情的发展，居民出行刚性需求增加，弹性需求减少，生活活动的范围也越来越小（图3）。

2. 出行方式减少

疫情暴发后，居民出行特征突变，交通出行需求大幅降低，加上短距离出行的增加，导致居民多采用步行方式外出。

疫情暴发后期，我们可以利用网络的便捷，在不出行的条件下满足各种生活需求，这也使得居民交通出行方式减少（图4、图5）。

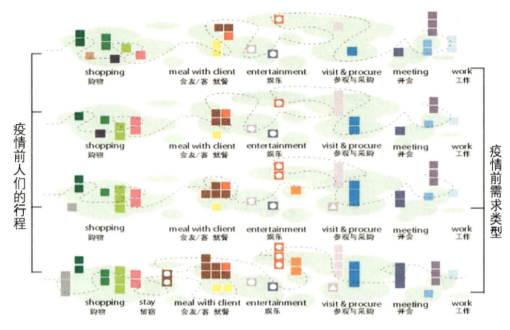

图3 疫情前居民出行需求图

图4 出行需求方式变化

图5 疫情后期出行方式变化

1.1.3 武汉市疫情期间社区出台相关供给政策

1. 专项交通供给

封控防疫后，武汉市交通运输局从8家巡游出租车公司和7家网约车公司共征集6000辆出租车下沉到全市1159个社区，为居民提供服务。

2. 区域供给管理

根据不同社区的情况分配车辆，重点照顾疫情高发地带小区。

3. 新型供给方式

城市交通出现新的交通供给方式，例如"预约出行"和"无人配送"。

1.2 调研概述

1.2.1 调研目的

①通过网络问卷调查，掌握两个不同类型的社区居民在疫情不同阶段交通出行方式的基本情况。

②整理相关材料和调查问卷，分析疫情期间居民交通出行的影响因素及交通出行过程中遇到的困难。

③结合武汉市疫情期间交通管控的对策，分析武汉市交通供给与交通需求关系，提出优化对策及相应建议。

1.2.2 预调研

通过打电话咨询一些社区居委会工作人员、武汉的老师和同学，从反馈的信息得知疫情期间武汉社区居民交通出行的基本状况以及社区配车的相关问题。

1.2.3 预调研成果

①社区居民：交通出行方式和问题情况调查（发放问卷244份，回收有效问卷220份）。

②社区公共保障人员：主要调查其工作出行方式和交通问题（发放问卷22份，回收有效问卷20份）。

③社区管理人员：社区交通出行管理模式及问题（对两个社区管理人员进行采访）。

1.2.4 可行性分析

1. 空间样本可行性

辅堂社区和凤凰城社区均位于武汉主城区、长江两岸，交通便捷，周围社区、学校、商业等公共服务设施众多，具有普遍性、典型性以及代表性。

2. 样本数量可行性

收到社区居民问卷244份，回收有效问卷220份，成功率90.2%；向公共保障人员发放问卷22份，回收有效20份，成功率90.9%；调研社区数量2处；访问管理人员2人。

3. 专业可行性

社区交通管控模式、空间分布、人群特征等与社会学或规划学方向密切相关，可结合相关课程分析切入。

4. 价值可行性

疫情辐射广、蔓延迅速的特点让人措手不及，疫情在未来具有普遍性和长期性，了解相关情况并提出优化对策刻不容缓。

1.2.5 调研选址

数据来源：社区居民调查问卷、社区公共保障人员调查问卷、社区管理人员采访记录、武汉轨道交通公众号、新浪微博、网络数据等（表1、图6）。

表1 调研社区概况

社区名称	区位	总户数/户	常住人口/人	党员/人	辖区面积/(km²)
积玉桥街凤凰城社区	武昌区	3876	6631	376	0.86
车站街辅堂社区	江岸区	2735	6746	199	0.075

图6 基地区位

1.2.6 选址社区的交通设施

两社区分别位于武昌区、江岸区的城市中心地带，交通便捷，附近500米内均设有地铁站及若干公交站（图7）。

疫情发生前，居民对公共交通出行依赖性较高，出行需求能够得到基本满足。

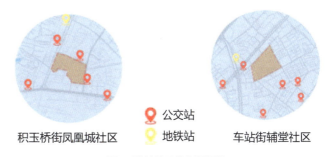

图7 选址社区的交通设施

1.2.7 技术路线与调研方法（图8）

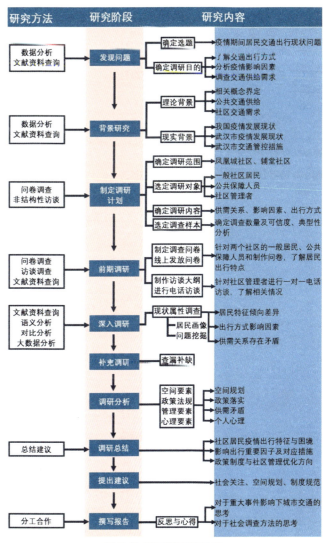

图8 技术路线与调研方法

女性居民135人 占比61.36%
男性居民85人 占比38.64%
图8 调研对象性别构成

18岁以下6人 占比2.73%
18～40岁以下135人 占比61.36%
40～60岁以下65人 占比29.55%
60岁以上14人 占比6.36%
图9 调研对象年龄构成

图10 调研对象职业构成

图11 居民对疫情关注度   **图12 居民拥有私家车比例**

图13 居民出行时间   **图14 单次行程耗时**

图15 封城前后出行方式变化

图16 居民出行距离   **图17 居民出行频率**

图18 疫情期间出行目的

2 疫情期间社区居民出行状况调查

2.1 一般社区居民出行状况

2.1.1 社区居民基本情况

本次针对社区居民的调研主要采用线上发放问卷的形式，发放244份，回收有效问卷220份，问卷有效率达90.2%。其中凤凰城社区113份，辅堂社区107份。

据统计，受调查居民多处于青年至中年阶段，学生和公司职员居多，反映出社区居民青年化以及疫情对社区居民造成了较为严重的影响，社区居民无法外出工作（图8~图10）。

据统计，受调查居民普遍对疫情的关注度较高（图11）。

2.1.2 社区居民出行基本特征

时间界定：根据武汉交通管制措施，将疫情发展分为三阶段：封控防疫前（2020年1月23日10时前），封控防疫期间（1月23日至4月7日），解封后（4月8日零时后）。

1. 出行多为白天，行程耗时缩短

社区居民的出行时间集中在12:00—18:00时，出行人数最多；6:00—12:00时其次。从单次出行的行程耗时上看，大部分居民出行都在1小时之内，20分钟之内的居民出行以步行为主（图12~图14）。

2. 出行方式多样，步行占据主导

封控前：出行方式地铁占40.7%，公交车占33.1%，步行或私家车占26.39%。封控期间：出行方式步行占61.6%，私家车占28.1%，自行车占10.3%。解封后：出行方式步行占43.0%，私家车占39.5%，自行车占17.6%（图15）。

3. 公共交通出行受疫情影响最大

封控防疫期间，由于交通管控等原因，公共交通基本停运，直到后期才逐渐恢复。即使在解封后，由于疫情造成的心理影响，出行需求仍低。

4. 步行、自行车、私家车备受青睐

较为独立、能够避免与他人接触的出行方式（步行、自行车及私家车）成为解封后的主要选择。

5. 步行、社区配车在疫情期间增加

这是由于疫情期间人们的交通需求通常以短距离为主，且交通管控与政策安排使得社区配车成为一种新型的、临时的"公共"交通出行方式。

6. 出行范围收缩，出行频率降低

社区居民的出行距离平均在3千米以内，短途出行最多；远距离出行较少。出行频率方面，大部分居民出行选择一周一次甚至不出行，近87%的居民一周出行次数在4次以下。同时，一周10次及以上的居民也占有一定比例（图16、图17）。

7. 出行目的以生活需求为主，就医及购物成为刚性需求（图18）

由于大多数居民宅在家中尽量减少出门次数，为了维持日常生活与上下班出行以及购物成为频次最高的出行目的。其中，购买食物是封控防疫期间居民出行的主要目的。出行的其他目的还有取快递等，基本采用步行方式，行程耗时也较短。

2.1.3 社区居民基本情况

1. 交通工具选择的九大因素

封控防疫前、封控防疫期间及解

封后居民对交通工具的选择需考虑的因素各有不同（图19）。

2. 出行保障满意度较高

整体上看，居民对疫情期间的出行保障评价较好，近七成居民对保障很满意或比较满意（图20）。

3. 封控期间出行的困难程度上升

以10分标记出行最困难，1分标记出行最顺利，在调查的220名社区居民中计算加权平均分（图21）。封控前:2.6分；封控期间:8.1分；解封后:4.6分。

疫情对武汉社区居民出行造成困难；解封后的城市交通在这段时间内仍处于逐步开放的阶段，离封控前的状态还有一定距离（图22）。

2.1.4 社区居民出行基本问题

1. 交通出行突出问题较多（图23）

封城期间，居民出行受到种种限制。从问卷反馈上看，主要的问题还是武汉限制出行，导致公交车、地铁、出租车等停运，疫情后期车辆又实在太少，居民难以出行。

第二大原因在于社区管理严格，每次出行必须开健康证明、身份证明等材料，程序烦琐，造成出行障碍，使得居民能不出行就不出行。

最后是社区配备车辆过少，而这些车辆每天得买菜，送货，导致居民难以联系上。安全保障不足以及便民措施不到位也是居民出行的难点。疫情期间居民最关注的还是生命安全问题，没有人愿意感染新冠，导致居民不愿出行。然而封城期间却出现了很多社会问题，比如小区停车位的欠缺，车辆乱停乱放等问题。

图19 不同时期选择交通工具考虑的因素

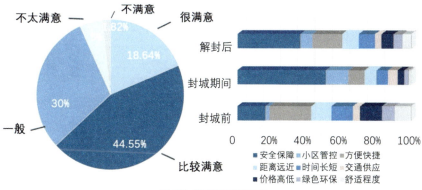

图20 出行保障满意度

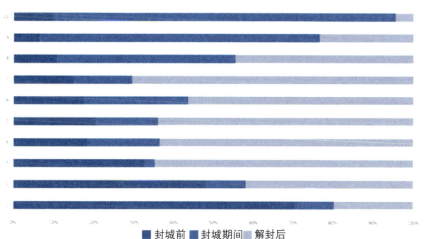

图21 出行困难程度

图22 出行考虑因素

图23 交通出行突出问题

2. 居民交通出行的担忧较多

居民交通出行的问题多种多样。首先让居民担忧的主要是公共交通人流密集，有疫情传播风险；其次，居民担心医院的封闭空间造成交叉感染，不敢去医院；再次，居民对出门往往有畏惧心理，担心自己的生命健康；最后，就是社区管理问题，居民外出需要出行证、健康证明等，程序比较烦琐（图24）。

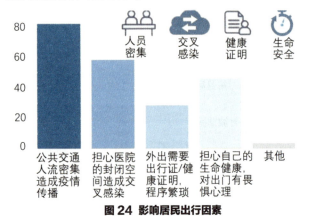

图24 影响居民出行因素

3. 居民建议

（1）交通出行：①应充分利用共享单车和电动车，分配给各社区的车辆不能够满足居民的需求；②希望的士和网约车在数量上多一点，在价格上再加大一些优惠力度；③目前私家车出行比例提高，上下班时间过江通道车行压力很大，建议取消长江大桥、江汉一桥单双号限制；④小区封闭影响了公共交通的便利性，建议适当增加公交的车辆频次，逐步恢复居民公交出行习惯；⑤希望防控水平和出行效率动态平衡；⑤通过社区制定约车制度，定点发车、到车报站通报制度，既方便疫情管控又便民。

（2）疫情防控：①大多数居民尽量不出门，居家办公；居民自觉戴口罩；对公共空间做好消毒防控，对交通工具认真消毒；坚持防疫措施不放松，及时发现、及时收治；发动群众力量，优先保障一线医护人员出行。

2.2 公共保障人员出行状况

2.2.1 公共保障人员出行现状

1. 参与调研的社区保障人员以青壮年为主

本次调查运用网上发放问卷的方式，共向积玉桥街凤凰城社区和车站街辅堂社发放22份问卷，回收有效问卷20份，问卷有效率达90.9%（图25、图26）。

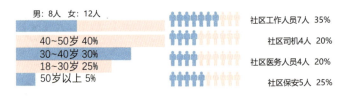

图25 调研对象性别与年龄　　图26 调研对象智能构成

2. 出行方式由公共交通向私人出行转变（图27）

社区配车是封控期间的特殊出行方式，公共交通设施基本暂停服务，非机动车与步行在解封后为主要出行方式。

图27 疫情期间居民思维转变

①公共交通的暂停使用使得私家车成为疫情期间保证公共保障人员安全出行的重要资源；②非机动车的便捷性在疫情期间得以体现，成为人们在无障碍且少接触的情况下进行中短距离出行的有效手段；③社区配车在疫情期间使用的情况表明，政府在公共保障人员出行方面制定了一套较完整的出行体系；④公共保障人员较少使用网约车、私家车、出租车等交通出行方式。

3. 社区保障人员出行困难在城市封控期间达到顶峰

以武汉封控作为时间节点：①封控前公共保障人员的出行基本不受到限制，更多的出行困难来自人自身心理；②封控期间资源短缺，公共交通关闭，严重影响出行。

2.2.2 公共保障人员出行面临的问题

害怕感染与工作时间不定是阻碍公共保障人员出行的两个关键问题。

①多种因素影响着公共保障人员的出行。其中，害怕感染为主要原因，此外还有工作时间的不确定等因素。

②对于社会来说，无疑是资源的缺乏。医疗物资上，如口罩数量不足；交通上，如社区配置车辆数量不足；等等。

③对于政府部门来说，需要加强宏观调控，完善车辆运作路线，同时增设应对特殊紧急情况的相关部门。

④对于公共保障人员来说，责任在身，出行不可避免，必须强化自我安全意识，做好时间管理，有问题和社区部门多交流。

2.3 管理人员出行状况

专用的社区车辆与统一发放通行证是出行的必要条件。大部分管理人员使用私家车出行，个别采取步行。各级管理人员都必须使用社区统一发放的通行证。社区志愿者必须经过审核、统一配发通行证后，才可以出入。管理人员疫情期间工作状况见图 28。

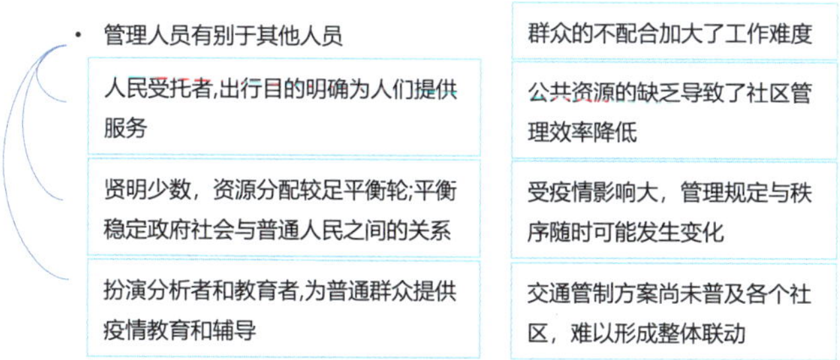

管理人员有别于其他人员
人民受托者,出行目的明确为人们提供服务
贤明少数，资源分配较足平衡轮;平衡稳定政府社会与普通人民之间的关系
扮演分析者和教育者,为普通群众提供疫情教育和辅导
群众的不配合加大了工作难度
公共资源的缺乏导致了社区管理效率降低
受疫情影响大，管理规定与秩序随时可能发生变化
交通管制方案尚未普及各个社区，难以形成整体联动

图 28 管理人员疫情期间工作状况

2.4 小结

理想状态：管理人员的人数充足，资源分配充足，普通居民所遇到的出行问题都可以解决。

真实情况：管理人员人数少导致工作量大，出行距离、时间及次数增加。

管理方法：为防止疫情扩散，一般居民被限制出行，管理人员乘社区车辆统一出行。

3 疫情期间影响居民出行的因素

3.1 影响居民出行的空间因素

3.1.1 社区封锁大部分出入口，限制出行

1. 凤凰城社区交通条件

凤凰城社区仅有与中山路连接的南门和与和平大道连接的西二门能够通行，而南一门和西一门两个出入口则禁止通行，减少了居民与外界交往的途径，这样就大大地限制了社区居民的出行（图 29）。

可通行出入口
不可通行出入口
沙湖苑路
西二门
南一门
西一门
南门
和平大道
积玉路
中山路

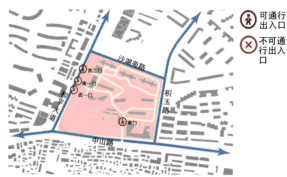

图 29 凤凰城社区交通条件

2. 辅堂社区交通条件

辅堂社区仅有与友益街连接的西门和与京汉街相连的北门能够出入，其他 6 个出入口都被封锁，这样极大地限制了居民的出行（图 30）。

大智路
友益街
西门

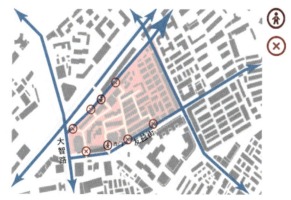

图 30 辅堂社区交通条件

疫情期间的交通管控，导致武汉市的社区封锁大部分出入口，仅留下主要出入口，进行限流管理。

3.1.2 居住区位决定便利程度

从调研中得知，疫情期间居民出行的主要目的是购物买菜。我们的调研以社区周边超市分布为例，进行社区的区位分析（图 31、图 32）。

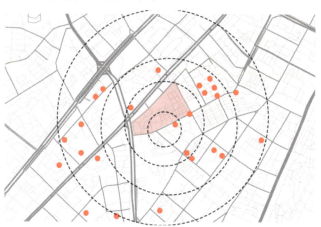

图 31 辅堂社区周边超市分布图

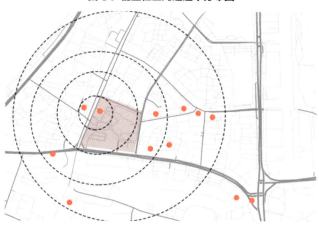

图 32 凤凰城社区周边超市分布图

由于居民出行距离大都在 1km 以内，调研便以距社区出入口的距离为参照标准，划分为 100m、350m、500m 和 650m 四种圈层（表 2）。

表 2 社区各圈层内超市数量统计表

不同距离圈层	100m	350m	500m	650m
辅堂社区	1	4	12	22
凤凰城社区	2	2	5	10

辅堂社区紧临友益街、京汉街等步行街，附近超市众多，距离出入口也很近，居民出行购物比较方便，可选择性也比较大，而凤凰城社区附近超市较少，且大都在出入口的背侧，可选择性较小，且需要绕路，居民出行不太方便。

3.1.3 路径选择影响出行效率

疫情期间在外时间太长不安全，出行距离太远不方便。

由于社区附近的商铺大都关闭，居民只能到指定的超市购物，道路的选择会极大影响出行效率（图 33、图 34）。

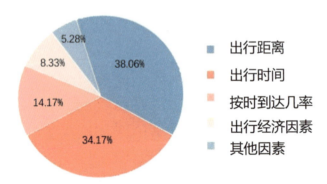

图 33 社区居民出行因素调查

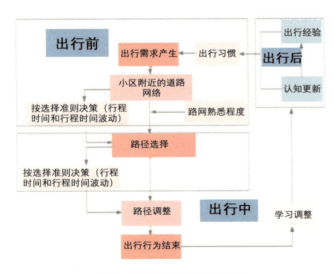

图 34 社区居民出行决策路径

3.2 影响居民出行的交通政策因素

3.2.1 从限制出行到场所管制

从人员管制到场所管制。从社会关系上约束人的行为防止风险产生，可以降低病毒在整个场域内的传播效率（图 35）。

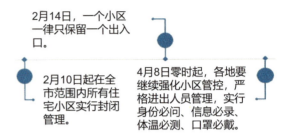

图 35 疫情期间管制措施历程

3.2.2 社区出入流程复杂影响效率

由于相关政策的规定，出入社区必须进行一系列的检测，大大降低了人们通行的速度（图 36）。

同时，对于特殊人群出入社区，需要做更细致的检测，有些流程可能还需要工作人员的帮助，出行效率降低（图 37）。

测量体温　将口罩扔进垃圾桶　洗手消毒　换上新口罩

登记个人信息　粘贴检验标签　再次洗手　进入社区

图 36 普通社区居民出入流程

难于　　难于

残疾人　　空巢老人　　留守儿童

图 37 社区特殊人群出入状况

3.2.3 交通流线管控导致部分地区交通压力过大

1. 严格控制华南海鲜市场附近一带的交通出行

疫情暴发之后，政府严格管控华南海鲜市场一带的交通路线，控制车辆数量，要求人们不再上街路过。驾驶者必须佩戴口罩（图38）。

图38 华南海鲜市场附近的交通管控

由于疫情的突发性与特殊性，政府在交通管控政策上因时制宜，需要时间与社会实践进行调整与修改。

图39蓝色区域为交通严格管控区域（汉口站旁华南海鲜市场附近），这导致疫情期间东侧立交桥的交通拥堵，南侧路段交通流量远远超过其自身的承载量。

图39 交通管控区域

2. 交通点的严格检查拖慢了车辆的通行速度（图40）

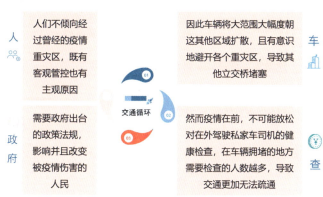

图40 疫情期间交通检查流程

3.3 影响居民出行的心理因素

3.3.1 管理要求

1. 管理需要制定政策以及执行政策

政府做到宏观调控，制定居民详细的出行政策，确保在保证居民安全的同时，也可以为居民提供相对便利的交通出行环境。

社区需要根据其自身特点对政策进行相应的优化，根据社区的人口数量、服务设施环境、交通地理位置进行调整（图41）。

居民自身则需要严格遵守各项管理条例，安全出行。

图41 社区对政府政策的执行

2. 管理背景

疫情影响下，社区作为城市的细胞，是联系政府与居民的桥梁和纽带，也是政府加强和创新社会管理的基本立足点和最终落脚点。社区作为城市管理基层组织，其重要性越来越显现，在疫情发展的大背景下，探求当前社区管理中存在的问题并寻求解决之道，有着重要的现实意义。

3. 因素分析

（1）自身因素。社区的工作人员流动性大、人数较少，难以统一调配任务。

（2）公共资源短缺。社区服务资源短缺，各种资源无法得到及时的补充，每一次的管理与调整都是对资源的消耗与挑战。

（3）社区管理难。社区行政受限于知识经验，不一定能科学制定及优化疫情管理措施。

（4）疫情的发展无法预期。面对史无前例的新冠肺炎疫情，政府和民众缺乏经验，管理和调整上肯定会有所偏差。

3.3.2 心理因素

突发事件会严重影响人们的心理。突发公共卫生事件是指突然发生，造成社会公众健康被严重损害的重大传染病疫情、群体性不明原因疾病、重大食物和职业中毒以及其他严重影响公众健康的事件。它对人类的生命安全构成了威胁，对社会、经济产生了剧烈冲击，使人们处于一种应激状态。在应激状态下，居民会出现急性应激反应，出现焦虑情绪及一些过激的行为。

个人心理在面对巨大社会问题时是脆弱的，疫情期间主要有四个因素影响着人们的心理活动。

①社会现状的影响。即政府与社区的政策，以及相关制度的布置与颁布。

②身体情况。虑及自身以及家人亲属朋友的健康情况。

③家庭资源情况。家中药物口罩等消耗品资源短缺，会对个人有极大影响。

④疫情的具体发展情况。人们期待疫情早日结束，渴望继续自由自在的生活。

相信政府，我们一定能解决这种复杂而又巨大的社会问题（图42）。

图 42 疫情期间心理状态转变

3.4 小结

①政策法规规范着人们的出行，降低人们被感染的风险。

②社区街道帮助人们解决限制出行问题，如帮助购买物资或发放药物。

③建立互信。相信社区，树立抗击疫情的信心，支持配合社区工作者的工作，尽量减少出行。

4 基于供需视角的交通出行评价

4.1 疫情期间交通供给方式

4.1.1 疫情期间公共交通供给情况

1. 对外交通基本停滞

封控防疫期间，武汉实行了交通管控，限制机动车出行。为控制人员流动引发的传染风险，切实做好新冠肺炎疫情防控的道路交通保障工作，武汉城区实行了交通管制。自2020年1月26日零时始，除经许可的保供运输车、统一调配的公交车、公务用车外，中心城区实行机动车禁行管理。

2. 交通系统选择供应

市民乘坐电车、地铁、公交等需要进行安全检测（图43）。

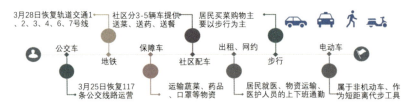

图 43 疫情期间武汉交通供应

3. 公交、地铁进站方式（图44）

①使用智能手机的乘客，第一次出行前须使用支付宝或微信进行线上身份认证并关联健康码状态，每次进站后扫描"进站码"，安检时接受健康状态和进站信息核验，到站下车或换乘前主动扫描"车厢码"。

②未使用智能手机的乘客须出示纸质健康码或社区健康监测证明，其中持学生卡、老年卡、残盲卡、见义勇为卡等实名卡的乘客无须另行实名登记；未持实名卡的乘客须出示身份证或护照，由车站工作人员进行登记后乘车。

③进站过闸，使用"Metro新时代"APP或武汉通等降低交叉感染概率。

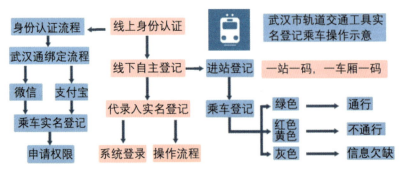

图 44 公交、地铁进站方式

4.1.2 交通管制期间政府采取的惠民措施（图45）

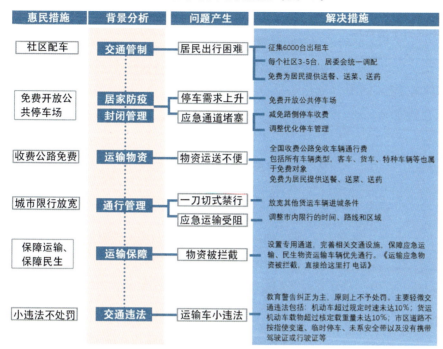

图45 交通管制期间的惠民措施

4.2 疫情期间交通需求特征

4.2.1 交通方式供给多元性与需求差异性

疫情期间居民交通出行方式呈现多元性的特征。

社区配车作为疫情期间特有的公共交通出行方式，为无私家车的社区居民提供远距离交通的协助。

疫情期间居民交通需求呈现差异性的特征。居民在疫情期间缩减了多种需求，买菜、上下班及购物为主要的出行目的。此外，就医成为独特的刚性需求。

4.2.2 社区交通需求呈现空间分布新模式

两社区呈现出相似的出行空间分布模式（图46）。

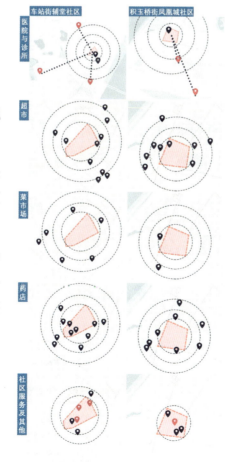

图46 社区内部及周边热门出行目的地

① 快递点、快递柜是社区内部最热门目的地。

② 社区居民出行主要集中在社区周边500m范围内的超市及菜市场，以满足正常生活需求。

③ 社区居民尽量减少远距离出行，远距离出行的目的地除了工作地点以外，主要是医院与诊所，包括指定的发热门诊医院。

4.2.3 社区交通需求存在时间选择新偏好

从出行时间上看，疫情期间居民偏向于白天出行，夜间出行很少；从行程耗时上看，居民主要在1小时之内完成出行（图47、图48）。

居民认为，疫情期间的交通出行困难。其中，夜晚出行受到严重影响。

由于短距离出行人数众多，社区居民出行受到了政策、管理、心理等多方面的限制。

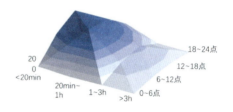

图47 社区居民出行时间与行程耗时的关系

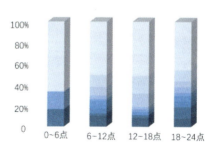

图48 社区居民出行困难程度与出行时间的关系

4.3 不相匹配的社区居民交通供给需求

4.3.1 疫情期间交通供给侧结构升级滞后于居民需求变化

社区交通供给侧结构升级滞后于居民需求变化，绝大部分居民通过步行解决出行问题。因此，疫情期间15分钟生活圈的构建更显特别意义（图49）。

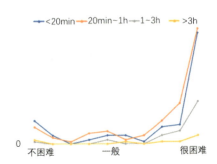

图49 居民出行困难程度与行程耗时的关系

4.3.2 疫情短期性交通需求（图50）

图50 疫情期间交通需求变化

4.3.3 疫情交通信息不对称问题（图51、图52）

图51 疫情期间交通信息分析

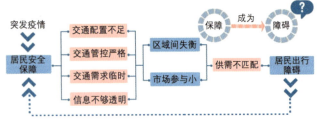

图52 疫情期间居民出行障碍

4.4 小结

①疫情期间实行的交通管制确实限制了武汉市民的出行，给居民在生活上造成了极大的不便。但在和疫情的斗争中，惠民政策为打赢疫情防控阻击战创造良好的道路交通环境，为社区居民的出行提供了保障。

②调节需求可以限制供给。供给必须满足社会和居民各项活动的基本需求，保持交通运输系统在必要的状况下运行，否则城市就无法生存和发展；同样，由于供给的短缺，必须对需求进行调控，疫情期间市民应减少不必要的活动。

5 总结与建议

5.1 调研总结

本次调研对疫情期间社区居民出行状况和社区交通供给与需求的关系进行了解，通过对问卷结果和采访结论的分析，总结了疫情期间影响社区居民出行的各个因素，并以此进一步地进行总结和提出建议。

5.1.1 疫情社区居民出行特征总结

疫情期间，居民出行目的、方式、距离等特征都发生了很大的变化，刚性需求的必要性和外出的不安全性导致居民出行的步行化和短途化（图53）。

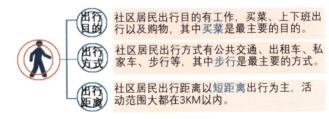

图53 疫情社区居民出行特征

5.1.2 疫情交通供需情况总结

1. 交通需求删繁就简

居民选择偏好从原来的质量优先转变为距离优先，在空间上趋向通过更短的出行距离来达到基本需求（图54）。

图54 从方式上对交通供给进行随机应变

2. 交通供给计划供应

通行证的 A 证适用于跨省应急物资运输、一次一证、一车一证、证车一致。B 证适用于省内应急物资等运输，企业支配、车不定证、每车必带、出车报备。应急运输车辆持通行证享受"三不一优先"原则，即"不停车、不检查、不收费"，优先便捷通行（图 55、图 56）。

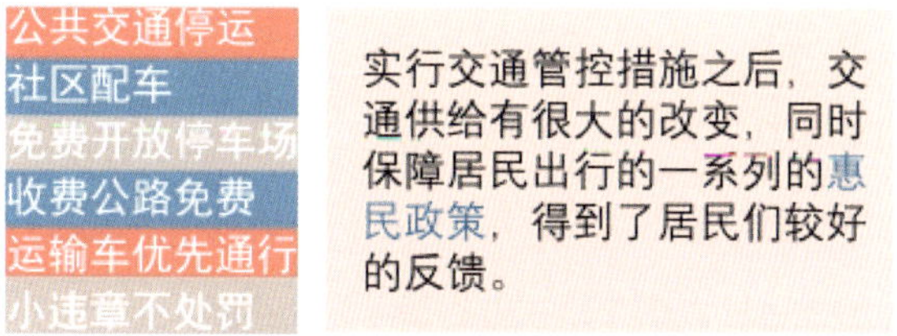

图 55 疫情期间交通供给政策

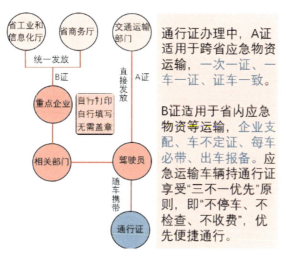

图 56 企业交通供给政策

城市交通的供给方式中的创新点在于"预约出行"和"无人配送"的更大规模普及。公共交通中乘客需要佩戴口罩，接受严格的健康监测。

5.1.3 疫情期间交通问题总结

1. 空间问题突出

空间问题是疫情期间交通中最主要的问题，也是最让居民担心的问题。疫情期间，由于一系列的管控措施，居民出行受到很大的限制，带来了一系列交通出行问题。

①大部分武汉社区都进行出入口的封锁，留下少量出入口供交通出行，削弱了居民的出行意愿。

②超市、菜场暂时关闭，居民需要步行较远距离去购物和买菜。

③由于疫情期间的交通管控，部分社区内部停车位不够，于是大量车辆停在路边，侵占了行人的步行空间。

2. 出现的交通问题

出现的交通问题见图 57。

图 57 出现的交通问题

5.2 相关建议

5.2.1 交通出行方式多样化，引入智能交通监管技术

1. 增加交通供给多样性

通过增加交通供给方式，满足居民应急需求，避免供给方式单一而影响居民刚性的交通出行。

2. 大力利用智能服务

利用手机、智能城市等智能服务，达到预约出行目的，让智能服务成为疫情交通的主旋律。

3. 推广共享单车

扩大共享单车、共享电动车等短途交通工具的投入，尽可能减少居民被动步行，让疫情期间居民的近距离出行得到保障。

5.2.2 提升社区交通空间的便利程度，健全社区管制相关对策

1. 建立应急步行体系

建立社区应急步行体系，在机动车停运期间，减少车辆占用步行空间的现象，让居民能方便快捷地步行到最近服务点。

2. 服务站点均衡分布

疫情期间居民刚性需求占比增加，服务站点分布应符合 5~15 分钟生活圈。

3. 错时出行

错时出行，缓解城市交通压力，减少公共交通的人员集聚程度，提高交通空间的利用率。

5.2.3 制定刚、弹性相结合的交通政策，平衡交通供给需求关系

1. 适当放宽交通管理政策

提高疫情期间交通信息的透明度，增加工作服务人员

的轮转次数，以此来增加交通管理的弹性，避免"严格"的政策导致供需不均的现象。

2. 平衡交通供需关系

提供多元化、弹性的交通供给方式，制定相应的约车制度，让疫情期间居民的交通需求能够得到满足，方便管理的同时也满足供需关系。

附录A 调查问卷

武汉市疫情期间社区居民出行情况调查

您好，我们正在进行一项关于武汉市社区居民出行情况的调查问卷，恳请您用几分钟时间填写这份问卷。本问卷实行匿名制，调查所得结果不涉及个人隐私信息，不作商业性使用，所有数据只用于教学科研，请您放心填写。

1. 您的性别 [单选题]

○ 男　○ 女

2. 您的年龄 [单选题]

○ 18 岁以下　○ 18~40 岁

○ 40~60 岁　○ 60 以上

3. 您的职业 [单选题]

○ 国家机关/事业单位人员/军人　○ 公司职员

○ 自由职业者　○ 工人/农民　○ 学生

○ 无职业者（退休/家庭主妇）　○ 其他

4. 抗击新冠肺炎疫情，您的关注度如何？

○ 非常关注　○ 关注　○ 一般

○ 不太关注　○ 不关注

5. 您有无私家车 [单选题]

○ 有　○ 无

6. 疫情发生前后，您的主要出行方式 [多选题]

	公交车	地铁	私家车	社区配车	出租车	自行车	电动车	摩托车	网约车	朋友的车	步行
封城前											
封城期间											
解封后											

7. 疫情期间，您出行的主要目的是什么 [多选题]

○ 上下班出行　○ 买菜　○ 购物　○ 就医　○ 上学

○ 探亲　○ 会友　○ 朋友聚会

○ 返家　○ 游玩　○ 其他

8. 疫情期间，您的出行次数 [单选题]

○ 一周 1 次及以下　○ 一周 2~4 次　○ 一周 5~7 次

○ 一周 8~10 次　○ 一周 10 次以上

9. 疫情期间，您主要的出行时间 [多选题]

○ 0~6 时　○ 6~12 时　○ 12~18 时　○ 18~24 时

10. 疫情期间，您主要的出行距离 [多选题]

○ 1 千米以内　○ 1~3 千米

○ 3~10 千米　○ 10 千米以上

11. 疫情期间，您单次出行所花的时间 [多选题]

○ 20 分钟以内　○ 20 分钟~1 个小时

○ 1~3 个小时　○ 3 个小时以上

12. 请为您疫情期间出行困难程度打分（最困难为 10 分，最不困难为 1 分）

	1	2	3	4	5	6	7	8	9	10
封城前										
封城期间										
解封后										

13. 疫情期间，您对政府的出行保障满意吗 [单选题]

○ 很满意　○ 比较满意　○ 一般　○ 不太满意

14. 疫情期间，在选择交通工具时，您考虑的因素有 [多选题]

	安全保障	方便快捷	价格高低	舒适程度	小区管控	交通供应	绿色环保	距离远近	时间长短	其他
封城前										
封城期间										
解封后										

15. 疫情期间，您觉得交通出行比较突出的问题有 [多选题]

○ 武汉限行，公交停运，车辆太少

○ 社区配备专车难以联系上　○ 安全保障不足

○ 管理严格造成出行障碍　○ 便民措施不到位

○ 交通事故难处理　○ 其他

16. 疫情期间，您对交通出行最大的担忧是什么 [多选题]

○ 公共交通人流密集，造成疫情传播

○ 担心医院的封闭空间造成交叉感染

○ 外出需要出行证/健康证明等，程序烦琐

○ 担心自己的生命健康，对出门有畏惧心理

○ 其他

武汉市疫情期间社区公共保障人员出行情况调查

您好，我们正在进行一项关于武汉市社区公共保障人员出行情况的调查问卷，恳请您用几分钟时间填写这份问卷。本问卷实行匿名制，调查所得结果不涉及个人隐私信息，不作商业性使用，所有数据只用于教学科研，请您放心填写。

1. 您的性别 [单选题]

○ 男　　○ 女

2. 您的年龄 [单选题]

○ 18~30 岁　　○ 30~40 岁

○ 40~50 岁　　○ 50 岁以上

3. 您的职业 [单选题]

○ 物业管理人员　　○ 环卫工人　　○ 水电工人

○ 保安　　○ 社区司机　　○ 社区志愿者

○ 社区工作人员　　○ 医务人员　　○ 其他

4 在疫情期间，身为社区公共保障人员，您出行的目有哪些 [多选题]

○ 社区服务　○ 上下班出行　○ 买菜　○ 购物

○ 就医　　○ 探亲　　○ 会友　　○ 朋友聚会

○ 返家　　○ 游玩　　○ 其他

5 您有无私家车 [单选题]

○ 有　　○ 无

6. 您的私家车有无用于社区服务 [单选题]

○ 有　　○ 无

7. 疫情期间，作为社区公共保障人员，您的出行方式有哪些 [多选题]

	公交车	地铁	私家车	社区配车	出租车	自行车	电动车	摩托车	网约车	朋友的车	步行
封城前											
封城期间											
解封后											

8. 疫情期间，您的出行时间 [多选题]

○ 0~6 点　　○ 6~12 点

○ 12~18 点　　○ 18~24 点

9. 每周您的出行次数 [单选题]

○ 一周 1 次及以下　　○ 一周 2~4 次

○ 一周 5~7 次　　○ 一周 8~10 次

○ 一周 10 次以上

10. 疫情期间您一般出行的距离是多少 [单选题]

○ 1 千米以内　　○ 1~3 千米

○ 3~10 千米　　○ 10 千米以上

11. 为您疫情期间出行困难程度打分（最难为 10 分）

	1	2	3	4	5	6	7	8	9	10
封城前										
封城期间										
解封后										

12. 疫情期间您的公务出行（社区服务）[单选题]

○ 很方便　　○ 略微不便

○ 一般　　○ 很不方便

13. 疫情期间，您公务出行遇到的困难有哪些？[多选题]

○ 社区配备车辆不足

○ 缺乏外出防护物资

○ 工作时间的不确定

○ 接触大量人员可能导致感染

○ 公务出行程序烦琐

○ 其他

14. 您对疫情期间出行问题有什么改善意见呢 [填空题]（非必答）

_____

_____

附录B 访谈记录

对凤凰城社区夏主任的访谈记录

Q: 疫情期间，作为管理人员，您如何出行？社区的工作人员（包括志愿者）一般是怎样出行？(如上下班通勤方面和生活交通方面。)

A: 疫情期间，大部分社区工作者都是私家车出行，我们在区里办了疫情期间的通行证，包括志愿者，我们也办理了一些通行证给他们，然后有一部分人是步行，因为都住在社区的周边。

Q: 疫情期间，对于社区居民出行如何进行交通管控，而工作人员又如何出行？现在疫情缓和后，对于社区人员的交通出行还保留什么管控措施？

A: 疫情期间，社区居民是没有公共交通工具的，所以他们都是被封闭在家里。如果居民有一些特殊情况有外出的需要，我们一般有社区配备的志愿者车辆，还有一些就是滴滴公司和出租车公司配备的车辆供他们使用。

Q: 疫情期间，社区配备车辆的具体用途有哪些？社区配备车辆能否满足社区人员需求？您是如何调配这些车辆的？现在疫情缓和后，社区还配备车辆吗？

A: 疫情期间，社区配备的车辆主要用于送医，然后就是买菜和买药，基本上一个社区配备四辆到五辆，我们社区配备的车辆能满足居民的需求。对于管理方面，我们这边专门安排了一个同志在负责这些司机的早晚考勤，包括他们给居民买菜、买药还有送医都是在我们这里派单。现在车辆已经都还给出租车公司了。

Q: 疫情期间，若社区内发生紧急情况（如发现疑似病患），社区交通出行的应对方式？

A: 疫情期间如果发现疑似病患，我们是报给街道，街道安排专用的车辆来送病患。因为我们社区配备的的士车是没有隔离空间的，只有街道的车辆有这个隔离措施，就是司机和副驾驶那一块儿中间用一个膜来隔开，是可以运送病患的。所以一般发生这种情况，我们是上报街道，由街道安排车辆去转送。

Q: 在社区施行交通管控中，你们遇到过哪些困难？

A: 疫情期间，我们没有在社区实施交通管控中遇到过什么困难，因为交通管控不是由社区来管，当时是全城公共交通停运，然后所有的人员车辆都封闭在家中和小区，所以暂时没有遇到什么困难。

Q: 您对于社区内交通出行有哪些建议？

A: 目前恢复了公共交通，只要是有复工复产证明的人员，车辆都是可以进出小区的，所以没什么建议。

Q: 在交通出行方面，对于拒不服从管理的人员，您一般是如何处理的？

A: 对于交通出行方面不服从管理的人员，我们这边一般是上报给辖区的民警，然后由民警上门对其进行批评教育，我们社区的居民一般来说还是都比较服从管理的。

2019年
全国高等学校城乡规划城乡社会综合实践调研
报告作业评优二等奖

爱心房客还是匆匆过客
——武汉市江汉区"爱心房客"项目演进过程调研

指导老师：刘合林　郭　亮
　　　　　王宝强　罗　吉
作者：赵海静　周明智
　　　朱鑫如　袁菁菁

摘要

近年来我国老龄化趋势明显，一方面，独居老人群体庞大，城市独居老人在心理和日常生活方面都面临着巨大难题；另一方面，随着我国房价的攀升，年轻人的住房难问题日益呈现。为有效缓解这两方面的问题，武汉市在江汉区试点实施了"爱心房客"项目，即年轻人免费住进独居老人家中，陪伴和日常照顾老人，解决老人的养老问题。本次调研通过分析养老社会背景，结合江汉区民族街炎黄老年人服务中心的实际情况，调查独居老人与年轻人租房共享模式的起源、经过和现状，对该模式的运行框架进行总结梳理，并通过问卷分别调查年轻人和老年人对"青老租房共享"模式的看法及意愿，总结关键问题，以探求更完善、合理的青老租房共享模式。

目　次

1 调研背景与调研设计
　1.1 调研背景
　1.2 调研设计

2 缘起阶段
　2.1 炎黄社工组织的兴起与发展（2016年8月—2017年2月）
　2.2 爱心房客的项目契机
　2.3 爱心房客的项目愿景
　2.4 爱心房客的项目设计

3 实施阶段
　3.1 实施地点
　3.2 实施过程之一：前期招募筛选
　3.3 实施过程之二：中期青老配对
　3.4 实施过程之三：后期住家互助
　3.5 实施效果
　3.6 问题总结

4 调整阶段（2019年3月至今）
　4.1 组织者愿景
　4.2 社会之声

5 结论与建议
　5.1 调研结论
　5.2 对策建议

附录A　问卷调查
附录B　访谈记录一
附录C　访谈记录二
参考文献

1 调研背景与调研设计

1.1 调研背景

1.1.1 我国人口老龄化严重

当一个国家或地区 60 岁以上的老年人口占人口总数的 10%，或 65 及以上老年人口占人口总数的 7% 时，即意味着这个国家（地区）进入老龄化社会。截至 2017 年底，全国 60 周岁及以上老年人口达 24090 万人，占总人口的 17.3%，其中 65 周岁及以上老年人口有 15831 万人，占总人口的 11.4%，老龄化已相当严重（图1、表 1）。

图 1 老年人口增长趋势

表 1 老年人口人数及占比

年 份	2010 年	2011 年	2012 年	2013 年	2014 年	2015 年	2016 年	2017 年
60 周岁及以上老年人／万人	17765	18499	19390	20243	21242	22200	23086	24090
60 周岁及以上老年人口比／（%）	13.3	13.7	14.3	14.9	15.5	16.1	16.7	17.3

注：资料来源于国家统计局。

1. 我国人口老龄化趋势（图 2）

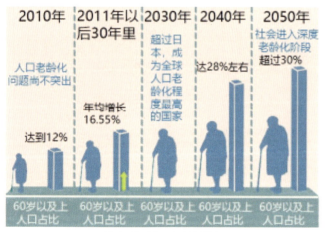

图 2 我国人口老龄化趋势

2. 我国人口老龄化的特点

①老年人绝对数量大，增长迅猛。

②地区间发展不均衡，城乡倒置。

③高龄化趋势加剧。

④独居和空巢老人比重增高。

3. 我国人口老龄化存在的问题

①老龄化影响老年人身心健康。

②老龄化使家庭养老问题突出。

③老龄化加重了我国经济负担。

④老龄化影响社会文化的稳定。

1.1.2 独居老人问题频发

2017 年社会服务发展统计公报显示，目前武汉市老人空巢率平均值为 24%，其中身体不好、患有老年病的老人有四成，超过 90% 的空巢老人选择在家养老，而空巢独居老人存在平日缺乏甚至完全得不到照顾的问题，在身体健康、日常照料以及心理健康方面面临着很多问题，亟需解决（图 3、图 4）。

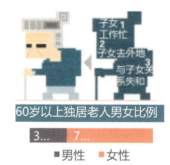

图 3 60 岁以上独居老人男女比例

图 4 老人居住状况

1.1.3 年轻人租房压力巨大

租房人群中相当一大部分是刚刚毕业的学生，经济能力较差，正处于找工作或就业实习阶段，收入微薄并且各方面支出大，因此租房是他们的首选（图5）。

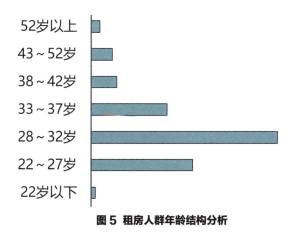

图5 租房人群年龄结构分析

租房房价过高，年轻人租房难问题日益严重，特别是许多来自低收入家庭的年轻人，更加负担不起高额房租。

租房市场的乱象有群租房、胶囊房、中介或二房东乱加钱及存在安全隐患等；克扣押金和网上租房信息难辨真假；合租难协调，社会矛盾纠纷重重。

1.2 调研设计

1.2.1 调研目的及意义

1. 现实意义

"空巢青年"和"空巢老人"都是当代中国城市中的两大特殊群体，两者自身在生活方面都存在一定的困难，也引发了一定的社会问题，两者需求上又存在一定的互补性，对结合两者需求的新居住模式进行调研，有助于了解这种模式的优劣及存在的关键问题。

2. 实践意义

青老互助租房共享作为一个双赢的新模式，目前才刚刚开始实施，还存在很多不完善的地方。本次调研着眼于"青老租房共享"在中国现有住房和养老模式下的存续性，力图为未来青老互助模式推广和发展中可能遇到的问题提供解决思路。

3. 学术意义

目前国内外关于"青老租房共享"的研究还处于起步阶段，媒体报道远多于严谨调研；而已有文献大多停留在媒体报道的直接描述层面，并且报道缺乏翔实材料的支撑，对青老租房共享模式运行和推广的相关问题，往往停留在理论构想和探讨层面。本次调研力求对该模式的推行实施效果进行实证研究。

1.2.2 可行性分析

1. 对象可行性

调研对象接触联系较为方便，便于我们调研数据的采集获取。

2. 空间可行性

实施青老租房共享模式的社区在城市的开放空间，便于调查。

3. 价值可行性

独居老人身心健康和年轻人租房难问题是社会关注的热点。

1.2.3 调研范围和对象

1. 调研范围

实施"爱心房客"项目的有武汉市江汉区万松街道、新华街道、民族街道。项目实施社区大都是老旧社区，独居老人群体基数大；周边有华中科技大学同济医学院，大量商场和写字楼，年轻人群体数量大。各个街道与主干道连通，交通出行方便（图6）。

图6 基地区位与范围

2. 调研对象

（1）独居老人（江北社区、龙王庙社区）。用简单随机抽样的方法抽取参加过爱心房客项目的老年人和未参加过爱心房客项目的老年人作为调研对象。

（2）年轻人（主要是来自江汉区的大学生）。用简单随机抽样的方法抽取参加过爱心房客项目的年轻人和未参加过爱心房客项目的年轻人作为调研对象。

(3) 社区居委会（江北社区、龙王庙社区）。爱心房客项目的组织者和实施者。

(4) 社工组织（炎黄社工组织）。爱心房客项目的发起者和传播者。

1.2.4 调研方法和技术路线（图7）

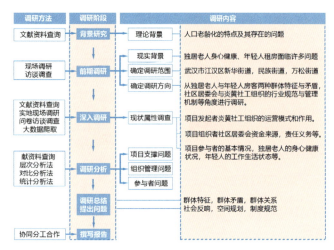

图7 调研方法和技术路线

1.2.5 调研设计

本调研是一个连续跟踪调研过程。从最早的约定调研开始，在5个多月的调查中经历了爱心房客项目的缘起阶段、实施阶段和暂停调整阶段。本调研将三个阶段情况如实反映，形成本报告的组织逻辑（图8）。

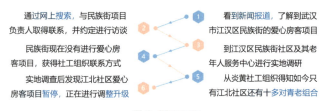

图8 调研历程

2 缘起阶段

2.1 炎黄社工组织的兴起与发展（2016年8月—2017年2月）

2.1.1 社区居家养老服务的发展

社区居家养老就是依托社区为居家老年人提供生活照料、家政服务、康复护理和精神慰藉等多方面服务的一种养老形式。发展社区居家养老服务是应对我国人口老龄化浪潮的重要方式，在居家养老的基础上，通过社工介入等方式，为社区老人提供服务（图9）。

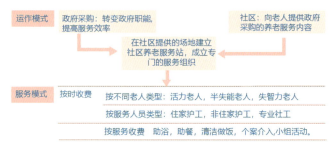

图9 社区居住养老服务的运作及服务模式

2.1.2 政府购买社会服务背景下炎黄社工组织的孵化

在政府购买社会组织服务的背景下，非营利性质机构在运营上比较灵活，对公众的需求有更强的回应性。正是这些优势使社工组织等非营利组织能够与政府形成竞争和合作机制，提高政府部门的养老服务效率。在此背景下，2016年8月，由武汉市民政局孵化了炎黄社工组织（简称炎黄社工）（图10）。

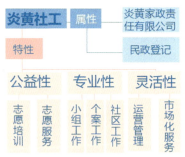

图10 炎黄社工组织构架

2.1.3 社工组织的中介作用增强了老年人、社区、大学生之间的关系

炎黄社工主要在武汉市江岸区的几个社区开展长期的居家养老服务。炎黄社工通过建立老年人评估档案，社工入户走访和在社区活动中心开展相关养老服务等方式，与社区居委会和社区老年人建立了密切的联系。同时通过定期组织志愿者大学生爱老志愿活动，拥有300多名签约大学生（图11）。

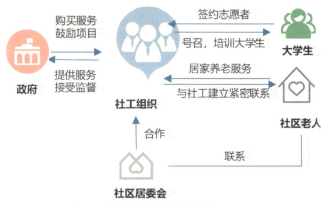

图11 社工组织工作框架

2.2 爱心房客的项目契机

炎黄社工在服务的过程中,逐渐发现空巢老人问题的严重性,同时由于社工服务一对多的性质,无法完全满足空巢老人的需求。作为一个有活力和自主性的公益组织,炎黄社工积极探索新的解决方法(图12)。

2.3 爱心房客的项目愿景

"亲情互换,空巢不空。"关爱空巢老人公益项目以"家庭功能延续"为切入点,将"类子女"角色功能挖掘为创新点。关爱空巢老人从社会角度来说对于营造文明和谐的社会环境和人际关系、推动社会和谐发展具有重要意义。对大学生来说更是给予了他们了解这个群体的机会,也是他们充分弘扬中华民族传统美德、尊老敬老爱老美德的平台(图13)。

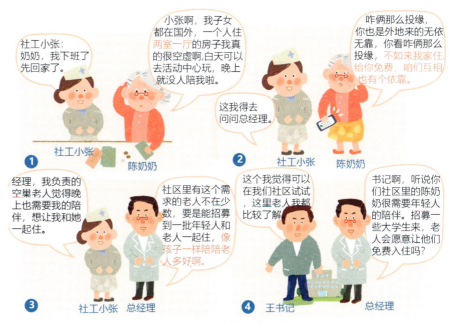

图12 爱心房客项目的契机

图13 爱心房客的项目愿景

2.4 爱心房客的项目设计

爱心房客的项目设计如图14所示。

图14 爱心房客的项目设计

3 实施阶段

3.1 实施地点

3.1.1 区位选择

该项目的实施主要是在湖北省武汉市江汉区,具体到江汉区的三个街道:新华街道、民族街道、万松街道。落实在五六个社区(图15)。

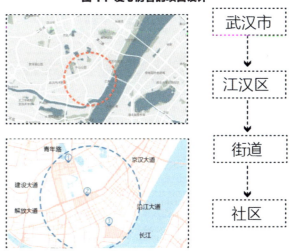

图15 落地区位

3.1.2 区位特点（表2）

表 2 区位特征

街道	区位	面积	人口	辖区
新华街道	地处江汉商贸金融中心，辖区东起江汉路、江汉北路，西至武汉国际会展中心，南临京汉大道，北接建设大道	1.08平方千米	人口51800人，户数13534户	设有10个社区居民委员会，项目涵盖社区有江北社区等
民族街道	东临长江和汉水，西接汉正街，北抵三民路铜人像	0.48平方千米	常住人口30660人，暂住人口4320人，有汉、回、苗等8个民族	下辖武胜社区、万年社区、万寿社区、涂家社区、大董社区、和平社区、龙王庙社区
万松街道	北拥王家墩商务区，南踞武广、世贸核心商圈，建设大道金融街横贯东西，万松园国际品牌街纵贯南北，是武汉现代服务业中心区的重要载体	8.18平方千米	常住人口10万余人	下辖武展社区、地质社区、电业社区、电力社区、航空社区、青年社区、自松社区、青松社区、公园社区、航侧社区、妙墩社区、凌云社区、机场社区、王家墩社区

3.2 实施过程之一：前期招募筛选

爱心房客项目整个过程分为三个部分：前期招募，中期配对，后期住家。招募筛选是爱心房客项目开展的第一个环节，此环节以青老双方的需求为前提，获得项目参与主体。

3.2.1 双方需求准备（图16）

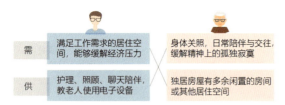

图 16 双方需求分析

3.2.2 筛选要求

招募工作结束后，社工组织机构进行人员筛选，选出有意愿参与爱心房客项目且符合要求的年轻人和老年人。筛选的标准则是通过综合组织机构的判断以及老年人和年轻人双方的要求来确定（图17）。

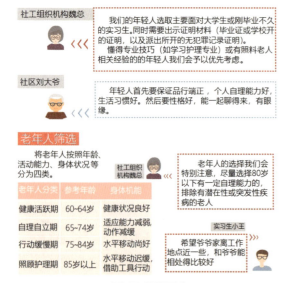

图 17 筛选要求

3.2.3 招募筛选流程

项目进入招募筛选阶段，社工组织机构与社区居委会分别开始与项目参与主体——年轻人和老年人初步接触。社工机构方面，开始进行志愿者的招募及后期筛选。居委会方面，了解老年人的居住情况，征询意愿，进行房源筛选及登记（图18）。

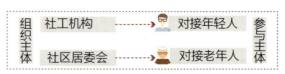

图 18 招募筛选流程

1. 年轻人招募

①了解：爱心房客招募令（线上、线下）。

社工机构运营的微信公众号平台每期推文都会附有"爱心房客征集令"，发布征集信息，社工网站上也有招募通告。招募对象：善良、热爱公益、有爱心及责任心、愿意与老人相处的在校大学生及社会爱心人士；满足条件的特殊爱心人士。

②线上线下报名。

有意向的志愿者主动联系社工机构，介绍自己的特点，提出自己的意愿及需求。社工工作人员对志愿者进行登记录入。

③机构筛选年轻人。

社工组织机构对报名志愿者的年轻人进行登记统计，将参与每周帮扶的志愿者与参与爱心房客项目的志愿者区分开，并根据综合各方面制定的筛选标准进行对年轻人的选择（图19）。

图 19 年轻人招募要求

2. 老年人选定

①老年人基本状况了解。

社区居委会详细了解调查社区老年人生活现状，是否独居、是否有闲置居住空间、是否能自理等。

②居委会扩大项目宣传。

居委会以及社工服务人员在社区内扩大群众对亲情互助项目的了解程度，为大家讲解项目的具体情况。

对有需求或意愿参与亲情互助的老年人进行登记，记录房屋闲置空间类型及现状，并表达自己的需求对象类型。

③居委会上门访谈了解意愿。

社工的工作人员进一步与独居老人进行访谈，了解老人是否有亲情互助的需求或意愿。

④名单登记，房屋录入。

3.3 实施过程之二：中期青老配对

青老配对是爱心房客项目的第二个环节，此环节开始，老年人和年轻人相互选择，进入亲情互助实施阶段。

3.2.1 双方需求准备

①一般同性匹配。

②以亲情互助为初衷，不可怀着纯粹功利性目的。

3.2.2 配对过程

配对过程从开始到年轻人正式住家之前共有八个步骤：破冰活动—初步配对—志愿者培训—帮扶适应期—老年人选择—意见征询，确定登记—配对成功—进入试住期。试住期结束后再确定是否要继续住下去。

1. 破冰活动

为了推进项目开展，将年轻人和老年人召集到一起，在老年人服务中心开展破冰活动。活动主要分为三个流程。

①击鼓传花：鼓声响起，花球在老年人与年轻人手中依次传递，鼓声停止时，拿到花球的人就为大家做自我介绍。

②折纸合作：由工作人员引导大家进行折纸游戏，通过老年人与年轻人合作共同完成。完成的老年人与年轻人就会得到礼品奖励。

③茶话会：自由交流，增进了解，消解陌生感。

2. 初步配对

破冰活动后，中意双方进行初步配对尝试，可以是一对一、一对多、多对一。

3. 年轻人培训

为了使年轻人了解志愿服务理念、志愿精神内涵及相关志愿服务岗位的职责与技能，可以更好地与老年人相处，社工组织机构开展志愿者培训活动。

4. 帮扶适应期

年轻人开始每周帮扶，熟悉老年人家里环境，培养契合度，与老年人形成固定交流，时长为两个月左右。

5. 老年人选择

老年人做出选择后，征询被选择年轻人的意见。双方达成一致，签订爱心房客协议，建档。

6. 意见征询，确定登记

帮扶过程中，观察记录老年人与年轻人相处情况，筛选确定合适的年轻人（是否投缘、有眼缘、相处较好），可能有一到两个选择。

7. 配对成功

协议签订后，基本完成整个配对流程。

8. 进入试住期

配对成功后，一般先试住一个月，再确定是否继续住或者换。

3.2.3 双方相互选择的考虑因素

老年人和年轻人的相互选择是一个比较复杂的双向过程。双方都有不同的考虑且侧重点也不同（图20）。

图20 老年人和年轻人的考虑因素

3.2.4 配对可行性分析

社工组织请专业的家政人员、护理学院老师给大学生们培训,提高他们的陪护能力。比如有些老人患阿尔兹海默病或健忘症,需要非常贴心、耐心地照顾;而有些老人长期卧床、行动不便,要注意放热水袋要防止烫伤、喂水喂饭要避免噎着等细节。

签约大学生都通过了社工服务中心的严格考核,要求大学生有爱心和责任心,有从事公益活动的经验。爱心互换协议也会对参与双方提出约束性条款。社工组织还会给签订协议的双方建档,留有相关证件复印件。空巢老人会出具一份房屋物品清单,通过这些措施来保障老人的权益。

在此过程中,需要大学生付出更多耐心,说一些老人感兴趣的内容,聊一些新鲜话题,让老人打开话匣子。社区和中心还会组织老人和大学生一起做游戏,在活动中观察老人性格,看老人和哪个学生聊得来,然后根据老人的不同个性组队,保证爱心互助精准、贴心。项目自2017年2月份发起后,共有100多位志愿者和300多位老人进行了登记。最终有40多名社工和大学生签订了"爱心房客"协议。

3.4 实施过程之三:后期住家互助

配对成功后,年轻人正式进入与老年人相处的住家模式,承担"类子女"角色,为老年人提供生活帮助。当然,也可能会出于种种原因而产生一些矛盾,有专门的机构及人员提出调解措施,进行调解。在此期间,社工以及居委会也会定期组织对年轻人的考核,以督促年轻人承担相应的责任,实时了解老人与年轻人之间的关系状态,确保项目顺利推进。

3.4.1 住家示例

住家示例及案例总结如图21所示。

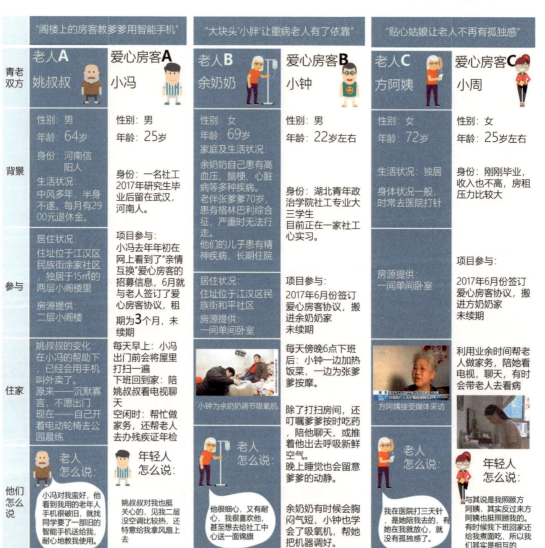

图21 住家案例分析

3.4.2 住家的消极面

由于年龄差距等因素，老年人和年轻人之间可能存在一些矛盾，主要包括生活习惯、价值观念、消费观念等（图22）。

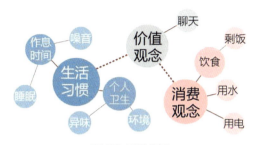

图 22 矛盾分析

3.4.3 住家的积极面

住家过程中，老年人与年轻人产生很多互动、年轻人提供的帮助、对老年人的关心、老年人的积极变化等都是亲情互换所传达的积极意义（图23）。

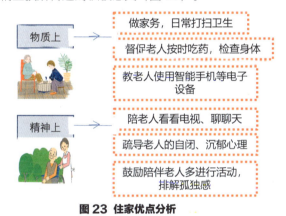

图 23 住家优点分析

3.4.4 住家考核形式

考核主要分三个层级，从上层政府到基层社区，都参与进来（图24）。

3.5 实施效果

3.5.1 总体实施概况

项目自2017年2月份发起后，共有100多位志愿者和300多位老年人进行了登记，最终有400多位签订了"爱心房客"协议。

3.5.2 项目组织者与参与者评价

老年人：由于参与的老年人主要出于自身需求去选择参与项目，因此满意度集中分布在中高程度。

年轻人：参与的年轻人更多的是为工作考虑，对满意度要求没那么高，因此满意度围绕中间程度分布（图25）。

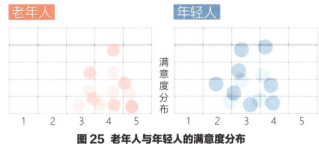

图 25 老年人与年轻人的满意度分布

为了了解项目组织者的想法，我们与社工组织的魏总进行了深入访谈，了解到她对项目的一些看法。

> ①初衷。作为一个半公益性质的企业，我们炎黄社工只是养老旗下的一部分，社工也是围绕老年人来做的，我们是想把养老这个事儿做得更加专业和细致。我们做这个项目就是觉得这好像是一个新的模式，可以去探索一下，因为本身这几年的养老都是在探索阶段，谁都不知道到底什么模式好，各个区都在探索。
>
> ②效果。从2017年下半年到2018年的一整年，"爱心房客"项目在网上非常火，反响也比较好，媒体也进行了很多报道。总的来说，它是一个非常正能量的事情，也是对新型养老模式的一个新的方向的探索。

3.5.3 外界评价

项目实施后，多家媒体对这一新型养老模式进行了报道。直到2018年4月份，报纸上都还有相关的报道内容。项目引发各界的讨论，既有肯定与鼓励的声音，也有不少对项目的建议。

1. 业内人士：是居家养老的有益补充

"我们的社工中心是武汉首家推动这种模式的单位，希望成为老人居家养老模式的有益补充。"业内人士（武汉炎黄家政公司总经理李女士）认为这一模式最显著的好处是老年人得到了照顾，解决了居家养老的重大难题。

照料老人有技术含量，需要专业知识作为支撑。炎黄社会工作服务中心通过与高校护理学院、专业家政从业人员合作，为志愿者新人提供培训，提高他们的陪护能力。

公司也采取了类似模式，取得了良好的效果。公司本有一批四十岁上下的照护员，白天在各网点承担照顾老人的职责，晚上下班后则需要回到租住处（武汉晚晴养老服务有限责任公司负责人杨先生）。而该公司照料的老年人中，有不少是空巢或独居老人，晚上迫切需要人陪护。公司便将两边进行"配对"，一些志愿者晚上免费住进来，充当老人的照护员。

2. 专家说法：一举多得但须防止纠纷

"这个模式对于个人、对于社会来说都是好事。此前日本曾有过探索，年轻人对老人进行志愿服务，服务的小时数记录在案，当年轻人需要帮助时，可以将这个小时数拿出来使用，免费获得其他志愿者的服务。而武汉这一模式则更实在，不是'期货'，能够马上'兑现'，让双方都获得好处。"（武汉大学社会学罗教授）

让有需要的大学生和老人组合，既解决了年轻人初入社会的住宿问题，又让独居老人获得帮助，减轻了各方的负担，这是一个一举多得的好事情，值得推广。在这种形式的推广过程中，还需要注意明晰双方的责任义务，避免双方在生活中产生矛盾纠纷。

"不少身体健康的老人，其实更需要心灵的陪伴，年轻人与他们聊聊天，对他们进行心灵的慰藉，效果会很好。这种'同居式养老'，在欧美国家也有实践：一些留学生免费住进当地老人家中，帮其解决一些生活上的问题，取得了良好的效果。"（华中师范大学社会学梅教授）

3. 民政部门（武汉市民政局基层政权和社区建设处处长孙先生）：前景光明值得探索推广

"爱心房客项目已被评为武汉市当年21个优秀社工项目之一，对全市有推广价值。"

"爱心房客通过社工组织和社区的公信力，连接社会闲置资源，弥补亲情空缺，为老人的生活引入了活力和亲情，为年轻人降低了生活成本。"

"爱心房客需要社工网络的充分覆盖，能及时将需求双方联系起来。就武汉而言，爱心房客还属于新生事物，老年人的一些思想壁垒还需要打破，但它前景光明，是一种值得鼓励的探索方向。"

3.6 问题总结

爱心房客项目发展至此，除了这种新模式所赢得的热烈肯定之外，其潜在问题也逐渐显露，项目运行需要一整套完善的体系。

3.6.1 项目支撑问题

有业内人士说："项目做起来需要资金支持，目前在汉口那边做得比较火是因为主要资金是汉口那边投入的。如果没有资金的注入，光靠企业的财力没法得到保障。"（图26）

图26 项目资金来源

3.6.2 项目组织管理问题

人员培训机制与矛盾调解机制的不完善导致项目的开展后劲不足，势头逐渐衰弱（图27）。

图27 项目组织管理矛盾分析

3.6.3 项目参与者问题

老年人与年轻人之间矛盾的存在也是项目开展的一个很大阻力，是非常现实的因素（图28）。

图28 项目参与者自身问题

4 调整阶段（2019年3月至今）

随着调研推进，我们发现该项目已停止执行，我们十分有幸地采访到了江北社区的社区书记。通过这次的访谈，我们了解到项目实际上并没有结束，只是活动进入了暂停缓冲阶段。

基于这样的情况，我们进一步调查了社会各年龄层人群对这个项目的看法。

4.1 组织者愿景

项目是由江北社区书记与炎黄居家养老公益组织拍板合作,在尝试过程中不断地面向江汉路周边社区推广的。因而,项目组织者主要是以江北社区居委会与炎黄居家养老组织为主体,其他社区居委会联合参与构成的(图29)。

图29 项目组织

4.1.1 项目预期目标

1. 定位:新型养老模式试点

项目从理念策划到活动开展再到暂停调整已走过2个春秋。无论是项目登上央视银幕还是合约期满后年轻人另谋出路开始调整,组织者清楚地知道,此时的项目只是新理念的尝试,是全国众多新型养老模式的试点之一,还远远谈不上成功。

2. 目标:可实施常态化

总结归纳项目开展过程中出现的问题,根据问题尝试对项目进行针对性改进升级,以达到"可实施常态化"的目标。通过试点尝试,摸索出应对不同环境中不同人群的项目开展形式,令项目在复杂的社会环境中具备高适应性、强可变性的特质,在走出试点后仍能发挥出充分的活力。

4.1.2 项目改进重点

1. 资金注入

维护项目运转是需要投入大量人力物力的。强有力的资金注入是项目健康运作的前提保障。爱心房客开展过程中遇到资金短缺的窘况。而国内社工组织依靠政府购买服务项目,在践行机构使命、实现机构愿景的同时,完成机构的发展(图30)。

图30 资金对项目运转作用分析

2. 项目基层负责人

项目的稳定开展离不开基层中坚力量的付出。长期的、稳定的且业务熟练的社工,对每一个项目来说都是至关重要的。他们是最清楚项目、最贴近老年人与年轻人的人。所以,项目的后续开展对社工人员的需求更大、要求更高。

3. 老年人与年轻人之间的需求配位

同一个屋檐下,年轻人与老年人之间"求同存异"是最优解。双方需求配位的过程是"求同"的过程。年轻人或许初衷仅仅是想租房同时居住得舒服一些。老年人也是希望身边能有人陪伴。在项目实际开展中,现实问题会更加的复杂。这时候就更需要双方主动去寻求大家的共同点,当"同"大于"异",和睦相处才有实现的机会。

4.2 社会之声

为了调查社会大众对爱心房客项目的态度,以及对与陌生的房东或租客共同生活的看法,我们通过实地调研访谈了10位普通老人。同时通过网络发放了相关问卷,针对年轻人共发放问卷100份,回收84份,其中有效问卷数77份。并通过网络调研访谈了6位日常上班且家中有老人需要陪伴的中年人,调查他们对于活动的看法与考虑。

4.2.1 老年人的心声

在访谈中,我们采访了老年人是否通过任何渠道了解过爱心房客项目,探讨了老年人对通过出租空闲房间给年轻人以达到"亲情互换"的陪伴需求的看法,同时在询问老年人参与项目的意愿之余,还询问了老年人对活动的认可程度等。

将每一项的程度划分成0~5并用下图表示。从图中可知10位老年人对活动的了解程度不一。需求量也不大,主要集中在0~3区间内,占60%。有50%的老人明确表示没有参与意愿,其余老人的意愿度也不高。但老人们相对认可活动主要集中在2~4区间(图31)。

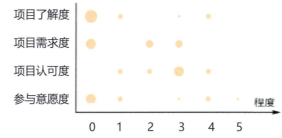

图31 老年人对项目的了解、需求、认可、参与意愿

访谈对象：王奶奶。

时间：5/18/2019，3:00 p.m.。

我子女都在外地工作好几年了，一个人也习惯了。现在身体还不错，白天都来这块广场上喝点东西，跟姐妹们聊天，下午再慢慢去菜市买菜，蛮自由的。我也不太需要小年轻陪着，跟他们都聊不太来，没啥话题。

访谈对象：张奶奶。

时间：5/18/2019，4:00 p.m.。

今天老伴儿没跟我一块出来。就我俩过日子也够了。我家那小子住得也不远，平时也常来看我们。这不，晚上他要过来，我特地过来买菜。目前没有这方面需求，以后吧，等以后再看看。

访谈对象：孙奶奶。

时间：5/18/2019，4:00 p.m.。

我儿子一家跟我住一起，平时小孙女上学时我就比较喜欢来老年人活动中心与朋友闲坐聊天。这里经常举办活动的，你看现在就在教剪纸。我们和年轻人能聊的不多。在家跟儿子能说的都不多，还是小孙女最贴心。

访谈对象：王爷爷。

时间：5/24/2019，4:00 p.m.。

我们哪会弄这些，太麻烦了。平时就来这铺子门口打打牌，晒会儿太阳。现在小区里有食堂，吃得蛮好。社区里还经常关心我们。上次还组织我们去体检了，医生还让我多锻炼呢。

4.2.2 年轻人的看法

在这次调查中，针对年轻人群体（主要选取了大学生群体）发放了100份问卷，在最终所得的77份有效问卷中，年轻人性别比例与基本状况如下图所示。

其中男女比例约为3:5，以本科在校生为主，占87.01%，正在实习或刚毕业的受访者占10.39%。同时，在校住宿的占81.82%，在外租房的占12.99%。53.66%的受访年轻人表示此前并没有听说过爱心房客项目，且大多数人表示没有了解过项目（图32）。

图32 受访年轻人的男女比例图

图33是《2018年轻人租房大数据报告》中的大学生基本生活现状图，探索以90后、95后为代表的年轻租客的租房生活新动态，深度洞察年轻人的租房消费趋势。如今合租已经成为年轻人租房的一种趋势，选择合租的主要原因在于分担房租。

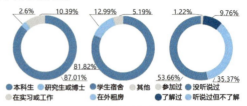

图33 大学生的基本生活现状图

超过80%的租客出于经济考虑选择合租，分担水、电、物业、杂费和房租是选择合租的初衷（图34）。

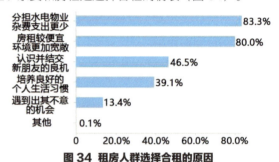

图34 租房人群选择合租的原因

租客对室友的选择有一定要求。在合租的背景下，爱心房客这种年轻人与老年人"合租"的形式成为一种选择。我们询问了受访年轻人是否愿意通过参加爱心房客项目来解决租房问题的原因，同时还询问了他们在选择房东老年人时重点考虑的因素，并试图去了解居住过程中年轻人预想的将与老年人爆发矛盾冲突的地方（图35）。

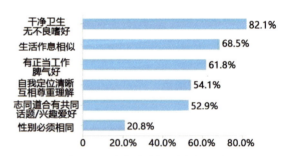

图35 租房人群对合租室友的要求

在合租的背景下，爱心房客这种年轻人与老年人"合租"的形式成为一种选择。年轻人租房需求下参与爱心房客项目的意愿分布如图36所示。

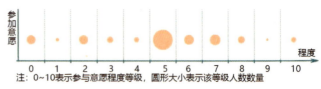

图36 租房需求下参与爱心房客项目的意愿分布图

在"有在外租房的需求，选择通过参加爱心房客项目解决租住的可能"情景下，70%受访年轻人的回答反映出对爱心房客项目的认可与考虑。在5~7区间集中了接近50%的受访者，表明爱心房客项目对年轻人解决租房问题具备一定的吸引力，但目前来说，它还不是优先考虑的选项。

受访年轻人表示爱心房客这个项目有些类似于合租的形式，只不过老人既是房东又是"租友"。在谈及是否参加的原因时，63.6%的年轻人认为主要阻碍因素是作息时间的不同会影响精神状态，72.2%的年轻人认为主要促进因素是能够缓解租房压力（图37、图38）。

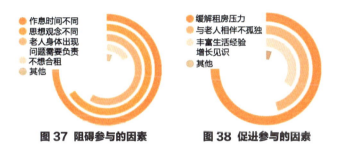

图37 阻碍参与的因素　　**图38 促进参与的因素**

在选择房东老人时，与对合租室友的要求做对比，会发现性格好是大家共同期待的，同时年轻人还会考虑老人身体状况是否良好（图39）。

他们认为对于同住生活中的生活习惯、消费理念（用电、用水）等，将会是双方主要的矛盾（图40）。

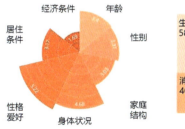 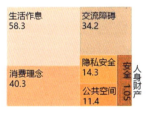

图39 选择房东时的考虑因素　　**图40 促进参与的因素**

60%的受访年轻人认为爱心房客项目目前还不成熟，需要政策支持与规范，24%的受访年轻人对项目的发展前景十分看好，认为这是一个很好的互助模式。在推广首要建议中，受访年轻人的看法不一。综合来说：项目亟须完善相关制度是大多数年轻人共同的看法；受访年轻人大多表示对项目的支持与看好。可以预测项目在不断完善的同时，会吸引到更多的年轻人加入（图41、图42）。

从年轻人的角度来说，制度的完善以及增加与老年人相处的机会会更重要一些。

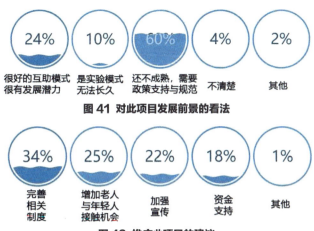

图41 对此项目发展前景的看法

图42 推广此项目的建议

4.2.3 中年人的看法

在调查过程中，我们考虑到老年人要想参与爱心房客项目，需要在工作人员的见证下，经由老人家属同意并确认后，才能报名成功。因此我们访谈了6位日常上班且家中有老人需要陪伴的中年人，调查他们对于活动的看法及对家里老人参加与否的考虑。

> 采访对象：李女士。
>
> 你们这有没有保障？万一老人或者小孩哪一方出事了，那可就说不清了。这事我看还是得多考虑一下，老人家年纪大了，经不起折腾。你这短期租住人来人往的，多不安全啊。
>
> 再说现在的小孩都讲究，又要自由又要保护隐私，老人家啥事都担心啥事都要瞅瞅，多尴尬呀，也就自己子女还能接受。
>
> 现在小区里对老人家也蛮重视的，还经常邀请她去参加活动。你说的这个项目啊，对我们还是不太适合。

> 采访对象：陈先生
>
> 这个项目感觉还可以吧，我有点印象，记得之前好像在电视上看到过。当时还跟老人们开玩笑说，参加一下，试试能不成。一般的话，在我忙不过来的情况下，还是能接受这种形式的。
>
> 但现在的年轻人都很有个性，要想遇到一位真心照顾老人家的年轻人很困难。当然最主要的是家里老人满意，老人家看人准。

5 结论与建议

5.1 调研结论

本调研是一个多次深入的跟踪调查，通过调查研究，完整地还原了爱心房客项目探索和发展的全过程。调研发现，经过两年的探索和发展，爱心房客项目在社会影响力及相关制度的完善方面有了较大的进展，从准入门槛完善到引入保险机制，由法律顾问解决相关矛盾，形成较为完整的制度体系。项目有三点核心问题（图43）。

第一，在实施推广方面，限于炎黄社工组织的影响范围，项目没有在实施中推广到其他社区。由于此项目对社工组织具有依赖性，而社工介入社区养老还处于方兴未艾状态，现阶段可复制性较弱。由于没有有效的持续发展机制和长期的投入，项目趋于减少和消散。

第二，老年人和年轻人需求存在错位。老年人趋向于长期的、稳定的陪伴。而初入社会的大学生由于工作生活方面的不稳定性，趋向于短期的、临时的居住。

第三，本项目偏向公益性质，但缺乏有效的量化考核和信息反馈机制。不少年轻人只是被免房租吸引而来，对帮助老年人缺乏长期的热情。

图43 存在问题

5.2 对策建议

5.2.1 近期建议：项目存在问题的针对性措施

1. 对目标参与年轻人进行细化筛选

可适当扩大参与对象，不仅仅局限于刚毕业大学生，主要筛选条件是热心公益的年轻人，有服务他人的耐心和决心。

2. 住家志愿服务的量化考核

设立底线考评限度，考核一个月之内陪伴老人的时间，为老人提供家政服务的时间等，少于某一限度将失去居住资格，或是收取房租。

3. 联合多个社区、多个社会组织参与

目前炎黄社工已经提供了可借鉴的例子，可利用当前社会影响力，发动更大范围的社区参与，整合社会闲置资源，不局限于老旧社区，提供多个区位、多样房源类型，以吸引更多的年轻人参与。

5.2.2 远期建议：发扬项目理念，建立长效机制

1. 设计适合青老同住的户型，建立青老互助社区

如果社会具备青老互助的氛围，考虑设计适合于青老共同居住的"部分多代居"户型，在保证各代人拥有独立生活空间的同时，通过共享一套房中的公共空间，增加代际交流互助的机会，不仅适合于具有血缘关系的多代人居住，也可以发展非血缘关系下的代际居住模式。同时在社区中建立代际活动屋等社区公共空间，增加青老交流机会。

2. 设计专门信息平台，沟通双方需求

设计专门的应用程序，建立线上年轻人和老人需求档案，在线配对。显示房源信息，提供长租、短租多种形式，拓宽选择面和青老互助租房的形式。

3. 建立线上沟通平台和定期反馈机制

通过线上平台，建立老年人、社工组织、老年人家人的即时沟通平台，便于第一时间对出现的问题进行沟通和调节。每个住家配对需要有专门的负责社工，并且定期向社工组织反馈情况。

4. 政府长期的投入，项目有效的盈利模式

政府的持续投入对公益项目是必要的，如果这个项目能找到自己的盈利模式将更有助于长期发展。如：通过爱心房客项目建立大范围的房源信息整合和发布大数据系统，或是青老同住的房地产及相关服务开发。

5. 青老长效互助机制的形成

项目的核心在于增强代际互动，解决双方的困难，应从志愿服务开始，培养非血缘关系之间青老年的互助关系，加深双方的理解。于是在租房同住的时候，年轻人已经具备了一定的服务能力，能够持续不断地为老年人服务。最终能够融入社区，形成青老年互动密切的社会网络及长效互助机制。

附录A 问卷调查

1. 您的性别?

    □ 男　　　　　□ 女

2. 您的年龄?

    □ 30岁以下　　□ 30~60岁　　□ 60岁以上

3. 您目前的状态?

    □ 本科生　　　　□ 研究生或博士生

    □ 已经实习或工作　□ 已经退休

4. 您现在的居住方式是?

    □ 学生宿舍　　□ 在外租房　　□ 其他

5. 您是否了解或听说过爱心房客项目,也就是独居老人给年轻人减免房租换取其陪伴和照顾的模式?

    □ 参加过　　　　□ 了解过

    □ 听说过但不了解　□ 没听说过

6. 如果您有合租需求,您参与爱心房客项目的可能性有多大?

    不可能 |0 1 2 3 4 5 6 7 8 9 10| 极有可能

7. 在这种模式下,您为什么不愿意和老人合租(选答)?

    □ 老人身体出现问题需负责任

    □ 思想观念不同会带来冲突

    □ 作息时间不同会影响精神状态

    □ 不想与他人合租　　□ 其他

8. 在这种模式下,您为什么愿意和老人合租?(选答)

    □ 能缓解年轻人租房压力

    □ 丰富年轻人生活经验,增长见识

    □ 与老人互相陪伴不孤独　　□ 其他

9. 您认为在该模式下年轻人和老年人可以共享那些空间?

    □ 客厅　□ 厨房　□ 卫生间

    □ 餐厅　□ 卧室　□ 其他

10. 您选择房东老人时主要考虑哪些因素?

    □ 老人年龄　□ 老人家庭结构　□ 老人性别

    □ 老人身体状况　□ 居住条件　□ 老人经济条件

    □ 老人性格脾气爱好

11. 您觉得非亲属的年轻人和老年人居住,矛盾点体现在哪些方面?

    □ 生活作息　□ 人身财产安全　□ 交流障碍

    □ 消费观念　□ 共用空间争议　□ 隐私安全　□ 其他

12. 如推广此种模式,您认为迫切需要什么?

    □ 资金支持

    □ 增加老年人和年轻人接触和了解的机会

    □ 加强宣传　□ 消除共用空间争议的担忧　□ 其他

13. 您对爱心房客发展前景持什么看法?

    □ 是一种很好的互助模式,很有开发潜力

    □ 仅仅是一种试验模式,不能长久

    □ 目前还不成熟,需要政策支持与规范

    □ 不清楚　　□ 其他

附录B 访谈记录一

对炎黄社工组织爱心房客项目负责人魏总的访谈

Q:请问爱心房客项目的运行状况如何?

A:中央电视台对参与项目的老人家里和志愿者都进行了采访。现在找志愿者和居家的老人有点困难,很难约到,因为他们都比较分散,且数量也很少了。现在主要以帮扶为主,因为之前住家模式出现了很多问题。

Q:现在主要是什么地方还在实施爱心房客项目?

A:主要是在江北社区,现在不多了,估计只有几个了。这个项目推的就是亲情关怀和亲情互换这样一种公益性质的活动,不涉及任何物质回报。老人把志愿者当作自己的孙子、孙女看待,把住房提供给志愿者;志愿者免费入住,然后给老人一些陪伴,做一些清洁,教老人如何使用智能设备。正是出于这样一个初衷进行的这个项目。但是,自己和自己亲人在一起,时间长了也会出现分歧、矛盾。老年人和年轻人,毕竟在同一个屋檐下,生活习惯、观念等很多东西都不是很融洽,会出现这样或者那样的问题,出现问题之后,我们肯定会进行介入及调解,调解完之后呢,还要征询双方的意见,看他们是否还能够继续住下去。像这种事情,我们处理起来花的时间最长的有三个月。

Q：三个月是因为自动期满还是调节无效？

A：可能还是由于这样那样的原因，最终长住下去不是很现实。

Q：没有哪一对是关系特别融洽的那种？

A：前期可能还好，到后来就慢慢地出现了一些问题，主要原因就是两个时代的人，各种观念和习惯都不一样。而且，汉口那边有些位置居住条件也受限，很多都是老社区，有一些老人可以拿一间卧室给年轻人，有一些可能是住在阁楼上面，或者是在客厅里面隔出一个位置，所以在居住环境和居住条件这块儿可能也会有点影响。

Q：那前期年轻人入住的选择余地大吗？就比如他们听到要住在客厅里就不愿意去这样子，前期是怎么让他们选择的呢？

A：前期主要还是首先确定老人这块儿的情况，他们愿意把房子多余的位置拿出来进行登记，再由我们来筛选一批愿意入住老人家里的年轻人。然后，我们不会先让年轻人去看房子，要先让年轻人培养和老人之间的感情，让他们两个人之间有这样一个契合度。先让年轻人配对完，之后进行每周帮扶，年轻人熟悉老人家里的环境，然后才是住家。这个不是一对一的，一个年轻人可以帮扶多个老人，或者一个老人接受多个年轻人的帮扶。在彼此这样一个熟悉的过程中，老人会慢慢感受到年轻人提供的帮助，感情发展较迅速的，从有眼缘、比较投缘角度出发，老人可能就会产生一个到两个选择，然后再去征询志愿者的意见，看他们愿不愿意到那个老人那里去。这是一个很长的过程，不是说来了一个人就往那儿一塞。

Q：前期主要持续多长时间呢？

A：前期过程最起码持续三个月时间。我先要招募志愿者和老年人，之后要做破冰活动。破冰活动的形式就是把参与人员先召集到一起，消除彼此之间的隔阂。这个项目在几个社区同时做，可能就在老人居住的社区的老年人服务中心来开展这个破冰活动，年轻人来自各个地方，受到活动邀请之后，有兴趣的便来参加我们的活动。他们选择哪个社区主要是出于工作方便，还有的志愿者是真的为了奉献自己的爱心，有这个时间愿意去照顾老人，后者可持续性更好。有一个志愿者做得挺好的，后来由于工作原因去了深圳，不能在这边住了，没办法，就没有续约了。

年轻人大多数都是实习生，很多都是刚刚出来工作不久的，因此他们可能存在一定的经济困难，面临很大的租房压力，对住房这一块儿的要求也不会太高，这个住房给他们的话可以很大程度上减轻他们的经济压力，出于这样的考虑，对于工作比较稳定的年轻人，他们不会去跟老人做这种事儿。我们的对象是年轻人，为什么不选进城务工的人员，因为我们对他们的条件、个人情况、素养、背景等无从了解。

Q：那年轻人需要什么证明材料？

A：毕业证或学校开的证明，然后还会委托户籍所在地的派出所去开那种没有犯罪记录的证明。而对老年人的要求，做这个项目的时候是有规定的，双方都不能有类似传染病的疾病，老人不能有潜在性的疾病，对于本身有严重疾患的老人一般不会让他们参与这个活动，项目对高龄（80岁以上）老人的处理非常谨慎。就算要参与的话也会做一下相关的调查。本身我们在那几个社区都有长期的工作人员在，都会对老人的健康状况进行登记，对老人的身体状况大概心里有个数，我们在挑选这块儿呢，也会根据老人的身体状况进行筛选，因为我们要降低我们的风险，一旦出问题的话，我们属于第一责任承担人，是承担方。

Q：实施这个项目的初衷是什么？

A：这也是一个老人提出来的，因为当时他一个人在家里住，家里是两室一厅的房子，儿女全部在国外，他当时是要我们那边的一个工作人员陪他，他自己提出来，觉得那么大房子一个人住很空虚，白天可以在我们那里玩，在养老中心玩，但晚上就不让了，就剩下他一个人了，于是他就提出来免费把房子给那个工作人员住。我们那个工作人员是外来务工人员，不是本地的，老人就要他去住，因为老人跟我们工作人员相对来说比较熟悉了，老人觉得很了解且比较信任这个人，就让他去住。后来，我们觉得这是一个契机，像这样的老人在他们那个社区不止他一个，金泉社区是我们项目起源地，但最终项目没有在那里落地，而是在汉口落地，也是因为后来的一个契机，有其他的一些原因，但金泉社区也有老人有这个需求。一个老人的需求可以代表一个群体。项目主要落地的地方是在民族街、新华街、万松街三个街道，大概有五六个社区。

Q：那资金来源是什么？

A：市民政局公益创投和企业自己投入的一些。公益创投的资金主要用于老人的活动、老人的关爱、志愿者的补贴这方面，它是不允许我们作为工资使用的。工资和我们专业社工的一些指导花费啊，前期的入户花费啊，工作的开展花费啊，全部是企业在撑着。

我们企业也是一个半公益性质的企业吧，像我们炎黄社工只是养老旗下的一个部分，社工业务也是围绕老年人来做的。我们是想把养老这个事儿通过社工的手法做得更加专业和细致，像我们居家养老的话，可能就是针对普遍的老年人，只要是老年人，就能为你服务。但是对于特殊人群来说，就必须有一个专门团体、专门的主题内容为这些特殊人群做一些特殊服务。我们做这个项目首先有这个老年人自己提出来的契机，就觉得这好像是目前一个新的模式，可以去探索一下。因为本身这几年的养老模式都是在探索阶段，谁都不知道到底什么样的模式好，各个区都在探索这样的养老模式。像外国的瑞典，他们都是在搞老年人跟老年人结伴儿养老，我们是老年人和年轻人。我们最初名字不是叫亲情互换，是叫朝夕相伴，"朝"指年轻人，"夕"指老年人，后来慢慢做着，就觉得这是一种以亲情为纽带的关系，因为我们其中有一方是类子女角色，就是说年轻人承担类似于子女的这样一个角色，去对待老人，去入住老人家，所以名字就变成了亲情互换这样一种概念。

Q：老年人喜欢什么样的年轻人作为租客？

A：性格好的年轻人，老年人喜欢；有特殊专业技能的，老年人也喜欢，比如护理专业。年轻人基本上都是和老年人长期接触过的，因为前期会固定帮扶，每周要去，半个月到一个月形成一个固定的模式，让年轻人和老年人形成一个固定的交流之后，他们才确定要去。

Q：配对时性别有没有要求？

A：男配男，女配女。

Q：是怎么对这个项目进行宣传的？

A：主要是在社区宣传，从网络上看到的都是老年人的子女，从外地打电话来，挺支持的，觉得非常有创意，正好替他们解压。子女是否有担忧，这个是政府主导的，我们组织发起，市民政局资金支持，政府的支持给别人一种信赖感，依托社会组织的话这个事情也不是很好做，政府有公信力，政府工作人员会定期过来看活动是否正常开展，到老人家里面，做电话回访。我们也要定期给民政局做总结汇报，做自查自检报告，自己做总结，因为我想去探索这个模式的话，我自己肯定也想让它成为一个体系，民政局也希望我们这个模式成熟之后去进行复制。从前年下半年到去年一整年，这个项目在网上非常火。来报名的人大部分都是通过网上来了解的，年轻人了解这个就比较容易。我们想和高校开展合作。

Q：武昌这边有实施这个项目的吗？

A：武昌这边没有在做这个项目，项目做起来需要资金支持。在汉口那边开展，是因为主要资金是那边企业投入的。其实这个项目在武昌这边更好做，因为武昌这边高校比较集中，做这个项目的时候，召集志愿者是非常重要的，也是非常头痛的事情，汉口那边的志愿者很少，主要是从武昌这边过去的。

Q：项目进行时遇到过什么困难吗？

A：现在这个项目也没有太多的精力去弄了。去年做了一整年，我们想推行的模式是好的，但是有很大阻力和风险。在做的时候，老人对我们是依赖的，什么事儿都找我们，有一次一位老人给我们工作人员打电话让我们工作人员去给他做一件什么事儿，然后，可能正好有别的事儿耽误了就没有接到他的电话，然后那个老人可能慌了，不小心摔了一下，我们这边工作人员事儿忙完之后就打电话过去，那个老人就不耐烦了，就说，刚才你不接我电话，我摔了，你现在看怎么办，你赶紧过来……怎么怎么样的。搞得我们就很被动，我们纯粹是出于一种帮助他，给他解决问题，所以这里面就会有类似这样一些事儿。

Q：是否要继续开展下去？

A：这个要耗很大的精力，人力物力财力，如果说没有资金注入的话，光靠我们自己可能也会有一定的困难，因为这一个项目需要多方的联动，多方的资源整合才能做好，仅仅靠一方的力量做不好，而且这个项目很大。有那种电视报道的，老年人和老年人一起自己结伴养老的，最后也有太多是不欢而散的。由于各种各样的原因，住久了就会有问题。像我们住家的志愿者一般试住一个月，一个月稍微不是很合适的可能就不住了或者要换。这也是最后没有大力去推动的一个原因。我们也是想能够有更多的这种住家帮扶结对，但是现实情况不容乐观。但是，我们的这个模式、这个初衷、整个项目所体现的正能量等还是可以大力去宣扬的。

Q：还有别的地方在推进这个项目吗？

A：有的地方也推进这个，但没有我们这里做得好。第一，它缺专业人；第二，它缺资金。改变客观存在的现状是很难的。从开始我们根本不知道该怎么做，到后来慢慢形成一些相关的制度、形成一些准入门槛、一些保险机制、引入法律顾问等（也是出现问题之后慢慢形成的），才更加完善起来。保险机制是我们给老年人和入住的志愿者买了责任险，会担心老人的财产安全和意外发生的安全，这个东西要考虑到方方面面，有些风险我们尽量还是要避免的，该做的做在前面。保险是机构买的，为了保障这个项目持续地进行。

Q：出了问题怎么调解？

A：一般出了问题是主要通过我们来调解，要是触及法律问题的话再回去找专业的法律团队，每个社区都有法律顾问，这是现成的资源。基本上没有上升到法律层面，一般都是通过我们自己调解，有的是第一轮调解后再住一段时间，把误会解除、双方又能和解，就再住一段时间，如果说再出现什么问题实在是住不下去了才会说不住。

附录C 访谈记录二

对江北社区居委会王鲨书记的访谈

Q：我们之前去了炎黄社工那边了解了一下爱心房客这个项目，他们说今年已经不办了，是吗？

A：他们好像是有新的方案。

Q：是什么新的方案？

A：他们现在也没有跟我们说，好像是类似于爱心房客的升级版。

Q：您对这个模式有什么看法呢？

A：这个模式蛮好，但是它有一个诟病，这个诟病是需要资金扶持，资金跟不上，任何一种模式都难以维持。

Q：那之前的资金来源是什么呢？

A：来源于政府，政府购买。

Q：那这个项目结束也是因为政府不再购买了吗？

A：不是，这个不叫项目结束，应该是叫项目升级，就是在一个阶段的时候，它有一个缓冲阶段，它要调整，炎黄社工现在还是我们合作的社工组织。

Q：当时宣传的时候你们是每家每户都宣传的吗？

A：没有。不存在每家每户宣传，因为在我们社区里面，有些老人自身的情况，家里面有没有子女住，我八九不离十都知道，哪些老人有需要大概都清楚。我们都清楚，社区有多少独居老人。

Q：社区居委会和炎黄社工组织的关系是怎么样的？

A：炎黄社工这个社工组织对大学生进行一个考核引进，然后将我们社区老人的信息、房屋信息，比如说我们这边有多少独居老人等信息，就像中介一样给予发布，这些老人愿不愿意、性格差异等都要摸排一遍，大学生的性格也要摸排一遍。特别是大学生，他们有个什么样的问题呢？之前住的有几个大学生，我们社区也介入了很多次，大学生跟老人相助，达到一个资源共享，其实是一件很好的事情。第一，帮大学生减轻了资金的负担。第二，培养了大学生尊老爱幼、孝老近亲的品德。现在很多年轻人都有这方面的欠缺。这个东西并不是每个大学生都具备的，有些大学生基础条件比较好，有些大学生健谈，有些大学生不是很健谈，有些大学生有一定的特长，比如有的大学生会做饭，有的大学生就比较喜欢睡懒觉，但老人睡不了很长时间，老人也有很多的问题。

Q：之前这个社区配对成功了多少对？

A：当时住了有十几对。因为大学生都面临毕业、实习等，大学生本身也是动态的。如果是一个大学生，就在这里实习、居住，久而久之，他就定岗在这里了，在这里上班了，这一个还相对比较稳定。但是他如果说是在这里上学或实习，他毕业了肯定会到另外一个城市，这里面有短期、中期，这个长期的少。更何况，年轻人和老年人的生活习惯也有一定的出入。要看匹配到什么样的老年人，老年人也有很多种，我们当时归类为四种。有的老年人属于生活自理型的，有的是性格内向型的、外向型的，有的我们归纳叫时髦型。大学生其实也分这样那样的一些类型。大学生有内敛的、外向的、比较时髦的，还有一些比较吃苦耐劳的，类型配置很重要。爱讲时髦的大学生，你把他跟一个内向的老人匹配到一起，住不了两天估计就掰了。所以配对耗费了我们的主要精力，也就是社会组织要来完成这件事情，社区自身的事情比较多。

Q：如果产生矛盾的话，介入的时候主要是居委会来介入，还是社工组织那边来介入？

A：一般的问题由社工解决，社工解决不了才由社区解决。

Q：现在社工组织那边说是好像暂时停止了，如果他们继续办下去，你们这边还会继续吗？

A：仍然会，我们现在不光是这一种，因为走路都是两条腿。养老，你就一种模式，那是达不到全覆盖的目的的，我们的意思也就是说服务整个社区的老年人。这种个案在整个中国来说的话，根据国情来看，虽然理念很新，但是实施起来还是有一定的难度的，不适合每个社区。有的老人住在高档小区里，年轻人也愿意住进去，但是老人还有他的子女，都有私密性要求。老旧小区的私密性还欠缺很多。

Q：如果再开展的话，就是这些老人还会愿意接纳新的年轻人吗？

A：我觉得应该不太会。这里面首先要有社会组织，对这个老人的家庭情况肯定要了解，一定要了解，要成为熟人。先成为熟人，然后要成为有需要的人，有需求的人。

Q：那你们对这个项目现在是保持一种比较看好的观点吗？

A：我应该是保持中立。我对这个项目其实很有激情，愿意去做。但是涉及到社会组织，它也要经费支持。经费肯定是必需的。

Q：您觉得前一次运行的过程中，主要的问题是出在哪一方面？

A：比如说是政府支持不够，或者是这个模式它本身运行也有一定的欠缺，或者是投入太大了之类的，主要还是跟社会组织有关系。因为社会组织在大学生的引进方面也好，各方面也好，它也要全身心地投入。目前不是说社会组织不做了，现在只是说资源审核方面需要进一步加强，所以现在我们在探索如何再把它进一步升级，怎么样升级，用什么样的模式、方式，能够让它抬高，就像手机一样，有一代、二代。我们就是在不断摸索，寻找新途径。

Q：你们想升级的方向是哪一方面的？

A：主要还是面向老人方面的，寻找骨干，更有爱心的社工。

Q：您对炎黄社工组织的评价如何？

A：要求不高，问题不大。

参考文献

[1] 刘恒.人口老龄化趋势下的独居老人孤独问题及社会公众策略分析[J].法制与社会，2017.

[2] 张凌這.解决农村独居老人养老问题的困境及对策研究[C].长春：长春工业大学，2017.

[3] 黄加成.中国老龄化社会独居老人研究进展[J].中国老年学杂志，2015.

[4] 陈习琼.中国独居老年人问题研究现状[J].中国老年学杂志，2015.

[5] 宋颖.城市青年合租型居住单元设计研究[D].大连：大连理工大学，2017.

[6] 耿童童.基于价值网的共享型商业模式研究以房屋共享领域的蚂蚁短租为例[D].西安：西安电子科技大学，2017.

[7] 何佳媛.晋安养老试点"老相青"：大学毕业生和独居老人搭伙过日子[N].福州日报.2019-02-25

[8] 程鑫，房志勇.德国"多代屋"对我国城市养老和发展模式的启示[J].城市住宅，2015(05):47-50.

[9] 刘铮.德国馆："多代屋"直面老龄社会[N].新京报,2010-05-17.

[10] 乔琦，蔡永洁.非血缘关系的多代居——德国新型社会互助养老模式案例及启示[J].建筑学报,2014(02):17-21.

**2018年
全国高等学校城乡规划学科城市交通出行创新
实践竞赛评优二等奖**

"B+M"车轨同行
——城市轨道交通与地铁换乘模式调研

指导老师：赵丽元

作者：刘子昂　孙盼迪
　　　王欣宇　邹玥虹

摘要

近年来，共享交通改变了人们的出行方式。在这一波浪潮中，共享自行车在解决地铁通勤"最后一公里"方面的作用越来越突出，形成了一种新的换乘模式。本文以武汉地铁1号线为例，探讨了"B+M"模式在满足多元交通需求、城市居民交通便利、通勤交通便利、环境保护和促进低碳生活方式等方面的重要性；研究了共享自行车对城市地铁通勤的影响及其对地区带来的潜在变化，并讨论了"B+M"模式存在的问题及其优化方案。

目　次

1 绪论
1.1 调研背景

1.2 调研范围及方法

1.3 "B+M"模式特征

2 站点特征与"B+M"模式出行率的关系
2.1 站点附近的空间及社会经济要素

2.2 站点空间要素与出行率的关系

3 个体要素与"B+M"出行的关系
3.1 出行者个体特征

3.2 "B+M"出行情况

3.3 影响"B+M"出行因素分析

4 优化方案与推广策略
4.1 存在问题与改进建议

4.2 具体优化方案

4.3 推广策略

1 绪论

1.1 调研背景

1.1.1 "B+M"模式定义

"B+M"模式指人们下地铁后使用共享单车(bicycle)接驳前往办公区、居住小区、商业区等或从其他地方骑共享单车到达地铁站并乘坐地铁(Metro)的换乘模式。

1.1.2 调研背景（图1）

图1 "B+M"模式产生的背景

1.1.3 调研目的

①关注共享单车与地铁的结合，探究"B+M"模式对轨道交通出行方式和居民生活的影响。发现问题并提供解决方法，为政府决策、管理，基础设施建设和地铁集团、共享单车企业运营提供参考，丰富相关理论。

②探究"B+M"模式的影响因素，分析该模式在不同类型站点发挥作用的程度，得出普适性结论。

1.2 调研范围及方法

1.2.1 选择区域

本次调研选择串联武汉市区与城郊的武汉地铁1号线作为调研的区域。在具体调研对象的选择中，选择4个典型的站点：①城郊建材市场型额头湾站；②市区居住型的硚口路站；③市区商业型的友谊路站；④市区边缘居住型的新荣站（图2）。

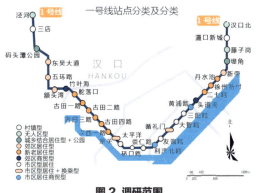

图2 调研范围

1.2.2 选取对象

调研人群主要是居住在地铁1号线附近的人群以及出站骑行人群（图3）。

图3 调研人群构成

1.2.3 技术路线及研究框架（图4、图5）

图4 技术路线

图5 研究框架

1.3 "B+M"模式特征

1.3.1 "B+M"出行模式（图6）

图6 "B+M"出行模式

1.3.2 与传统出行比较分析

1. 提升站点覆盖范围

共享单车普及之后，人们从地铁站前往目的地的距离半径扩大，使得地铁站的服务人群和范围扩大（图7、图8）。

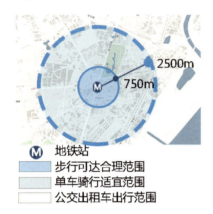

图7 不同交通出行方式覆盖范围

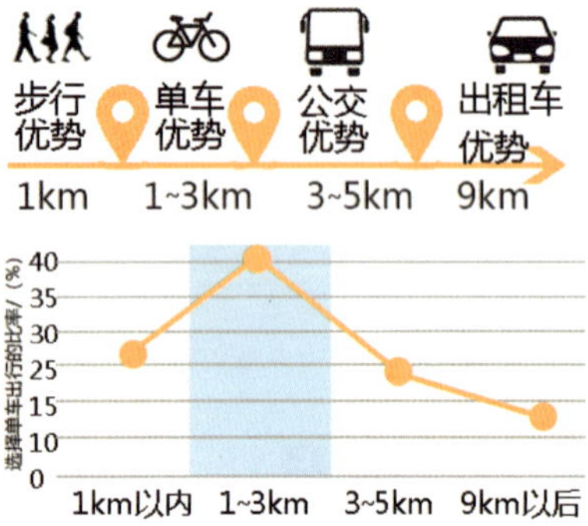

图8 单车出行的优势范围

2. 交通出行时间减少

步行：花费时间较长，比较累。公交：早晚高峰人流量大，等待时间长且较随机，不好把握。出租车或汽车：环境舒适但面临早晚高峰拥堵，且地铁站附近不好停放（图9、图10）。

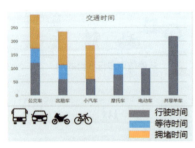

图9 不同交通方式的交通时间

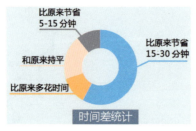

图10 使用共享单车的时间差统计

3. 交通出行费用减少

在城市通勤族眼中，交通费用是一笔可观的支出。新型的出行方式可以减少人们的平均交通费用，这在减轻人们生活负担上很有现实意义（图11、图12）。

图11 共享单车出行前后的费用

图12 使用共享单车的费用差统计

4. 低碳到家

对比这几种交通方式，可以发现共享单车的碳排放量最少，交通成本最低，因此是节能减排的交通方式，值得推广（图13、图14）。

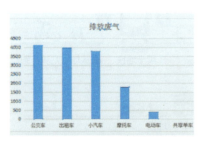

图13 不同交通方式的废气排放量比较

图14 对比总结

2 站点特征与"B+M"模式出行率的关系

2.1 站点附近的空间及社会经济要素

通过分析"B+M"模式出行的主要因素特征与出行率之间的相关性，揭示影响"B+M"模式出行的要素（图15）。

图15 "B+M"模式示意图

因子分类：在调研中，通过对武汉地铁1号线站点特征的数据收集，得到若干个主因子与因变量（图16）。

图16 因子分类分析图

1. 人口与用地

当轨道交通站点周边人口较多，居住用地较多时，对共享单车的需求增加，易于形成共享单车使用氛围，促进使用率上升（图17、图18）。

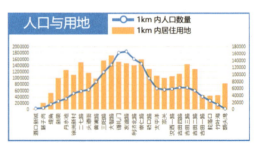

图17 沿线人口与用地数据

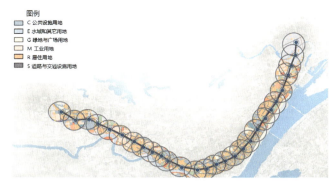

图18 轨道交通1号线1000米范围内用地

土地利用方面，市中心用地往往以居住、公共设施等为主，而两端的城郊用地往往以工业用地、水域和其他用地等为主（图19、图20）。

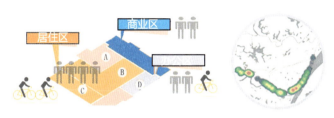

图19 "B+M"模式下的用地与功能分区　　图20 人口热力图

2. 就业规模

当轨道交通站点周边的办公场所较多时，职工的通勤需求增加，共享单车作为解决"最后一公里"问题的交通工具，使用率上升（图21、图22）。

图21 沿线就业规模情况　　图22 办公用地热力图

3. 交通便利

当轨道交通站点周边路网密度越高、公交站数越多、沿线房价越高时，交通便利程度越高，共享单车的使用率上升（图23~图26）。

图23 沿线公交站与房价数据　　图24 交通用地热力图

图25 沿线地铁站1km内站线密度　　图26 房价热力图

4. 使用流量

当轨道交通站点周边的共享单车规模越大时，共享单车的可获取性增加，越多的人愿意使用共享单车。从热力图中可以看出，1号线位于市中心的一段一般为热力中心，而两端的市郊一般为热力低值区，偶有零星热力分布（图27~图31）。

图27 站点周边共享单车规模数据　　图28 单车规模热力图

图29 出站人数热力图　　图30 骑行人数热力图　　图31 "B+M"出行率热力图

5. 骑行占比

高峰期骑行人数占出站人数的比值即为因变量"B+M"出行率（图32）。

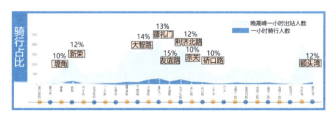

图32 沿线站点"B+M"出行率数据

2.2 站点空间要素与出行率的关系

2.2.1 相关性分析

利用拟合函数可以看出办公用地、交通用地、房价和附近的公交站数与骑行人数占比也呈显著相关性（图33~图36）。

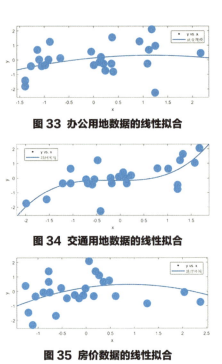

图33 办公用地数据的线性拟合

图34 交通用地数据的线性拟合

图35 房价数据的线性拟合

图36 公交站数据的线性拟合

根据MATLAB的stepwise函数对变量系数t检验后的p值,发现人口和共享单车规模两个变量与骑行人数占比有显著的线性关系。

利用MATLAB中的fitlm函数从t检验中得出,公共设施用地、交通用地、房价与公交站数等因素,及其二次项和人口与房价要素,都与站点自身的"B+M"出行率有显著的线性相关性(图37、图38)。

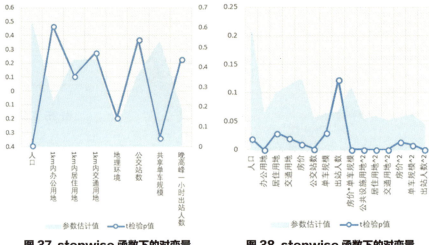

图37 stepwise函数下的对变量系数的显著性检验结果1

图38 stepwise函数下的对变量系数的显著性检验结果2

2.2.2 主成分因子分析

根据主成分分析各部分贡献度的结果,主要因子可以被归类为4类主成分,即下图中的居住人口、位置便利、就业规模和使用流量。得出公式如下:

$$y = 0.5152F_1 - 0.036F_2 + 0.3736F_3 - 0.6059F_3F_4$$

式中:y为因变量"B+M"出行率要素,F_1代表居住人口因素,F_2代表位置便利因素,F_3代表就业规模因素,F_4代表车站流量因素(图39、图40)。

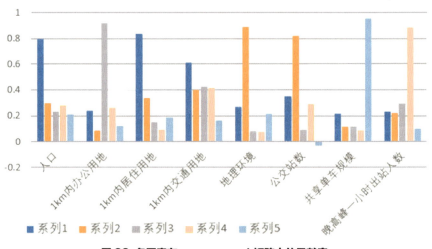

图39 各因素在component矩阵中的贡献度

图40 因子得分数据

3 个体要素与"B+M"出行的关系

3.1 出行者个体特征

年龄层次上：使用的对象年龄以 20~50 岁为主（图41、图42）。

经济层次上：由于"B+M"模式的经济便捷，中低收入的企事业人员成为使用该模式的最大群体，月收入水平占比最大为 3000~5000 元（图43、图44）。

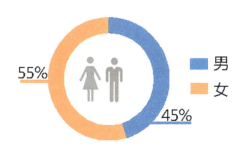

图 41 骑行人群性别比例

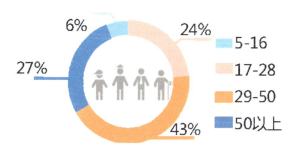

图 42 骑行人群年龄比例

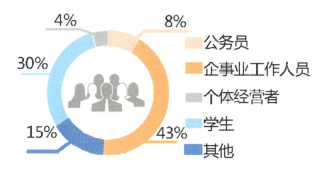

图 42 骑行人群职业比例

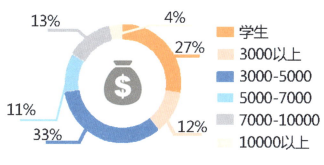

图 44 骑行人群收入比例

3.2 "B+M"出行情况

3.2.1 骑行人数占总人数对比

调查结果显示，出站后使用共享单车的人数占比达到 13%，这说明"B+M"模式具有相当可观的使用人群（图45、图46）。

图 45 出站人数和骑行人数占比

图 46 晚高峰出站人数和骑行人数

3.2.2 出行目的

在市中心区域的地铁站，共享单车的利用率较高。这一模式最主要的目的为通勤（图47）。

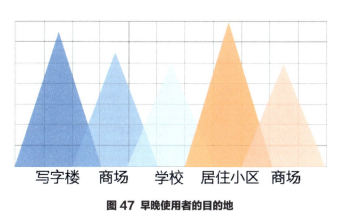

图 47 早晚使用者的目的地

3.2.3 出行者满意度评价

对于大多数使用者来说，该模式提高了其通行的方便性并增加了地铁的使用频率（图48）。

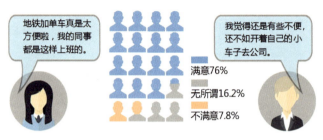

图48 使用者满足度

3.3 影响"B+M"出行因素分析

3.3.1 个体因素分析

1. 个体主要影响因素判别

根据前期筛选得出比较重要的自变量：交通时间、骑行环境、交通费用。

利用clementine中设定的C5.0算法得到了决策树模型，用于模拟出行者是否根据各要素值选择"B+M"的过程（图49）。

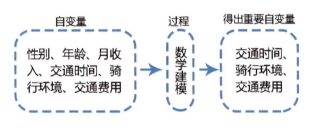

图49 主要影响因素

2. 个体出行决策过程模拟

模型自检测率为90.48%，分类效果非常明显，证明我们建立的模型是合理的（图50）。

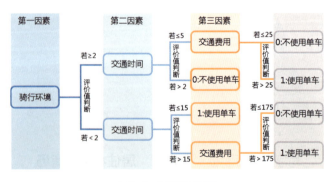

图50 决策树逻辑图

综上，决定出行者是否会使用自行车的显著因素为骑行环境，交通时间和交通费用（图51）。

图51 因素排序

3.3.2 骑行环境因素

若 $T>1.7$，$F<0.05$ 则说明因素显著。

在所有的环境要素中，车道类型（自行车专道、与非机动车混行道、与机动车非机动车混行道）对骑行环境的影响力是最大的，远高于其他因素（表1）。

表1 骑行环境影响因素主成分分析

模 型	非标准化系数		标准系数	T（显著性检验值）	F（显著性检验）
	回归系数	标准误差	试用版		
（常量）	-4.195	1.304	—	-3.216	0.004
绿化遮蔽	0.225	0.186	0.170	1.212	0.239
车道类型	0.876	0.139	0.721	6.290	0.000
顺畅程度	0.106	0.104	0.129	1.025	0.317
街道景观	0.225	0.204	0.164	1.101	0.283

3.3.3 其他外部因素

由于武汉夏季高温、冬季冰冷严寒的较为极端的天气特点，人们使用"B+M"模式的实际时间集中于春秋两季。骑行者更喜欢在温和凉爽的天气出行，16~21℃为舒适区（图52）。

另外，如遇下雨天，几乎没有人骑行，人们采用坐公交车或打的士的方式去地铁站。

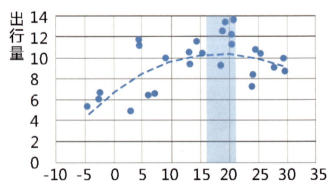

图52 温度与出行量的关系（单位：℃）

4 优化方案与服务设施问题

4.1 存在问题与改进建议（图53）

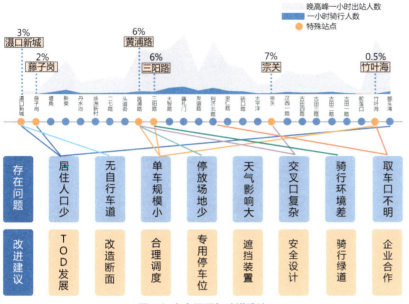

图53 存在问题与改进建议

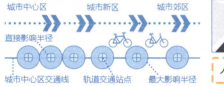

图54 轨道交通对城市中心和郊区影响范围　　图55 自行车道优化设计

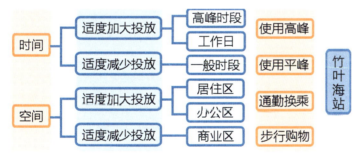

图56 共享单车投放调度优化

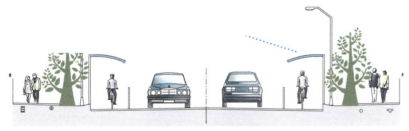

图57 自行车道新建顶棚

图58 沿途增加雨具储物柜

4.2 具体优化方案

1.TOD发展模式

在地铁站的交通基础下，对郊区引入"B+M"模式，完善低碳出行方式，使交通更加便利，从而吸引更多投资和人群的流入（图54）。

2.改造道路断面，增加自行车道

加强慢行系统建设，优化地铁站周边道路，进行"B+M"一体化的绿色交通系统规划设计，并注重人性化的设施建设，为骑行者带来方便与安全保障（图55）。

3.共享单车投放调度优化

"B+M"出行率不高。出站口之一通过天桥与宜家商场对接，另两个出站口通向办公区，但共享单车数量少。应根据不同用地和出行需求，合理调度共享单车（图56）。

4.共享单车停放管理优化

①停放空间优化。一对一：规模较大的小区可配置一个专用停车点。二合一：规模较小的两个小区共用一个专用停车点。

②管理模式优化。限定停车范围，只允许停放在专用停车位内，超出范围时，APP定位系统会自动识别扣费。停放点设置专门的卡槽，共享单车停在槽内整齐摆放，工作人员无须长时看管，定时调度整理即可。

5.利用遮挡装置，减少恶劣天气影响（图57、图58）

①给自行车道增加顶棚。

②在骑行沿途增加雨具储物柜。

6. 增加自行车道交叉口安全设计

因立交桥较多、交通复杂不利于骑行，可在交叉口延续自行车道，安全岛可分隔右转车流和等候车流，更为安全（图59）。

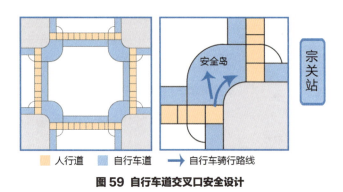

图59 自行车道交叉口安全设计

7. 增添绿植，美化街道景观，提升骑行满意度（图60）

图60 提升骑行满意度

4.3 推广策略

1. 政府 + 共享单车

政府帮助共享单车企业进行改革优化，优胜劣汰，在竞争与合作中逐渐完善自身，为用户带来舒适的骑行体验。

2. 地铁 + 共享单车

一体化购票：进站时，通过 app，实现共享单车和地铁一体化购票，解决地铁站排队买票问题。出站时，手机 app 可以根据共享单车定位，引导乘客前往获取共享单车便利的出站口。可提前五分钟预定共享单车。

数据共享：加强地铁站与共享单车的合作，数据共享，在客流量较大的站点增加共享单车的投放。地铁站内可以增加一些引导标志，如大屏幕显示站口共享单车的实时使用情况，方便乘客选择（图61）。

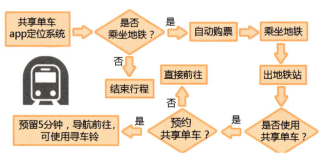

图61 "B+M"购票流程

3. 政府 + 全体公民

政府鼓励低碳出行，普及相关道路法规，加强共享单车管理。公民自觉遵守纪律，共同维护"B+M"友好出行方式（表2）。

表2 "B+M"总结与推广

交通需求	"B+M"解决了"最后一公里"的接驳问题，扩大了地铁的服务范围，使得更远地区的人更加方便地到达地铁站，交通联系更为紧密
交通出行	"B+M"代替了步行，更为舒适省力。比起传统的公交、的士换乘，共享单车节约了等待时间，还避免了交通拥堵，更为便捷
社会公正	"B+M"的使用人群主要是收入普通的"上班族"。于他们而言，共享单车经济实惠，减少了交通费用，可以减轻生活压力
环境保护	"B+M"换乘公交是一种绿色环保的出行方式，契合低碳生活的时代潮流
推广普及	共享单车已经在全国各大城市普及，且扩张速度快，使用便捷，共享单车企业往往优先保证在地铁站出入口处的单车调度，推广便利

2018年
全国高等学校城乡规划学科城乡社会综合实践
调研报告评优二等奖

自食"骑"力

——武汉市光谷中心区外卖骑手现状与矛盾调研

指导老师：陈征帆

作者：李伟健　付佳明
　　　徐子嫣　王　璇

摘要

随着人们生活节奏的加快和生活习惯的改变，餐饮外卖的需求不断增加，外卖行业应运而生。骑手在为人们提供便利的同时，也存在不足之处。调研从专业的角度分析外卖骑手的空间行为特征及其影响，并通过对相关利益群体的矛盾进行分析，提出相应建议。

目　次

1 绪论
　1.1 背景分析
　1.2 调研组织

2 现状认知与矛盾分析
　2.1 骑手群体现状特征与适应特性
　　　——有情可聚，无心以恒
　2.2 骑手群体工作空间与生活空间
　　　——有处可归，无路可倚
　2.3 外卖行业相关规范与管理机制
　　　——有规可循，无法可依

3 总结与建议
　3.1 调研总结
　3.2 相关建议

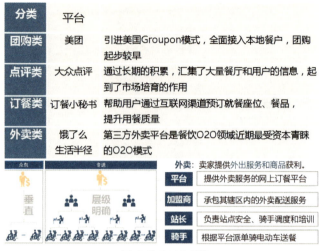

图 1 外卖平台结构

1 绪论

1.1 背景分析

1.1.1 O2O概念与特征

外卖 O2O，直译为"Online To Offline"，以互联网为媒介，以外卖资源整合为核心，提供丰富的外卖信息及便捷的外卖服务，用户可以足不出户尝遍周边美食。

骑手群体分为专送骑手和众包骑手。专送骑手由站点管理，统一装备，有底薪，由系统派单，固定上下班时间。众包骑手自主抢单，无统一装备，无底薪，不固定上班时间。

进入"互联网+"时代，生活中处处可见互联网的身影。基于大数据分析和移动互联网技术的生活服务 O2O 平台（图1），"效率提升、成本降低、服务便捷"，为我们的生活提供了更多的便利。

1.1.2 现实背景：行业繁荣，个体艰难

1. 外卖发展历程

就外卖行业目前的发展态势来看，华东及华南地区领衔发展，北京、广东最具商机。消费市场主要在一二线城市，而相关从业者则大多来自外地（图2~图4）。

行业和消费者规模已经趋于稳定，除了提升服务品质、维持用户数量之外，预计将从单一垂直业务向多品类综合服务平台拓展，实现"万物皆可即时配送"（图5~图7）。

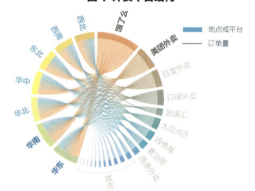

图 2 主要外卖平台竞争力

图 3 2013—2016 年外卖平台大事记

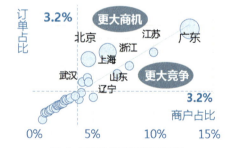

图 4 各省外卖市场发展程度

图 5 中国餐饮 O2O 行业技术环境分析

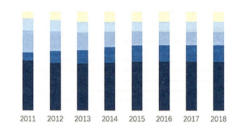

图 6 生活服务 O2O 市场规模结构

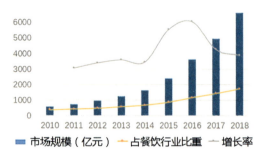

图 7 外卖市场规模及占餐饮业比例

2. 骑手群体概况

2017年，32万骑手在平台获得收入，其中66%来自农村，6.8万人来自贫困县。总的来说骑手群体规模庞大，行业目前主要以劳动力为导向，吸收了大量劳动人口。但职业黏度不够，80%骑手表示积累一定资金后不会继续从事这一行业，仅将其作为过渡工作（图8~图13）。

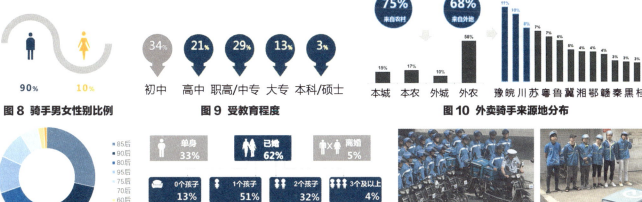

图8 骑手男女性别比例　　图9 受教育程度　　图10 外卖骑手来源地分布

图11 外卖骑手年龄分布　　图12 家庭状态分布　　图13 外卖骑手培训

1.2 调研组织

1.2.1 调研目的

①综合运用各类调查方法获得较为真实客观的大量资料，掌握调研范围内骑手群体的基本情况。

②通过整理相关数据，分析骑手群体主要工作及生活现状，面对的问题以及矛盾。

③从专业角度思考，对于如何解决骑手群体与城市生活的适应性问题，减小矛盾冲突等相关问题，提出相应建议。

1.2.2 可行性分析

①对象可行性：调研对象方便接触便于我们调研数据的采集。

②空间可行性：站点空间等骑手有关空间都在城市开放空间中，便于调研。

③价值可行性：互联网平台日益强大，外卖服务成为生活潮流，使外卖骑手易于接触。

1.2.3 调研范围

基地范围：湖北省武汉市光谷商圈。

基地位于武汉市武昌区高校交通枢纽，属于区域CBD。周边建筑属性较复杂，有居民单元楼、酒店公寓、学校宿舍、商业综合体、写字楼等。客源市场大，可以充分展现外卖的不同需求与实际空间路径，具有典型性和代表性（图14）。

1.2.4 调研对象（图15）

①外卖骑手：专送和众包骑手。

②商家：在外卖平台上线提供点餐外卖服务的商家。

③行人：主要考虑骑手在路上是否对行人安全有影响。

④订餐者：学生、上班族、居民等。

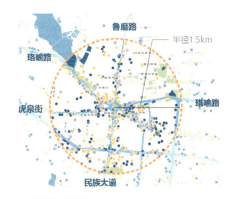

图14 调研基地及周边环境

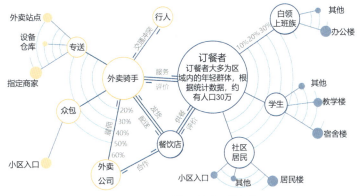

图15 调研对象及社会网络拓扑

1.2.5 调研方法与技术路线（图16）

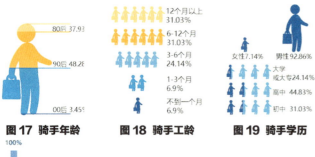

图 16 技术路线

图 17 骑手年龄　图 18 骑手工龄　图 19 骑手学历

图 20 综合统计　图 21 骑手来源地

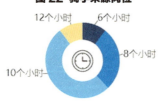

图 22 骑手来源岗位　图 23 骑手骑手婚育情况

图 24 工作时长　图 25 接单量

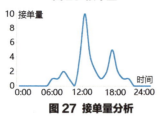

图 26 骑手工资　图 27 接单量分析

2　现状认知与矛盾分析

2.1 骑手群体现状特征与适应特性——有情可聚，无心以恒

2.1.1 骑手现状特征

我们在光谷片区发放问卷100份，回收有效问卷93份。

1. 基本情况

90后低学历青年男性从事外卖行业的人最多，且大部分从事时长在一年以下，反映出骑手行业的流动性较大，不稳定。此外，外卖行业的女骑手极少，在北上广等待遇较好的一线城市，女骑手占10%左右，武汉光谷片区女骑手仅占7.14%（图17~图20）。

骑手来源于武汉周边城镇的占比最高，而来自钟祥、汉川的占比最高；在成为外卖骑手前，有超过半数的人曾从事餐饮、配送相关职业；大部分骑手处于单身状态，已婚的骑手大多育有一个孩子，工作强度大成为他们与家庭的最大矛盾（图21~图23）。

2. 工作及生活状态

（1）骑手工作情况。

大多数骑手每天工作8小时以上，10小时为常态，高于正常工作时间；接单量普遍在20~50单；骑手工资与单量和评价挂钩，多数骑手月收入在6000元以上，处于较高水平（图24~图26）。

外卖高峰期在11:00—14:00和17:00—19:00，这两段时间内骑手平均送出25单，这意味着平均每12分钟他们就要送出一单，无时无刻不在与时间赛跑（图27）。

运用Delphi专家法，对三位骑手在互不影响的条件下，对影响他们从事外卖骑手工作的因素进行判断并打分。结果显示，骑手普遍认为时间灵活和工资高对他们选择该职业的影响最大。多数骑手不看好外卖行业前景，表示会转行（图28）。

图 28 外卖骑手工作动因分析

(2)骑手生活状态。

①骑手收支情况(图29)。

图29 骑手收支情况分析

②骑手日常作息。

骑手每天9:40到站点集合开早会,10:00正式开工,到中午错开高峰,在13:30、14:30分两拨吃饭休息,一小时后继续开工,到22:00左右下班吃饭、休息(图30)。

图30 骑手日常作息

③骑手吃、住、娱。

骑手吃饭大多错开正点高峰时间,点一些价格低廉的小炒;宿舍8人一间,光线阴暗、无处晾衣;每月仅4天的轮休使得他们娱乐活动有限,大多选择聚餐、上网等活动。

2.1.2 骑手社会适应性矛盾

1.基本身份矛盾——学历不高,素质差异较大

外卖骑手大多为80后、90后的低学历群体,来自农村或小城镇,低学历导致他们只能从事外卖骑手、快递员、建筑工人等职业(图31)。其中,有些骑手不断学习上进、乐于助人、见义勇为,为社会贡献了一分力量;少数骑手却自甘堕落,走上违法犯罪的道路。

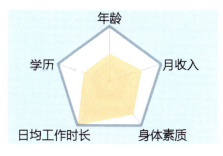

图31 骑手社会身份特征

2.工作与生活的矛盾

(1)工作状态矛盾——工作强度高。

①工作时间长。绝大部分骑手的日均工作时长在8小时以上,甚至有人达到了12小时(图32)。

由于工作的时长与接单量呈正相关关系,而单量又直接决定了工资的多少,许多骑手为了挣钱不得不延长工作时间(图33)。

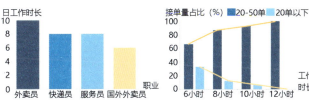

图32 不同职业工作时长分析　　图33 工作时长与接单量关系

②身体负荷大。每天长达10小时的日晒雨淋,让骑手的身体饱经摧折,作息与饮食的不规律也对他们的健康造成了伤害,难以长期工作。骑手行业的流动性和日益增长的外卖需求造成了骑手数量的持续不足,这使得现有骑手必须承担超负荷的工作量。

③职业前景不佳。一是升职加薪难;二是技术取代人力。欧洲订餐网站Just Eat早在2016年就开始测试机器人送餐服务;上海万科和饿了么也共同研发了国内首个外卖机器人项目——"万小饿"。它将以智能送餐服务代替外卖小哥。杭州某企业研发智能无人机送外卖,整个过程无须人工干预,平均7分钟即可送达,效率比传统外卖高5倍,未来外卖骑手或将失业。

④职业认可度低。消费者与骑手间最大的矛盾是差评投诉和配送超时。消费者选择外卖的主要因素为时间所限,这也是两者间的主要矛盾所在。

差评纠纷——货品问题难以明确追责到商家/骑手。等待时间——商家出餐骑手未到/商家出餐慢,骑手等餐。骑手与商家的矛盾主要在于等餐时间,对于骑手来说时间就是金钱,他们必须争分夺秒,商家的出餐速度尤为重要。

骑手平均职业认可度为7.14,给分为3~10分。超过半数骑手表示今后不会继续从事骑手职业,把骑手作为长期职业的仅占20%(图34、图35)。

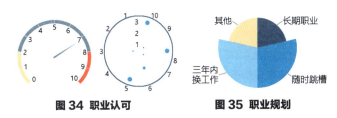

图34 职业认可　　图35 职业规划

(2)生活状态矛盾——生活水平低。

极少数骑手表示满意现在的生活,半数骑手表示对目前的生活很不满意,表明骑手行业的不可持续性。

外卖骑手通常到下午才吃午饭、22:00下班后才能吃晚饭，饮食不规律；骑手宿舍采光及通风不好，多人挤一间房，居住条件较差；休息时间很少，多数骑手只有上网、聚餐等活动，生活单调而无趣。

2.1.3 骑手面面观

男骑手年龄偏小，学历偏低，大多单身，更注重服务效绩。女骑手年龄偏大，学历稍高，大多已婚，更注重工作效率。

男骑手娱乐活动种类较多，夜生活丰富，消费娱乐支出较多，更容易得到靠谱体贴的标签。女骑手娱乐活动时间多，多要照顾家庭，消费娱乐支出较少，更容易得到理解辛苦的标签（图36）。

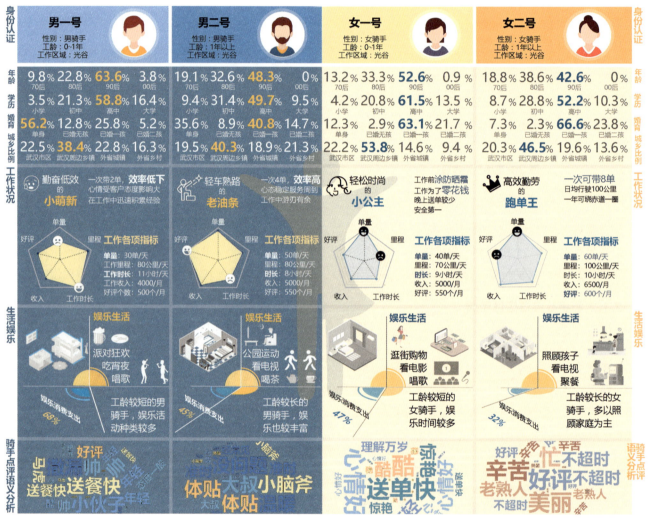

图36 典型骑手人物画像

小结

1. 骑手以90后的青年男性居多，大多来自武汉周边城镇，素质差异较大。
2. 多数骑手选择外卖行业的最重要因素是时间灵活、工资无上限，但骑手普遍有转行倾向。
3. 骑手宿舍生活条件较差，饮食作息不规律，休息时间较少，娱乐活动有限。
4. 社会对骑手的认可度及骑手与社会的正向联系有待增强。

2.2 骑手群体工作空间与生活空间——有处可归，无路可倚

2.2.1 空间现状认知

外卖站点：外卖专送公司（美团、饿了么等）为统一管理外卖骑手专设的站点，在此进行人事安排、设备器材管理等活动。专送站点的服务范围是以所属商圈为中心，半径 3km 内的区域，彼此互有交叠。

选址特点：由于商圈商家众多，带来大量的外卖配送需求，加之城市中心区地价较贵，大多数外卖站点选择直接租取居民单元楼的底层房间，将房前公共空地作为集散、集训的站前空间使用。大多数站点的建成历史在 3 年内，规模在 15~30 人（图 37）。

站点空间与附属生活空间：调度员负责站点的配送调度与管理，外卖骑手可以在站点临时更换电池或短暂休憩；每个站点会配备一个职工宿舍，一般由 6~7 名骑手共用，宿舍的具体大小根据骑手数量相应变化。

站前空间：站前空间没有固定的形制，往往根据场地现状灵活布置使用，现提炼出基本原型以供分析。站前空间主要承载骑手队伍的集合集训与装配清洁工作（图 38、图 39）。

1. 工作路径

路径叠加分析：选取华乐苑外卖站 2018 年 5 月 15 日 613 单外卖订单交通出行量数据及骑手 GPS 路径数据作为样本进行叠加分析。骑手对于光谷中心区 6 条放射主干道及雄楚大道的使用频率极高，对连接干道的支路使用较少。骑手最高车速位于安全要求 20km/h 以上。送单量与骑行距离并无确定正比关系。平均一单骑行距离 1.5km，净耗时 6.4 分钟（图 40）。

2. 等待与休憩空间

等待空间：骑手的等待空间并没有统一的划分与配置，大多数骑手在商铺或订单用户所在地的空地进行临时性等待。等餐过程中部分骑手会选择协助商家进行配餐（表 1）。

休憩空间：在订单午单高峰后，晚高峰前，骑手约有 3 个小时的休憩时间，大多数骑手选择在商家或者路边休憩就餐，但对于已婚骑手而言，选择回家做饭是更常见的选择。

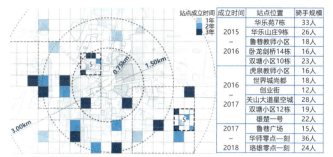

图 37 外卖站点空间分布

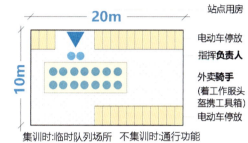

图 38 站前空间构成

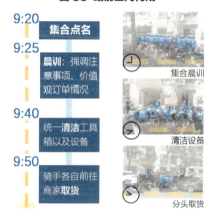

图 39 站前空间活动安排

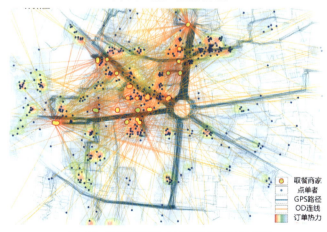

图 40 外卖订单热力与骑手轨迹可视化分析

表 1 骑手等待与休憩空间

等待对象	选址类型	活动类型
商家	店铺内（有/无专设空间）店铺门店前	等待商家做好食材 协助商家进行部分运营活动 自行休息、娱乐
用户	宿舍/单元楼下 小区门口、其他	打电话给不同订单用户 等待用户取餐

2.2.2 空间使用矛盾

在研究区域内通过 Grasshopper 分析各个栅格区域的路况复杂度以表征空间辨识度,并叠加一名工龄1年半的外卖骑手认知地图来判断骑手眼中区域的空间使用特征。

对于高密度城市道路网的光谷中心区而言,其中错综复杂的社区道路急剧提升了路况复杂程度,对于有经验的骑手而言,可通过对于地标建筑或区域的记忆以及固定的捷径小路的穿行完成区域内的高效配送(图41)。

1. 外卖站点空间

具有集体充电功能的站点空间本身具有一定的安全隐患,成为邻避设施;附属宿舍空间隐私性较差,住宿环境有待提高,对于女骑手的友好度不高;站前空间占用部分公共场地,对周围居民的正常使用造成干扰。

2. 等待与休憩空间

休闲空间严重不足:缺乏市政便民设施,对外卖骑手关注不够,公共空间设计有待提高(图42)。

在华中科技大学校内集贸市场门口的广场空间,小凉亭受到骑手的喜爱,可以坐下休息。由于没有休息空间,骑手在非高峰期只能在鲁磨路路边、天桥下、集贸市场里停留。

高温时,高峰期订单增长数倍,骑手在酷暑中奔波。他们在社区、写字楼门口经常遭到保安的阻挠。社区不让电动车进入,骑手只能跑去楼栋,并且在分秒必争的情况下填写访客登记表。而上海的高档写字楼甚至不让骑手在门口阴凉处等待。有骑手中暑晕倒,醒来后第一反应就是要继续送单。

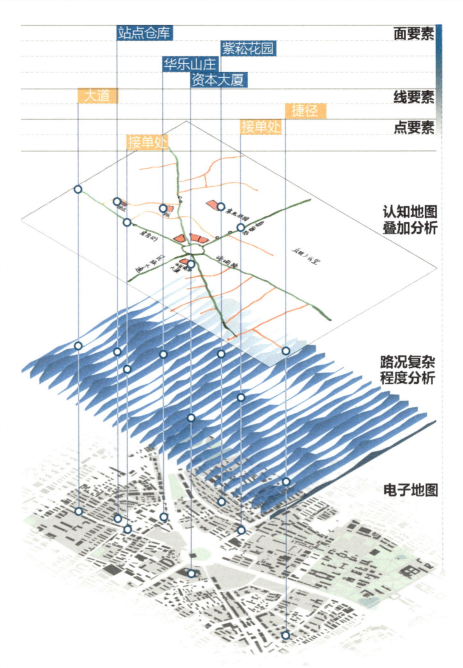

图 41 区域空间认知叠加分析

图 42 等待与休憩空间存在问题

小结

从空间的角度上主要存在休息、等待空间不足,交通出行风险大等问题。一方面是政府、平台对骑手这一职业人群的利益关注不够,平台为了吸引消费者、不断压缩配送时间,事实上可能适得其反。另一方面也反映出现行非机动车规范和保障不够完善,配送驾驶风险较高。

2.3 外卖行业相关规范与管理机制——有规可循，无法可依

2.3.1 行业规范

2017年8月5日,《外卖配送服务规范》(后简称《规范》)在北京发布,本标准规定了外卖配送的服务机构要求、服务人员、服务流程、异常情况处理、服务质量控制和服务质量持续改进等方面内容,为外卖行业健康发展起到了推动作用,由中国贸促会商业行业分会联合百度外卖共同起草,于2017年9月1日起正式实施。

网络上对于《规范》的评价有744000个,好评度95.3%,认为其利于给消费者提供更高质量的服务；制定方认为其在民主性、代表性方面存在不足,认为在规范力度方面不具备约束力和强制力。

关于外卖配送机构：应具有法人资质、固定办公场所、规模化配送员队伍等,有配送用车、配送箱、头盔、信息技术相应设备等,还应有配送员、站长、调度人员、客服人员、平台维护人员等。

关于外卖配送员：年满18周岁,身体健康,熟练使用外卖配送车,持有食品卫生健康证,熟练使用智能手机和电子地图工具,不应进入消费者家中,不能收取小费或有其他不文明举止。

关于服务质量：应符合《食品安全法》《质量管理体系》,应建立质量控制体系,包括外卖配送员情况监控、城市运营情况监控等。订单准时率应不低于98%,配送时长应不超过30分钟。

行为规范属细节类规范,但还远远不够。年龄限制并未完全落实,骑手几乎没有收到过小费,也鲜有骑手接单后迟迟不送。在我们实际调研中,鲁磨路集贸市场有3家外卖自营店,且卫生条件极差,然而从客户端上却看不出他们的经营卫生状况。因此,制定整个行业范围内具有法律效应和现实意义的统一规范,迫在眉睫。

2.3.2 平台奖惩机制

相关惩罚及奖励制度如图43、图44所示。在调查过程中,我们发现关于外卖站点的惩罚制度条目有84个,关于外卖站点的奖励制度条目有35个,对于配送员的处罚制度十分详细、全面,但奖励制度十分欠缺。

骑手一天平均送30单,一单收入均价5元。超时则减半,一个差评扣20元,投诉扣100元。而1个投诉或5个差评则等于一天白干。因此,在送餐高峰期、突发事故及极端天气时,骑手往往也为了赶时间选择危险驾驶。其主要原因便是这份严苛的奖罚机制。

衡量奖惩的重要标准是准时率,而系统预估往往不能综合考虑骑手的个人实际。

2.3.3 具体站点制度

不同公司有不同的标准规范,不同站点也有具体要求,因此外卖行业的整体标准虽然大致相同,但又有许多个体的标准,让行业的标准变得复杂起来。

此外,平台自动每天扣除2~3元保险费,但是事故后申请保险费款项繁多且金额低,使这份保险看来形同虚设。

图43 相关惩罚制度

图44 相关奖励制度

> **小结**
>
> 1. 法律保障低,骑手维权难。
>
> 2. 奖惩制度不合理,骑手工作危险系数高;时间配送预估系统科学性不足。
>
> 3. 各平台标准未能及时反映骑手真实工作利益需求。

3 总结与建议

3.1 调研总结

通过本次调研,我们对外卖行业总体情况和骑手群体生存困境有了大致了解,并且通过实地跟踪访问获得具体数据,从而分析出骑手群体目前面对的空间和社会适应性主要矛盾,对此我们做了总结并提出相关建议。

3.1.1 群体特征总结

经过我们的调查和数据统计分析,在所调研的区域范围内,从性别视角来看,50名骑手中仅有2名女性骑手,与全国其他城市中心区域比,该比例处于平均水平。由此可见,外卖骑手这份职业具有一定的性别差异特征。从人群年龄结构来看,骑手行业具有较大流动性和低龄化趋势(图45)。

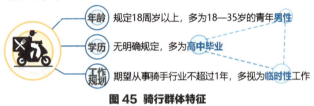

图 45 骑行群体特征

1. 工作空间和状态

骑手工作时长在10小时左右,高峰期送单频率为每10分钟3单,恶劣天气工作量增加1.4倍。不能按时用餐休息,且基本上有违反交通规则送餐经历(图46)。

2. 工作制度和流程

从制度上的相关问题分析中,可发现目前《外卖配送服务规范》执行不到位,各平台制度不具体,奖罚制度复杂,奖罚制度不合理等问题(图47)。

骑手的工作流程比较明晰,但从客户下单到送到客户的时长明显不足,导致骑手往往在路上违反交通规定,危及个人和他人的安全。并且评价机制没有监督,骑手往往更是为了客户评价而赶时。

图 46 骑手空间使用特征

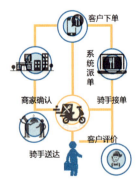

图 47 骑手工作流程

3.1.2 群体生存困境相关性分析

1. 社会适应性矛盾

从业门槛低,群体身份多样:①行业饱和度越来越高,骑手自身发展背景不一,行业整体较难管理;②突发事件引人关注,不同骑手社会责任感不一,社会认同度比较低。

服务行业,工作压力大:①工作强度大,危险系数高,可得利益越来越少;②与社会多方对接,处于服务末端,需容忍巨大压力。

发展困境:①万物皆可配送概念发展,骑手最终将被机器人代替;②多数骑手对于未来骑手职业发展不看好。

2. 空间矛盾

调研发现,骑手群体在工作过程中的矛盾主要是在他们高效服务的工作要求下产生的。骑手们需要集中在商圈附近等待接单,在配送过程中需要在短时间内负责多单配送,故往往忽视交通安全。送餐高峰期与下班高峰期冲突,骑手与行人、司机冲突强烈,造成许多事故。同时,站点只负责管理专送骑手,一般位于居住区内,对居住区的影响较大,且远离商圈,不便于对接服务。

图 48 空间矛盾分析

3. 制度矛盾

工作危险,无基本保障:①无法统一标准保障利益;②交通事故频发但保险难以落实;③工作中衣食住行花销大,基本保障难支持。

评价机制不合理:顾客评价没有监督系统,骑手经常遇到恶意差评,却无法申诉。

时间预估机制不够科学:与顾客约定送餐时间为40分钟,含商家出餐时间和骑手送餐时间,往往留给骑手送餐的时间只有10分钟。

4. 矛盾因子层次分析

骑手、公众、商家三方利益群体对各个因素进行打分,通过层次分析法,可以得出在骑手群体所面临的各种矛盾当中,以空间因素引发的各种矛盾冲突为首要问题。利用这一分析结论,分清矛盾中的轻重缓急,分阶段、分层次逐步解决这些问题(图49)。

图49 矛盾因子层次分析

能，为骑手提供关怀空间。统一规定充电设备间的标准，降低火灾发生可能性。

2. 优化路径空间，设置非机动车道

在小范围内（比如学生公寓），设立外卖配送专属通道，使得配送效率提高，减少配送交通与正常通行冲突。

配送时间规定更加合理，酌情降低路径时间效率的惩罚力度，提高违反交通规则的惩罚力度，在配送高峰期，要更加合理安排骑手路径。

3.2 相关建议

3.2.1 提高社会关注度，加强骑手职业自豪感

1. 提升素养与责任感

骑手应有意识地提高自己的素质并且增强责任感，在城市生活中越来越承担起城市守卫的职能，在配送过程中能起到监督作用，对于一些危险现象能及时报备。

2. 提高工作生活条件

可实行多人轮班制，减少单人的工作时间，降低骑手负荷。保障骑手的人身安全和权益，增加节礼等福利。提升宿舍条件，组织集体娱乐活动，丰富生活。

3. 增加社会关怀

外卖骑手在社会中属于较弱势的群体，需要社会各界给予一定的关怀，帮助他们学习上进、树立信心、回馈社会。如在2018年3月，清华大学和美团共建在线课程学习平台骑手自强学堂。

3.2.2 规划统一工作空间，增加时间机制的可预测性

1. 统一规划布局，完善站点功能

降低各企业之间站点的冲突，争取资源最大化高效利用，增强可达性；未来设立站点时可能扩大规模，集中设立在商圈附近，进行网格精细化管理。增加站点的休息功

3. 开设取餐窗口，释放等待空间

大型餐厅可增设外卖取餐窗口和外卖骑手等候区，分离就餐人流和外卖骑手，同时准备一些茶水供外卖骑手饮用。小型餐厅也应保证有单独的取餐窗口开设。

3.2.3 尽快设立相关法律规范，关注骑手群体利益

1. 行业标准合法化

建议制定对于遵守交通法的相关奖惩制度，建议制定工资的最低限额要求。骑手群体可以进行自我保护，增加必要保险。让顾客和商户同时了解外卖配送服务行业的相关标准。

2. 完善奖惩机制

建立双向评价机制，要求顾客写明差评投诉原因，根据具体情况，查实后再设定罚款金额，并开通骑手申诉渠道，避免恶意性差评。在骑手的生活方面提供相应具体奖励，让骑手基本生活得到改善。

3. 管理制度精细化

建议每个站点也加强管理。众包骑手和专送骑手的权责应分明，统一管理，形成以商家为中心，2.5km和4.5km半径范围的管理层级。

**2017年
全国高等学校城乡规划学科城市交通出行创新
实践作业评优三等奖**

风驰电掣，一路无阻
——武汉市BRT及其沿线交通组织调研与优化

指导老师：罗 吉

作者：郭俊捷　郭 旸
　　　冯诗妍　何书慧

摘要

2016年，第一条BRT（公交捷运系统）在武汉投入运营。虽然它可以缓解交通拥堵，为武汉市民带来便利，但其伴生问题也已开始显现。调研通过多种方法来评价其对周围交通组织的影响与缺点，并在总结归纳的基础上，发现了快速公交系统的不足，提出了有针对性的建议，促进快速公交系统的优化与完善。

目 次

1 绪论
　1.1 调研背景
　1.2 调研动机
　1.3 调研目的
　1.4 技术路线

2 调研现状
　2.1 BRT概况
　2.2 相关人群调查

3 路段与设施分析
　3.1 民族大道与雄楚大道交叉口
　3.2 雄楚大道BRT荣院路站路段
　3.3 关山大道站至民族大道站路段
　3.4 BRT站台设施及进出站导引

4 优化建议
　4.1 十字路口优化建议
　4.2 天桥布置优化
　4.3 站台设施优化
　4.4 BRT站台进站导引系统设计

1 绪论

1.1 调研背景

1.1.1 BRT定义

快速公交系统（Bus Rapid Transit）：是一种介于快速轨道交通与常规公交之间的新型公共客运系统，是一种中运量交通方式。

它是利用现代化公交技术配合智能交通和运营管理（集成调度系统），开辟公交专用道路、建造新式公交车站，实现轨道交通模式的运营服务，达到轻轨服务水准的一种独特的城市客运系统。

1.1.2 历史背景

建设 BRT 系统是优先发展公共交通的有效途径之一（图1）。随着我国城市化进程的不断推进，经济快速发展，城市人口急速增长，城市机动车拥有量也在迅速增加。近 15 年来，全国交通量年均增长率 22%，交通需求的增长幅度远远大于交通供给的改善程度，城市交通状况日趋紧张。

图1 BRT 系统特点

1.2 调研动机

（1）部分城市的 BRT 开通之后，运行效果并不理想：相关路段交通拥堵更加严重，有的城市 BRT 退出或退化。

（2）2010 年 4 月 27 日《北京晚报》发表调查评论，尖锐地提出"快速公交为何不快"的问题。

（3）BRT 在专用道设置、信号灯制、成本过高和资源浪费等方面存在严重问题。

1.3 调研目的

发现问题。以武汉市雄楚大道 BRT 专用廊道为调研对象，通过对雄楚大道 BRT 运营现状、相关人群的问卷调查、典型路段的交通流线组织与设施设计等方面进行深入研究分析，找出 BRT 系统所存在的问题。

提出建议。针对问题多发的典型路段和设施，总结国内外 BRT 系统的成功实践经验，并且根据实际情况，提出相应的优化建议，以提高 BRT 系统的服务质量、促进 BRT 系统的优化发展，走出一条低成本、高效率的可持续发展之路，为解决城市交通拥堵问题、节约建设资金、保护环境、促进经济发展等提供动力。

1.4 技术路线（图2）

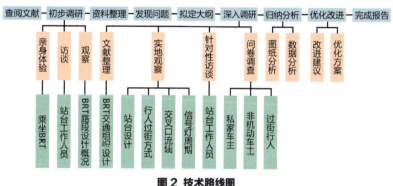

图2 技术路线图

2 调研现状

2.1 BRT概况

（1）雄楚大道是武昌地区东西方向重要联络道路和公交客运走廊，根据规划，雄楚大道快速化改造工程与 BRT 走廊同步建设实施。BRT 走廊长 13.6 千米，沿线设站 15 个。采用"BRT 主线 +BRT 辅线"组合运营模式，即 1 条 BRT 主线和 24 条常规公交线，其中有 BRT 专车 30 台，共 500 多台公交车通行。BRT 主线西起武昌火车站东广场，东至光谷大道口，BRT 辅线则由相交道路进出 BRT 走廊（图3）。

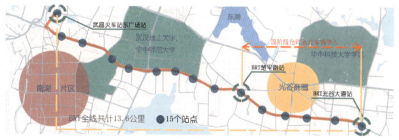

图3 雄楚大道 BRT 路线分析

（2）BRT 廊道内，公交车运行速度非常快，平峰 45 分钟可跑完 BRT 廊道全程，早高峰约需 60 分钟，晚高峰约 90 分钟（图4）。

（3）BRT 走廊采用路中专用车道，通过桥墩处绿化带与社会车道分离。BRT专用车道位于雄楚大街高架桥下，处在道路中间位置。BRT走廊在路段设双向2车道，宽度11 m。在路口处划分为3车道，为转向公交线路提供专用车道。在车站处设置超车道，便于公交车辆超车，提高站台通行能力。BRT走廊内允许执行救援任务的消防车、工程抢险车、救护车通行。乘客进入BRT站台有两种方式：一是通过人行天桥（舒城路站），二是通过地面人行横道（图5）。

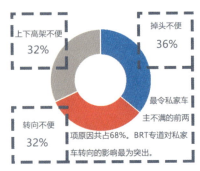

图8 私家车主意见反馈

平峰：45min
早高峰：60min
晚高峰：90min

BRT线路运行时间：6:00-22:00

BRT专车票价：投币2元，刷卡1.5元

BRT专道日均客流量：50万人次

图4 雄楚大道BRT运营分析

图9 私家车主意见反馈

2.2.3 非机动车车主调查

通过对非机动车车主的问卷及访谈调查发现，BRT线路开通对他们日常出行也造成了较大的影响。部分路段由于较为狭窄，在开设了机动车车道后留给非机动车道的空间更小，非机动车与机动车混行现象严重，存在安全隐患（图10）。

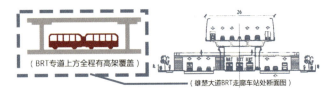

图5 雄楚大道BRT断面分析

2.2 相关人群调查

2.2.1 过街行人调查

在实地调研中，许多过街行人反映人行天桥设置存在不合理之处，过街花费时间长，并且不适用于残障人士通行。同时他们还指出，在几个人车流量较大、道路设计较为复杂的交叉路口，人行道及斑马线设计不合理，存在较大安全隐患（图6、图7）。

> 冯女士：建设BRT专道后，机动车车道也因此外扩，占用了原来非机动车的空间。非机动车道和人行道也相应外扩，导致有的临街店面一开门就是人行道。

> 莫先生：管理不到位，BRT专道内仍然有社会车辆、非机动车辆驶入，甚至还有行人进入。严重干扰了正常的交通秩序。

> 张先生：原来能随便过街（横穿），现在修了BRT专道后，马路中间建了隔离护栏，横穿马路的人变少了。但是现在感觉自己过街变麻烦了，有的人行天桥太远了。

但与此同时，BRT廊道的开设也给非机动车通行带来了一定的秩序性，非机动车随意穿行过街的现象得到了遏制。

 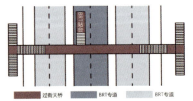

图6 过街行人数量统计　　图7 BRT车道示意图

2.2.2 私家车车主调查

实地调研发现，私家车车主对于BRT开通的感受大多集中在掉头、转向以及上下高架桥（匝道）较为困难几个方面。其中最令他们不满的是掉头困难，其次为转向不便和上下高架桥困难（图8、图9）。

由此可见，BRT交通对于城市私家车交通的交通组织运行影响较大，亟待后续的规划设计优化。

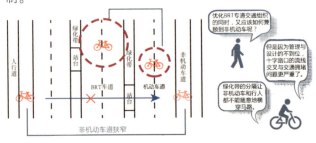

图10 非机动车道穿行乱象示意图

3 路段与设施分析

3.1 民族大道与雄楚大道交叉口

3.1.1 交通现状

两条城市干道相交，车流量过大，导致十字路口拥堵，机动车车流、非机动车车流和人流交通不便（图11）。

3.1.2 存在问题

1. 绿灯时间过短：该交叉口，尤其是雄楚大道方向上，一个交通信号灯周期内绿灯时间偏短，导致高峰期一股车流无法全部通过。以雄楚大道方向直行车辆为例，一个周期内绿灯时长仅为30秒，难以满足高峰时期社会车辆使用需求（图12）。

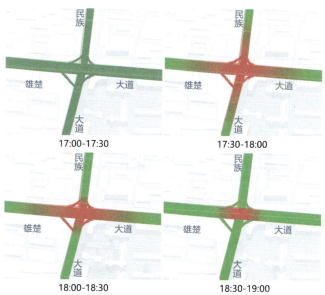

图11 交叉口工作日晚高峰热力图

2. 行人及非机动车对车流干扰：行人与非机动车横穿雄楚大道导致部分车辆驶入交叉口滞留，行人全部通过后，十字路口中的车辆继续前行影响另一个方向车流（图13）。

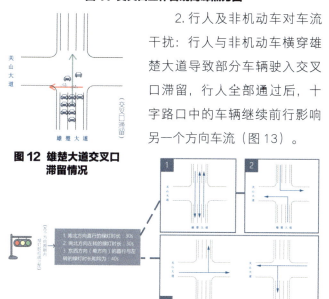

图12 雄楚大道交叉口滞留情况

图13 雄楚大道绿灯时间图

3.2 雄楚大道BRT荣院路站路段

3.2.1 存在问题

1. 社会车辆车道拥堵

雄楚大道BRT荣院路站路段（图14）社会车辆车道为双车道，其两侧分布有高校、商业区和居住小区，附近来往人群和车辆密集，有多条小区级道路，路口处易发生拥堵。

结合实地观察情况，我们发现在工作日高峰时段，从雄楚大道驶出进入小区道路的右转车辆很多，对直行车辆造成很大影响，在这一路段形成多个拥堵点，每个拥堵点有15~20辆车等候通过。

图14 研究路段示意图

2. 行车线路复杂

雄楚大道BRT荣院路站路段两侧为高校与居民小区密集区，存在多个道路分岔口，行车线路较为复杂，机动车之间及机动车与非机动车间干扰问题较为严重。加之道路分岔口多为小区级道路与城市干路交叉，缺乏交通信号灯等交通管制设施，交通秩序有待改善（图15）。

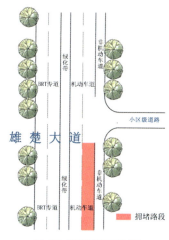

图15 拥堵路段示意图

此外由于道路拓宽，非机动车道与人行道宽度大幅变窄，非机动车与行人的通行能力受到一定影响。

3.2.2 存在优点

人行天桥与BRT站台直接相连：该路段行人过街天桥与雄楚大道BRT荣院路站站台结合设计，行人可通过天桥直接到达BRT站台，而不需跨越社会车辆车道，可以推而广之（图16）。

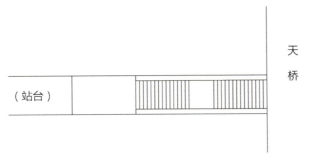

图 16 天桥与站台衔接平面图

3.3 关山大道站至民族大道站路段

该路段位于现有 BRT 线路的东段，路段周边多为居住小区，道路人流量和车流量都很大，是雄楚大道 BRT 沿线拥堵路段之一。由热力图可知，在高峰时间段，该路段车流量很大，易发生拥堵（图17~图19）。

图 17 路段示意图

图 18 非高峰时间段热力图　　图 19 高峰时间段热力图

该路段存在以下问题。

行人过街困难：由于雄楚大道 BRT 采取全封闭式公交车道，且该路段交叉口并未画出行人过街斑马线，行人只能通过路段内天桥过街。过街天桥间距与天桥至相邻交叉口均约 300m，导致行人随意穿行现象严重（图 20）。

据现场踏勘，若行人沿人行道过街和经天桥（或地道）过街用时大致相等，约有 80% 的人喜欢使用天桥或地道。

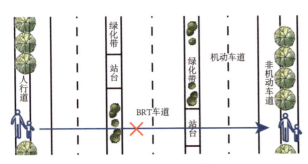

图 20 行人过街难示意图

若经过天桥（或地道）的时间大于直接过街时使用天桥的人数下降（图 21）。一旦经过天桥（或地道）的时间超过直接过街的时间的一倍时，几乎无人爱使用天桥（或地道）。

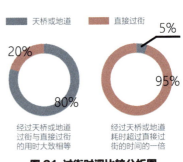

图 21 过街时间比较分析图

3.4 BRT站台设施及进出站导引

BRT 站台设施及进出站导引存在如下几个问题。

1. 站台护栏与高架桥间存在间隙

在下雨天，候车乘客需要撑伞，站台容纳能力降低到原先的 56.84%（单人伞面积 0.95 m² < 半径取 0.55m > 和人群中个体紧挨时占地面积 0.54 m²）。夏季高温期，部分乘客撑伞遮阳也会降低站台容纳能力。以现有 BRT 站台进深，在保证正常通行的情况下只能容纳三人撑伞并排站立，如有乘客撑伞会导致站台对乘客的容纳能力大幅下降（图 22、图 23）。

图 22 乘客占地面积示意图

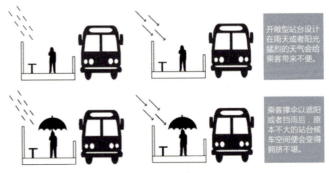

图 23 站台容纳能力

2. 无进站导引系统

站台出入口缺乏明显的提示标志，部分站台位置较为隐蔽。外地游客使用不便。进出站导引系统的缺失，也导致了乘客进出 BRT 站台时的无序。一定程度上也造成了对道路车流的干扰，加剧了十字路口等站台附近路段的拥堵。以雄楚大道与民族大道交叉口为例，由于 BRT 站点布置在交叉口处，且进出站人流较大，对雄楚大道方向的车流干扰较严重。如设置了合理的进出站导引系统对进出站人流加以管理，可有效减少乘客进出站对道路交通的影响。

4 优化建议

4.1 十字路口优化建议

车道下沉：将十字路口处与BRT车道垂直方向路段的直行机动车道、非机动车道和人行道下沉；沿BRT车道方向的非机动车道下沉，减少与BRT车道垂直方向车流对BRT沿线车流的影响。

从图24中可看出冲突点从原有的16个下降到8个，减少了一半的车流冲突口，对十字路口的交通状况有着极大的改善。

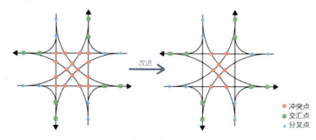

图24 十字路口改造分析图

4.2 天桥布置优化

1. BRT站台出入口与天桥相连接

改善武汉BRT部分路段站台与人行天桥设置不对接的现状，将BRT站台的出入口与天桥出入口相连接，引导BRT上下车乘客人流通过人行天桥进行集散，解决站台人流过街难的问题，保证市民在上下BRT公交车时的省时便利。同时这一改进优化也有效改善了相关行人随意穿行BRT廊道、机动车道的交通乱象，保证了行人的出行安全，提升了相关区域内的交通安全（图25、图26）。

图25 天桥与站台衔接剖面图

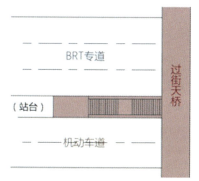

图26 天桥与站台衔接平面图

2. 过街天桥的人性化设计

《城市人行天桥与人行地道技术规范》（CJ J69—95）认为，过街者一般不愿意走天桥，建议采取必要的方便行人、诱导行人以及有一定强制性的措施。其中比较人性化的方案是采用自动扶梯。如上海市龙阳路—白杨路的天桥，采用的是上行的直行自动扶梯，对吸引行人，特别是年老体弱者、儿童等发挥了很大的作用。

3. 残障人士无障碍设计

随着全社会对残障人士的关爱不断增强，一系列保证残障人士权利和生活便利的规范、规定相继推出，如《城市道路和建筑物无障碍设计规范》（JG J50-200 1，J114-2 -001)及《工程建设标准强制性条文》等。为残障人士能方便、安全通过人行天桥，在相应出入口可设置残障人士专用垂直电梯。例如上海浦东作为全国第一个残障人士无障碍示范区，在2002年的浦东南路—张杨路天桥设置了残障人士专用垂直电梯。参照此案例，在武汉BRT沿线人行天桥的设计上，可以进行相关的无障碍设计来方便残障人士的出行（图27）。

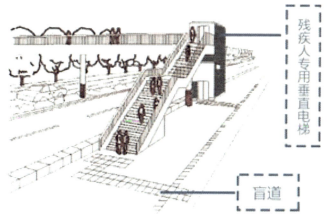

图27 天桥无障碍设计透视图

4.3 站台设施优化

半封闭式站台：基于武汉BRT廊道特性，在站台设施优化方面，采取站台远离车道，一侧采取封闭式挡板设计，用带较强遮挡能力的挡板来提高站台的遮光与遮挡雨雪能力，保证BRT乘客在雨雪、暴晒等天气候车过程中的舒适体验，提升BRT系统运行过程中的乘客使用感（图28）。

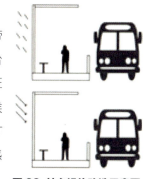

图28 站台设施改造示意图

与此同时，在设计上保留乘客上下车处原有的半开敞设计，保证乘客上下 BRT 时空间开阔，通风情况良好。

4.4 BRT站台进站导引系统设计

增加进站导引系统：鉴于雄楚大道 BRT 进站导引标识不足，建议在站台周边建立进站导引系统，便于乘客进出站台，加强对人群引导，规范站台日常使用秩序。BRT 站台导向标识布设以客流流线方案为基础，是客流流线面向 BRT 乘客的具体表现形式，旨在引导乘客在节点位置做出决策，按照既定流线顺利到达目的站台。BRT 站台附近人流可以分为进站客流、出站客流和换乘客流，不同性质的客流对导向标识的需求均有所差异。

以 BRT 站台功能布局空间结构和客流流线为基础，将站台空间结构抽象为网络图 $G=(V, E)$，其中，V 为乘客出发点、终到点以及路线分歧点的关键节点集合，E 为这些关键节点之间的有向弧集合。客流流线是网络图 G 中的有向路径，导向标识布设于途经的线路分歧节点引导客流前往目的地，导向标识的引导效果可以通过区域引导信息量或引导旅客数量来衡量。

对于整个 BRT 站台而言，可以站台功能划分空间结构和客流流线为基础，根据限制条件筛选出导向标识布设的候选位置，形成候选点集合。车站导向标识布点优化实质是在候选点集合中挑选出 P 个节点布设导向标识，以最大化区域诱导信息量，或者在特定的区域诱导信息量的目标约束下，最小化导向标识布点数量。前述两种优化思路在本质上是相同的，关键在于对候选点是否需要布设导向标识进行决策，是典型的 0~1 规划问题。以第一种思路构建导向标识布点优化模型，并根据空间特性设计模拟退火算法，为 BRT 站台导向标识布点决策提供优化方法和科学依据。

根据客流流线将站台空间结构抽象为网络拓扑图，以客流导向需求为约束，最大化区域诱导信息量为目标，构建导向标识布点的优化模型，并利用 Matlab 实现利用该模型和算法求解导向标识布点决策实际问题，验证模型有效性和求解算法的良好性能（图29、图30）。

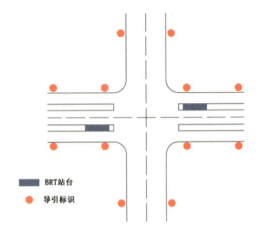

图29 站台位于十字路口附近时

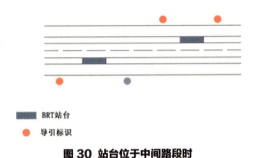

图30 站台位于中间路段时

> **总结**
>
> BRT 系统作为一种新兴的公共交通形式，为缓解我国城市日益严重的交通问题提出了一种新思路，其未来发展与建设值得关注。BRT 是一种中运量等级的快速公共客运系统。对大城市而言，BRT 可作为地面公共交通线网中的一个功能层次，承担人流密集的干道的客运输送功能；在人口规模不是很大的中等城市，BRT 可以作为轨道交通的替代方式。
>
> 但是，BRT 系统作为我国城市交通中的新生事物，在建设与使用初期不可避免地会对原有的城市交通组织带来一定的消极影响，如加剧交通拥堵。希望本次社会调查成果，能够对 BRT 系统未来发展有所裨益，提升公众对城市公共交通的关注度。我们相信随着技术的进步与管理的优化，以 BRT 系统为代表的城市公共交通将会在改善城市交通、便利人民生活等方面发挥越来越重要的作用，风驰电掣，一路无阻！

2017年
全国高等学校城乡规划学科城市交通出行创新
实践作业评优三等奖

"校"口为你开

——对武汉洪山区校际公交专线的调研与优化

指导老师： 郭 亮　陈征帆

作者： 赵 爽　余伏音　罗楚南　周烈金　蒋睿婕

摘要

调研对武汉市校际公交专线567线进行研究。一方面，基于从公交公司收集的公交线路数据，对其运营状况和实效性进行分析。另一方面，结合对567号线乘客和13所大学的问卷调查反馈，总结归纳了运营状况和学生需求，提出了关于选线、停车分配和运营模式的优化措施，例如公共交通和学校公交车的互联互通，公交车入校园等。

目 次

1 绪论
　1.1 调研背景
　1.2 调研目的
　1.3 技术路线

2 线路运营现状特征
　2.1 线路概况
　2.2 客流数据特征
　2.3 客流构成

3 乘客使用评价
　3.1 线路使用评价
　3.2 校际交流人群出行特征调查

4 校际出行调查
　4.1 政策支持与促进因素
　4.2 各高校公交出行条件分析
　4.3 校际出行交流水平评估
　4.4 校际出行需求与服务比对分析

5 优化策略

6 总结

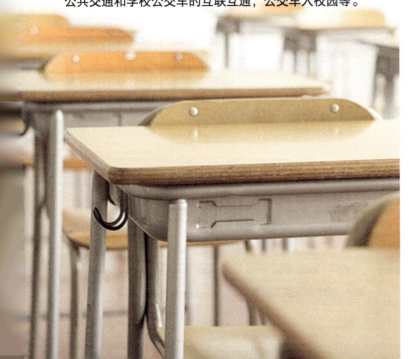

1 绪论

1.1 调研背景

1.1.1 567路公交项目背景（图1、图2）

图1 "校际交流专线"567路项目缘起

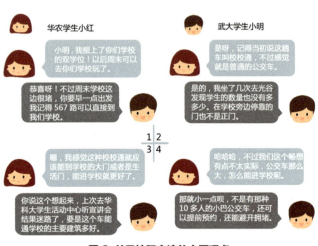

图2 关于校际交流的主要观点

1.1.2 调研动机

武汉高校数量众多，高校间的相互交流越来越频繁，使校际出行需求明显。武汉市洪山区567路公交车应运而生，用以加强洪山区校际出行。

试运营期间，567路汽车受到的社会评价褒贬不一，关于该线路对校际出行需求有何程度的改善以及如何更好地解决校际出行的问题备受关注，这也成为这次调研的主要动机。

1.2 调研目的

①对567路运营状况做出评估，考察其与初始愿景和现实情况之间的差距，为公交线路和服务的优化提供实践基础。

②进一步探索高校学生校际出行特征，发掘其潜在出行需求。

③充分发挥其服务校际交流的特色，为校际出行提供更加完善的公共交通服务，也为校际公交运行制度优化提供参考。

1.3 技术路线

技术路线如图3所示。

2 线路运营现状特征

2.1 线路概况

2.1.1 567路公交

567路公交车直接连通洪山区13所高校，覆盖了南湖大道、民族大道、关山大道、珞喻路、珞狮路等5条主干道，全线长21.7千米（图4）。

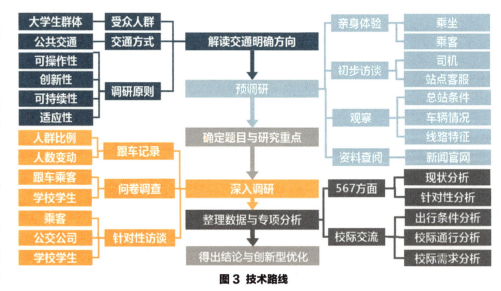

图3 技术路线

图4 567路线资源配备图

2.1.2 运营线路

线路经过洪山区13所高校，以环线形式循环运营，方便高校之间学生的校际出行（图5）。

567路公交还经过光谷、街道口和广埠屯商圈，为学生平时的休闲娱乐出行提供了便利（图6）。

公交车线路与地铁二号线多个地铁站接驳，实现了不同交通工具之间的便捷换乘（图7）。

图5 567路线及途经高校

图6 567路沿线商圈示意图

图7 567线路及轨道交通图

2.2 客流数据特征

2.2.1 月份对比

在春节的影响下，二月份的日均乘车人次约为三月及四月份的50%，故数据具有特殊性，在之后的研究部分中予以剔除（图8）。

图8 二月、三月及四月每日乘车人次

2.2.2 周内对比（图9~图13）

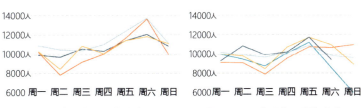

图9 三月各周每日乘车人次   **图10 四月各周每日乘车人次**

图11 上午各站点乘客上下流量

图12 中午各站点乘客上下流量

图13 下午各站点乘客上下流量

2.3 客流构成

1. 非校际交流目的人群

①该类出行人群中上班族占据一半的比例,其他出行人群目的为购物、拜访亲友等。

②非校际出行人群中上班族占比受时间影响,波动较大。

2. 校际交流目的人群

①该类出行人群以学生为主,并有少量教职工及社会人士。

②校际交流人群在周末的占比明显多于工作日时期,但仍未达到50%。

567的运行,需同时满足两种人群出行需求,初步采访显示,非校际出行人群并不认可部分线路的设置,而校际出行人群人群并未达到预期(图14、图15)。

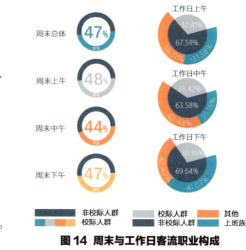

图14 周末与工作日客流职业构成

图15 关于人群问题的采访

3 乘客使用评价

3.1 线路使用评价

该公交车较好地串联了三大校圈。数据显示,该公交车的校园可达性较好,少量的乘客需换乘公交或轨道交通。在等车时长上,该公交车满足校际交流人群的心理预期。这一点上,两类人群意见产生分歧,说明校际交流人群需要公交车运营时间再晚一些(图16~图19)。

3.2 校际交流人群出行特征调查

学生周末出行以补课与拜访目的为主。上班族工作日有更多的回家需求;且出行时间在上下午居多,早中晚较少;校际交流平均每周乘坐2、3次,属于非日常行为(图20)。

在针对性分析中得出校际交流学生对该线路的评价一般,对等待时长、首末班时间等提出异议。调研将通过对该线路主要高校间校际出行条件进行分析,与校际出行人群的需求进行对比,得出对该线路的优化策略。

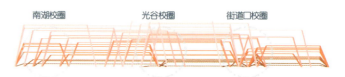

图16 567路公交校际交流人群上下站点示意

图17 学生乘坐567线路换乘情况

图18 乘客实际等车时长与可接受等车时长对比

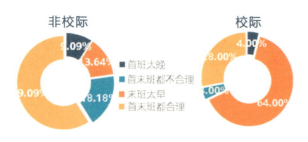

图19 学生乘坐567线路换乘情况

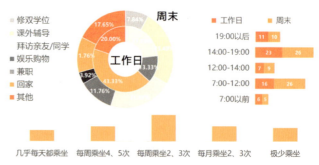

图20 校际交流人群最常用出行时段示意

4 校际出行调查

4.1 政策支持与促进因素

校际交流支持政策如图21所示。

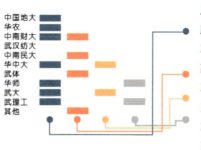

图21 政策背景分析

4.2 各高校公交出行条件分析

4.2.1 各校出行交通条件评估

对各校周边公交站点线路的占有率及地铁的可达性进行排名，综合得出各校的交通出行条件相对排名（表1）。

表1 各校出行交通条件评估

学校	现状				评价（9最优）			
	学校规模（占地）	学校规模（在校生）	周边站点数量	周边线路数量	地铁可达能力(km)	站点占有率与排名	线路占有率与排名	地铁可达能力排名	平均排名
华中农业大学	7000	25206	4	5	5.6	0.57-1	0.20-2	1	1.33
中南财经政法大学	2800	20000	4	13	3.1	1.43-6	0.65-5	2	4.33
武汉纺织大学	2000	22000	2	15	2.4	1.00-4	0.68-6	3	4.33
中南民族大学	1554	26800	5	17	1.9	3.22-9	0.63-4	4	5.67
华中科技大学	7000	32449	5	29	0.7	0.71-2	0.89-8	8	6.00
武汉体育学院	1398	11000	3	16	1.7	2.15-8	1.46-9	5	7.33
华中师范大学	3000	30255	4	26	0.8	1.33-5	0.86-7	6	6.00
武汉大学	5187	56829	9	32	0.8	1.73-7	0.56-3	6	5.33
武汉理工大学	4000	37300	3	7	0.6	0.75-3	0.19-1	9	4.33

站点占有率=公交站数量/学校占地；线路占有率=线路数量/学校在校生；地铁可达能力=距地铁站最近距离

4.2.2 各校对567路公交的使用率

与其他八所高校进行对比，华农、财大、武理对该线路使用率较高，珞喻路上的学校对该线路使用率较低（图22、图23）。

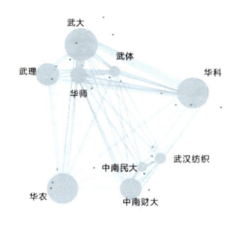

图22 各校间公交线网

图23 各校公交线路可达性分析图

4.3 校际出行交流水平评估

4.3.1 校际出行频率

校际总体交流水平计算公式：

$$AC = \sum C_i \cdot \mu$$

AC ——总体交流水平
C_i ——校际出行频率
μ ——换算系数

总体交流水平：就对校内学生调查结果来看，校际走访频率分化较大。校际总体交流系数为0.1227，即交流频率为3.6次/月（图24、表2）。

图24 校际出行频率

表2 换算系数对应表

序号	1	2	3	4	5	6
校际出行频率i	几乎每天	每周四五次	每周两三次	每月四五次	每月两三次	极少
换算系数μ	1.0000	0.6429	0.3571	0.1500	0.0833	0.0167

换算系数=频次/对应天数。例如以"每周两三次"进行换算，2.5/7=0.3571，小数保留四位。

4.3.2 校际出行交通分布差异

武大、华师、华科范围内线网最密,该线网成为学生校际出行目的的第一主体,线网内空外密,说明相邻高校之间的交流较多,成为校际出行目的第二主体(图25)。

校际交通量评比:武大、华科、财大范围的交点最多,校际交通量最大。其中武大流入量最大,成为校际出行主导目的地。

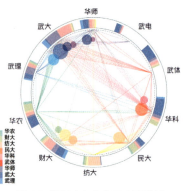

图 25 校际出行定向及定量分析

4.4 校际出行需求与服务比对分析

4.4.1 校际出行总量的计算(图26)

校际出行总量 = 高校总人数×校际出行频率

校际公交出行总量 = 校际出行总量×公交占比

567路校际出行总量 = 月平均乘坐人次×校际人群占比

图 26 校际出行总量计算

4.4.2 567路公交的竞争力

567 路校际出行的总量仅占校际公交出行的四分之一,可见,567 路自身的竞争力并不强。

4.4.3 依赖度与交通条件比对分析

各校对 567 路公交的依赖度与交通条件基本呈负相关,即交通条件越好,出行选择越多,对 567 路的依赖度越低。

结果显示,高校校际出行人数总量大,但选择 567 路公交出行的比例并不大,567 路的竞争力较弱,线路缺少吸引力;进一步对比可以发现,交通出行条件好的学校对 567 路的依赖度低,使用率较低(图 27)。

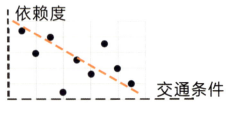

图 27 依赖度与交通条件比对

5 优化策略

我们对公交进校园的建议方案进行 SWOT 分析(图 28)。

鉴于提出的策略——校际公交专线进校园,以下通过六项具体优化措施进行分析。

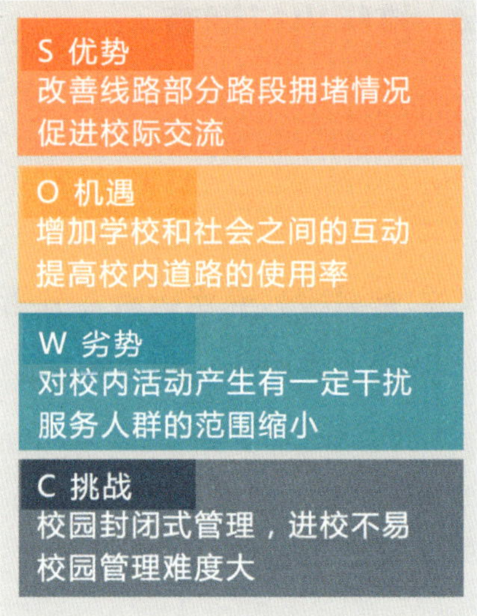

图 28 校际公交专线进校园 SWOT 分析

1. 优化一:目标群体更专一

为实现促进校级交流出行的目的,在之后对于车辆的线路、经过的站点、运行的班次与时间等需优先服务于校际出行群体,使该人群占比由 40% 升至 60%(图 29)。

图 29 线路、班次优化前后行车人群构成对比

2. 优化二:选择车型更合适

应依照"简单、清洁、体量小"的原则选择了微型公交。

3. 优化三:目标群体更专一

①分时段增加班次。

②有机调整收班时间,方便回校。

③通过线路改进,避开拥堵路段。

④由"达"转"捷",因校制宜设置站点。

⑤设立信息服务平台,提升宣传效果。

4. 优化四:行车路线更灵活

A、B 双线——以武大、华科为例,根据区域划分和需求调研,进行线路的优化。把线路区分为 A 线、B 线两

种不同的线路。A线不做调整，适应较广泛的人群，线路快捷；B线部分进入校园解决"最后一公里"，排除师生较少使用的站点，主要满足校际出行及交流的需要。

改进一：原仅经过武大一侧门改为连接武大正门、主珞瑜楼、图书馆、赏樱景点等高频使用节点（图30）。

改进二：原仅经过华科校门改为连接华科的生活区、行政区、教学区等高频使用片区（图31）。

图30 武大线路优化示意　　图31 华科线路优化示意

5. 优化五：站点对接更便捷

站点优化策略：不建议进入面积较小（小于130公顷）或结构模式简单的校园。这些校区建议与校内站点对接，可以停靠师生常使用的站点（图32、图33）。

图32 高校站点使用情况

13所高校周边共有27个公交站点。学生常用站点17个，线路兼顾常用站点8个，集中在6所高校。

线路东北段站点设置较为贴近学生出行需求。西南段有待优化改善。

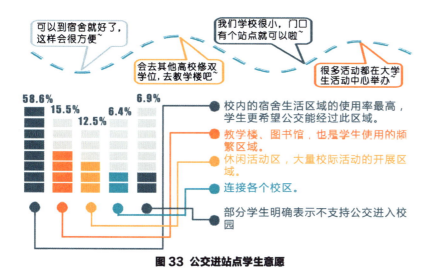

图33 公交进站点学生意愿

6. 优化六：支持更充分

（1）政策支持。

建设公交专用道以缓解雄楚大道与光谷片区周边的交通混杂与拥堵。

基础设施建设的优化：促进校际交流。

（2）信息公开与宣传。

实时信息发布：如线路调整、到站时间等。

武汉特色公交线路：宣传武汉校际文化特色、领略武汉校园风采。

6 总结

1. 交通系统的完善

武汉市道路缺乏足够的城市支路系统，一方面，要提高主要道路服务水平；另一面，需逐步完善城市支路系统的构建。

2. 校园道路的使用

社区级别的高校，是城市畅行一大障碍。由校际公交开始，逐步开放这些校园的道路，不仅能改善高校路段的交通状况，也能建立起社会与校际的交流正效应。

3. 城市学府文化旅游路线的塑造

武昌向以高校云集著称。在满足校际出行的需求上，打造567路公交专线成为城市学府文化旅游路线，能进一步提升城市形象，塑造城市特色魅力。

4. 公交服务系统的升级

在信息化时代，建立的网络服务平台、实现信息透明化、优化大数据系统，促进高效的交流，是未来服务业发展的重要趋势。

特别鸣谢：武汉公交集团第五运营公司

**2017年
全国高等学校城乡规划学科城乡社会综合实践
调研报告评优二等奖**

何处田园在云端
——武汉市满春街定制屋顶绿化模式调查与研究

指导老师：罗 吉

作者：谢智敏　金桐羽
　　　张　阳　吴昱辰

摘要

屋顶绿化是现代城市改善生态环境，缓解高密度建成区人为活动负面影响的重要策略选择。武汉市近些年来正着重发展屋顶绿化，特别是在老旧社区中的屋顶绿化改造，但发展速度较为缓慢，也存在一些问题。汉口老城区中的满春街社区作为武汉市屋顶绿化最大的试点单位，在当地"都市田园"志愿者协会的发展下形成了较为成熟的定制屋顶绿化模式，具有极高的借鉴意义。本调研针对屋顶绿化的景观概况、社会服务特征、现状问题等方面内容进行调研，切实了解居民的使用特征与需求，结合交叉分析与因子分析法提炼问卷结果，在此基础上提出优化方案，并对社区的定制屋顶绿化模式进行总结和推广。

目 次

1 绪论
　1.1 调研背景
　1.2 研究意义
　1.3 调查目的

2 调研对象和组织
　2.1 调研对象和范围
　2.2 调研方法
　2.3 技术路线

3 现状特征
　3.1 屋顶绿化景观概况
　3.2 屋顶绿化社会服务特征
　3.3 居民满意度特征

4 现状问题分析
　4.1 公共服务设施问题
　4.2 社会服务问题
　4.3 后期管理问题
　4.4 认同感问题

5 优化方案及总结推广
　5.1 优化方案
　5.2 总结与推广

附录A　调查问卷

附录B　问卷结果统计

附录C　因子分析法阐述

附录D　访谈记录

1 绪论

1.1 调研背景

1.1.1 城市屋顶绿化研究成为当前社会热点

国内外大中城市普遍存在中心区绿化不足的现象，而且地面绿化的建设成本高昂，发展阻力较大，因此向屋顶发展绿化逐渐成为一种社会现象和潮流（图1~图3）。

1.1.2 国内屋顶绿化发展特征

（1）国内屋顶绿化发展历程如图4所示。

（2）国内屋顶绿化发展现状。

屋顶绿化主要集中在成都、重庆、上海、西安、深圳、杭州、长沙、天津等大城市，但是屋顶绿化率大部分均位于1%以下，屋顶绿化的建设依然任重道远（图5、图6）。

图1 2014年中国城市建成区绿化覆盖率　图2 全国不同绿化水平城市的比重　图3 全绿化城市建设的比重

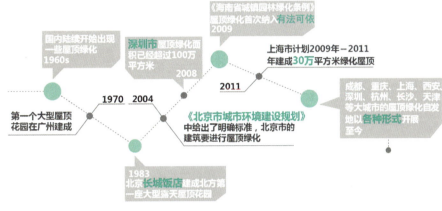

图4 国内屋顶绿化发展脉络

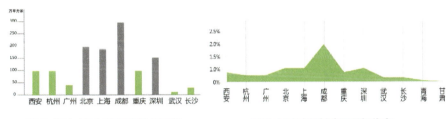

图5 国内主要城市屋顶绿化面积　　图6 国内主要城市屋顶绿化率

1.1.3 武汉屋顶绿化发展历程（图7）

图7 武汉屋顶绿化发展历程

1.2 研究意义

屋顶绿化在营造过程中如何满足使用者的心理需求，符合使用者的行为习惯，是体现其社会价值的一个重要方面，也是影响屋顶绿化空间设计的重要因素。在今天，定制屋顶绿化的公司数量不断增加，屋顶绿化也正朝着个性化、人性化的方向不断发展。通过调查与研究定制屋顶绿化的模式和优化途径，使其更加适应人们的需求，进而促进城市屋顶绿化的发展。

1.3 调查目的

（1）通过调研可以切实了解定制屋顶绿化模式与居民使用需求。

（2）在调研的基础上针对当前屋顶绿化问题提出合理的优化方案。

（3）最后总结本次调查的经验并加以推广，促进屋顶绿化的建设，为后人的研究提供参考。

2 调研对象和组织

2.1 调研对象和范围

2.1.1 基地概况

1.区位分析

满春街位于汉口六渡桥商业中心,东接民权、民族两街,南濒汉水,北连中山大道,西临汉正街(图8)。

2.用地分类

社区内商住混合,本地居民与外来人口混住,街巷纵横,居民活动空间狭小局促(图9)。

3.绿地分析

老城区存在"缺绿"现象,周围绿地较少,满春街社区屋顶绿化覆盖率较高。屋顶绿化对建设绿化系统有重要意义(图10)。

2.1.2 满春街社区定制屋顶绿化

武汉市满春街街道是武汉市屋顶绿化的试点单位,经过将近十年的发展,现在已经形成35000平方米左右的屋顶绿化面积,有85%的楼栋已经实现屋顶绿化。本次调查选取其中最具代表性的四个社区作为研究对象(图11)。

图8 满春街社区区位分析

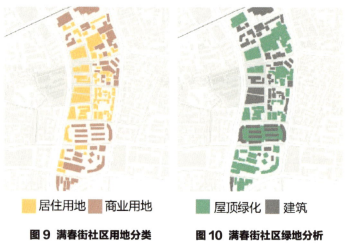

图9 满春街社区用地分类　　图10 满春街社区绿地分析

2.2 调研方法

1.文献查阅法

查阅屋顶绿化相关论文和新闻报道,获取研究方向和形式,对街道办屋顶绿化相关宣传册进行阅读,了解详情。

2.问卷调查法

对调研的四个社区的居民共同发放问卷,统计问卷结果,了解人群特征和居民使用特征,分析人群的多元需求。

此次调研共发放问卷120份,每个社区30份,回收有效问卷103份。

图11 满春街社区定制屋顶绿化现状图

3. 实地观察法

走访满春街四个主要社区，拍摄屋顶绿化图像，统计植物的种类和各类设施的尺寸等数据。

4. 访谈

向社区领导了解当地屋顶绿化发展历程，与志愿者代表、花农等人员交流后期管理维护经验。

共访问社区领导9人，其中街道办事处1人，四个社区各2人；共采访居民26人：4个社区各6人，当地主要花农2人。

5. 问卷结果分析方法

用交叉分析法、因子分析法分析相关影响因子权重等内容（附录C）。

2.3 技术路线（图12）

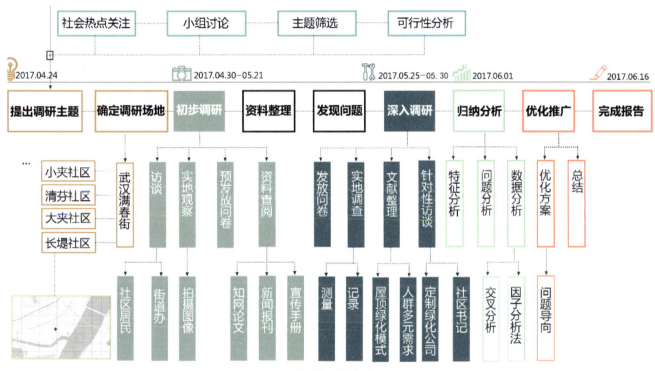

图12 技术路线

3 现状特征

3.1 屋顶绿化景观概况

经实地测量满春街各社区屋顶绿化现状，总结出各社区空间与景观特征。

3.1.1 空间特征

1. 大夹社区

类型：①低层屋顶花园——位于5层；②复合屋面——休闲娱乐+生态种植；③自由式屋顶花园——以自由的手法组织空间，根据不同使用者需求搭配景观。

主要节点呈线状分布，各住宅前绿化呈点状分布，形式多样的景观组合带来"步步有景，各处不同"的观感体验（图13~图15）。

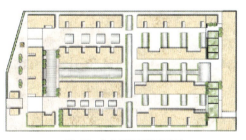

图13 大夹社区屋顶平面

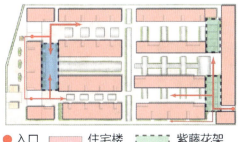

图14 大夹社区屋顶绿化平面

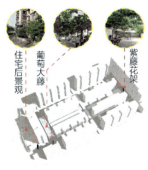

图15 大夹社区屋顶绿化景观

2. 清芬社区

类型一：①低层屋顶花园——位于3层；②生态屋面——以生态绿化为主；③规则式布局——强调营造景观秩序感，有规则、有层次地进行植物组合。

景观视线顺应线性划分的平面布局，使节点有较强的纵深感，植物景观墙和高低搭配的植物景观的营造加强了空间丰富性（图16~图18）。

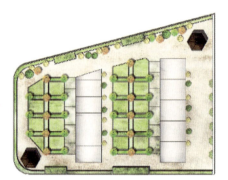  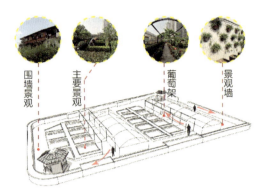

图 16 清芬社区屋顶平面图　　图 17 清芬社区屋顶绿化平面图　　图 18 清芬社区屋顶绿化景观图

类型二：①小高层屋顶花园——位于11层种植屋面——种植蔬菜为主；②混合式屋顶花园——空间布局有规整的花池，也有较多自由组合摆放的盆景。

节点景观营造方式较为单一且盆景布局较杂乱，搭构凌乱的竹竿、铁丝网和花架一定程度上阻碍了视线（图19~图21）。

 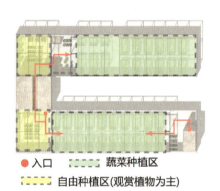 

图 19 长堤社区屋顶平面图　　图 20 长提街社区屋顶绿化平面图　　图 21 长堤社区屋顶绿化景观图

类型三：①高层屋顶花园——位于16层；②休闲屋面——以休憩娱乐设施为主；③混合式屋顶花园——注重自然与规则的协调，空间在变化中统一。

节点景观优美，站立入口看台可直望龟山电视塔和晴川大桥，景观视线开敞，良好的借景使屋顶花园景色独一无二（图22~图24）。

 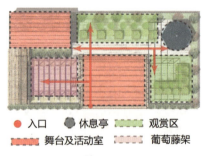 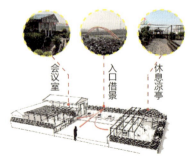

图 22 小夹社区屋顶平面图　　图 23 小夹街社区屋顶绿化平面图　　图 24 小夹社区屋顶绿化景观图

3.1.2 空间组合和植物配置

1. 大夹社区

（1）空间组合。

①屋后花园：住宅后的平台区以立体葡萄藤架、围墙花池和路中花池纵向划分空间，增添空间趣味性，提高空间利用率和吸引力。

②藤架区：空间构成较为简单，以长方形棚架、两侧座椅和路边花池塑造主要景观空间，线性空间加强纵深感，有较强空间导向性。

（2）植物配置。

以葡萄为主题，植物种类丰富，乔灌草均有一定配比，住宅前盆栽植物较多。具体有：葡萄、桂花树、枣树、小叶黄杨、广玉兰、红叶石楠、红花檵木、紫藤、连翘、石榴、红花酢浆草、海芋、竹子、杜鹃、月季和黄杨（图25、图26）。

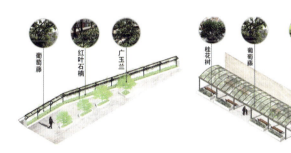

图25 大夹社区屋后花园 **图26 大夹社区葡萄藤架**

2. 长堤社区

（1）空间组合。

①自由种植区：以居民自己栽种的盆栽花卉、设置的塑料培养箱为主，植物搭配和摆放较为随意，使空间显得杂乱。

②蔬菜种植区：以方形水泥花池组成相对有序的平面空间；铁丝网、竹竿和黑色花架杂乱地分割了立面空间，同时也遮挡了视线。花池与花架间有横挡板可放置盆栽，提高了空间利用率，增强了景观丰富性。

（2）植物配置。

以蔬菜瓜果种植为主，有少量观赏性植物。具体有：锦绣苋、佛甲草、天胡荽、月季花、芹菜、生菜、葱、娄蒿、百合和、月季、红凤菜、美女樱、南瓜、丝瓜和葡萄（图27、图28）。

图27 长堤社区自由种植区 **图28 长堤社区蔬菜种植区**

3. 清芬社区

（1）空间组合。

以高低错落的乔灌草景观为单元方块，运用重复手法构成核心景观区，显得整齐划一且有韵律感。道路上的葡萄藤架增加景观立面丰富性，兼具遮阳功效。

（2）植物配置。

以月季为主，种植各式灌木，配以少量乔木，以盆景点缀道路两侧。具体有：大叶黄杨、红叶石楠、桂花、金叶女贞、月季、石榴、紫竹梅、苏铁、吊兰、丝瓜、印度榕和枣树（图29）。

4. 小夹社区

（1）空间组合。

围墙花池加强了屋顶绿化的识别性，通过由高到低的葡萄藤架、围墙花池和盆栽植物加强了屋顶花园的空间层次感。

（2）植物配置。

以杜鹃为主题，同时配置较多观赏性植物，基本为盆栽植物。具体有：迎春花、葡萄、杜鹃花、红叶石楠、金叶女贞、小叶黄杨、桂花、小叶榕和火棘（图30）。

图29 清芬社区核心景观区 **图30 小夹社区藤架区**

3.2 屋顶绿化社会服务特征

3.2.1 "老龄化"的使用人群特征

调查结果显示,屋顶绿化的服务群体以中老年退休职工为主,其中男性略多。

不同性别、年龄结构的居民职业有所不同(图31)。一方面,该年龄段的居民休闲时间较多,另一方面,该年龄段居民对屋顶绿化拥有较高的热情。

3.2.2 "多元化"的社会活动特征

1."多频少时"的参与特征

居民在绿地中的活动频次较高,日均达到2次以上。在工作日日均活动统计频次以2次为主,在周末通常达到3~4次及以上。

人们在屋顶花园的停留时间多为1h以内,随着频率增加,活动时间趋向增多。但达一定次数之后,停留时间就会逐渐减少,总体表现为多频少时的特征。这与屋顶花园的开放频率和时间相互协调(图32~图34)。

2."波状变动"的出行时间特征

活动参与以8点以前、16:00—20:00两个时段为高峰点,呈现明显的波段变动特点。大多选择在8点之前晨练,在16:00~20:00散步(图35)。

3."游憩为主"的活动类型特征

活动类型以休憩为主,其他类型活动频次有限,其中种植活动最少,大部分居民只是作为使用和观赏者参与到屋顶绿化的活动中。而屋顶绿化的后期维护靠少数的志愿者和当地居民就能完成。随着一天时间的推移,人们的活动类型趋向安静与简单(图36、图37)。

4."季节导向"的特色活动特征

满春街依据不同社区居民的意愿和社区绿化基础现状,定制了不同的屋顶绿化主题:春可游小夹社区杜鹃节,夏可于清芬社区赏月季,秋可往大夹社区品葡萄,冬可摘长堤社区蔬菜,打造"月月有花,季季有景"的社区特色主题绿化(图38)。

3.2.3 "阶梯式"的多方联动管理特征

政府提供政策和资金支持,"都市田园"协会负责总体统筹和技术指导。居民自行组织安排日常的维护,让居民个体认养植栽,由政府统一提供所需物资。

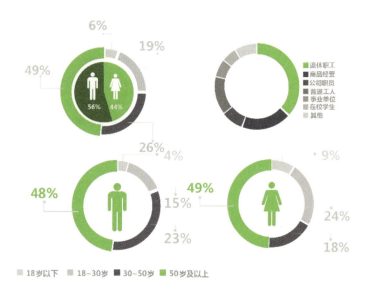

图31 性别、年龄与职业统计

图32 每周到屋顶花园次数统计　　图33 每次停留的时间统计

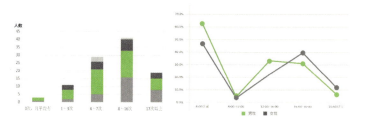

图34 频率-停留时间交叉分析　　图35 出行时间段统计

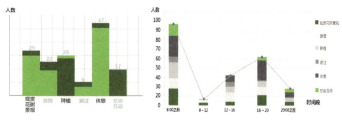

图36 活动类型统计　　图37 活动类型-事件段交叉分析

图38 每月特色活动统计

3.3 居民满意度特征

3.3.1 满意度评价多元化

1. 在排水、气味、蚊虫方面满意度较差

根据"李克特量表"分析法，调研通过发放问卷得到居民的满意度评价。在满意度得分中，总体满意度得分较高，说明居民对屋顶绿化总体满意。此外，居民对屋顶绿化净化空气的效果和降温隔热效果也较为满意。排水、气味、蚊虫的满意度得分都普遍偏低，特别是排水，居民最为不满意（图39）。

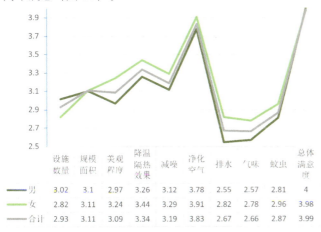

图39 居民满意度评价分析

其他如设施数量、规模、美观程度和减噪等方面居民的满意度均为一般，在维持现状的基础上还可以加以改进。

2. 在美观程度方面居民满意度相差较大

通过对满意度的问卷统计结果进行方差分析，发现不同的因子的方差具有相似性，都接近于1，其中美观程度因子方差较为明显，为1.28（图40）。

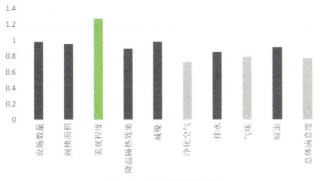

图40 居民满意度调查

数据表说明屋顶绿化的美观程度还没有得到居民的普遍认可，而其他因素在满意度评价时也存在与居民意见出入较大的问题。这要求设计者在设计屋顶绿化时充分考虑居民的共同需求和特殊需求，从而使大部分居民能够满意。

3.3.2 满意度影响因子权重多元化

1. 人居环境因素对屋顶绿化评价影响较大

通过SPSS的因子分析法对九个满意因子进行公因子提取，将排水、蚊虫和气味上载荷较大的定义为人居环境因子，将降温隔热效果、减噪和净化空气效果上载荷较大的定义为生态效益因子，将规模面积和设施数量上载荷较大的定义为规模因子，剩下一个则为美观程度因子。

通过因子贡献率比较四个因子对满意度影响的权重大小。

在居民日常使用屋顶绿化的过程中，屋顶绿化的生态效益与人居环境品质是影响满意度评价的重要因素。

综合得分与人居环境得分相近，也说明了人居环境的满意程度可以较好代表总体满意程度（图41、图42）。

图41 因子权重统计　　**图42 因子得分统计**

2. 生态效益因素显著提高，居民总体满意

在实际调研过程中，我们通过对居民的访谈了解到居民对于屋顶绿化带来的减少噪音和降温隔热的效果赞不绝口。说明屋顶绿化在生态效益方面带来的积极影响能够抵消很多其他的消极因素，使得居民主观满意度高于客观分析结果（图43）。

图43 主观满意度和客观分析比较

规模面积因子对居民满意度影响较大。

经过因子分析法综合比较分析，可以发现规模面积因子、净化空气效果，减噪效果和设施因子权重较高。其中规模面积因子权重最高，达到0.137。满春街社区屋顶绿化发展多年来，从无到有，数量与面积不断扩大，而居民亲身经历了这个发展过程，因此更能体会到屋顶绿化规模扩大的意义（图44）。

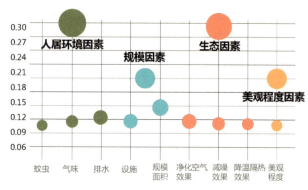

图44 因子权重统计

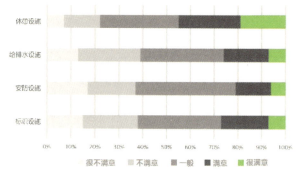

图47 设施质量满意度统计

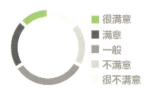   

图48 设施满意度统计　　　图49 设施需求统计

4 现状问题分析

4.1 公共服务设施问题

各个社区公共服务设施总体上均偏少（图45）。在设施总体满意度和各类设施数量和质量上绝大部分居民持一般态度，根据调查结果显示，设施增加需求旺盛（图46~图49）。

4.1.1 "短缺"的休憩设施

主要景观节点配置有一个及以上的凉亭供居民们休憩，但其他种类的休憩设施数量和种类存在不足，导致尽管有良好的室外景观空间，但居民自发活动较少。

4.1.2 "及格线上"的排水设施

在蓄水点、给水点、排水点分布上存在先天不足，改造建设也存在极高难度。对原排水系统进行简单改造，在植栽浇灌、废水排放处理上仍然需要耗费大量的人力物力。

4.1.3 "薄弱"的安全防护设施

满春街社区屋顶平台的人流较大，尽管在部分场地边缘种植有绿化隔离带，但未能完全覆盖，紧密摆放的盆栽，防灾监控设施方面存在许多安全隐患。

4.1.4 "难以寻觅"的标识设施

从"楼下"到"楼上"，对于社区主要的几个出入口缺乏指引牌；对屋顶、平台之间的游憩路线，主要景观节点位置缺乏指引牌；园区内容缺乏介绍牌，在安全隐患严重位置缺乏警示牌。

图45 设施数量统计

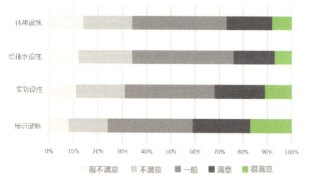

图46 设施数量满意度统计

4.2 社会服务问题

4.2.1 服务人群结构不合理

服务人群在年龄结构上分层变化明显，在18岁以下及18~30岁存在群体严重缺失的情况（图50）。一方面，由于当地居民构成中年轻群体所占比例小数量有限；另

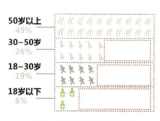

图50 服务人员年龄结构

一方面，由于屋顶花园在活动组织、宣传方面缺乏对于年轻群体的针对性考虑，降低了吸引力。

4.2.2 活动未完全满足需求

1. 活动形式"单一"

目前举办活动的形式仅限于观赏节等，形式较为单一。

2. 活动举办频次较少

在活动举办频率上，各个社区目前维持在一个季度一次，活动频率太低（图51），与居民期望次数差值较大（图52）。满意度调查结果显示当地居民对于目前活动举办次数不满意，提高活动举办次数期望显著。

图51 活动举办次数统计　　图52 活动举办次数满意度统计

3. 部分花园开放时间短

各屋顶花园的运营时间不同，总体上在白天开放，利用率在50%左右，部分利用率极低（图53）。满意度调查结果显示当地居民对于目前开放时间大部分持一般及以下态度，扩大开放时段需求明显（图54）。

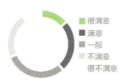

图53 屋顶花园开放时间统计　　图54 开放时间满意度统计

4.3 后期管理问题

4.3.1 组织结构有待进一步优化

屋顶花园维护管理涉及多方力量，需要政府、居委会、协会、楼栋间密切合作。但由于涉及单位多，组织结构复杂，高效运营难度大，存在交流上的障碍、管理上的漏洞、信息上的滞后，组织结构需进一步优化（图55、图56）。

4.3.2 后期管理维护存在不足

部分区域仍旧存在维护不足的现象，如植物干枯、设施老化、落叶垃圾遍地等，原因可能是居民自身缺少时间，楼栋负责人未能及时监察，社区人员疏于管理，协会技术指导不到位，政府提供的维护资金有限等。

图55 组织结构

图56 组织构成

4.4 认同感问题

居民对于满春街屋顶定制绿化总体评价集中在满意和很满意区段，总体满意度较高。在降温隔热、净化空气方面满意度评价集中在满意以上，在规模面积、美观程度、减噪方面满意度评价一般。在排水、气味、蚊虫方面满意度评价出现较大比例的不满意评价，说明在排水等方面屋顶绿化仍然存在不足的地方，一定程度上引发了群众的不满，后期运营亟待改善（图57～图59）。

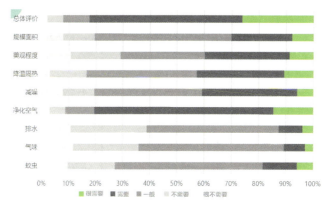

图57 满意度统计

图58 认同感评价统计

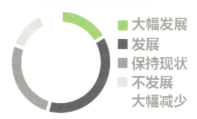

图59 发展需求统计

5 优化方案及总结推广

5.1 优化方案

5.1.1 选址及定制选择优化

（1）选址遵循“三个方面、七个因素”评价标准（图60）。

（2）屋顶定制运营按照统一标准流程（图61）。

可利用面积	绿化面积
	活动面积
	设施面积
给排水设施	给水能力
	排水能力
可达性评定	电梯
	楼梯

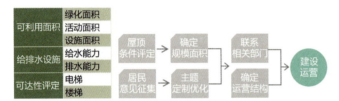

图60 评价标准

图61 屋顶定制运营流程

5.1.2 屋顶绿化空间模式优化

（1）根据不同空间确定不同空间组合（图62）。

（2）根据屋顶特征定制游览路线。

（3）定制绿化布局遵循游览路线（图63）。

（4）植物配置定制符合不同主题（图64）。

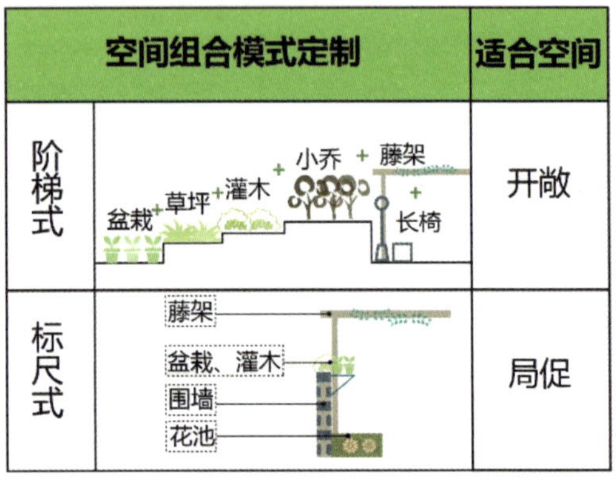

图62 空间组合模式及定制模式

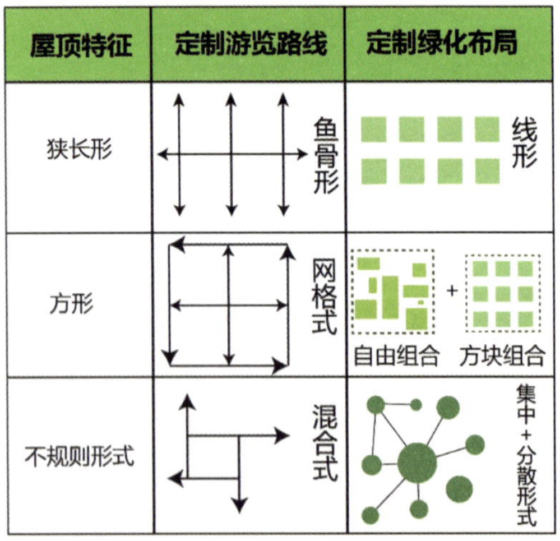

图63 定制游览路线及定制绿化布局

植物配置定制				
观赏类	常绿灌木	四季花卉	小型乔木	地被
	红叶石楠 金叶女贞	杜鹃（驱蚊） 月季	桂花、枣树 冬青（驱蚊）	紫叶酢浆草、 佛甲草（新型）
蔬果类	草本	木本		藤本
	菠菜、韭菜、茭苋 菜、番茄（驱蚊）	花椒、紫藤		丝瓜、南瓜、葡萄

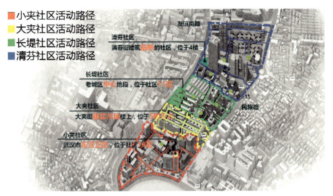

图64 植物配置定制

5.1.3 屋顶绿化可达性优化

1. 在15分钟生活圈背景下进行路径优化

将屋顶绿化并入社区15分钟生活圈，合理规划每个屋顶绿化功能、服务范围，规划可达路径（图65）。

图65 活动路径规划图

2. 入口设置标识牌进行指示优化

梳理地面空间，在屋顶花园入口位置设置显眼的指示牌并进行指示优化。

3. 部分楼栋建议增设电梯

部分可达性较差的屋顶，建议可以增设电梯，提高居民到达屋顶的可能性，同时减少电梯运营费用，激发居民活动自主性（图66）。

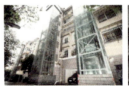

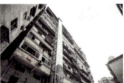

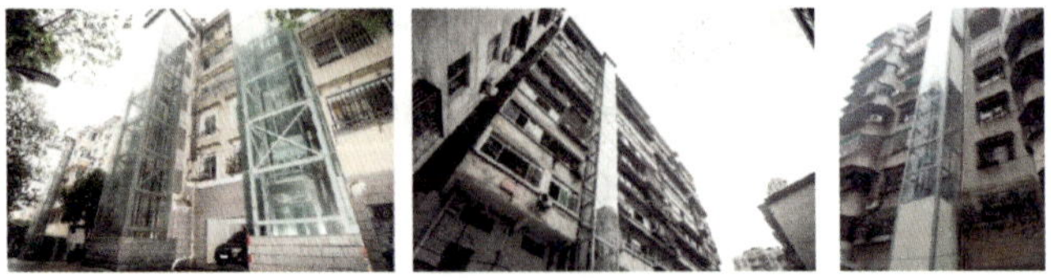

图66 增设电梯示意图

5.1.4 屋顶绿化设施配套优化

1. 设施配套遵循统一标准

屋顶花园设施的定制首先要遵循统一的标准，每100平方米应配备足够的设施保障屋顶花园基本运营，同时根据不同屋顶花园的具体情况作出调整。

2. 设施配套遵循基本原则灵活变动

①专题治理，专项整治。加大资金投入，保障屋顶绿化基本运营，解决定制屋顶绿化排水、气味、蚊虫等问题。

②合理优化、主题提升。完善屋顶绿化，增设休憩设施，提高屋顶绿化活动质量、效率。

③底线守护、保障安全。完善屋顶绿化安全防卫、照明、监控设施等，保障居民在屋顶活动的安全。

5.1.5 运营管理优化

1. 基于居民需求的运营时间优化

超过半数的居民对于当前的屋顶花园开放时间持不满态度，增加开放时段需求明显。需基于居民需求设置不同的开放时段提高运营时效（图67、图68）。

	开放时段	
大夹社区	6:00~11:30	12:00~22:00
小夹社区	7:00~11:00	12:00~20:00
清芬社区	8:00~11:00	12:00~18:00
长堤社区	7:00~11:30	12:00~21:00

图67 屋顶花园运营时间优化　　**图68 开放时间意见统计**

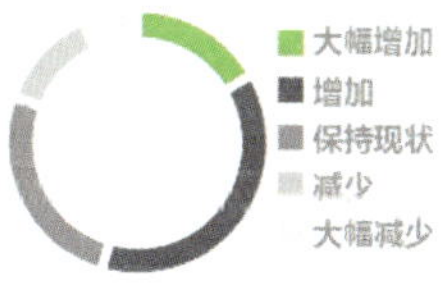

2. 基于居民意愿的活动组织优化

①修建照明设施增加夜间活动，丰富活动类型。提高活动举办频次，提高居民活动参与度。

②鼓励群众自我组织、自我参与。在政府的指导和志愿者协会的支持下，号召居民参与到屋顶绿化中，提高群众参与度。

3. 基于高效和谐的管理协作优化

①加强政府各部门合作，打通自上而下的政策，简化办事流程，提高屋顶绿化建设效率。

②明确街道办、社区居委会、志愿者协会、楼栋长的职责划分，提高运营效率。

③综合管理结合自主参与，提高管理水平。

5.2 总结与推广

经调查，我们发现武汉市满春街屋顶绿化模式具有巨大发展潜力，是提高空间有限的老旧社区绿化率、增加公共活动空间的一次较好探索。

我们认为定制屋顶绿化形式有定制配套、运营高效、效果明显的特点，对于社区居民有巨大吸引力，适合在武汉、长沙等老旧社区面积大、建筑密度大的城市推广。

定制屋顶绿化的未来发展是进一步优化功能。只有完善社区管理模式，推进邻里交往，以社区居民需求为本，才能真正服务居民，彰显环境、社会效益等多方面的优势。

随着城市建设的稳步推进，由地面走向屋顶的绿化模式立体化将是历史的潮流，武汉的定制屋顶绿化也将在"云端"呵护着忙碌的人们。

附录A　调查问卷

武汉市满春街屋顶绿化居民使用评价

尊敬的社区居民们：

您好，为了了解本社区屋顶绿化现状以及更好地完善社区屋顶绿化体系，恳请您用几分钟时间帮忙填答这份问卷。本问卷实行匿名制，所有数据只用于统计分析，请您放心填写。题目选项无对错之分，请您按自己的实际情况填写，对您的热情参与和积极配合我们将十分感谢！

1. 您的性别：

A. 男　　B. 女

2. 您的年龄段：

A.18 岁以下　B.18 ~ 25 岁　C.26~30 岁

D.31~40 岁　E.41 ~ 50 岁　F.51~60 岁

G.60 岁以上

3. 您的职业：

A. 退休职工　B. 商品经营　C. 公司职员

D. 普通工人　E. 事业单位　F. 在校学生　G. 其他

4. 您对社区的屋顶花园是否了解：

A. 不关注　B. 有一点了解　C. 很了解

5. 您每周来到屋顶花园的次数：

A.0 次，几乎没有　B.1 ~ 3 次　C.4~7 次

D.8~16 次　　　　E.17 次以上

6. 您一般是在哪些时间段来到屋顶花园：

A. 早上 8 点以前　B.8：00~12：00

C.12：00~16：00　D.16：00~20：00

E.20：00 以后

7. 您到达屋顶花园一般需要花费多少时间：

A.0~5 分钟　　B.6~10 分钟　　C.11~15 分钟

D.16~20 分钟　　E.21~25 分钟　　F.26 分钟以上

8. 您每次在屋顶花园所待的时间：

A.0.5 h 以下　　B.0.5 h~1 h　　C.1 h~2 h　　D.2 h 以上

9. 您一般在屋顶花园进行哪些活动：

A. 观赏花树景观　　B. 游园　　C. 种植

D. 路过　　　　　　E. 休憩　　F. 交谈互动

10. 您对屋顶花园各方面的评价：(1~5)

1（很不满意）　2（不满意）　3(一般)

4（满意）　5（很满意）

规模面积

美观程度

降温隔热效果

减噪效果

净化空气效果

总体满意程度

排水

气味

蚊虫

设施

11. 您对屋顶花园各类设施数量的满意程度:(1~5)

1（很不满意）2（不满意）3(一般) 4（满意）5（很满意）

休憩设施

给排水设施

安防设施

标识设施

12. 您对屋顶花园各类设施质量的满意程度：(1~5)

1(很不满意) 2（不满意）3（一般）4（满意）5（很满意）

休憩设施

给排水设施

安防设施

标识设施

13. 您对屋顶花园后期管理的满意程度：(1~5)

1（很不满意）2（不满意）3(一般) 4（满意）5（很满意）

14. 您对屋顶花园举办的活动次数的满意程度：(1~5)

1（很不满意）2（不满意）3(一般) 4（满意）5（很满意）

附录B　问卷结果统计

1. 您的性别。

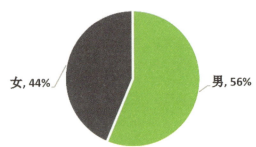

2. 您的年龄段。

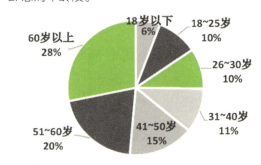

3. 您的职业。

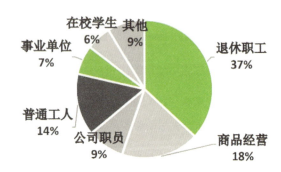

4. 您对小夹社区的屋顶花园是否了解？

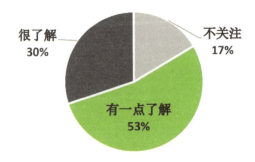

5. 您每周来到屋顶花园的次数？

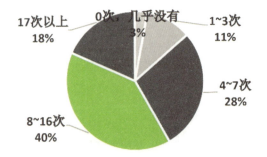

6. 您一般是在哪些时间段来到屋顶花园？

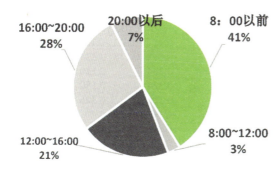

7. 您到达屋顶花园一般需要花费多少时间？

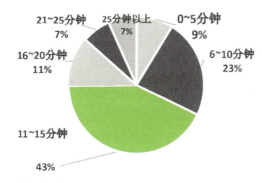

8. 您每次在屋顶花园所待的时间？

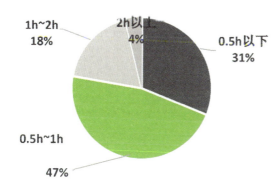

9. 您一般在屋顶花园进行哪些活动？

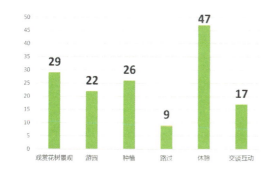

10. 您对屋顶花园各方面的评价。

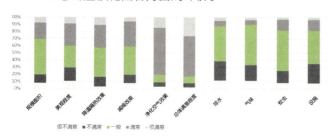

11. 各类设施数量的满意程度。

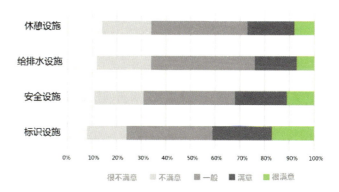

12. 各类设施质量的满意程度。

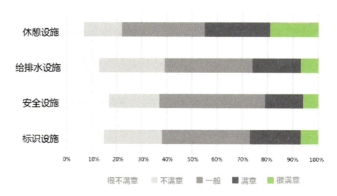

13. 您对屋顶花园后期管理的满意程度。

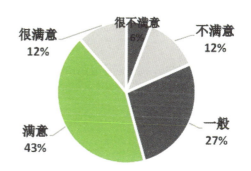

14. 您对屋顶花园举办的活动次数的满意程度。

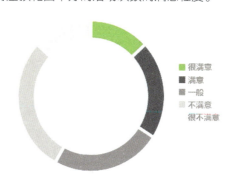

附录C 因子分析法阐述

1. 因子分析法研究

为了研究居民的满意度特征，我们在设计问卷的时候设计了9个满意度影响因子，但是由于各个因子变量之间存在着相互关联，而且变量较多，分析问题变得更复杂。同时各项满意度的均值没有存在较大差异，无法深入发现问题，因此选取因子分析法对数据进行降维、分类，提取公因子等来理清繁杂的数据，便于更准确地分析居民对屋顶绿化的满意度特征。

2. 因子分析适当性检验

在 SPSS 软件中对 9 个因子进行因子分析，得到分析结果。首先通过对因子的相关性矩阵进行分析，发现大部分因子之间的相关系数较高，同时进行 KMO 与 Bartlett 鉴定，发现 KMO 统计量值为 0.787，巴特勒球形检验的 P 值为 0.000，这些也说明了数据比较适合做因子分析。

KMO与Bartlett鉴定		
KMO测量取样适当性		0.787
Bartlett的球形鉴定	大约卡方	128.661
	df	36
	显著性	0.000

3. 确定公共因子

由分析结果可知，共有四个因子的特征值大于1，故提取四个公因子，前四个因子已经解释了方差变异的65.3%，包含了评价指标的大部分信息，因此可以将因子分为四类来继续分析。

因子	起始特征值			旋转平方和载入		
	总计	方差的%	累加%	总计	方差的%	累加%
1	1.931	21.458	21.458	1.785	19.829	19.829
2	1.710	18.995	40.453	1.669	18.549	38.377
3	1.188	13.197	53.651	1.215	13.505	51.882
4	1.049	11.653	65.303	1.208	13.421	65.303

通过对因子旋转后的载荷矩阵进行分析可以发现，第一个因子在排水、气味和蚊虫上载荷较大，故可以归类为人居环境因子，第二个因子在净化空气效果、减噪效果和降温隔热效果上有较大载荷，可以定义为生态效益因子，第三个因子在规模面积和设施上有较大载荷，故可以归类为规模因子，第四个因子只有在美观程度上有很高的载荷，故直接定义为美观程度因子。

4. 因子得分

为了更进一步地分析居民对屋顶绿化的满意度，需要计算因子得分。

旋转后的因子载荷矩阵				
	1	2	3	4
排水	0.838	0.013	0.073	-0.194
气味	0.793	-0.011	-0.120	0.073
蚊虫	0.678	0.178	0.334	0.012
降温隔热效果	0.354	0.730	0.110	0.125
净化空气效果	0.324	0.609	0.150	0.224
减噪效果	0.300	0.715	0.325	0.196
规模面积	-0.061	-0.110	0.762	-0.404
设施	-0.340	-0.131	0.608	0.210
美观程度	-0.093	0.036	0.018	0.923

公式: $F_x = \lambda_1 \times X_1 + \lambda_2 \times X_2 + \cdots + \lambda_n \times X_n$

λ: 特征值；X: 满意度影响因子得分。

在调查满意度的时候采用了李克特量表的分析方法，设定非常不满意到很满意的五级指标，分别用 1~5 表示。通过向卷结果可以算出每个影响因子的均值得分，即 X。

得到各个因子的得分之后，通过上述的各因子贡献率得到各因子的权重，进而测算出最后的综合得分即为总体满意度。

因子得分矩阵				
	1	2	3	4
规模面积	-0.076	-0.121	0.500	-0.361
美观程度	-0.025	-0.019	-0.005	0.764
降温隔热效果	0.206	0.358	0.172	0.135
减噪效果	0.156	0.558	0.072	0.140
净化空气效果	0.165	0.420	0.243	0.173
设施	-0.207	-0.217	0.413	0.150
排水	0.466	-0.060	-0.130	-0.138
气味	0.451	-0.112	-0.119	0.090
蚊虫	0.018	0.210	-0.246	-0.013

虽然生态效益因子得分较高，但是综合得分却与人居环境因子得分相近，说明环境和宜居性对居民满意度有更大影响。

5. 居民满意度与因子得分的比较

通过居民各类因子的满意度求取平均值，与总体满意度进行比较相关性分析可以发现，人居环境因子与居民满意度相关性最大。这个结果与因子得分结果吻合，证明因子分析的结果具有可靠性。

内容		总体满意度
对人居环境的满意程度	相关系数	0.334
	显著性（双侧）	0.004
	总数	103
对生态效益的满意程度	相关系数	0.283
	显著性（双侧）	0.013
	总数	103
对规模的满意程度	相关系数	0.157
	显著性（双侧）	0.001
	总数	103
对美观程度的满意程度	相关系数	0.142
	显著性（双侧）	0.002
	总数	103

附录D 访谈记录

1. 地点：长堤社区 11 层顶楼蔬菜种植区

受访者：正在照看蔬果的张大爷

时间：2017/04/08

Q: 请问您在屋顶种蔬果感觉怎么样？

A: 感觉还好啊，像我们这种老年人平常都没什么事做，在屋顶上种蔬果一方面丰富了退休生活，另一方面有需要时还能直接拿一些自种的回家洗干净就吃，质量还有保证，安全无污染。

Q: 那有什么不便或者向社区提的建议呢？

A: 上下楼不是很方便，有时候搬一些比较重的东西上楼就很恼火，能把楼梯改造一下最好；另外屋顶的护栏还需要再改一下，有时候人多了，小孩到处乱跑，还是有点让人不放心的。

2. 地点：清芬社区 3 层屋顶绿化休闲区

受访者：坐在凉亭乘凉的谢师傅

时间：2017/04/16

Q: 请问坐在这里休息的感觉怎么样？

A: 景色很好看，面前就是一片绿色，往四周眺望风景也不错，毕竟这里是楼顶的平台，也没有底下的商铺那么吵闹，和孩子一起时让她自己在这附近转也很放心。

Q: 除此之外有没有什么您认为还可以进一步加强的地方？

A: 感觉这里气氛还是太严肃了，旁边就是社区办事处，感觉大家都不怎么愿意在这里停留，少了点人气，另外开放的时间也有所限制，希望能够适当延长。

3. 地点：小夹社区 16 层屋顶绿化平台

受访者：社区居委会工作人员王师傅

时间：2017/05/14

Q: 请问这里屋顶绿化平台一般什么时候开放呢？

A: 因为这里比较高（16层），而且一般只能通过电梯上来，加上武汉夏季的天气炎热，所以一般早上8点到11点还有点人，下午以后都没有人了。

Q: 天气这么热每天光是浇水就很辛苦吧？

A: 是啊，每天要赶在太阳出来之前浇上一次，等傍晚吃完饭后又要浇一次，上次平台的蓄水箱出了点问题，结果只能人工把水从楼底提上来一株一株浇，那真是太累人了。

4. 地点：大夹社区社区屋顶绿化平台

受访者：打理自家门前绿植的周婆婆

时间：2017/05/21

Q: 请问您对社区分配每户门前种植空间的模式如何评价？

A: 一般，不敢在门前施肥，怕影响到别人，所以植物长得并不是很理想，有时候种的东西也无缘无故就不见了。

Q: 那有什么问题或者建议吗？

A: 门前的那块地本来就是我买下来的，社区强行占用了坎拿去做统一的绿化就有点不厚道了，我反映了好多次还是没有解决，不了了之，希望能适当赔偿。

5. 地点：满春街居委会办公点

受访者：社区宣传科李科长

时间：2017/06/01

Q: 请问社区方面是如何评价屋顶绿化各类设施（休憩、给排水、安全防护、标识）的运行和服务情况呢？

A: 我们目前也是已经尽了最大程度的努力来进行屋顶绿化各类设施的投入和维护的服务了，在条件和资金有限的情况下，能做到现在这个样子我们社区所有的工作人员也算是问心无愧了，对于一些暂时不能解决的问题我们也只能诚挚地向各位居民们表示歉意。

Q: 针对居民们提出的各类设施的改造或者投入建议是如何处理的呢？

A: 我们一般会定期收集居民们对社区屋顶绿化各个方面的建议，然后邀请居民们一起开展专题研讨会来共同确定改进的方向和重点，罗马不是一天建成的，社区的屋顶绿化不可能十全十美，但在一步一步地向前进。我们相信它会变得更好，居民们的生活环境也会更加宜人。

2015年
全国高等学校城市规划学科城市交通出行
创新实践评优一等奖

私人定制，不再囧途
——武汉定制公交运营现状调查与优化

指导老师：陈征帆

作者：李杜若　袁俊杰

吴恩彤　张哲琳

摘要

本次调研对象是武汉"定制公交"，它作为一种环保、节油、减排的社会公共服务，具有良好的市场需求和发展潜力。武汉"定制公交"是国内首个民营定制公交，其运营和续存状况具有代表和示范意义。

调研通过亲身体验、公司参观、乘客访谈等方式，收集了通勤者对"定制公交"的看法，以及公司在发展过程中的困境和后续诉求，以期对可能的改进和政策支持提供有益参考。

目 次

1 绪论
1.1 调研背景
1.2 调研缘起
1.3 调研目的
1.4 技术路线

2 调查与分析
2.1 搭乘概况
2.2 运营特征
2.3 乘客特征

3 优化方案
3.1 优化线路设计
3.2 管理优化
3.3 宣传优化
3.4 强化信息交互软件功能
3.5 政策支持
3.6 总结与推广

1 绪论

1.1 调研背景

1.1.1 什么是定制公交？

（1）居住地与单位一站直达式班车。

（2）市民提出需求，公交集团根据需求和客流情况设计出公交线路。

（3）倡导绿色出行，节能减排，具有社会公共服务的性质。

1.1.2 定制公交发展现状

全国已有北京、沈阳、天津、成都、济南、哈尔滨等多个城市陆续开通了定制公交服务。虽然发展情况参差不齐，但定制公交均由当地公交集团负责运营，是公立单位运营模式。

1.1.3 武汉定制公交的发展现状

2014年武汉市公交集团曾筹备运营定制公交，后因故取消。2015年3月，民营企业元光科技公司推出"大巴来了"定制公交项目。由此，武汉成为全国首座拥有民营定制公交的城市。

1.2 调研缘起

1.2.1 定制公交的优点

（1）发展多元化公共交通。

（2）促进私人小汽车交通转向公共交通。

（3）提高城市道路资源利用率。

（4）提高通勤期间运营车辆运送乘客的效率，缓解"打车难"问题。

1.2.2 武汉定制公交特点

武汉定制公交是全国首个民营定制公交，具有显著的代表意义和示范作用：①乘坐率低，难以盈利，网络平台入不敷出，属于亏损状态；②建了很多交流群，乘客可通过网络平台交流认识，互相拼搭私家车；③承担事故赔偿的监管责任，公交车损坏，公司承诺出出租车费送乘客上班。

1.2.3 总结

定制公交具有绿色出行、节能减排的社会公共服务性质，并有乐观的市场需求及发展前景。但是，在调研中我们发现，定制公交在实际运营过程中存在诸多问题，由此我们展开深入调查，寻找优化方案。

1.3 调研目的

（1）对比分析武汉定制公交与其他交通方式的特点，探寻民营定制公交的定位及运营模式。

（2）通过问卷调查与重点访谈，对公交线路空间分布进行调查，总结归纳定制公交的运营现状。

（3）深入挖掘定制公交在运营机制、管理模式、空间分布等方面存在的问题，提出可行的优化改进意见，提高其运行效率，更好地服务市民。

（4）探索一套较完善的民营定制公交运营模式，为武汉居民提供更加高效的通勤服务。

1.4 技术路线（图1）

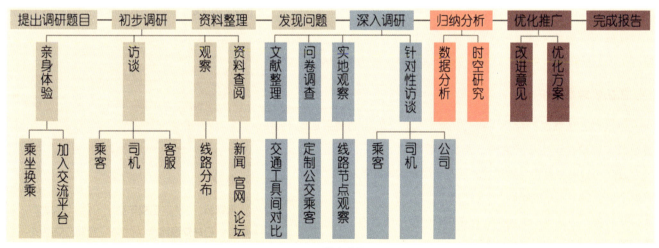

图1 技术路线

2 调查与分析

2.1 搭乘概况

2.1.1 便民线上交流平台

公司为每条线路建立微信群、QQ群等线上交流平台,不仅提供信息和客服,还为乘客搭建了一个社交平台(图2)。

图2 交流平台延伸示意图

2.1.2 线路制定与乘车流程

乘客在参与制定的过程中向有相同需求的同事推荐定制公交,共同报名,报名人数达标,线路推出。或直接查询已有线路,直接乘坐其需要的线路(图3)。

图3 乘车流程

2.2 运营特征

2.2.1 线路分布

目前"大巴来了"定制公交总共运营二十余条线路,对其中最有代表性的四条进行标示(图4),具有以下特征。

1. 路程较短,线路通畅

与公交车相比,定制公交的线路长度更短,且绕过了市区内拥堵路段,从三环线上一站直达,车上乘客无须经过烦冗的换乘。

2. 线路覆盖公交不发达地区

定制公交覆盖了很多城市中公共交通不发达的偏远地区,如白沙洲、常福工业园等地,为这些地区的通勤者带来极大方便。

3. 线路针对性强

线路主要覆盖了武汉市的几个大型居住区和产业园区,如钢花新村、东湖高新技术开发区、沌口经济区等通勤人群密集区域。

2.2.2 成本分析

通过对各条线路的分析,我们发现定制公交的通勤费用相比于普通公交波动在正负3元之内,大多数都略贵和持平,其价格定位符合公交的公共服务性与廉价性,但对于民营公司的盈利问题来说,"这个价位是个不小的难题"。在通勤时间方面,定制公交相比于普通公交而言,停站少、免换乘,且在高峰时段选择路程更加畅通的城市环路与快速路,使得通勤时间大幅度地减少(图5~图7)。

图4 主要路线对比

图5 价格差异统计

图6 时间差比较

图7 定制公交路线与普通公交路线时间成本 & 经济成本差异示意图

2.2.3 定制公交与普通公交排污量比较

交通污染物排放量计算方法：

$$E = \sum_{l,mv} Q_{l,mv} K_l \cdot r_{mv}$$

式中，l 为交通网络的路段；m 为对应该路段的道路等级；v 为对应该路段的行车速度；K_l 为路段 l 的长度；$Q_{l,mv}$ 为路段 l 分配的交通量，通过交通分配结果得出；r_{mv} 为对应道路等级为 m、行车速度为 v 的排放因子（表1、图8~图10）。

表1 武汉市内各级道路交通模型排放因子统计表

行车速度 /(km/h)	CO排放因子/[g/（车·km）]			HC排放因子			NO$_x$排放因子		
	主干道	次干道	支路	主干道	次干道	支路	主干道	次干道	支路
<30	76.80	76.80	76.80	7.58	8.28	8.28	1.88	1.88	1.88
30~40	56.80	56.80	56.80	5.92	5.92	5.92	1.86	1.66	1.66
40~50	36.80	36.80	36.80	5.25	5.25	5.25	1.90	1.90	1.90
50~60	28.48	28.48	28.48	4.98	4.98	4.98	1.93	1.93	1.93
60~70	24.80	24.80	24.80	4.32	4.32	4.32	1.95	1.95	1.95
70~80	17.24	17.24	17.24	2.67	2.67	2.67	2.05	2.05	2.05

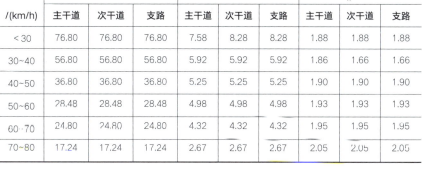

图9 公共交通排污量分段计算过程图

图10 定制公交排污量分段计算过程图

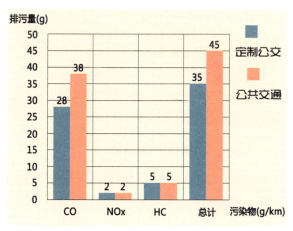

图8 定制公交与公共公交排污量对比

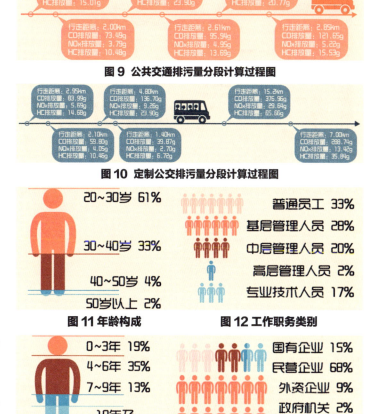

图11 年龄构成　　图12 工作职务类别

图13 工作年限　　图14 单位性质

2.3 乘客特征

2.3.1 基本信息

（1）主要服务对象：民营企业基层员工，年龄以 20~40 岁为主。

（2）具体分析：民营企业较少为员工通勤配车。20~40 岁的乘客容易接受新的出行方式，更能熟练使用各种互联网交流软件（图11~图14）。

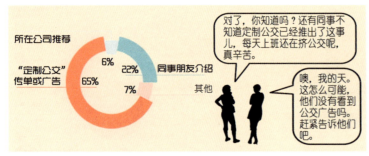

图 15 乘客信息获取来源示意图

2.3.2 信息获取与推荐程度

多数乘客是通过定制公交的宣传广告和传单得知定制公交的,宣传效果较好。但通过朋友介绍和公司推荐等形式了解定制公交的人数不足四成(图15)。其中几乎绝大多数乘客都向其他人推荐定制公交,推荐程度高达96%,证明定制公交切实满足人民需求,值得推广(图16)。

图 16 乘客推荐程度示意图

2.3.3 使用情况调查

调查结果显示,八成以上的乘客对于定制公交的物理环境较为满意,认为其舒适度要优于他们之前采用的通勤方式(图17)。通勤者对于交通环境的要求度不高,"一人一座"的方式得到社会认可。

使用人群多元化,其中主要乘坐者为民营企业的普通员工,这些民营企业普遍规模偏小,没有自行开设通勤班车的实力,而普通员工普遍薪资不高,没有购车实力(图18、图19)。

参与过公交线路定制的人数略高于未参与定制的人数,从通勤频率上看,超过八成的人乘坐频率高于每周几次(图20),且其中参与人数比与总参与人数比基本持平。定制公交在线路设计上较为合理。

定制公交给通勤者带来了生活上积极的变化,其中通勤时间的缩短和乘车环境的改善是定制公交给乘客带来的主要变化,而小部分乘客通过定制公交节约了通勤费用,通过交流平台结交了新的朋友。

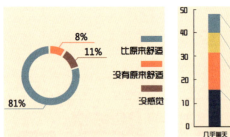

图 17 物理环境满意度统计图

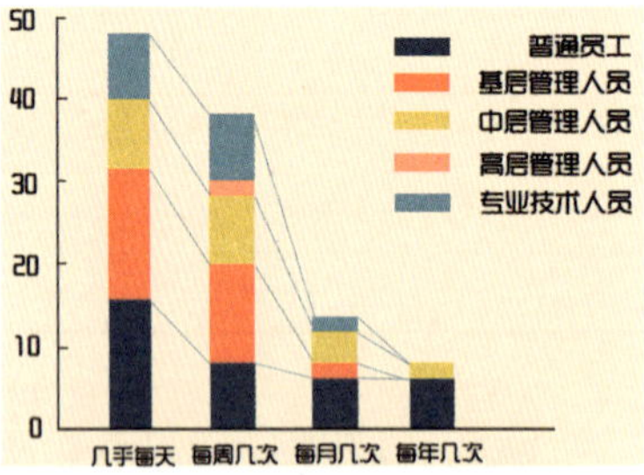

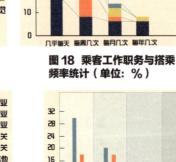

图 18 乘客工作职务与搭乘频率统计(单位:%)

2.3.4 线上交流平台评价

交流平台方便、一般或无所谓的人数基本相同。从平台使用方式来看,获取线路与评价、查询公交位置与联系客服成为交流平台最主要的功能(图21~图24)。

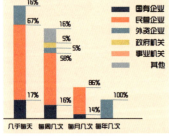

图 19 乘客单位性质与乘客搭乘频率统计图

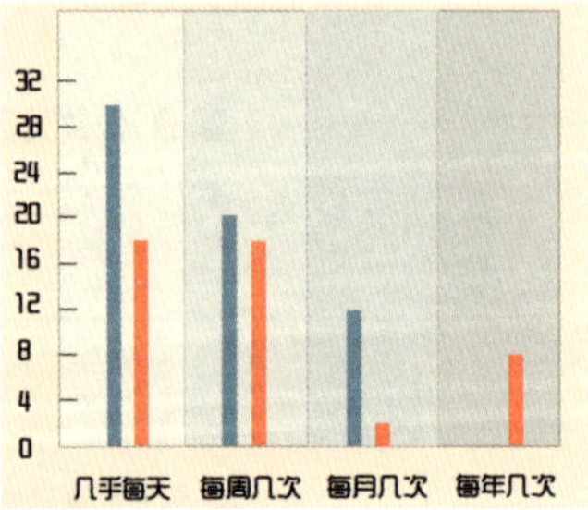

图 20 有无参与线路定制与搭乘频率统计(单位:%)

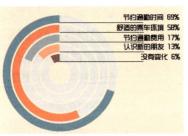

图 21 乘客对定制公交总体评价统计图   图 22 线上平台交流示意图

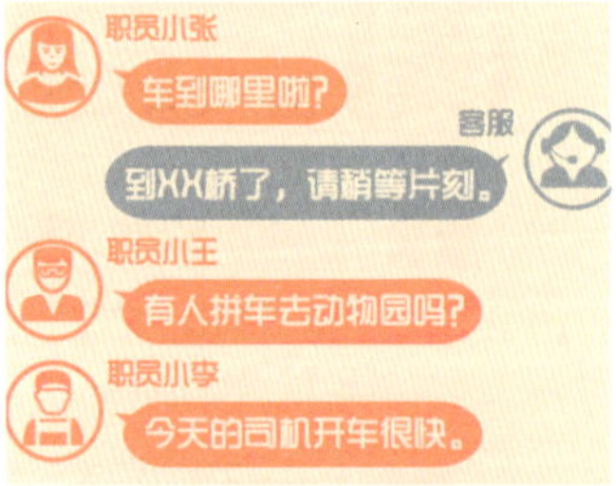

图 23 乘客年龄与线上平台使用方式统计图

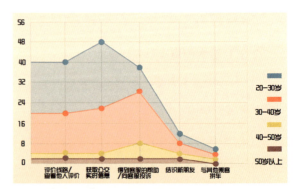

图 24 乘客年龄与线上交流平台总体评价统计图(单位:%)

3 优化方案

3.1 优化线路设计

3.1.1 寻找排量更低的路线

新规划线路对比原线路的优势：①起点仍是公交站点，规划后位于居民区片区内，更方便；②根据同时段路况，选择了更畅通的道路行驶，更快捷、环保；③穿行更多居民区，辐射范围更广（图25~图27）。

定制公交新规划路线在总里程上虽比原路线要长1千米，但其排污量每千米比原路线低2克，更加节能减排，符合"绿色公交"理念（图28）。

新规划的路线从时间、空间和能耗三个角度考虑，都更加优化。

图26 徐东线新旧公交路线

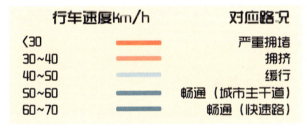

图27 新车速度与对应路况

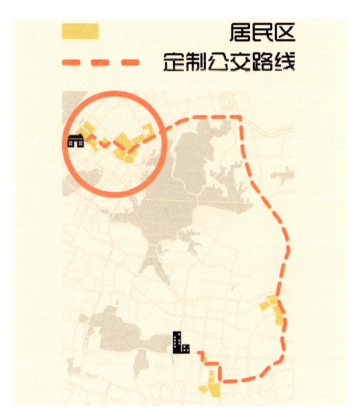

图25 徐东线

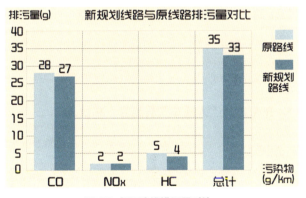

图28 新旧路线排污量对比

3.1.2 下班路线设置更多的停车点

通过访谈调查，发现乘客普遍认为晚班的下客点较为单一，回家的"最后一公里"问题仍无法得到解决。为解决该问题，班车可对下客线路进行微调，在居民区的出入口增加停站点，减少乘客步行距离（图29、图30）。

图29 乘客换乘意愿分析

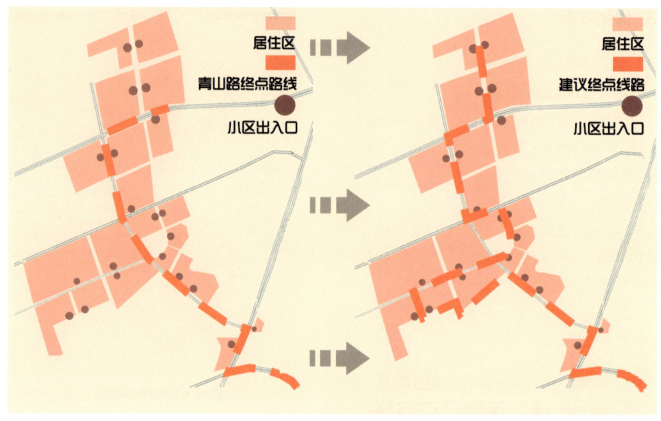

图 30 定制公交前后线路分析图

3.2 管理优化

3.2.1 票务

（1）增加支付途径。除现有微信支付方式外，增设支付宝支付，在有空位的前提下还可以用现金支付。

（2）推出套餐包。对于工作日每天搭乘的乘客，按月、季度或年推出套餐票，折扣力度随时长增大；对其余乘客，可固定乘坐次数，对总价钱进行折扣处理，乘坐次数越多折扣越多。

（3）关于用票。乘车票以二维码或序列号形式发放到乘客手中，乘客上车前通过扫码或报号方可乘车。

（4）关于退票。发车前可以退款和改签二选一。

3.2.2 从"人找车"转变为"车找人"

（1）固定车型和司机，严格管理，选取熟悉区域线路的司机，有助于服务质量的提升。

（2）在候车点做导向标识，引导乘客到指定的候车点，避免乘客因找不到候车点而错过班车。

3.3 宣传优化

广告宣传与朋友推荐为乘客主要得知定制公交的方式（图 31）。

（1）推行人带人的优惠政策。一位乘客带一位新人前来乘车，这两位乘客的本次乘车则可以免费，这种方式可帮助定制公交迅速推广。

（2）车体自身就是移动的广告，可在车体外涂喷"大巴来了"相关二维码与广告。

图 31 乘客了解定制公交渠道分析

3.4 强化信息交互软件功能

1. 加入实时公交，查询定制公交

开发实时查询定制公交功能，减少乘客查询的不便以及实时客服回复不及时的弊端（图32）。

2. "意见箱"

设置意见箱，对乘客意见进行收集整理，为线路优化和运营管理等方面提供依据。

图 32 软件功能示意

3.5 政策支持

1. 加大对黑车的整治力度

目前市场上出现很多黑车及无运营资质的通勤车，严重扰乱通勤市场，且乘客的相关权益无法得到保证，应用强有力的手段打击黑车运营。

2. 对定制公交适当开放公交专用道

民营企业进入公共交通这一具有公益性质的领域，存在一定的发展困境，交通管理部门可以在每天的特定时段向定制公交开放公交专用道，以支持其发展。

3.6 总结与推广

（1）通过整个调查过程，我们发现武汉市民营定制公交是有巨大发展潜力的交通方式，是民营资本进入公共交通领域的一次较好探索。

（2）民营定制公交这种新型公交方式，有着节能、舒适、价廉的特点，对于都市白领有着巨大的吸引力，适合在武汉、深圳等市区面积较大的城市推广。

（3）作为定制公交，在"定制"功能上的优化将是其未来主要发展方向，更加以乘客需求为本，才能成为真正服务于大众通勤，并且环境友好的出行新选择。

特别鸣谢：武汉元光科技公司

2015年
全国高等学校城乡规划学科城乡社会综合实践
调研报告课程作业评优二等奖

博博万象，路在何方？
——武汉市民间博物馆发展状况调查研究

指导老师：赵丽元　罗　吉
作者：张　潇　任白霏
　　　罗汉增　杨燕燕

摘要

在文化特色、城市名片缺失的今天，民间博物馆作为文化体系中重要的组成部分，却面临种种发展困难。本次调研主要从武汉市民间博物馆的发展现状入手，对影响民间博物馆发展的内外部因素——外部环境、内部功能、运营管理条件、自身发展经济因素及对客源的吸引力等进行深入的调查分析，并借鉴国外私人博物馆的发展模式，以期为民间博物馆的未来发展寻找一种良好的可能。

目　次

1 绪论
　1.1 研究背景
　1.2 研究目的
　1.3 概念界定
　1.4 研究对象
　1.5 技术路线

2 现状认知
　2.1 总体概况
　2.2 整体质量分析

3 发展因素分析
　3.1 外部环境
　3.2 内部功能
　3.3 运营模式
　3.4 经济收入

4 总结与建议
　4.1 发展因素相关性分析
　4.2 未来发展建议

附录 A　访谈问题记录
附录 B　馆主问卷
附录 C　调查问卷
参考文献

1 绪论

1.1 研究背景

1.1.1 特色化的民间博物馆有助于增强城市竞争力

在文化产业蓬勃发展的背景下，武汉要建设成国家中部中心城市、国际化大都市，提升自身城市品位、发展特色城市文化至关重要。中小型特色化的民间博物馆是国有博物馆的重要补充，与国有博物馆共同构成城市名片，并丰富单一的博物馆文化体系。并且，民间博物馆除传承传统文化外，也发挥着连接社会主流文化与民间文化的重要作用。

博物馆是城市公共文化建设的重要硬件基础设施（图1）。在发达国家，平均每5万人享有一个博物馆；而在我国，平均每60万人才拥有一个博物馆（图2）。造成差距的关键就在于发达国家拥有数量众多的私人博物馆，它们如同一颗颗散落在民间的璀璨珍珠，闪烁着独特的艺术魅力。

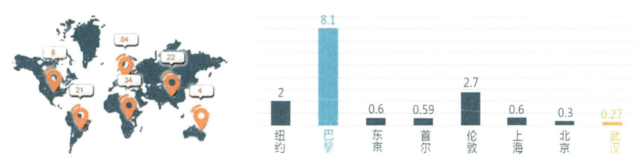

图1 世界博物馆协会分布图　　图2 世界大城市民间博物馆人均拥有量（座/百万人）

1.1.2 民间博物馆数量增多但困难重重

随着收藏热的升温及政府对民间博物馆政策扶持力度的加大，武汉市民间博物馆队伍不断发展壮大，至2014年，武汉民间博物馆已有28家，占武汉市博物馆总数的70%（图3）。

但同时，武汉市民间博物馆在发展中仍面临许多困难和问题。国有博物馆有国家财政支持，免费对公众开放；而民间博物馆则身份尴尬，存在藏品权属不明、资金匮乏、缺专业讲解人员等问题，与国有博物馆相比存在不专业、不规范的问题，面临着举步维艰、进退维谷的局面（图4）。

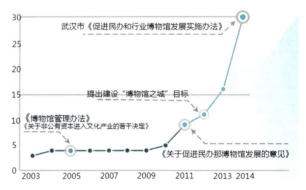

图3 民间博物馆数量变化与政策关系图

图4 武汉国有与民办博物馆对比分析

1.2 研究目的

（1）了解武汉市民间博物馆的发展现状、空间布局优劣情况及发展中存在的问题。

（2）探究空间环境因素、社会与政策因素等对民间博物馆发展产生影响的规律。

（3）从城市规划角度，结合优秀经验与武汉现实状况为民间博物馆的发展提出建议。

1.3 概念界定

民间博物馆：由民间力量兴办的博物馆，其所有者是个人、企业、协会、高校及其他组织等。

本调研中的民间博物馆是指完全以个人名义兴办，收藏、研究、展示人类及人类环境的见证物并向社会开放的公益性机构。

1.4 研究对象

本文将区位、类别、经营条件状况等因素进行综合考虑，在武汉市28家民办博物馆中选取13家民办博物馆进行详细调查研究（图5）。

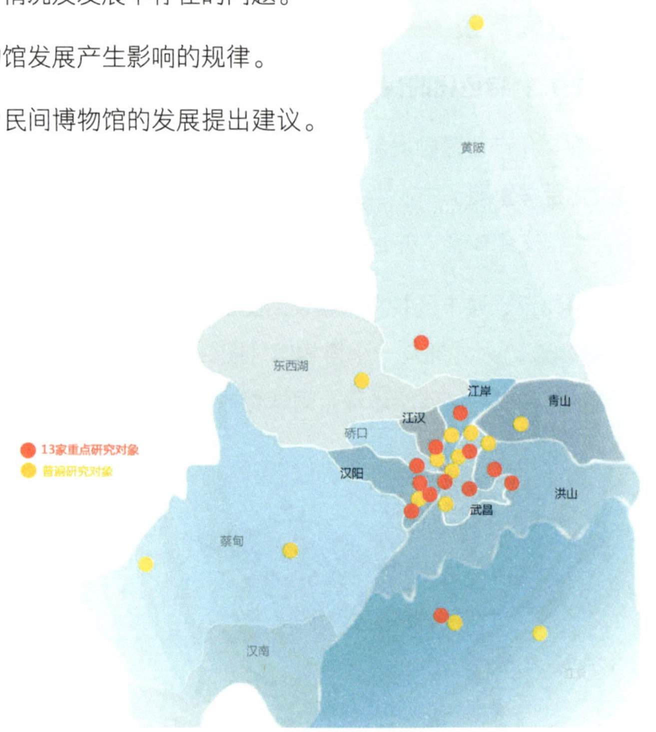

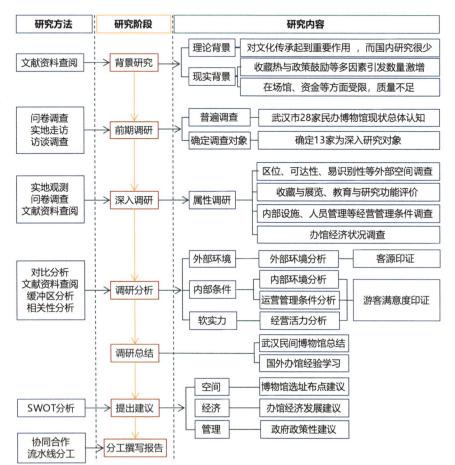

图5 武汉市28家民间博物馆分布情况图

1.5 技术路线（图6）

调研显示，到民间博物馆参观的游客大多数为青年人，且多为学生，他们对新鲜的事物有强烈的好奇心。

同时，近一半参观游览的游客都没有明确的目的性，且往往是顺路参观、第一次参观，说明民间博物馆缺乏吸引力。但参观过民间博物馆的游客都认为有收获（图7）。

图6 技术路线

图7 调研参观游客基本情况

2 现状认知

2.1 总体概况

（1）武汉市民间博物馆数量虽多，但整体质量不高，游客对民间博物馆的认知程度普遍偏低。

（2）大多数民间博物馆办馆力量薄弱，存在不规范、不专业、家庭化的问题。

（3）民间博物馆藏品种类庞杂，一件陶瓷，一个酒瓶，一块奇石，一个作坊，甚至是一朵兰花都可以作为民间博物馆的藏品。它们是在城市中散发着独特文艺光芒的璀璨明珠（表1、图8）。

表1 28家民间博物馆普遍调查表

序号	博物馆名称	建筑面积/m²	藏品数量/个	游客量/(人/年)	500米范围内公交车	是否预约	开放时间	区位	开馆时间
1	大余湾	1000	1000	600	无	是	9:00-17:00	社区	2005年
2	老榨坊	2000	100	864	无	是	8:30-17:30	社区	2012年
3	许三尤酒瓶	100	13000	996	10	是	9:00-17:00	社区	2003年
4	性学	3000	1300	360	6	是	8:30-17:30	商圈	2003年
5	大唐陶瓷	1170	10000	1530	无	是	10:00-16:00	商圈	2010年
6	李庄	5000	2000	785	无	是	9:00-16:30	景区	2010年
7	汉绣	1000	1000	1200	5	是	8:30-17:30	社区	2012年
8	高龙	500	500	1160	1	是	8:30-17:30	社区	2012年
9	王永庭石画	400	10000	600	4	是	9:00-17:00	社区	2003年
10	钢琴	2000	140	600	2	是	9:00-17:00	景区	2013年
11	蝴蝶	200	1000	30000	4	是	10:00-17:00	景区	2013年
12	兰文化	250	5000	3884	无	否	9:00-16:30	景区	2011年
13	存古堂	2000	20000	4603	7	是	9:00-17:00	景区	2002年
14	三汉雕塑	300	500	432	8	否	9:00-17:00	景区	2015年
15	益合	1000	1000	3600	3	是	10:00-18:00	社区	2010年
16	长庭陶瓷	200	600	860	1	是	电话预约	社区	2013年
17	道一堂	450	1200	18000	6	否	9:00-17:00	景区	2012年
18	精益眼镜	600	400	3600	4	否	9:00-16:00	商圈	1994年
19	佳和艺术	900	1000	900	6	是	9:30-16:30	景区	2009年
20	凡氏老相机	300	200	36000	无	否	8:30-17:30	景区	2013年
21	文农艺术	5000	10000	55000	1	是	9:30-17:00	社区	2001年
22	天人合一	2000	100	1007	无	是	9:00-17:00	社区	2011年
23	侏儒山	400	5000	450	无	是	10:00-16:30	社区	2013年
24	虞小风指画	1500	1000	3000	2	是	9:00-17:00	社区	2013年
25	金丝楠木	500	1000	1430	无	否	9:00-17:00	社区	2013年
26	铁盾书画	600	1500	780	无	是	8:30-16:30	社区	2012年
27	钻石艺术	1500	2500	960	7	否	8:30-17:30	社区	2010年
28	壶语堂	4000	2400	12000	无	是	9:00-16:30	景区	2012年

2.2 整体质量分析

游客调查问卷显示公众对民间博物馆关注度与认知度普遍较低,说明民间博物馆的吸引力与影响力较弱。需预约参观的博物馆比例较大,一方面说明博物馆吸引力不足,游客稀少,不足以调动馆主全部精力;另一方面也体现出办馆不规范的问题(图8)。

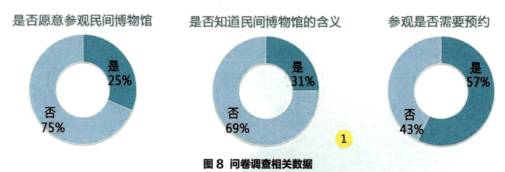

图8 问卷调查相关数据

建筑面积趋低与藏品数量偏少显示出民间博物馆办馆力量薄弱,办馆场地与藏品保存的不专业问题。同时,部分博物馆也仍存在开馆时间随意,工作时间偏少,可达性较差等问题(图9)。

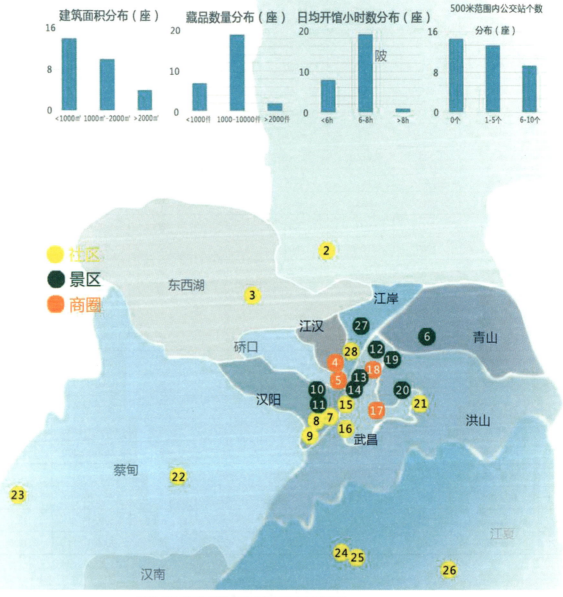

图9 28家民间博物馆总体情况及区位分布图

3 发展因素分析

3.1 外部环境

3.1.1 空间区位是影响客流量的关键因素

民间博物馆大部分集聚在经济发展好的武汉中心城区，说明民间博物馆的服务群体更多是生活水平高的市民（图10、图11）。其中有2家位于景区内，4家位于商圈内，7家位于社区内。

3.1.2 可达性对客流量有很大影响

1.500米范围内公交站点影响着客流量的大小（图12）

（1）位于景区内的博物馆除道一堂和蝴蝶博物馆外，其他博物馆的公交可达性都较差。其中，老相机博物馆500米范围内无公交站点，但受所在景区影响，客流量较大。

（2）位于社区内的博物馆除了文农和虞小风博物馆500米范围内只有1~2个公交站点外，大部分博物馆公交可达性都较好，但客流量差异悬殊。

（3）位于商圈内的博物馆由于商业性质强，交通便利，500米范围内公交站点较多，公交可达性好（图13）。

2.与主干道的实际距离影响着游客的心理距离（图14）

（1）13家民间博物馆中，有9家与主干道距离在300米以内。

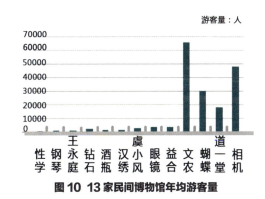

图10 13家民间博物馆年均游客量

图11 2014年武汉市各区GDP值及民间博物馆数量

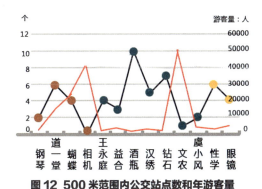

图12 500米范围内公交站点数和年游客量

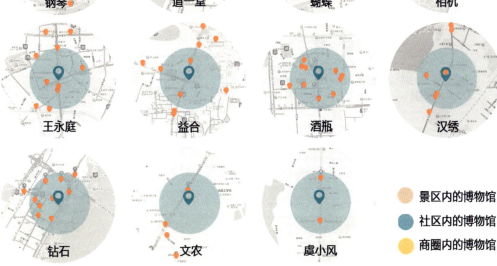

图13 博物馆500米范围内公交站点

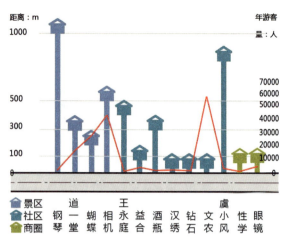

图 14 与主干道的距离影响游客心理距离

	景区				社区							商圈	
博物馆	钢琴	道一堂	蝴蝶	相机	王永庭	益合	酒瓶	汉绣	钻石	文农	虞小风	性学	眼镜
停车场	P	⊘	⊘	P	⊘	P	⊘	P	P	⊘	⊘	P	⊘
路旁	⊘	P	⊘	⊘	P	⊘	⊘	⊘	⊘	P	P	P	⊘

图 15 博物馆停车设施概况

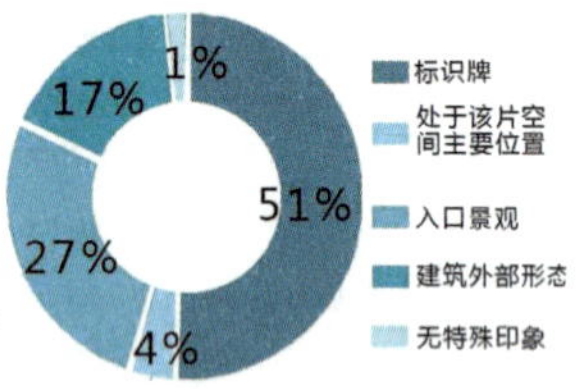

图 16 博物馆易识别性的体现

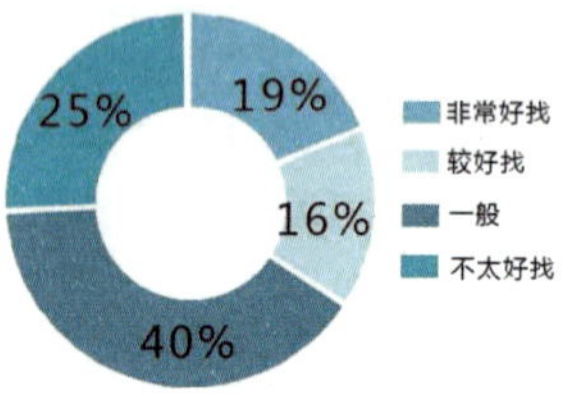

图 17 博物馆是否容易找到

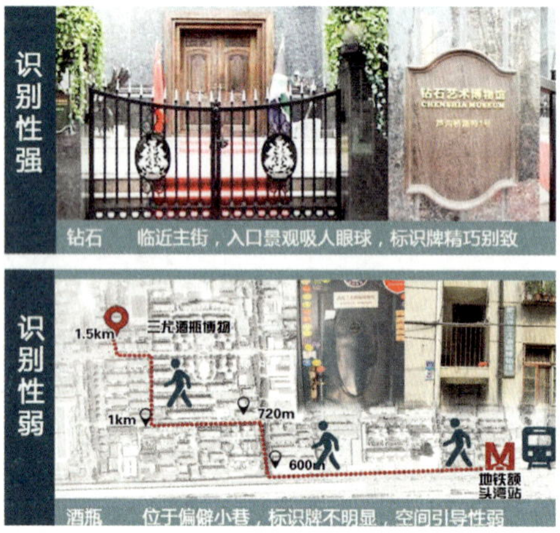

图 18 博物馆识别性的强弱

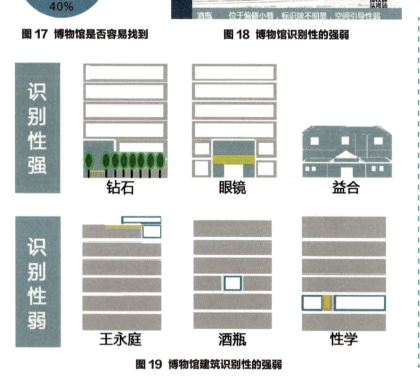

图 19 博物馆建筑识别性的强弱

（2）景区内的博物馆由于景区等级规模因素影响，与主干道距离在三类博物馆中最远，大部分都在 300 米以上。

（3）社区内的博物馆馆主基本上将办馆和家庭居住结合在一起，受居住所在位置影响，与主干道距离差异较大，有近有远。

（4）商圈内的博物馆由于商业性质强，距主干道都较近，在 100 米以内。

总体来说，13 家民办博物馆的停车设施都不够完善。其中配备有停车场的有 6 家，在路旁可停车的有 5 家（图 15）。

3.1.3 建筑的识别性对客流量有较大影响

问卷调查结果显示，50% 以上的游客认为标识牌是影响民间博物馆识别性的最大因素，其次是博物馆附近景观的吸引程度（图 16）。

问卷调查结果显示，25% 的游客认为民间博物馆不太好找，说明博物馆在空间选址、建筑识别性等方面还需仔细考虑（图 17、图 18）。

客流量受空间区位、交通可达性、建筑识别性因素影响（图 19）。调查表明博物馆的年均客流量差异悬殊，其中位于景区的博物馆客流量明显较多。

小结

民间博物馆的客流量受多方面因素影响。

①经济发展水平越好的区域，民间博物馆数量越多。

②位于景区和商圈内的博物馆客流量相对于位于社区的博物馆客流量大。

③ 500 米范围内公交站点分布较多，与主干道距离在 100 米以内且配备有停车设施的博物馆可达性好，客流量也较大。

④标识牌明显别致，入口景观优美，识别性强的博物馆客流量较大。

3.2 内部功能

博物馆有传统的四大功能：收藏、展览、研究、教育。民办博物馆的研究功能相对较弱，所以，我们主要考察其收藏、展览、教育这三方面的功能。

3.2.1 民办博物馆的收藏及展览功能

民间博物馆的建筑面积与展览形式和藏品所占面积相关，与藏品数量无必然联系。藏品质量越好，展览形式越多样、环境越好，所需建筑面积就越大。如钢琴和文农艺术博物馆（图20）。

反之，单位建筑面积的藏品数量越多，藏品体积越小，若展览环境设计一般，所占用的建筑面积也越小，可以多层次摆放，如三尢酒瓶和蝴蝶博物馆（图21）。

游客对民办博物馆的馆藏数量、质量和展览环境整体满意度很高（图22）。

3.2.2 民办博物馆教育宣传功能

博物馆举办的活动及宣传方式可在一定程度上反映出他们的教育与宣传功能的发挥状况。

钢琴、益和、钻石、虞小风和文农这5家博物馆每年举办的活动种类较多，都在4种以上（图23）。

在宣传方式方面占到了5种以上的博物馆有虞小风、汉绣、道一堂、益和、钻石和文农这6家。综合来看，文农、钻石、虞小风和益和这4家博物馆教育与信息文化宣传功能发挥得较好，侧面反映出他们的办馆质量较高（图24）。

小结

①游客大多是年轻人和对该领域感兴趣的人，对民办博物馆这一新鲜事物的喜爱，使博物馆功能得到一定发挥。

②游客对民办博物馆的评价普遍较高。

③民间博物馆的教育与宣传功能越来越显著，并和收藏展览功能共同反映出了办馆质量。在当前网络与信息化时代，民办博物馆得越来越重视在网络平台的宣传。

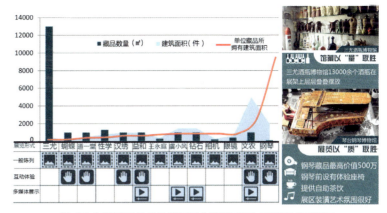

图20 民间博物馆单位藏品所占建筑面积与展览形式对比图

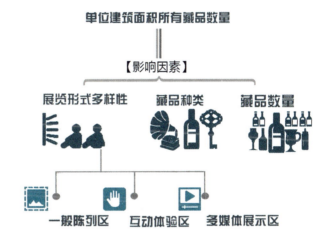

图21 民间博物馆单位建筑面积藏品

图22 游客满意度调查

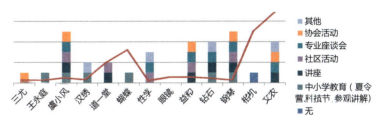

图23 博物馆举办活动的种类

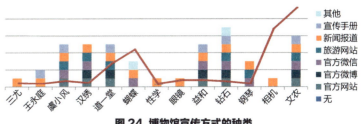

图24 博物馆宣传方式的种类

3.3 运营模式

博物馆功能发挥的核心离不开对人的培养。一般国有博物馆对人才队伍评价指标分为人才引进培养数、职工进修与培训次数、人才梯队是否齐全三点。但是，这些评价指标不是很适合现阶段的武汉民办博物馆，民间博物馆规模小，发展层次无法与国有博物馆相比。通过对时间管理制度和人员配置与管理水平上的考量，调研依据民办博物馆的特色，总结出几种人员配置模式（图25、图26）。

人员管理模式	人员管理特点	博物馆名称	馆主身份	办馆依托机构	人员配置					参观时间是否固定	参观时间与条件			
					保安	保洁	讲解	管理人员	其他		电话预约	工作日	周末	节假日
个人与家庭式管理	馆主个人或者馆主家人兼任馆员，办馆质量与馆主的个人因素关系巨大	蝴蝶	资深收藏爱好者，普通司机	⊘	0	0	0	3	0	⊘	☎	⊘	✔	✔
		三尤	资深收藏爱好者	⊘	0	0	2	1	0	⊘	☎	⊘	⊘	⊘
		王永庭石画	知名艺术家（家传雕塑艺术）	⊘	1	1	0	3	0	⊘	☎	⊘	⊘	⊘
		虞小风指画	知名艺术家（家传指画艺术）	⊘	0	0	0	1	0	⊘	☎	⊘	⊘	⊘
委托人式管理	馆主不直接参与管理，聘请或委托专人负责看管，服务热情不高	眼镜	眼镜公司管理者	精益眼镜店	0	0	0	1	0	✔	☎	✔	✔	✔
		汉绣	企业家	高龙非物质文化遗产园	0	0	3	1	0	✔	☎	✔	✔	✔
		道一堂	知名中医专家	道一堂中医院	1	1	1	4	4	✔	⊘	✔	⊘	⊘
		相机	企业家	集团经营楚市	1	1	0	0	0	✔	⊘	✔	⊘	⊘
		性学	馆主已过世		0	0	0	2	0	✔	☎	✔	⊘	⊘
企业式管理	不同分工的员工，专门负责艺术品销售、接待与解说服务，专人建设本馆微信平台	益和	企业家	⊘	2	2	3	5	0	✔	☎	✔	✔	✔
		钻石	企业家	⊘	2	1	2	5	0	✔	☎	✔	✔	✔
		钢琴	资深收藏爱好者	⊘	0	1	2	2	5	✔	☎	✔	✔	✔
		文农	艺术家（家传艺术）	⊘	3	5	3	10	3	✔	☎	✔	✔	✔

图25 人员配置模式

图26 管理模式

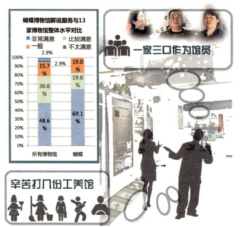

小结

从人员配置和博物馆参观条件上来看，第三种企业式管理最为理想。前两者各有缺陷。

第一种个人或家庭式管理对场馆的参观时间制度往往很难贯彻，第二种委托人式管理，馆主往往对场馆的关注力度不够，人员配置比例和数量往往不够。

谌安明蝴蝶博物馆是个人与家庭式管理的典型，尽管工作时间制度因为一家三口打工的原因很难贯彻。

馆主一家对博物馆充满热忱，解说服务游客评价很高。

3.4 经济收入

博物馆虽为非营利性机构，但若想继续发展，资金是最不可或缺的因素。在当前鼓励免费开放的形势下，民间博物馆很难像国有博物馆那样有政府稳定的资金支持，因此民间博物馆利用其社会文化效益发挥其经济功能，带来办馆收益已变得十分重要。

3.4.1 主要社会经济因素

博物馆的发展主要受政策支持、社会扶持、个人主导及商业趋向等社会经济方面的因素影响（图27）。

3.4.2 经济来源

1."输血"功能

全部博物馆的建馆资金与藏品源于个人（图28），有两家除个人资金外，也得到了政府的资金支持，蝴蝶博物馆在个人资金投入同时也接受社会募捐。

总体来说，武汉市民办博物馆资金来源单一，个人资金投入占据主导，纵观国内外博物馆的发展，民办博物馆建馆第一笔资金大多来源于个人，这是普遍现象（图29）。

2."造血"功能

民间博物馆在资金链的构建上开始呈现多元化趋势，除来自国家的政策扶持、税收优惠外，还出现民间自筹的方式。我们将民间博物馆资金自筹中的经营性收费称为其"造血功能"（图30）。

绝大多数博物馆的经营性资金源于个人资金，易造成"人强馆旺，人弱馆衰"的局面，难以长期经营。

（1）基础性门票收入。

民间博物馆免费参观实际情况优于游客的预期。免费参观满足游客诉求，但会导致博物馆自身发展受限，需挖掘其他经济功能满足自身发展（图31、图32）。

（2）与其他机构合作。

博物馆的经济功能其他产业相联系，而与企业的合作往往能给其带来经济活力。大多数博物馆曾与其他机构合作，其中与企业合作的占到30%以上（图33）。

（3）文化衍生品的经济效益。

博物馆的衍生产品将其文化资源符号化流入市场，带来经济效益与社会影响力，可有效解决博物馆资金方面的困难（图34）。

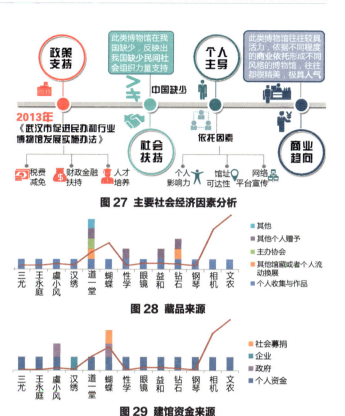

图27 主要社会经济因素分析

图28 藏品来源

图29 建馆资金来源

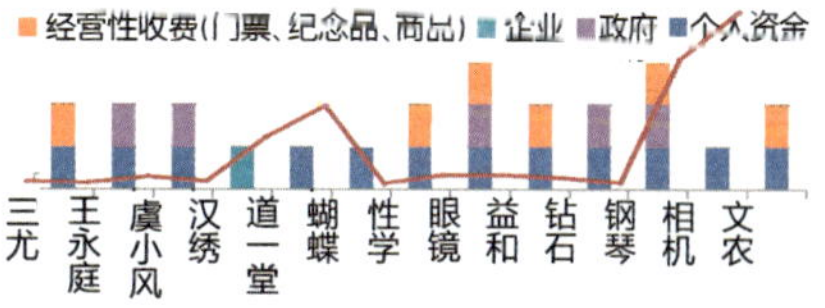

图30 经营性资金来源

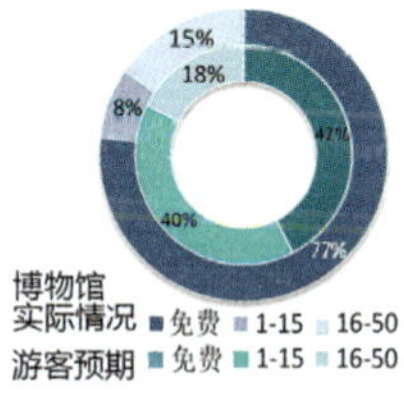

图31 门票收费状况与游客支持票价比较

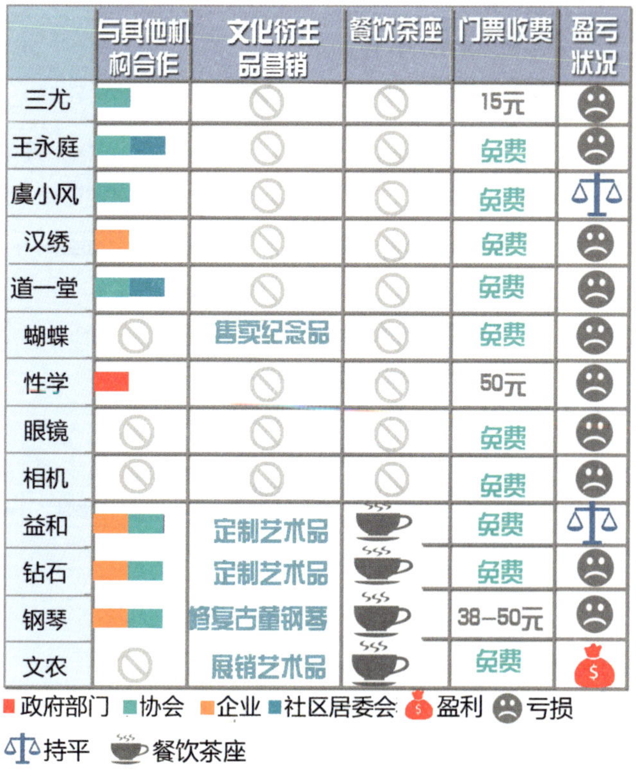

图32 博物馆筹资方式比较图

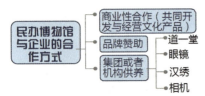

图33 与其他机构合作

图34 文化衍生品的发展

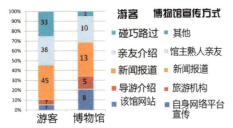

图35 博物馆宣传方式与游客了解途径比较

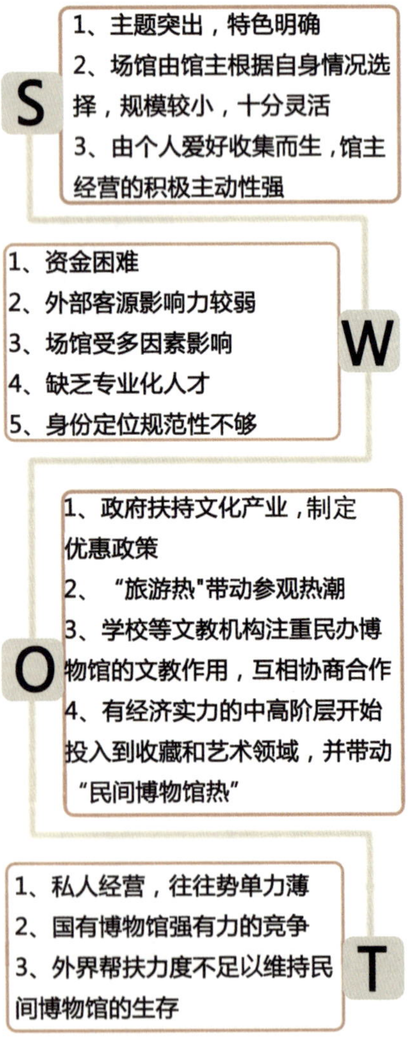

（4）各方宣传力量提供助力。

媒体与政策宣传的强大助力及自身网络平台的推广助力扩大了民间博物馆的社会影响，还为其经济功能的发挥提供更广阔的客源市场（图35）。

> **小结**
>
> ①政策对民间博物馆在资金上的帮助仅限于个别博物馆，个人主导型博物馆在继承上会有风险，商业趋向型博物馆目前来看比较理想，可为民办博物馆输血。
>
> ②博物馆集资方式单一，部分博物馆开始利用文化产品带来收益，个别博物馆有文化休闲功能。
>
> ③媒体与政策宣传是民办博物馆市场发展的强大助力。

4 总结与建议

4.1 发展因素相关性分析

提取发展内外部影响因子后，对因子与客流量进行多层次线性模型分析。多次拟合后，得到不同因子的加权值。该值的绝对值越大，说明相关性越强，即该因子对客流量影响越大，该发展因素对发展影响越大（图36、图37、表2）。

（1）区位对民间博物馆的发展起到决定性作用，位于景区和商圈的博物馆发展较好。

（2）无门票，运营宣传方式种类多样，人员管理模式偏向企业式等特性对博物馆的良好发展起到关键性影响。

（3）可达性强，与其他机构合作数多，每周营业时间长的博物馆发展也相对较好。

（4）建筑面积、藏品数量来源、资金种类、文化衍生品及餐饮茶座等对博物馆的发展影响相对较小。

图36 民间博物馆发展SWOT分析图

S
1、主题突出，特色明确
2、场馆由馆主根据自身情况选择，规模较小，十分灵活
3、由个人爱好收集而生，馆主经营的积极主动性强

W
1、资金困难
2、外部客源影响力较弱
3、场馆受多因素影响
4、缺乏专业化人才
5、身份定位规范性不够

O
1、政府扶持文化产业，制定优惠政策
2、"旅游热"带动参观热潮
3、学校等文教机构注重民办博物馆的文教作用，互相协商合作
4、有经济实力的中高阶层开始投入到收藏和艺术领域，并带动"民间博物馆热"

T
1、私人经营，往往势单力薄
2、国有博物馆强有力的竞争
3、外界帮扶力度不足以维持民间博物馆的生存

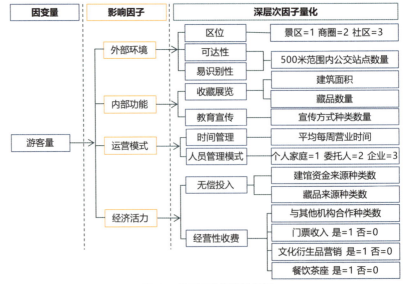

图37 发展因素相关性分析

表 2 民间博物馆多层次现行分析表

博物馆名称	区位	500米范围内公交站/个	建筑面积/百平方米	藏品数量/百个	宣传方式种类数量/种	平均每周营业时间/h	人员管理模式	建馆资金来源/种	藏品来源种类/种	合作数/个	门票收入	文化衍生品	餐饮茶座/个	访客量/(人次/年)
许三尤酒瓶	3	10	1	130	1	35	1	1	1	1	1	0	0	996
性学	2	6	30	13	1	48	2	1	2	1	1	0	0	360
汉绣	3	5	10	10	5	24	2	1	1	1	0	0	0	1200
王永庭石画	3	4	4	4	2	25	1	1	1	2	0	0	0	600
钢琴	1	2	20	20	3	20	3	1	1	2	1	1	1	600
蝴蝶	1	4	20	20	3	42	1	3	1	1	0	0	0	30000
益合	3	3	10	10	5	42	3	1	2	2	0	0	0	3600
精益眼镜	2	4	6	6	1	36	2	1	1	1	0	0	0	3600
凡氏老相机	1	0	3	3	1	52.5	2	1	1	1	0	0	0	48000
文农艺术	3	1	50	50	6	18	3	1	1	1	0	0	1	66000
虞小风指画	3	2	15	15	5	35	1	2	1	1	0	0	0	3000
钻石艺术	3	7	15	15	7	34	3	1	3	2	1	1	1	2500
道一堂	1	6	4.5	4.5	5	49	2	1	5	2	0	0	0	18000
加权值	-29094	1865.6	816	443	9762.1	1582	4846.9	-237.6	-510.6	-1158	-28856	-782	1260	—

4.2 未来发展建议

4.2.1 发展因素关联分析

民间博物馆办馆质量与发展水平受到区位可达性、文化衍生品的经济支撑、政策力度、自身功能与管理水平多种因素影响（图38）。

4.2.2 相关建议

1. 外部环境规划建议

（1）选址：民间博物馆多布置在中心城区的景区和商圈内（图39）。

 空间环境吸引力
 自身经济功能发挥
 政策力度
 运营管理

外部环境吸引力 — 对博物馆客流量产生影响
a. 决定因素——区位类型
b. 影响因素——交通可达性
c. 相关因素——建筑形态易识别性

经济功能发挥 — 为博物馆发展提供资金支持
a. 门票涨价遇瓶颈，应注重发挥其他经济功能
b. 民间博物馆文化衍生品流入市场，带来经济效益，推广品牌
c. 茶饮酒会发展经济文化休闲功能

 运营和管理 — 影响办馆质量与发展水平
a. 网络宣传手段影响博物馆的收藏与展览、教育与信息传播功能的发挥
b. 人员配置模式影响办馆水平和时间管理制度

 政策力度 — 为民间博物馆发展提供机会
a. 民间博物馆建设与城市定位、文化发展相关联
b. 经济性质的法规颁布对博物馆办馆积极性的影响最大

图 38 影响民间博物馆发展的具体因素

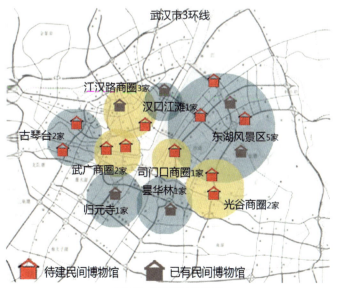

图 39 民间博物馆选址

（2）停车设施：靠近城市道路的博物馆可以与周边单位协商共用路边停车设施，如性学博物馆（图40）。

（3）增强博物馆标识牌和入口景观的识别性。如王永庭博物馆标识牌置于六楼，位置高且小，建议将标识牌放置道路转折处并和游客视平线处于同一高度，如文农博物馆；王永庭博物馆入口景观单调，可在博物馆入口种植花草或放置雕塑等吸引游客，如钻石博物馆（图41）。

（4）旅游公交401线、402线为主串联武汉民间博物馆公交线路，另外还需要添加设计辅助路线（图42）。

2. 民间博物馆经营管理建议

（1）仿照美国私立博物馆体系，成立民间博物馆基金会，筹集基金，用公司、私人的捐赠帮助有困难的博物馆运营。

（2）参照巴黎文学与手稿博物馆，接受收藏家出资，与艺术家合作，博物馆可提供收藏和办展场所从而取得收入。

（3）参照美国可口可乐博物馆，利用馆藏艺术品作为素材，通过开发出售衍生艺术品等周边产品获得收入。

（4）完善博物馆网络宣传方式，加强与博物馆藏品性质相关的公司、机构合作，提高知名度，拓宽收入来源的广度。

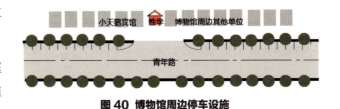

图40 博物馆周边停车设施

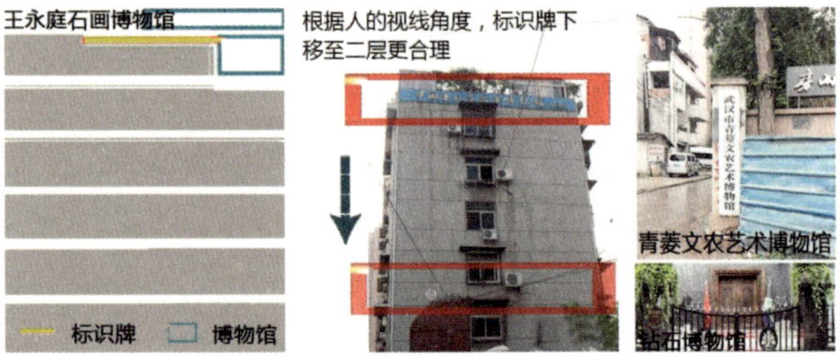

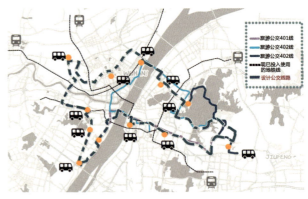

图41 博物馆标识牌与入口景观

图42 博物馆旅游公交线路规划图

3. 民间博物馆办馆政策建议

（1）提高办馆门槛标准，设定一些切合实际的指标，定期对民办博物馆进行考核。

（2）设立政府基金，地方政府特殊拨款对达到指标者采取免税或惠税政策，将捐赠或投资全部归入纳税款。

（3）通过财政政策统一规定民办博物馆免费开放，成本由政府承担。

附录A 访谈问题记录

一、地点：湛安明蝴蝶博物馆／受访者：馆主妻子／时间：2015.04.15

Q：当初是什么启发了您想要开个博物馆呢？是个人爱好还是什么原因？（提示项：是您看到杂志的报道或者外国民间博物馆的启发还是朋友的建议呢？）

A：源于个人对于蝴蝶的喜爱，我的丈夫是一个对蝴蝶痴迷的人。从1980年到现在，他为了收集蝴蝶标本，已经跑完除新疆之外的全国各地了，收集到的蝴蝶已经有1200多种。他非常喜欢蝴蝶，作为家人我们非常支持他，我们觉得现在每天来博物馆参观的人都有很多，我们是公益性的，没收取任何门票，任何人都可以来参观的，我们还和学校一起组织实践活动，为教育做出一点帮助，希望现在的孩子也可以更近距离地接触大自然。

Q：该馆开放与经营中遇到过什么困难吗？具体有什么呢？

A：困难有很多的，最大的困难就是养馆，我们现在一家三口都在挣钱去付博物馆的场地租金，两个馆的租金一季度就是6万元，我丈夫是个面包车司机，每天都早起去给人家拉拉货，我每天打三份工，女儿现在也是带钢琴课赚钱。

Q：开办这个博物馆有影响到您平时的工作吗？您是如何处理的呢？

A：我们家除了女儿，我和我丈夫都没有正式的工作，但是这样也会有影响的，这个馆需要白天开着，两个馆每天都需要两个人看着，我们也想每一天都开着门服务更多的人，让他们可以来参观，我们这里参观最多的是小孩，我们也和学校组织一些互动体验活动，这些影响到我们的工作，我们现在一直在征集志愿者，希望做一个充满公益的博物馆。

二、地点：武汉汉绣博物馆 / 受访者：博物馆负责人 / 时间：2015.04.15

Q：这个博物馆资金来源是哪些方面？该馆的资金如何筹措（游客门票 / 政府支持 / 展览场所 / 提供会议场所）？有的私人博物馆去申请政府财政支持，您有考虑过吗？

A：我们博物馆在创办的时候所有资金都来源于武汉龙洲置业有限公司，是胡明荣女士的投资，她是江欣苑社区党总支书记，也是居委会主任。博物馆是公益性质的，没有门票，政府有没有支持这个不是很了解。展览场所是江欣苑社区提供的，是没有场地租金的，不过就是展厅面积太小，很多作品都没法展出来。关于申请政府的支持，我们当然想政府能多多支持我们，大家是互惠的，我们这也是服务社会的公益事业，丰富人们的文化、精神境界，我们传承的是汉绣这个传统文化，建立汉绣博物馆也是响应"书香汀城"的建设，所以肯定想政府可以多多支持。

Q：该馆目前的经营状况如何（盈余 / 亏损 / 平衡）？

A：肯定是亏损的，因为没有任何经济来源，没有门票收入，现在所有的花销都由武汉龙洲置业有限公司承担。

Q：前来游览的游客身份是什么呢？社区的居民都知道您的博物馆吗？他们是怎么评论这件事的？他们会来看吗？老人多？小孩多？什么样的人来得更多？更感兴趣？（提示项：该馆主题的专业人员、爱好者或者您的朋友？）

A：我们这里是任何人都可以来参观的，像之前就有进城务工人员来参观过。因为我们这个博物馆比较偏僻，又在江欣苑社区，所以大家都挺喜欢的，也会经常来，也有人在学习汉绣，我们有开展培训活动。

Q：您对您博物馆日后的发展有什么打算呢？（提示项：资金、场地、展品、展览环境？）

A：我作为一个负责人，当然希望有一个更好的展览环境；作为一个市民，我希望政府能更加注意我们民间博物馆，在资金和场地方面提供支持。

三、地点：道一堂中医药博物馆 / 受访者：保洁阿姨 / 时间：2015.04.23

Q：该馆一个月的游客量是多少？淡季和旺季的游客量？游客大都是什么年龄阶层的呢？或者他们有没有什么突出的共同特点？（提示项：节假日或者周末游客量会减少吗？）

A：我每天都在这里很长时间，一天来的人大约有50~60人，一般节假日人比较多，因为旁边就是户部巷嘛；各个年龄段的人都有的，像你们这样的大学生偏多一点。

道一堂中医药博物馆

谌安明蝴蝶博物馆

虞小风指画博物馆

钻石艺术博物馆

武汉汉绣博物馆

精益眼镜博物馆

附录B 馆主问卷

武汉琴台钢琴博物馆

许三尤酒瓶博物馆

永庭石画博物馆

青菱文农书画艺术博物馆

武汉凡氏老相机博物馆

达临性学博物馆

武汉杨楼子老榨坊博物馆

尊敬的博物馆管理者：

您好！

我们是xxx大学的学生，在做一个关于民间博物馆发展现状的调查作业，烦请您在百忙之中抽出几分钟时间，帮助我们回答几个问题，非常感谢！本次调查严格遵守调查法相关条例！

1. 请问您是否更换过展览场所？

①1次　　②2次　　③3次及三次以上　　④否　　⑤其他情况请备注

2. 更换原因（可多选）：

①原址拆迁　②原址租金上涨　③原址规模不够　④寻找更有利场所　⑤其他

3. 请问该场馆从成立起，是否在展厅布置上有过什么变化（符合请打"√"）

增加或变化区域	拥有或增设展区	多媒体（视频放映）	内部装饰变化（灯具、展柜）	游客互动体验区
是				
否				

4. 请问该馆举办过的活动有什么？

①无　②中小学教育（夏令营、科技节、参观讲解）　③讲座

④社区活动　　⑤专业座谈会　　⑥协会活动　　⑦其他

5. 是否与其他企业或者机构合作

①无　②企业　③协会　④中小学　⑤社区居委会和党群服务中心　⑥其他

6. 请问该馆的经营模式是什么？

（1）建馆资金来源（可多选）①个人资金　②政府　③基金　④协会　⑤其他

（2）该馆经营资金来源（可多选）①个人投入　②政府　③基金、协会、经营性收费（门票、纪念品）　④其他

7. 目前经营状况

①持平　②亏损　③盈余　（严格保护隐私，其他情况请备注）

8. 如果亏损，是否愿意进一步经营？

①否　②在5年内愿意进一步经营　③5~10年内可以　④10年以上

9. 您办这个博物馆得到额外效益？

①获得一定社会影响力　　②享受国家相关税收减免政策

③民间协会或者个人的资金或者技术的帮助

④与企业合作，推出相关产品　　⑤其他

10. 馆内工作人员配置

分项	服务人员				管理人员	总计
	保安	保洁	讲解	其他		
人数						

11. 您对本馆的未来有没有其他发展方向，比如争取相关专业企业的支持？

12. 该馆每月或是每年的游客量是多少？_____人/月_____人/年

其他情况请备注_____

13. 该馆淡季和旺季的游客量？（提示项：节假日或者周末游客量会减少吗？）

武汉三汉雕塑艺术博物馆

武汉长庭陶瓷博物馆

附录C 调查问卷

武汉市民间博物馆发展现状调查问卷

您好！为了更全面地了解民间博物馆的生存现状及发展趋势与意义，我们特开展此次调研，希望得到您的支持与配合！

本次调查严格按照《统计法》的要求进行，不用填写姓名，所有的回答只用于统计分析。您只需根据自身实际情况勾选答案即可，请您放心填写！

武汉李庄古建筑博物馆

A1. 您是否知道"民办博物馆"的含义？

①是　　　②否

A2. 您参观民间博物馆的频率大约是？

①第一次来　　②一次/月　　③一次/年　　④其他_____

A3. 您此次来博物馆旅游的目的是？

①丰富自我知识　②开拓子女眼界　③单纯观光游玩

④发展兴趣爱好　⑤学术研究交流　⑥随意看看，无明确目的

A4. 您是通过什么途径了解到该民间博物馆的？

①导游介绍　②亲友介绍　③媒体宣传（电视、网络、报纸等）　④其他_____

A5、您觉得参观该民间博物馆收获如何？

①收获很大　　②收获较大　　③一般　　④收获较小　　⑤没有收获

武汉益合当代书画艺术博物馆

武汉大余湾社区博物馆

B1. 您从出发地点需要多久到达本博物馆？

① 2 小时以上　　② 1~2 小时　　③ 30 分钟~1 小时

④ 15~30 分钟　　⑤ 15 分钟以内

武汉金丝楠木博物馆

湖北兰文化博物馆

我喜欢蝴蝶博物馆的标本，它们很精致，而且让我知道了很多知识。

蝴蝶展厅应该扩大，不需要在很杂乱的地方，可以安静地展示，必要的时候，可以增加娱乐活动。很多昆虫没见过，感觉长见识了。

来到道一堂博物馆，感觉它和武汉的热干面一样令人惊叹，希望加大宣传力度，让更多的人可以来参观。

文农博物馆环境优雅，每次来这里参加雅集都会有意外的收获，希望这种传统文化可以被更多的人发掘，我们的城市文化需要信仰。

民间博物馆补充了文化的缺陷，尤其对于小孩子有很大的教育意义，希望政府可以重视它们的发展，给予一定的鼓励和支持。

B2. 您认为该民间博物馆是否容易找到？（若选择④⑤，不用回答B3题）

①非常好找　②较好找　③一般　④不太好找　⑤非常不好找

B3. 您觉得该民间博物馆的易识别性体现在哪些方面？

①临近主街，交通便捷　②处于该片地域中重要位置

③附近景观吸引人　④建筑造型独特　⑤无特殊印象　⑥其他_____

C1. 您认为该民办博物馆存在的问题有哪些？（可多选）

①交通不便　②缺少特色　③设施不完备

④藏品稀少，内容不丰富　⑤缺少解说，服务不到位

⑥展览环境整洁度不够　⑦缺少互动体验　⑧缺少多媒体展示

C2. 在参观过程中，该民间博物馆给您印象最深刻的是？

①博物馆的建筑物　②馆内的展品及布展　③馆内人员的讲解

④博物馆的特色纪念品　⑤互动体验活动　⑥无特殊印象

C3. 您认为民间博物馆的票价定在多少比较合理？

①免费　② 1~15元　③ 16~30元　④ 30元以上

C5. 您对该民间博物馆的整体满意度评价是？

①非常满意　②满意　③一般　④不满意　⑤非常不满意

D1、您的性别是？　①男　②女

D2、您的年龄是？

① 20岁以下　② 21~30岁　③ 31~40岁

④ 41~50岁　⑤ 51~60岁　⑥ 60岁以上

D3、您的身份是？　①本市居民　②外地游客

D4、您的职业是？

①政府机关、企业事业单位负责人　②科教文卫专业人员

③商业、服务业人员　④生产运输设备操作人员　⑤学生

⑥退休人员　⑦其他_____

D5. 您的月收入水平？

① 2000元以下　② 2000~3500元

③ 3500~5000元　④ 5000~8000元　⑤ 8000元以上　⑥无固定收入

谢谢您的支持与配合，您对武汉民间博物馆有什么样的认识与建议吗？

参考文献

[1] 章磊. 中国国有博物馆的效率、体制与市场关系研究 [D]. 北京：北京化工大学，2005.

[2] 彭文静. 民办博物馆发展政策研究 [D]. 上海：复旦大学，2012.

[3] 李雪峰. 上海民间博物馆旅游发展研究 [D]. 上海：复旦大学，2005.

[4] 陈波，耿达. 博物馆免费开放绩效评价指标体系研究 [J]. 艺术百家，2013（2）：74-82，23.

[5] 单霁翔. 关于建立科学的博物馆评价体系的思考 [J]. 国际博物馆（全球中文版），2014.

[6] 樱雪. 民间博物馆的生存之路 [J]. 中华手工，2012（10）：90-91.

[7] 宋向光，李志玲. 中国当代私立博物馆的发展及特点 [J]. 中国博物馆，2007.

[8] 外国私立博物馆的特色生存 [N]. 中国文化报，2013-10-31.

[9] 民办博物馆：期待更到位的扶持政策 [N]. 中国文化报，2014-03-18（7）.

[10] 武汉："博物馆之城"有更高标准 [N]. 长江日报，2013-06-28.

[11] 武汉私人博物馆调查：数量激增却观众稀少 [N]. 湖北日报，2015-01-20.

[12] JULIA BUSSINGER, BARBARA ANGUS.Can we stand alone? Two case studies from the El Paso Museum of History[EB/OL].http://icom.museum/.

[13] 袁喆. 一家三口砸钱办蝴蝶博物馆 [EB/OL].http://roll.sohu.com/20150326/n410363650.shtml,2015-3-26.

[14] 海外民办博物馆管理经验及启示 [EB/OL].http://www.cqvip.com/read/read.aspx?id=49205229,2014-8-15.

[15] 在路上——民营博物馆的"中国式"生存 [EB/OL]. http://topic.artron.net/topic/100825/.

[16] 上海私人博物馆生存发展的一点思考 [EB/OL]. http://blog.sina.com.cn/s/blog_59f0f12a0102e72p.html，2012-06-30.

2014年
全国高等学校城乡规划专业城市交通出行
创新实践竞赛二等奖

江城留舫

——武汉轮渡使用现状调研（以"武汉关—中华路"航线为例）

指导老师：李新延　戴　菲

作者：严晓瑜　毛晓舒

孙　楠　周子荷

摘要

长江轮渡是武汉最受欢迎的城市名片之一，已有100多年的历史。但近年来，由于武汉的跨江交通被新建的长江大桥所承担，因此，轮渡的交通功能逐渐羸弱。为解决这一问题，政府采取了多种改革措施，如引进新型船舶、绿色能源船舶，开发全新的旅游线路等。调研通过问卷调查和重点访谈方法对武汉轮渡现状进行了评析，目的在于对其未来续存和发展提供参考建议。

目　次

1 绪论

　　1.1 调研背景

　　1.2 技术路线

2 调查分析

　　2.1 调研对象

　　2.2 乘客特征

　　2.3 交通条件

　　2.4 换乘需求

　　2.5 发展趋势

3 对比与建议

　　3.1 相关案例

　　3.2 优化建议

附录 A　调查问卷

附录 B　访谈记录

1 绪论

1.1 调研背景

武汉两江割三镇,过江渡船自古以来就是武汉交通地图上的一幅生动画面。水上交通在武汉市不可替代,每天上百万人次渡江的盛景一直持续了几十年,轮渡客运异常火爆。时至今日,武汉轮渡已经走过了100多年的风风雨雨。

近年来,随着长江和汉江上数桥飞架及过江隧道的兴建,公交车在两岸三镇通行无碍,轨道交通在武汉飞速发展,使轮渡这一传统的过江方式面临着现代化交通方式的剧烈冲击。为了改善武汉轮渡的运营现状,推广"江城"武汉的水上名片,武汉市轮渡公司采取了相应举措,如使用清洁燃料、向新型的"通勤+旅游"模式转变、引进新船等。

本次调查选择"武汉关—中华路"航线作为对象,通过对武汉轮渡运营现状的调查,分析乘客对武汉轮渡的使用评价,发掘轮渡作为传统交通方式保留和发展的意义,并且针对轮渡现状的不足之处提出建设性意见(图1)。

图1 武汉轮渡发展时间轴

1.2 技术路线(图2)

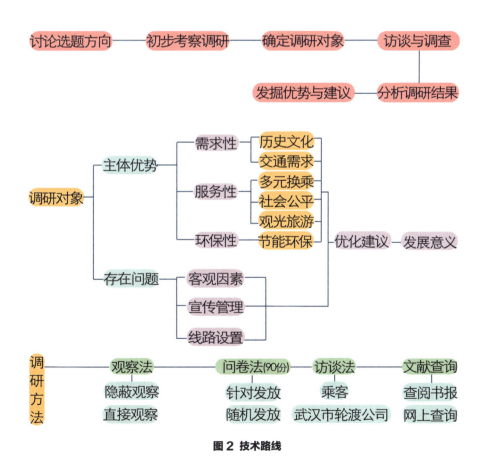

图2 技术路线

2 调查分析

2.1 调研对象

目前武汉轮渡线路有武汉关至中华路、青山至天兴洲、龙王庙至汉阳门、晴川至黄鹤楼、王家巷至曾家巷、龙王庙游览购物航线、"零点航班"等8条航线18艘船。还有一条旅游航线，只在节假日和周末开航（图3）。

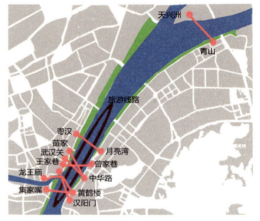

图3 轮渡线路图

从各条线路的对比中可以看出，汉口武汉关—武昌中华路的航线最受欢迎，因其两侧分别连接汉口江汉路和武昌司门口、户部巷等商业繁华地带。不仅如此，该航线周边公交站点多，又靠近轨道交通，方便乘客进行多元交通方式的换乘（图4）。

由此选择武汉关—中华路这条线路作为调研对象。

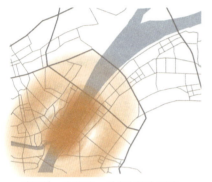  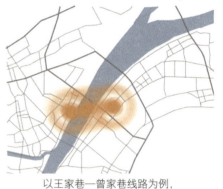

武汉关—中华路，对全市皆有影响　　旅游线路主要服务于外来观光游客　　以王家巷—曾家巷线路为例，对步行范围内市民有影响力

图4 影响力范围分析

2.2 乘客特征

1. 乘客信息

调查共发放了90份问卷，收回有效问卷85份。据图分析，乘坐武汉轮渡的人群主要为中等收入的年轻人（上班族、学生等），他们在武汉的居住时间大多为10年以上，对武汉已经有了一定的了解（图5、图6）。

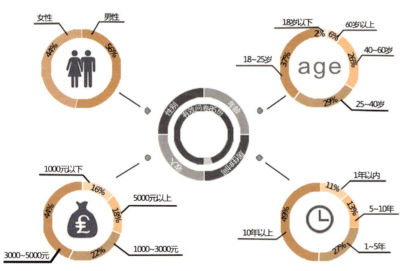 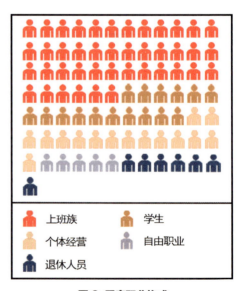

图5 乘客社会属性构成　　　　　　　　　　图6 乘客职业构成

2. 出行目的

工作日的早上，轮渡充当了一部分上班族、个体经营者的通勤工具。参与调查的乘客选择轮渡作为交通工具出行的目的主要为生活休闲，上班和旅游次之。学生和退休人员选择轮渡出行的目的多为旅游（图7、图8）。

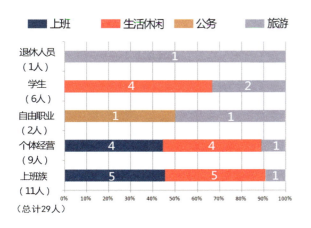

图7 工作日上午乘客出行目的情况

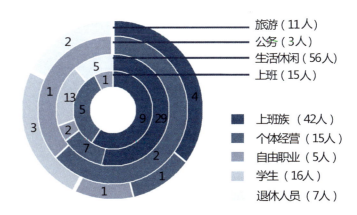

图8 所有乘客样本出行目的情况

3. 搭乘规律

各类人群搭乘轮渡出行的频率大多为"偶尔搭乘"，小部分上班族和个体经营者会"每天搭乘"。乘客离码头的距离影响乘船的频率。每天搭乘和经常搭乘的乘客距码头时间为30分钟之内，需要花费30分钟以上抵达码头的乘客多为"偶尔搭乘"或"基本不搭乘"（图9、图10）。

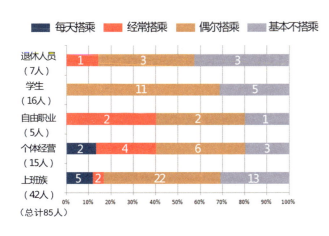

图9 乘客乘船频率统计图

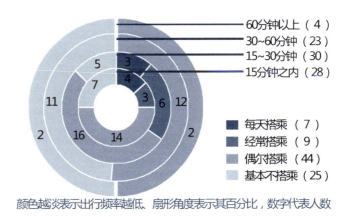

图10 乘客离码头距离与乘船频率相关性分析图

总结

"生活休闲"是乘客选择轮渡出行的首要目的，出发地距离码头的远近影响了乘客轮渡出行的频率，距离越近的乘客乘轮渡的频率越高。但乘客大多偶尔乘坐轮渡。

2.3 交通条件

调查显示,多数选择搭乘轮渡的乘客距离轮渡码头较近,出发到轮渡码头所需的时间在半小时以内,而少数乘客用时半小时至一小时,极少数超过一小时。乘客搭乘轮渡之前使用的交通工具大多为公交,其次是自行车、电动车或者机动车。而乘客搭乘轮渡之后的交通方式大多为步行,其次是搭乘公交,充分体现了轮渡在多模式交通下的多元化特质(图11、图12)。

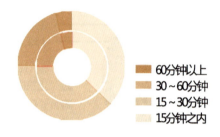

图11 乘客到达轮渡站点所需时间统计

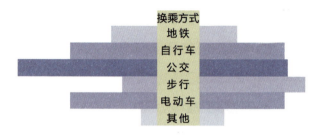

图12 搭乘轮渡前后乘客选择的换乘方式

中华路轮渡码头与周边公交枢纽站的对接情况比较理想,距离轮渡码头300米内有3个公交站,距轮渡码头90米内有2个公交站,且10余辆公交车可到达,公交覆盖率较高,为人们到达轮渡码头换乘提供了更多选择(图13、图14)。

与中华路轮渡码头相比,武汉关轮渡码头公交枢纽的覆盖范围不是特别广,但有两个地铁口分布在码头附近,周围生活娱乐设施较丰富,生活环境比较热闹,对乘客选择搭乘轮渡有积极作用。

轮渡作为一种多元化换乘的交通方式,尤其为使用电动车、自行车的人群提供了更多的便利(图15)。

图13 武汉关轮渡码头公交站点衔接与生活设施分布图

图14 中华路轮渡码头公交站点衔接与生活设施分布图

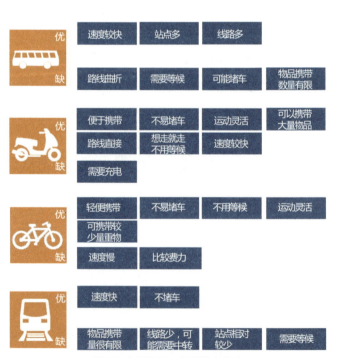

图15 各类换乘工具优缺点比较

2.4 换乘需求

1. 多元化换乘方式

除了公交，换乘轮渡前和换乘轮渡后使用两轮车（电动车和自行车）的人数占绝对优势，说明轮渡能够满足骑行电动车和自行车人群的使用需求，而且人们使用的频率也很高（图16、图17）。

轮渡不仅满足了人们换乘公交、地铁等公共交通工具的需求，还可以满足电动车、自行车等自由出行的需求，为武汉生活水平较低的人群提供了性价比合适且满足需求的出行方式。

综合轮渡、轨道交通和公交的各项比较结果可以看出，轮渡具有其不可替代性，即可以满足乘客携带大量货物或搭载自行车、电动车上船的需求。这种优势是其他交通工具不具有的。轮渡出行缓解了陆上交通压力，解决部分群体携带大量货物的需求，使现代出行多元化（图18、图19）。

2. 乘客满意度

调研结果显示，乘客对轮渡的观光性质最满意，乘坐轮渡时可以看风景。乘坐轮渡避免堵车，节省时间，乘客可以携带自行车、电动车搭乘轮渡过江，方便换乘也是乘客对轮渡较满意的因素（图20、图21）。

同时，影响乘客出行的最大原因是天气因素，例如出现大雾不散的情况，就可能导致轮渡航班的不断延迟。其次，耗时太久以及出行不便也是乘客不太满意的原因，可能公交枢纽站的覆盖面尚不全面，乘客无法直达轮渡码头，同时早晚高峰期的班次可能较少，间隔等待耗时较长。

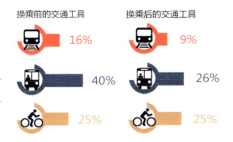

图16 换乘前后的交通工具

图17 电动车运货流程示意图

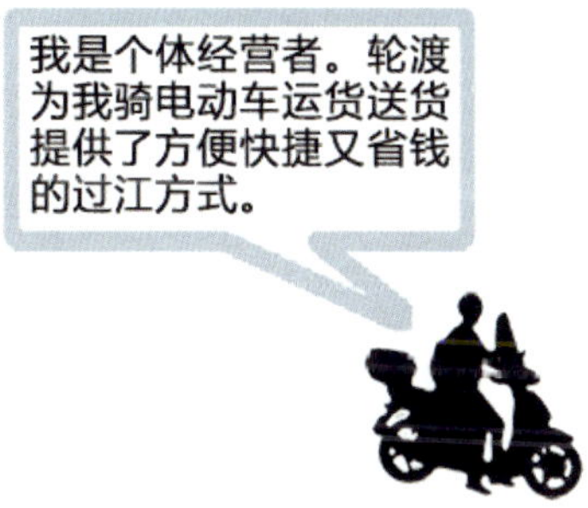

图18 骑电动车者的自白

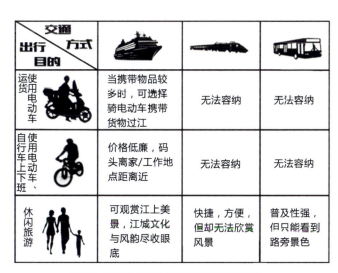

图19 轮渡可满足人们的多元化出行需求

图20 乘客满意度采访

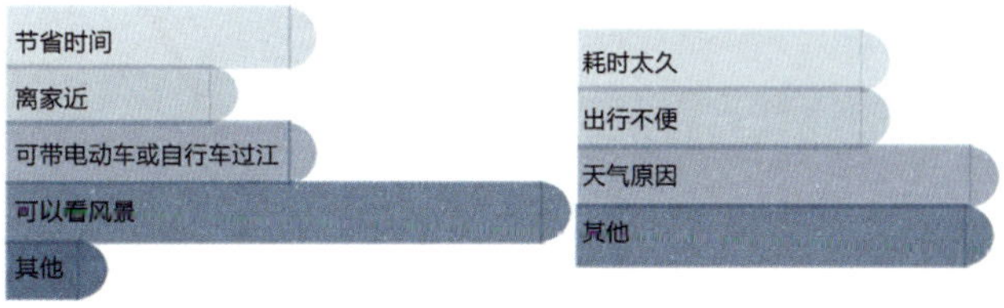

图21 乘客满意度统计

总结

①轮渡，作为一种多元化换乘的交通方式，为人们出行提供了更广阔的选择，方便了行人的生活，是现如今值得提倡的一种健康出行换乘方式。

②乘客对轮渡的满意度主要体现在观光性质上，因此我们可以思考改善轮渡的硬件设施等，给人们提供一个更好的换乘环境，以此吸引更多游客。

2.5 发展趋势

2.5.1 绿色环保

汽车是城市污染的"元凶",我国城市地面交通运输以汽车为主。据资料统计,每千辆汽车每天排出 CO 约 3000 千克,碳氢化合物 200~400 千克,氮氧化合物 50~150 千克,每燃烧 1 吨燃油生成有毒物质达 40~70 千克,占大气总污染量的 70%(图 22)。

2010 年至 2013 年,随着武汉市机动车数量突破 150 万辆,武汉市空气质量优良率也首次降到 50% 之下(图 23)。

新型轮渡不仅从改善燃料方面减少污染,而且它凭借其能够承载自行车、电动车过江的优势,促使更多市民放弃开车出行转而选择更加环保的非机动车。

据相关数据可计算得知,轮渡与电动车结合的交通方式比驾车所造成的空气污染与能源消耗小得多(图 24、图 25)。轮渡以其独特的优势为城市环境保护做出了自己的贡献。

查阅资料可知:同样运输量下海运的 CO_2 排放相当于陆运的四分之一,人们选择轮渡作为出行方式较之开车出行所造成的环境负荷较少(图 26)。

2.5.2 旅游新方向

曾经,过江轮渡在武汉不可替代。然而,自 20 世纪 90 年代以来,随着科技的发展,各类新型交通方式的出现使轮渡不复当年荣光。

长江、汉江上数桥飞架,汽车畅游三镇,轨道交通的开通更将过江时间缩短到 4 分钟。如今,武汉轮渡年客运量只及鼎盛时期的 5 %,航线萎缩、渡轮封存、水手上岸……原来的 18 条航线已停摆了 9 条(图 27~图 29)。

图 22 汽车气体排放污染物示意图

图 23 武汉市历年机动车数量与空气质量优良指数

图 24 轮渡与汽车污染量比较示意

图 25 轮渡与汽车污染物排放量对比图

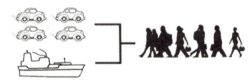

图 26 轮渡与汽车污染物排放示意

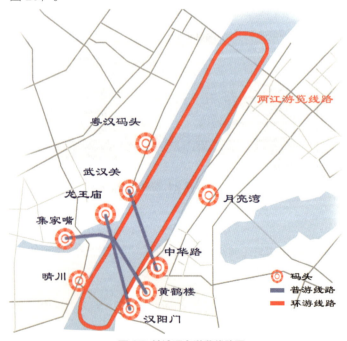

图 27 轮渡现有游览线路图

图 28 "两江游览"环游串联景点图

图 29 旅游人群类型

3 对比与建议

3.1 相关案例

重庆：经营惨淡，亟须寻找新的出路。传统的交通功能正在弱化，而旅游功能亟待培育、开发。轮渡第一次在船票上印上了旧时码头的照片，背面还附上了重庆轮渡的简介，并在船票上明确标注了四个字：怀旧线路。运用文化包装轮渡，使之焕发新生（图30）。

上海：通过迎接上海世博会的综合整治，沿江渡口建筑立面、栈桥码头、候船室等服务设施设备焕然一新。多项高科技技术和先进设施设备的低碳、绿色、环保新型渡船，统一蓝底白字的"上海轮渡"标识标牌，体现了上海轮渡的特色。上海轮渡圆满完成举世瞩目的上海世博会水上运输使命（图31）。

广州：豪华大气的船舶、富有岭南风韵的码头、先进的信息化管理技术应用，让广州水巴"出身不凡"。同时，低票价、大运量、人性化的配套服务，又让广州水巴"很亲民"。广州科学设置水巴线网，使水巴成为广州一体化公共交通体系的重要组成部分（图32）。

南京：新型轮渡全船采用玻璃幕墙，几乎就是全透明，而且特别注重低碳与节能，不仅采用太阳能供电，还将实现油污零排放。新型轮渡在甲板以上共有三层，一层及二层是客舱，三层则是观景平台。船上还特地留出了透气窗处理船上的异味。轮渡行驶时间很短，只需七八分钟就能过江（图33）。

图30 重庆轮渡

图31 上海轮渡

图32 广州轮渡

图33 南京轮渡

3.2 优化建议

①开辟游览购物专线或者怀旧专线，对渡轮进行文化包装，让坐船出行成为都市时尚。在为人们提供休闲娱乐的同时宣扬武汉"江城文化"，让更多的人了解轮渡，使轮渡真正成为武汉的水上名片。

②对轮渡继续进行技术升级，努力成为应用多项高科技技术和先进设施设备的低碳、绿色、环保的新型渡船。且轮渡和码头设施外观建设应尽量具有武汉特色。

③对各码头周边居民出行需求进行调研，对各航线客运量进行测算和分析，充分考虑运力安排和航班调度后，考虑航线增加和优化。

④重视轮渡与公交枢纽站、地铁站的接驳问题。考虑在轮渡码头周边优化调整站点，做好交通衔接，加大公交枢纽站的建设力度，方便乘客换乘。在周边500米范围内均可设立有关水上巴士码头的相关指引。

⑤对弱势群体提高补贴力度，降低水陆转乘费用，为弱势群体提供更多关爱。

⑥继续发展观光游轮和游艇，多渠道发展，以扩充收入来源，方便对硬件设施继续升级换代。

⑦继续向先进地区学习，大力发展城市水上巴士运行，倾力打造人民满意的水上交通系统（表1）。

表1 国内外城市水巴开行前十名情况一览表

城 市	水巴航线数量/条	水巴码头数量/座	水巴航线里程/km
广州	12	25	46.8
武汉	11	23	29.3
东京（日本）	7	12	36.4
伦敦（英国）	6	19	41
杭州	5	13	43
静冈（日本）	3	5	8.7
温哥华（加拿大）	2	10	6.2
巴黎（法国）	1	5	5.2
温州	1	4	11.8
福州	1	2	10

附录A 调查问卷

武汉轮渡使用情况问卷调研

您好！目前我们正进行武汉轮渡使用情况的研究。本次问卷调查主要为了了解武汉市民使用轮渡的现状，并对市民满意度进行分析。所有问卷均为匿名填写，非常感谢您的协助！

1. 您的年龄

   A.18 岁以下　　B.18~25 岁

   C.26~40 岁　　D.41~60 岁

   E.60 岁以上

2. 您在武汉居住的时间

   A.1 年以内　　B.1~5 年

   C.6~10 年　　D.10 年以上

3. 您的职业

   A. 上班族　　B. 个体经营

   C. 自由职业　　D. 学生

   E. 退休人员

4. 您的月收入

   A.1000 元以下　　B.1000~3000 元

   C.3000~5000 元　　D.5000 元以上

5. 您搭乘轮渡的目的

   A. 上班　　B. 生活购物

   C. 公务　　D. 旅游

6. 您搭乘轮渡的频率

   A. 每天搭乘　　B. 经常搭乘

   C. 偶尔搭乘　　D. 基本不搭乘

7. 您从出发地到本码头所需要的时间？

   A.15 分钟之内　　B.15~30 分钟

   C.30~60 分钟　　D.60 分钟以上

8. 您搭乘本轮渡之前使用的交通工具

   A. 步行　　B. 自行车/电动车/助力车

   C. 公交　　D. 地铁　　E. 其他

9. 您搭乘本轮渡之后将使用的交通工具

   A. 步行　　B. 自行车/电动车/助力车

   C. 公交　　D. 地铁　　E. 其他

10. 您选择轮渡作为出行方式的原因？（可多选）

    A. 不堵车，节省堵车时间　　B. 离家近，方便乘坐

    C. 可以骑电动车/自行车过江

    D. 可以看风景　　E. 其他

11. 您不选择轮渡作为出行方式的时候的原因？（可多选）

    A. 耗时太久　　B. 出行不便

    C. 天气原因　　D. 其他

12. 您对武汉轮渡的建议？（多选）

    A. 多增加几条线路和几个停靠点

    B. 开辟游览购物专线，与过江线分开，提高过江线路的速度。

    C. 建设公交枢纽，对接更多轮渡航线

    D. 提高补贴力度，降低水陆转乘费用

    E. 其他 _____

附录B 访谈记录

受访者1

Q：我看好多人都是骑电动车坐轮渡，您也是其中的一位，您这是去上班？

A：不是，我是去进货的。

Q：您是怎么想到骑电动车坐轮渡去进货的出行方式的呢？

A：其他交通方式不方便呀，像公交、地铁都不能运这么多货物，关键是人家也不让你带上去，自己也不方便。而轮渡就不一样，我可以骑着电动车坐轮渡，把货物带在电动车上，上船和下船都很方便，也不用去等公交、地铁，很省时间，并且我骑电动车运货行走的路线很直接，不用像公交、地铁那些线路那么绕。这船上好多骑电动车去运货的师傅都是这么想的，所以我们经常就这样做。

受访者2

Q：看您的装扮，感觉不像是武汉本地人，是来武汉旅游的，是吧？

A：是的。我喜欢骑自行车旅游各个城市，武汉也不例外。

Q：那您是基于什么原因，把轮渡作为在武汉旅行中的一站呢？

A：首先，武汉两江割三镇，来武汉一定要来看看长江的景色，而武汉的轮渡就是一个很好的机会，看风景特别好。并且，我这次是骑自行车来武汉的，我在乘坐轮渡的过程中，可以将我的自行车带上船，乘船前后都可以用我自己的交通工具，特别方便。不用去找其他的交通工具换乘了。

Q：您对武汉轮渡的印象怎么样呢？

A：整体来说，还是很不错的。对于来武汉旅游的人，坐一坐轮渡真的是一个不错的选择。

受访者3

Q：您这次选择乘坐轮渡，是基于什么样的出行目的？

A：我是带同学出来玩的，刚刚才去过户部巷，这不，中华路的码头离户部巷很近，我就跟我同学说，我带你坐坐武汉的轮渡吧，看看风景，然后到江汉路步行街逛逛，正好江汉路步行街离武汉关码头很近。

Q：听您这么一说，您现在是学生，是吧？

A：是的。

Q：您当初是怎么想到这一套出行路线的呢？

A：因为我们是学生，经济方面肯定没那么富裕，制定出行计划时，肯定怎么经济怎么来。而武汉轮渡就是这样，票价不贵，还能看江边的风景，挺不错的。户部巷—"中华路—武汉关"轮渡—江汉路步行街，我周围好多同学带同学来玩都是走这个路线，很方便。

受访者4

Q：看您这么早就来乘坐轮渡，您是去上班的吧？

A：嗯，是的。

Q：您每天都是乘坐轮渡上下班么？

A：基本是吧。因为单位离码头很近，坐其他交通工具都要转，而轮渡就可以直达，速度也可以，挺方便的，所以就天天这样乘坐轮渡上下班了。只要不是因为天气原因，轮渡不能正常启航，我都是乘坐轮渡上下班。

2014年
全国高等学校城乡规划专业城乡社会综合实践
调研报告课程作业评优二等奖

谁主沉浮？
——武汉市水域救生条件与防护设施调查

指导老师：陈征帆

作者：谢智子　刘宇婷

　　　卢玉洁　李晛玥

摘要

城市公共安全是当今社会关注的焦点。滨水城市出于防盗、方便管理和城市美观等因素考虑，忽略了公共水域救生和防护设施的建设，水域安全问题已成为城市公共安全的重要隐患。本次调研以武汉市八大危险公开水域、解放公园内部水系以及汤逊湖为调查对象，并重点研究其中三处，对城市水域的救生条件、防护设施、植物配置和出警情况方面进行现场踏勘。对十大水域的救生及防护设施配置现状进行清查，分析存在问题，找出安全隐患及对城市公共安全的影响，归纳总结隐患产生的原因，并提出相应的改进措施与建议。

目　次

1 调研基本情况
1.1 调研背景

1.2 调研目的

1.3 调研对象

1.4 调研方法与技术路线

2 普遍调查分析
2.1 普遍调查分析表

2.2 救生设施普遍分析

2.3 水域危险因素评估

3 详细调查分析
3.1 公开水域——大堤口

3.2 人工水域——解放公园

3.3 天然水域——汤逊湖

4 水域分异分析
4.1 不同类型水域基础条件分析

4.2 不同类型水域安全防护分析

5 优化建议

附录 A　访谈问题记录

附录 B　公开水域安全救生设施调查问卷

1 调研基本情况

1.1 调研背景

截至 2014 年,中国平均溺水死亡率为 8.77%。卫计委统计全国平均每天有 150 人死于溺水事故,其中 4 岁左右的儿童占 56.58%,溺水是这个年龄段的第一死因。儿童安全数据显示我国每年近 3 万儿童死于溺水,但目前国内对水域安全急救缺乏充分的思考与具体设计,对水域救生条件的改善和防护设施的设置与配备不够重视,对水域安全隐患容易放松警惕。但水上事故发生时,有效营救时间往往只有几分钟,救援任务十分紧迫。武汉市作为滨水、滨江城市,将溺水事故防患于未然,显得十分有必要(图1~图3)。

> **武汉市水上公安分局水上救生相关宣传工作措施**
>
> 网络媒体:通过新闻媒体、网络、微博宣传野泳的危险性。在游泳安全宣传周普及急救知识,如通过新闻360、帮女郎等栏目,武汉水警官方微博、法医吴红岩微博进行宣传,使用微信公众号进行宣传。
>
> 自宣传:1. 通过淘宝体、自媒体进行宣传。由通讯员收集各时段的数据,显示野泳危害。
>
> 　　　　2. 直接深入社区、教委、学校、工地进行宣传。

1.2 调研目的

(1)系统总结水域防护设施与安全急救的现状特征。

(2)剖析危险因素,发现水域安全存在的问题。

(3)增强大众安全及危机意识。

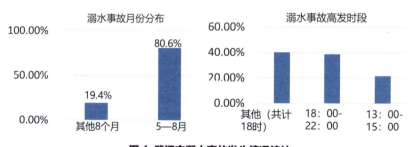

图 1 武汉市溺水事故发生情况统计
(数据来源:武汉市水上公安局统计数据)

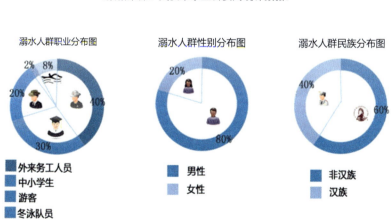

图 2 武汉市溺水人群情况统计
(数据来源:武汉市水上公安局网站)

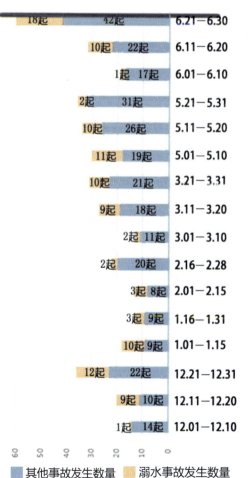

图 3 2013 年下半季度汉口江滩溺水事故发生情况
(数据来源:王家巷派出所统计数据)

统计显示，溺水人群主要为外来务工人员和中小学生。

亲水情况与溺水情况的统计具有高度的一致性，亲水人群多为18~25岁的学生，亲水目的多样且时间较长，多为1~2个小时，甚至长达半天（图4）。

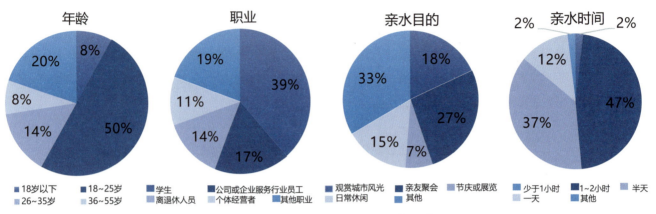

图4 亲水人群年龄职业分析及其亲水目的及时间
（数据来源：武汉市水上公安局网站）

1.3 调研对象（图5）

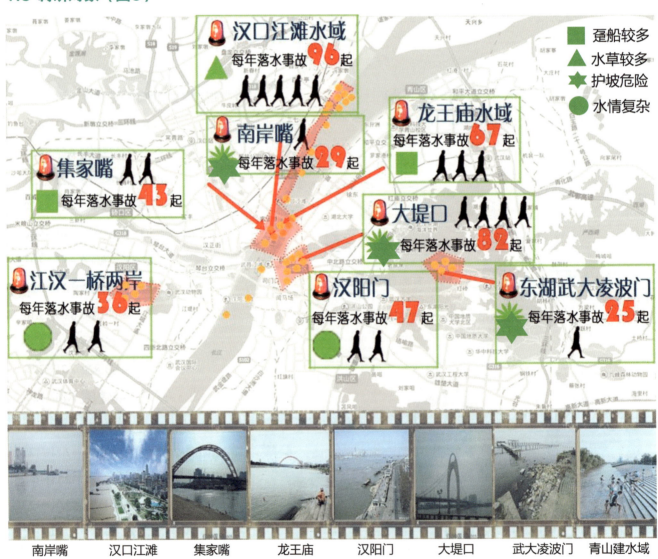

图5 武汉几大危险水域分布图
（数据来源：武汉市水上公安局网站）

1.4 调研方法与技术路线（图6）

（1）行为观察：观察救生设施配备情况和周边人群活动，通过拍照、注记、行为记录等方式收集数据。

（2）访谈调查：对警务人员，相关防汛、海事部门，冬泳队员以及游人和垂钓者进行访谈。

（3）文献分析：分析文档资料、门户网站、新闻媒体报道，查询救生相关规范要求等。

（4）问卷调查：设计问卷并向八大水域周边活动的人群发放问卷400份，收回有效问卷359份，有效率89.8%。

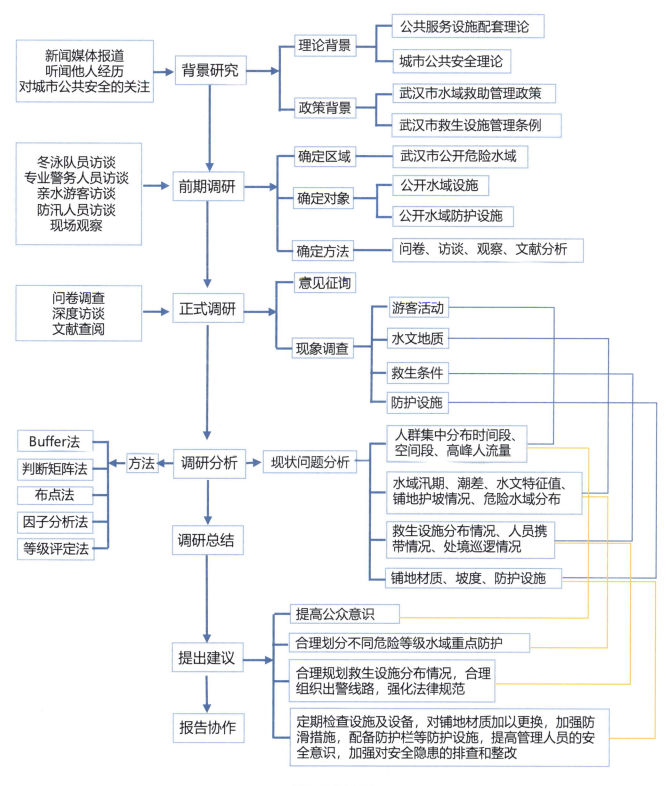

图6 技术路线图

2 普遍调查分析

2.1 普遍调查分析表（表1）

表1 普遍调查分析表

水域类型	危险因素	地点	研究水域范围	救生设施种类及数量合计 / 个	同岸最近派出所距离 / 千米	冬泳队志愿者情况
公开水域	青苔较多	汉口江滩	武汉长江隧道至武汉长江二桥段	▲40 △40 ■18 ●7 ★9 ☆6	0.4	有
	趸船较多	龙王庙	长江、汉江交汇口北侧	▲8 △5 ■3 ★10 ☆3	0.4	有
		集家嘴	汉江北侧龙王庙至晴川桥段	▲5 △4 ★4 ☆3	0.5	有
	水情复杂	汉阳门	长江大桥附近，轮渡集散码头处	▲3 △2 ★2 ☆3	0.7	有
		江汉一桥两岸	汉江上，沿水线距长江2.6千米	▲10 △7 ■10 ●2 ★8 ☆4	0.7	有
	护坡危险	晴川桥南岸嘴	长江、汉江交汇口南侧	▲8 △5 ■5 ★2 □1	0.7	有
		大堤口	长江南岸，长江、汉江交汇口对岸	▲3 △2 ★2 ☆3	2.1	有
		东湖凌波门	长江南岸，武汉大学凌波门口	▲4 △2 ★5	2.0	无
人工水域	水域较深	解放公园水系	公园正门附近，中华名塔园北侧	▲3 △4 ■8 ★6	0.3	无
天然水域	毫无设施	汤逊湖	江夏区汤逊湖桥两侧	0	3.5	无

注：▲ 救生圈　△救生杆　■桩、绳索　□救生亭（由红十字会及壹基金援助的冬泳队志愿者驻点）
　　● 救生船（包括防汛、水文、海事部门）　★ 安全宣传标语　☆民警联系方式告示牌
　　统计同岸最近派出所距离时按照汽车可行驶路径进行测距。

2.2 救生设施普遍分析（图7~图13）

图7 各水域救生圈配置情况（单位：个）　　图8 各水域救生杆配置情况（单位：根）　　图9 各水域救生桩、绳索配置情况（单位：个）　　图10 各水域救生船配置情况（单位：艘）

图 11 各水域安全宣传标语配置情况（单位：条）

图 12 各水域民警联系方式告示牌配置情况（单位：个）

图 13 各水域同岸派出所距离情况（单位：千米）

> **分析小结**
>
> （1）除汉口江滩外，水域救生设施配备均不齐全，多处难达标准配置要求。
>
> （2）除东湖凌波门、解放公园和汤逊湖外，各处水域均有冬泳队驻点，冬泳队成为有力援助来源。凌波门和汤逊湖与最近的派出所距离较远，不能确保民警在事故发生 3 分钟内抵达现场。

2.3 水域危险因素评估（图14、图15、表2）

Delphi 法专家：水上分局政治处；派出所民警；冬泳队员；江滩防汛管理部门人员。

案例随机抽取：2003—2013 年间共计 46 起案例。

实地考察：武汉十大公开水域。

具体评估方法见附录 C。

表 2 危险因素排名

排名	水情复杂	青苔水草湿滑	趸船多	护坡陡	水岸湿滑	救生设施少	救生人员少
Delphi 法	1	3	2	5	6	4	7
案例抽取	1	2	4	7	7	3	5
实地考察	2	3	4	5	6	2	7
综合	1	2	4	5	6	3	7

图 14 公开水域危险因素权重

图 15 十大水域危险系数评估

> **选取重点研究水域**
>
> 危险系数最大的水域——大堤口
>
> 危险系数最小的水域——解放公园
>
> 危险系数最大的非江河水域——汤逊湖

3 详细调查分析

3.1 公开水域——大堤口

3.1.1 水域基本情况

大堤口处在长江流速较快地区，且周围人流量大，又无防护设施，是最易发生危险的地段之一（表3、图16）。

表 3 大堤口水域基本情况

区位	汛期	最大潮差	水文特征值	近三年事故频次	高峰时人流量
长江大桥南岸嘴南岸	7—8月	4.21m	1030m/s	共7起	187人/min

图 16 大堤口水域范围

1. 活动对象：午时高峰，聚集于台阶

6:00时，游客集中在江边晨跑，岸边有救生设施，安全性较高。12:00—15:00人流量最大，人流都集中在大堤口台阶处，这里没有任何护栏和救生设备，存在极大的安全隐患（图17）。

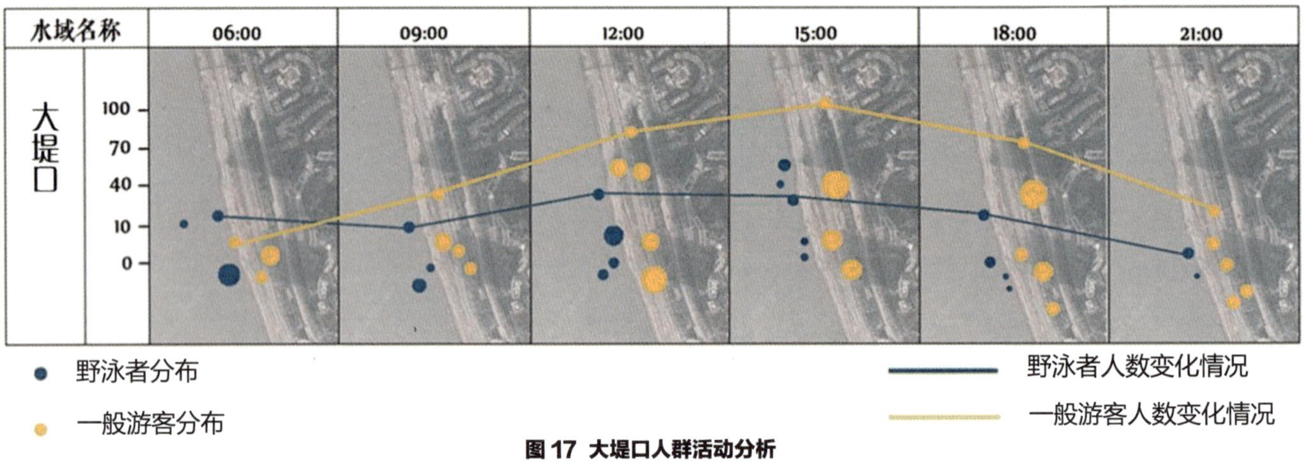

图 17 大堤口人群活动分析

2. 水岸形式：护坡陡，平台少，铺地易滑

（1）大堤口护坡坡度为19°，台阶设置不合理，25级才有一个休息平台。在人流量大的正午，许多游客坐在台阶上休息，堵塞交通，人流不易得到有效疏散。游客跌入江中的事故频发。

（2）铺地材质为不防滑的烧面花岗岩，遇水尤其容易打滑。且岸边多礁石，游客易坠落撞伤（图18）。

大堤口临水铺地坡度陡，不少游客却没有意识到危险的存在，反而在陡坡上嬉戏玩耍。加之此处并没有护栏防护，留有隐患（图19、图20）。

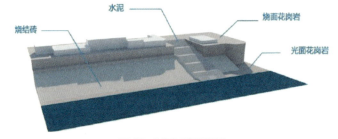

图 18 大堤口建筑模型

图 19 大堤口水域现状

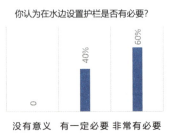

图 20 实地调研结果

3. 岸边植被：青苔多，无助力植物

（1）大堤口沿岸没有种植任何可用于防护与助力的植物，且青苔极多，容易造成游客滑落水中的意外。且游客一旦落水，没有"救命稻草"可以抓住求生。

（2）虽然没有高大乔木阻挡，但陡坡挡住了绝大部分的巡逻视线，巡逻人员在人流量大的马路上无法得知岸边情况，使得事故不易被察觉，游客无法及时报警求助。负责管辖的派出所也被沿路商户阻挡视线，民警很难在第一时间提供救助（图21、图22）。

3.1.2 危险因素分析——Buffer模型（救生条件分析）

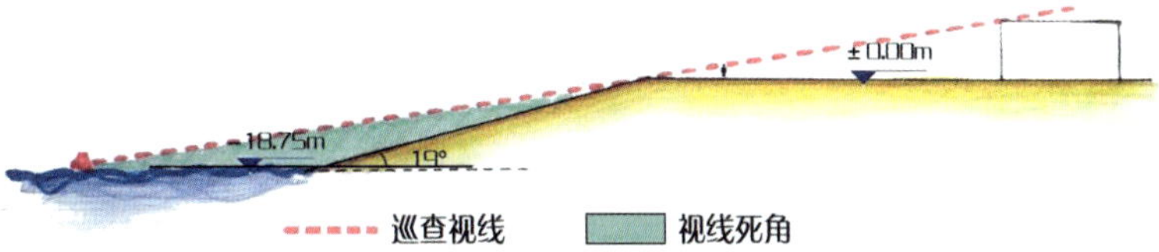

大堤口水域主要危险因素是救生岗亭遥远，占到65%。

(1) 救生设施救助半径模拟。

救生岗亭、设备分布不合理。有些地方同时配有救生衣和救生杆，但很多地方没有救生设备，因此存在救生死角，包括大堤口入口、河道中心（货轮密集处）。起救生和监督提醒作用的岗亭距离事故多发点较远，河道中间有野泳者被货轮螺旋桨打伤的事故发生（图23、图24）。

(2) 出警路线：单个派出所负责岸线过长（图25）。

按车速40km/h计算，溺水救援最佳时间3min内警车行驶最远距离为2km。大堤口周围两个派出所距离分别为2.1km和2.4km，无法及时到达施救。此处救援力量的提供更应依靠区域范围内的救生岗亭民警看守点和冬泳队驻扎点。

图21 大堤口巡查视线分析

图22 大堤口主要危险因素

图23 救生设施分布现状　　图24 救生设施理想分布现状　　图25 派出所分布现状

（3）救生岗亭最佳布点选址Buffer模型。

落水高发区通常为游客和野泳者密集区。因此，救生岗亭的布点应着重考虑以上两个因素。建立岗亭最佳布点选址Buffer模型，以人群布点为圆心，分别以活动距离为半径画圆来划分区域，并对地块赋值。

将救生设施范围按Ⅰ区（距离最近），Ⅱ区（距离较近），Ⅲ区（距离较远）划分。Ⅰ区记4分，Ⅱ区记2分，Ⅲ区记1分（分数越高，作为救生设施的选点条件越优）（图26、图27）。

结合两张布点图，并叠加地块赋值，得出Buffer结合图。红色区域代表游客和野泳者密集点，游客布点周边50m内和野泳者布点周边100m内不适合设岗亭（赋值和为0）。

按救生 3min 原则，在不阻挡交通和视线的情况下，岗亭应就近分布。图中黄色区域是游客分布Ⅰ区和野泳者分布Ⅰ区的公共部分，理论上说是岗亭选址的最佳区域（赋值和为 8）。绿色区域是游客Ⅰ区与野泳者Ⅱ区或游客Ⅱ区与野泳者Ⅰ区的公共部分，是岗亭选址的适宜区域（赋值和为 6）（图 28）。

3.1.3 问卷结果分析

调研显示，大部分游客选择报警和投掷救生设施来施救，结合前文分析，改善救生条件是解决大堤口水域安全的重要任务（图 29）。

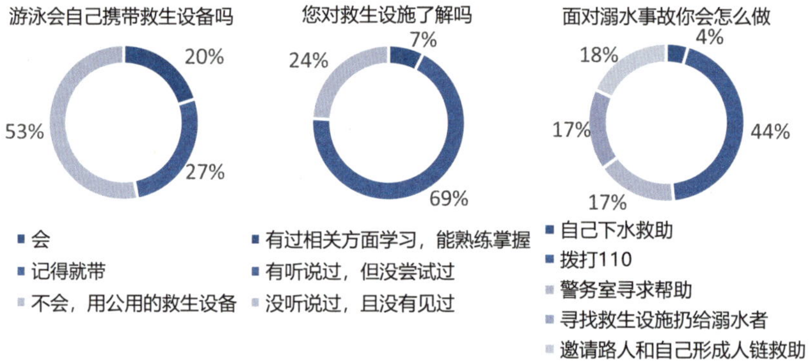

3.2 人工水域——解放公园

3.2.1 水域基本情况

解放公园为人工开发水域，救生条件较好，可以作为其他水域效仿的案例（表4、图 30）。

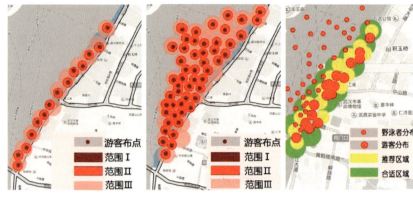

图 26 以游客为中心　　图 27 以野泳者为中心　　图 28 Buffer 结合图

图 29 问卷结果分析

表 4　大堤口水域基本情况

区　位	最宽水面	最大水深	近三年事故频次	日常人流量
靠近公园一号门中华名塔园北侧	59m	3.5m	共 3 起	5000 人/天

1. 活动对象：早晚高峰，聚集于台阶

每天 6:00—9:00 和 16:00—19:00 为解放公园游客高峰期，18:00 公园深水域游客量最大。游客通常在水岸边活动，不会下水游泳。水上活动仅有划船，人数少，船上没有配备救生衣、救生圈，但船只租赁处会为游客提供救生衣（图 31）。

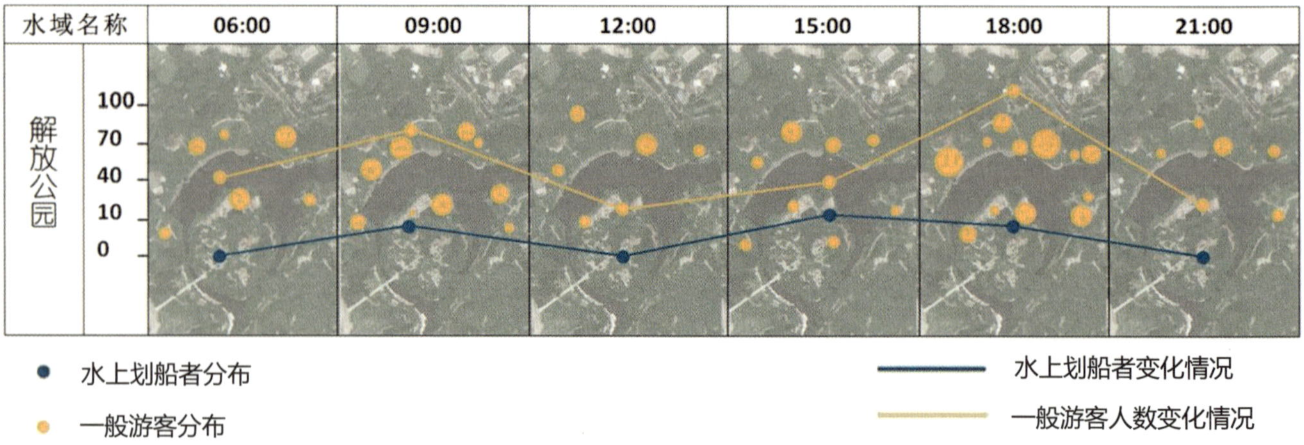

图 30 解放公园水域范围

图 31 解放公园人群活动分析

2. 救生设施：总数合理，分布不当

（1）救生设施配备数量。

水域范围内救生设施数量配备较合理，基本能满足救生需求。总计1个救生桩、4个救生杆、5个救生圈。深水部分每隔20m配有1个救生杆，河道部分的桥上与水岸上的建筑墙体上各有1个救生圈，湖面部分配有1个救生桩和1个救生圈（图32）。

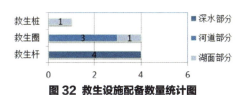

图32 救生设施配备数量统计图

（2）水岸线与救生设施配备的矛盾。

湖面较宽，河岸线较长，联通两岸的桥较少，仅设于一侧岸边的救生设施迫使施救者绕远取材，易错过最佳救援时间（图33）。

根据布点法可得出人群的分布密度图，根据叠加分析的方法可以看出救生设施分布与人群活动之间的关系。河道部分活动人群较多，但是救生设施数量和密度分布不足，这增加了安全隐患。

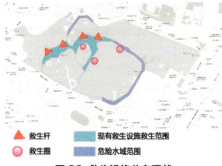

图33 救生设施分布现状

3. 出警路线：全面覆盖，及时覆盖（图34）。

（1）解放公园园区深水域距离南侧出入口附近市劳动派出所约300m，距离北侧出入口附近劳动派出所解放公园警务室400m，可以迅速出警施救（图35）。

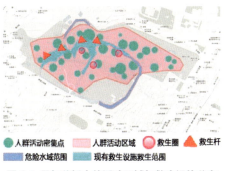

图34 叠加分析人的活动区域与救生设施分布

（2）派出所的急救服务半径以2000m计，公园全部范围均在派出所救援范围内，且水域范围均在两派出所服务交集范围内，周边又有众多公园管理岗亭，紧急救援条件较好（图36）。

3.1.2 危险因素提取分析——因子分析法（防护设施分析）

解放公园内存在的危险因素主要是防护设施不足，共计93%（图37）。

1. 水岸形式：河岸陡峭，铺地易滑

（1）水岸形式。

公园河道坡度约37°，没有护栏和植物防护，游客可能摔倒后滚落水中（图38）；深水区域北岸搭建有木栈道，有护栏防护（图39）；人工湖有水生与陆生植物隔离（图40）。三种水岸形式对人的视线产生遮挡：游客在岸边活动最多的位置望向水面时，由于坡度过大、木栈道平台遮挡和水岸植物遮挡，近岸部分水面情况不易被察觉，视线被遮挡，成为安全隐患。

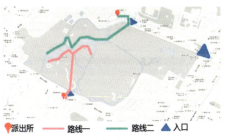

图35 出警路线分析图

图37 解放公园防护设施分析

图36 派出所急救服务范围分析图

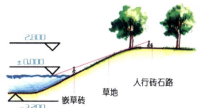

图38 河道水系水岸剖面

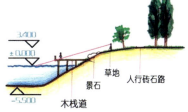

图39 深水域北岸剖面

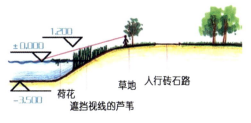

图40 人工湖湖岸剖面

图 41 同样坡度的嵌草砖水下视觉分析

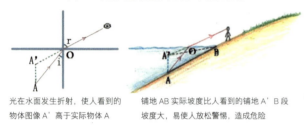

光在水面发生折射，使人看到的物体图像 A'高于实际物体 A｜铺地 AB 实际坡度比人看到的铺地 A'B 段坡度大，易使人放松警惕，造成危险

图 42 水的折射效果

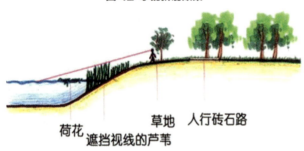

图 43 植物配置

图 44 人口年龄结构

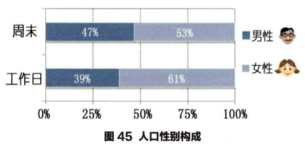

图 45 人口性别构成

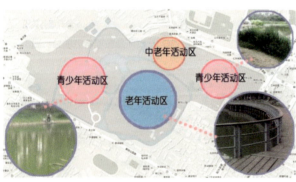

图 46 特殊场所分布

（2）铺地材质。

河道水系铺地采用防滑的嵌草砖，深水系为遇水易腐蚀变形的普通木质栈道，湖面部分为普通的颗粒土壤（图41）。

（3）折射效果

由于水的折射效果，人们在岸边活动看到水中的铺地比实际浅，错觉容易使人放松警惕发生危险。这种情况尤其体现在公园河道的嵌草砖铺地上（图42）。

2. 植物配置：分隔水岸，遮挡视线

水岸边多用人工种植的水生植物与陆生植物分隔水陆，一定程度阻止了游客的亲水行为，降低了落水事故发生的可能性。但水岸植物也遮挡了岸边人员的视线（图43）。

3. 防护设施影响因子

解放公园防护设施有一定不足：如人工湖铺地的材质选择，水域附近栏杆等。影响解放公园水域防护设施服务平的主要因素可归结为三大类：人口分布因子，特殊场所因子，标识引导因子。

（1）人口分布因子：人口的数量、性别年龄构成等决定了防护设施普遍配置。公园内尤其是工作日主要活动人群为中老年人，女性略多于男性，周末儿童增多。园内防护设施应更重视对人群主体即老人孩子的活动区域的配置（图44、图45）。

（2）特殊场所因子：特殊场所指园区内人群集中地段，不同年龄段的人群亦有不同的场所偏好。中老年喜静，主要在救护设施较完善的深水系两侧区域活动，青少年好动，多在河道及人工湖附近活动。铺地设置应考虑不同人群需求（图46）。

（3）标识引导因子：标识系统可指引人群的救生路线，或给出救生设施位置提示。在解放公园发放问卷，结果显示55%的人在公园内活动时只简单看了标识设施的位置，看过后有大概印象的人只占25%。标识系统应更生动、具有引导性（图47）。

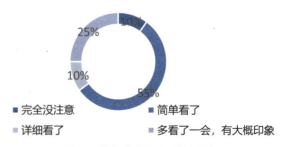

图 47 游客对引导标识的关注情况

3.3 天然水域——汤逊湖

3.3.1 水域基本情况（表5、图48）

表 5 汤逊湖水域基本情况

区 位	汛期	水体面积	平均水深	近三年事故频次	日常人流量
江夏区汤逊湖桥两侧	5-8月	32.85km2	1.85m	共 5 起	153人/min

图 48 调研范围：汤逊湖桥两侧

13:00—17:00 汤逊湖桥两侧人最多，人群集中在湖岸烧烤、野营、钓鱼。西侧水域为人工养殖区，水上有少量渔民工作；东侧水域较原生态，是野泳和野钓爱好者聚集地，岸边无救生设施，安全隐患极大（图49）。

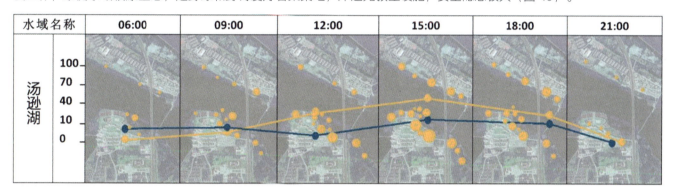

图 49 汤逊湖人群活动分析

3.3.2 危险因素提取分析

1.防护设施分析（图50）

（1）汤逊湖桥西侧湖岸坡度约30°，无护栏防护，湖内水草多（图51）；东侧湖岸坡度小，水质较清澈，有人工搭建的简易钓鱼台，不牢固且无护栏（图52）。

（2）汤逊湖属待开发的自然水域，湖岸铺地均为普通的沙石土壤，土质疏松，极不防滑（图53）。

（3）水边常见种植植物：金鱼藻属植物、荷花、睡莲、芦苇、水葱、水杨梅、花叶芦竹、灯芯草、细叶莎草、水生美人蕉和水生鸢尾等（图54）。

（4）在水边种植水生植物，对类似图中所示的区域进行水陆分隔，减少简易木台等的搭建，从而减少游客的危险活动。

图 50 汤逊湖主要危险因素

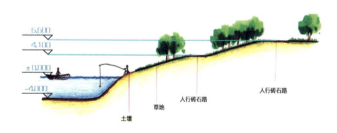

图 51 汤逊湖桥西侧养殖垂钓湖岸

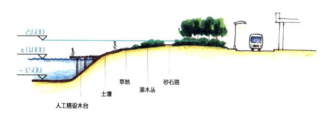

图 52 汤逊湖桥东侧较原生态湖岸

图 53 汤逊湖湖岸铺地

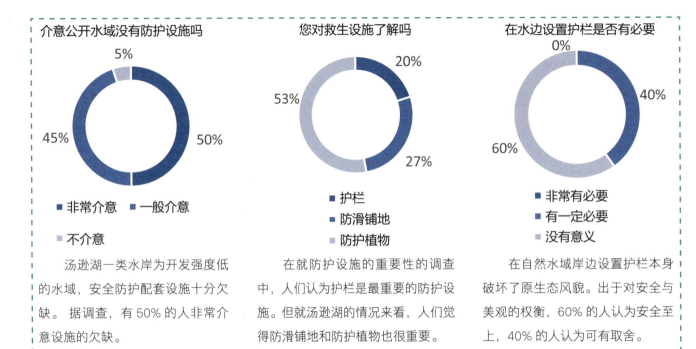

图54 汤逊湖防护设施问卷调查分析

2. 救生条件分析

（1）警力配置："野生"水域缺监管。

汤逊湖桥周边大多是新开发建设的居住小区，虽设有社区警务室，但不能对救生工作做出迅速有效的反应。最近的派出所距离研究水域3.5km，救生服务半径不能覆盖到汤逊湖桥两侧水岸。汤逊湖是开发强度小的公开水域的代表，此类水域附近大多没有派出所和警务室，救生人员少，因而救生设施的合理配备更显示出重要作用（图55、图56）。

（2）救生设施：无设施，少重视。

①现状：汤逊湖桥东侧水质较好，夏季野泳现象常见，溺水事故较多发。然而周边没有任何救护与防护设施，岸边搭设的简易钓鱼平台亦存在安全隐患。

②理想状况：自然水域因缺少一定人工管理更加危险，又是野泳及溺水高发带，相关救生设施的配备极为重要。综合考虑自然水域特征与救生设施配备的有关规定，模拟出救生设施理想分布图，每隔50m配备一套救生杆、救生绳和救生圈设施（图57）。

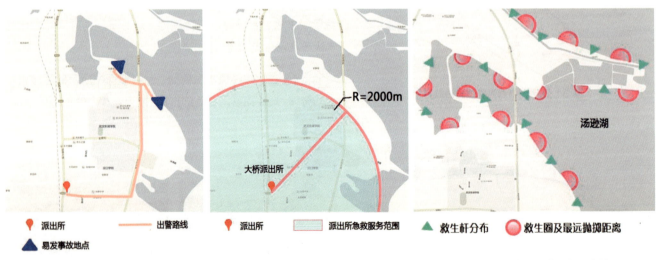

图55 汤逊湖出警路线分析　　**图56 大桥派出所出警半径分析**　　**图57 汤逊湖救生设施理想分布情况**

3.3.3 天然水域救生弱势分析——等级评定法

从武汉江岸、武昌、汉阳和江夏区各选取一个典型的公开水域代表，分别统计常住人口数量、派出所分布、救生设施数量和水边人群活动密度，对后三项进行1~10等级的评估，并进行对比分析，总结出汤逊湖一类距离市中心远、开发程度低的自然水域救生条件处于弱势（图58）。

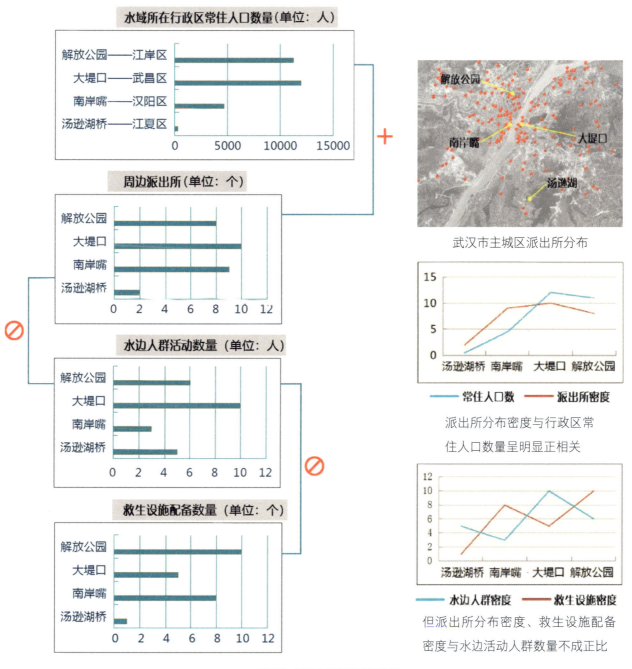

图 58 天然水域救生弱势分析

分析小结

综合对比来看，汤逊湖水域救生设施与人员条件都较差。且随着休闲旅游业的发展，这类自然水域周边活动的人群密度并不与所在区域的总人口密度成正比。在救生人员较少的情况下，更应重视自救设施的配备。

4 水域分异分析

4.1 不同类型水域基础条件分析（表6）

表6 不同类型水域概况对比表

设施	分项	公开水域	人工水域	自然水域
救生设备	救生设施分布数量	有分布，但数量不达标	数量合理	没有任何设施
救生设备	救生设施种类	齐全	不齐全	无设施
救生设备	派出所分布情况	范围内，路线长	范围内，路线多	范围之外，数量少
救生设备	救生岗亭数量	较少	较多	无
救生设备	图示			
防护设施	坡度	19°	37°	0°
防护设施	亲水设置	休息平台，无护栏	木栈道深入，有护栏防护	人工搭设桥
防护设施	防护设置	无，上到二级平台有护栏	有	无
防护设施	材质	烧面花岗岩	木制	沙土
防护设施	植物	青苔，岸边无植物	岸边有水生与陆生植物，芦苇遮挡视线	岸边有天然及腰灌木不遮挡视线
防护设施	图示			
	注解	救生岗亭　派出所　救生圈　救生衣　巡查视线　管辖范围		

4.2 不同类型水域安全防护分析（表7）

表7 不同水域安全防护分析

	人工水域	公开水域	自然水域
	救生条件较好，防护较差	救生条件较差，防护较好	救生条件较差，防护较差
	开发强度大，人流密集，安全指数较高	开发强度大，人流密集，安全指数较低	开发强度低，人流稀少，安全指数低
救生条件	劣势：救生设施种类较少 优势：①救生设施数量齐全；②在派出所救援范围内，专业救援方便；③周边救生岗亭分布多，近距离及时出警救援	劣势：①救生设施数量没有达到配备标准；②周边救生岗亭少，近距离不能及时出警救援 优势：①救生设施种类齐全；②在派出所救助范围内，专业救援方便	劣势：①无救生设施配备；②不在派出所救助范围内，专业救援不方便；③无救生岗亭，不能及时出警救援；④附近人烟稀少，不利于发现警情
防护设施	劣势：①坡度过陡，使人容易滑落水中；②人工植物遮挡视线，不利于及时救援；③木制平台遇水易腐蚀变形，多坑洼 优势：部分亲水平台修筑护栏	劣势：①亲水平台没有修筑护栏防护；②花岗岩材质遇水易滑，游客易滑入水中 优势：①坡度较缓，亲水安全；②无高大植物遮挡视线，方便观察救援	劣势：①亲水处土质松软，使人易滑落水中；②人工搭设简易亲水木板，安全性低；③亲水处无任何护栏等防护设施 优势：天然灌木保证救援视线良好

5 优化建议

(1) 救生设施配置优化（表8）。

(2) 防护设施配置优化（表9）。

表8 救生设施配置问题与优化建议

问题/建议	图示
救生设施老化，种类稀少	
加快救生设施更新换代，积极投入新产品	新型救生设备
夜间野泳人数众多，事故多发	
加强灯光照明设施，涂夜光涂料	
设施多在岸边，水中无分布	
加强船只救生设施配备，水上直接救援	
救生设施分布不均衡	
控制分布密度，合理规划救生设施分布点	优于
水情复杂，安全警示不到位	
设立电子警示牌，播放水温、天气、水情信息	
救生设施配置混乱	
明确设施使用、设置、救援方法	

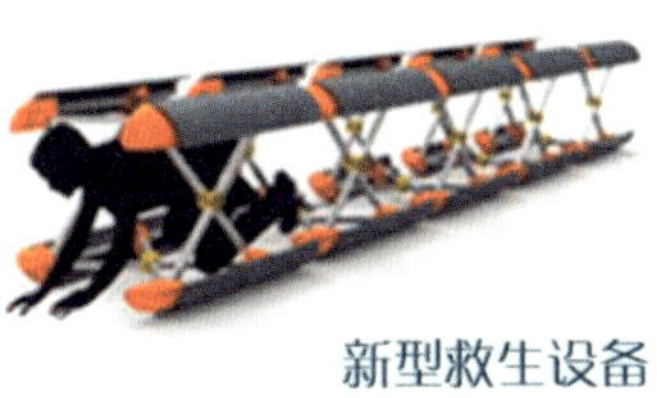

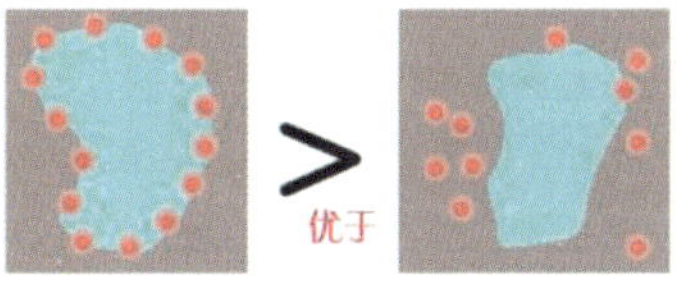

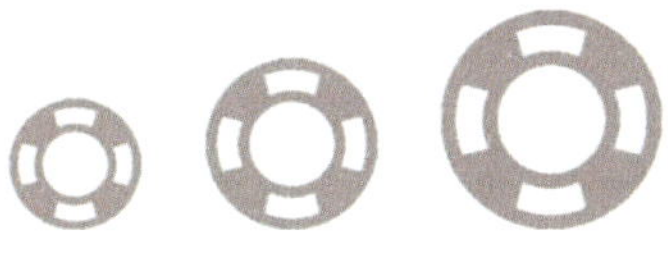

表9 防护设施配置问题与优化建议

问题/建议	图示
青苔多、铺地滑，水岸危险	
排查水岸危险因素，除青苔、划定安全警示线，采用防滑材质铺地	
堤岸坡度大，游客极易滑入水中	
对于坡度大的防洪堤增设护栏	
锅底状地形水底低，坡易使人摔倒	深水区 / 浅水区
用浮标清晰标示深水、浅水区域	
水底多岩石，扎猛子易头部受创	
水底地形复杂区域铺设人工石板，防止游客触到礁石造成伤害	优于
沿岸植物高大，阻挡巡查视线	
规划植物高低配置，保证美观及方便巡查	优于 降低植物高度
	理想岸线规划图 滨江步道 10m 二级平台 8.4m 生态护坡 25m

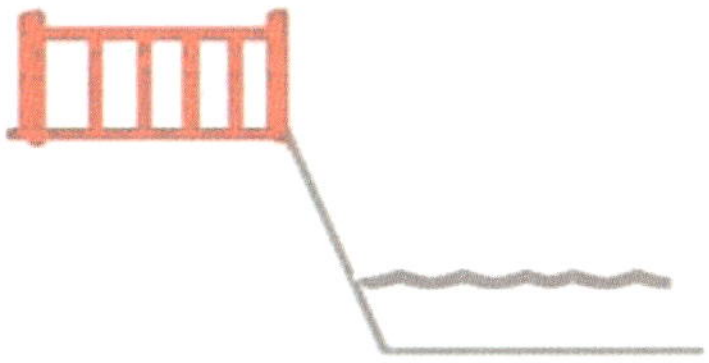

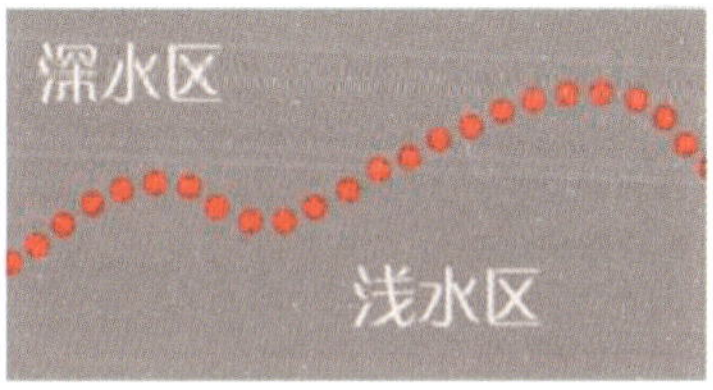

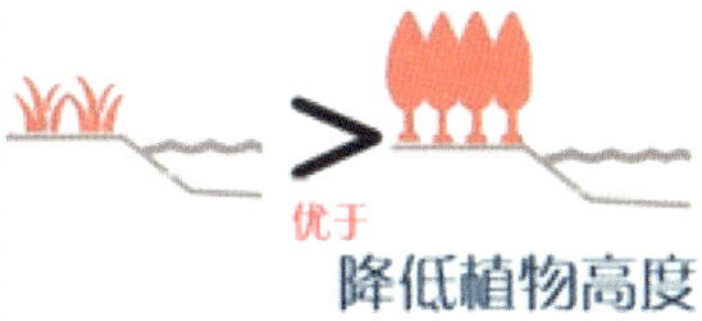

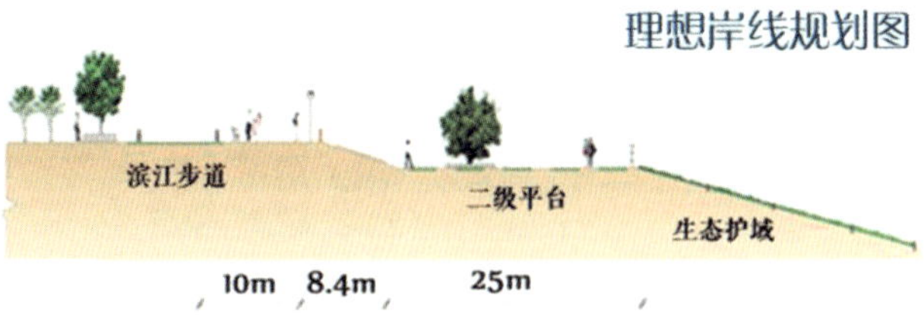

(3) 救援人员组织优化（表10）。

(4) 宣传手段优化（表11）。

表10 救援人员组织问题与优化建议

问题/建议	图示
警局分散，出警路线曲折	
合理布局警局，规划最快到达救援现场的警路线	
人群密集及野泳高发区溺水事故多	
人群密集区，野泳高峰时段增设临时警务岗亭	
无救生员，溺水者无人救助	
按水域面积、水岸长度，配备救生警力	
无民警联系方式，无法负责到人	
建立报警处理协作机制，采用健全报警系统	
24小时存在野泳者，难以全天监管	
与冬泳队合作	
民警对水域不熟悉，水性不好	
进行警员负重游泳训练和游泳比赛	

表11 宣传管理警示问题与优化建议

问题/建议	图示
野泳现象、溺水事故频发	
增强公共意识，加强宣传教育科普工作	
趸船航线与野泳者密集区冲突	
规划趸船航线，船流量高峰时段禁止野泳者下水	
常有偷盗公共救生设施行为	
定期检查设施设备，严厉打击偷盗行为	
水域等级分类含混不清	
给水域划分不同危险等级，控制设施密度	
市民应急能力弱	
加强救生训练演习频率	
管理人员安全意识薄弱	
实行赏罚分明的责任制度，任务落实到人	

附录A 访谈问题记录

一、地点：江汉江滩 / 受访者：管理人员 / 时间：2014.04.08

Q：这里的水域安全状况如何？有溺水事件经常发生吗？

A：嗯，有一些，每年7~8起吧，多为不会游泳和不熟悉水域情况的人。这里经常有冬泳队员来游泳，有他们时刻注意一下，溺水事故还是比较少的。而且这里不同于长江，汉江岸地宽，坡度缓，水位比较低，水流也很平缓，而长江水域宽、水流急，相对较危险。

Q：那针对一些溺水事故，在管理上有什么政策防范吗？

A：在夏季汛期我们会控制游泳人群，比如提醒他们尽量少下水，然后积极补给救生设备，在堤岸画出安全警示线。

Q：您认为现在的游客市民安全意识如何？

A：因为这里是自然活水，不同于游泳馆这种室内场所，在这里更能亲近自然。市民很喜欢来，但他们其实很少自带救生设备，安全意识比较差。

二、地点：水上公安局政治处 / 受访者：民警 / 时间：2014.04.14

Q：派出所有否进行野泳危害的宣传？是通过什么途径呢？

A：我们有通过网络平台，社区宣传，微信平台等许多新的尝试。我们今年的一个突破就是宣传标语用了淘宝体。对于溺水事故高发地带也加强了巡查人员和巡查车辆的配备，并进行喊话提醒。

Q：如果发生溺水事件赶到事发现场需要多长时间？

A：施救的最佳时间是3分钟内，我们派出所的出警时间要求控制在这个时间内。

Q：你们有没有组织过溺水事故救援演习？

A：这个没有过，主要是进行相关方面的社区和网络宣传。

Q：有没有考虑到与冬泳队合作？

A：有，我们很感谢也很支持他们的行为，包括见义勇为者，也想好好发挥他们的专业力量为救援工作添力，这需要进一步组织协调，毕竟他们是民间组织。

Q：派出所有没有对相关人员进行过培训？

A：有，我们也每年举行警员游泳比赛，会对他们定期进行专业知识讲解，如心肺复苏等施救方法演练。

三、地点：大堤口 / 受访者：冬泳队员 / 时间：2014.05.18

Q：冬泳队员的专业素质怎样？冬泳队有没有对他们进行过专业培训？

A：队员素质不一，有些游了七八年，有些刚刚开始一两个月。关于培训，我们主要是通过相互交流的方式进行，没有具体的相关课程。

Q：您认为相比于派出所民警，冬泳队员的救援优势在哪里？

A：我们对水下情况更熟悉，在水边每天各个时段都有我们的队员，能在第一时间救助落水者。

Q：您对于普通市民在公开水域野泳有何看法？

A：这其实很危险，我们虽然在这里野泳，但对水域情况很熟悉，平时下水也会自己携带救生设备，普通市民一是救生意识不强，二是对水域情况也不熟悉，因此并不鼓励他们下水游泳。

四、地点：江滩 / 受访者：普通市民 / 时间：2014.06.04

Q：您来这里游过泳吗？

A：来过一两次。

Q：那您有自己带救生设备吗？

A：没有啊，没必要吧，这么多人，我也就是下去玩玩，比较安全呐。

Q：您认为这里有必要设置公共救生设备吗？有没有必要加设护栏？

A：公共救生设备有必要，可以放点救生圈，但是护栏就没必要了吧，也阻挡视线，就这样能亲水挺好的。

附录B 公开水域安全救生设施调查问卷

非常感谢您在百忙之中阅读我们的调查问卷,为了保障公开水域的安全,唤起更多市民对公开水域所存在安全隐患的警醒,特拟如下问卷。

公开水域的名字 _____

调查时间 _____

1. 您对这块水域是否熟悉?

A. 非常熟悉　B. 比较熟悉

C. 不熟悉　　D. 非常不熟悉

2. 您曾经在此水域或其他公开水域(指江、河、湖、海等自然水域)游过泳吗?(若此题选A／B,请回答第三题,若选C则直接到第4题)

A. 经常(每周两次以上)　B. 偶尔　C. 从不

3. 您游泳会自己携带救生设施吗?

A. 会　　B. 记得就带

C. 不会带,会用公用的救生设备

4. 您认为在水边设置护栏是否有必要?

A. 非常有必要　B. 有一定必要　C. 没有意义

5. 您是否注意这里的安全救生设施和提示牌?

A. 完全没有注意　　　　　　B. 简单看了

C. 多看了一会,有个大概的印象　D. 详细地看了

6. 您对安全救生设施(如跟屁虫、救生圈、浮球……)的使用或心肺复苏法有了解吗?

A. 有过相关方面学习,能较熟练掌握

B. 有听说过,或在媒体上见过,没有尝试过

C. 没有听说过,且没有见过

7. 您若遇到了溺水事故会怎样做?

A. 自己下水救助　　　B. 拨打110

C. 找到警务室请求帮助

D. 寻找救生设施并扔给溺水者

E. 邀请路人和自己一起形成人链救助

8. 您对在公开水域游泳的现象有什么想法?

A. 赞成,自己有机会会尝试

B. 这有益身体健康,但自己不会尝试

C. 别人游泳无所谓,但自己不会尝试

D. 非常危险,看见这种情况会前去制止

9. 您对取走公共救生设施不归还的行为有什么看法?

A. 非常反感　B. 这是正常现象,肯定会发生的

C. 其他 _____

10. 您是否介意公开水域没有安全救生设施?

A. 非常介意　B. 一般介意　C. 不介意

11. 您对于我们的这个调查课题,你认为其必要性如何?

A. 安全问题容易被忽略,有必要以此让大家提高警惕

B. 人们意识不够,有必要以此宣传

C. 实际存在的问题很严重,有必要以此解决相关问题

D. 有一点必要　E. 没有必要

12. 对于公开水域溺水频发的现象,你认为从下列哪些方面加以改善?(可多选)

A. 加强公开水域值班巡查

B. 强制化救生设备管理条例的制定和执行

C. 对水域进行定期的检修和维护

D. 定期进行公共场所定期溺水事故演练,加强宣传,增强公众意识

E. 使用高科技救生设备

F. 加强对民警及救生人员的专业素质培训

G. 其他 _____

2014年
全国高等学校城乡规划专业城乡社会综合实践
调研报告课程作业评优三等奖

落"叶"根归何处？
——对武汉市树葬现状的调查报告

指导老师：郭 亮

作者：杨 乐　李 贞
　　　苏 颖　唐 凯

摘要

调研从与市民生活和社会发展息息相关的殡葬入手，研究当前生态树葬的续存状况，一方面从树葬与武汉市适应情况出发，分析其是否具有在武汉推广的前景，另一方面，调查武汉市民对树葬的实际认同情况，分析影响其推广的主要因素。最后从市民、运营商、监管部门三个方面对调查结果提出优化建议，为树葬未来的发展、管理和建设提供依据。

目　次

1 概述
　1.1 调研背景
　1.2 调研目的
　1.3 调研方法

2 树葬基本情况
　2.1 基本特征
　2.2 使用特征
　2.3 价格特征
　2.4 树葬在武汉心理实际认同度分析

3 影响树葬推行的主要因素
　3.1 市民：传统观念固化与认知的不足
　3.2 运营商：盈利短板与环保的矛盾
　3.3 监管部门：政策缺失与宣传的匮乏

4 总结与建议
　4.1 调研总结
　4.2 相关建议

附录 A　调查问卷
附录 B　访谈录

1 概述

树葬作为现代环保生态葬的主流形式，具有节地、环保、美观等很多特有的优势，无论是在国外、国内、城市还是乡村，树葬都是近些年来殡葬改革的新趋势。

1.1 调研背景

1.1.1 现实背景

树葬最早出现在中国东北和西南的少数民族地区（图1）。近些年由于全球城市化速度加快，殡葬用地不足，人口呈现严重老龄化趋势，城市面临殡葬用地紧缺的问题，树葬经由英国、日本等国家正式提出并广泛推行（图2）。

在中国，近年来老龄化趋势的加速及农耕用地被侵占严重，人们慢慢意识到树葬的优点，开始推行环保树葬。

但由于中国数千年来"入土为安"的传统思想，中国老百姓对于树葬这样的殡葬方式迟迟难以接受。国内日益加剧的人地矛盾和人口老龄化，使得"死人是否应该与活人争地"这一话题被推上风口浪尖（图3）。

中国老百姓对于树葬接受程度普遍较低，不仅仅是老百姓观念传统的原因，很大程度上也是由于政府、百姓、运营商三方面合作不到位造成的。

1.1.2 政策背景

南京自2012年3月28日起对选择生态树葬的市民实行全免费政策，"不花一分钱，入住公墓"。生态树葬全免费政策在全国开了先例（4）。

惠州自2012年9月19日开始推行首次免费骨灰集体树葬活动。惠州殡仪馆树葬区包括小广场的面积共有8000多平方米，种有700多株树。

武汉大力倡导文明节俭的殡葬新风，提出由民政部门奖励树葬。但是，目前的"奖励树葬"具体政策还没有出台。

1.2 调研目的

1. 分析树葬的主要优势、树葬在武汉发展的可行性及发展前景。
2. 了解市民对树葬的看法并分析其背后的原因。
3. 从政策、宣传及墓地建设等方面提出改善当前树葬推广状况的建议。

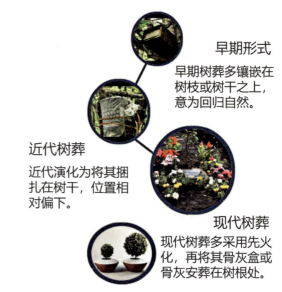

图1 树葬演化趋势

图2 国际范围内树葬趋势

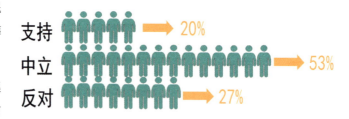

图3 武汉市民对树葬态度

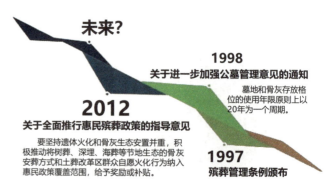

图4 殡葬相关条例发布年份

1.3 调研方法

1.3.1 调研区域

武汉市中心城区有 14 家合法的经营性公墓（图 5）。

1.3.2 调研方法

调研历时 3 个月，主要采用文献查阅法、实地考察法、问卷调查法、访谈法以及纵横比较法五种方法；调研对象有陵园管理处、武汉市民政局以及武汉市普通市民。

其中，调查问卷采用随机抽样的方式。为保证数据的有效性和代表性，样本中不同年龄段、不同职业以及不同教育程度市民至少 20 份，共发放问卷 300 份，回收有效问卷 113 份，有效率 38%。

1.3.3 技术路线

本次调研的技术路线如图 6 所示。

2 树葬基本情况

2.1 基本特征

2.1.1 节地性

根据武汉市民政局统计，截至 2013 年，我市经省民政厅批准的经营性公墓有 15 座，占地 5534 亩（8.3 平方千米）；农村公益性公墓 44 座，占地 2198 亩（3.3 平方千米）（表 1）。

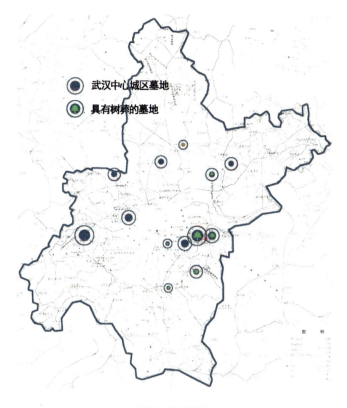

图 5 调研范围

表 1 武汉市经营性陵园公墓分布表

武汉市域主要片区	墓区数量 / 座	墓区占地面积 / 平方千米
中心城区	14	5.16
黄陂区	9	1.43
新洲区	4	0.68
江夏区	18	1.75
蔡甸区	7	2.00
东西湖区	7	0.59
合计	59	11.61

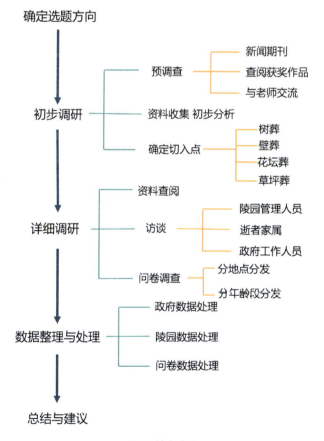

图 6 技术路线

武汉市中心城区的 14 个公墓已使用过半，按每年安葬 2 万逝者计算，不足 10 年，全市公墓用地将耗尽，推行环保葬势在必行。树葬作为生态葬法中最有发展潜力的殡葬形式，每穴占地仅为 0.09 平方米（图 7）。

江苏省宿迁市结合绿化造林，全面推行树葬。6 年来，全市已建立公益性生态基地 32 块，栽植各类常青树 12.6 万株，节约土地 1 万多亩。

武汉市石门峰名人文化园的树葬推行政策从初期的"一人一树"增加至后期的"四人一树""八人一树"，下葬密度明显增加。

2.1.2 美观性

武汉具有得天独厚的树葬美观性优势。根据调查结果显示，武汉市民有三成较为青睐樱花以及桂花作为树葬的主要形式。既满足了环保要求，也满足了美观的要求（图 8、图 9）。

2.1.3 环保性

据统计，武汉市现有破损山体 54 座，总面积 1.28 万亩，分布在 6 个新城区、4 个开发区（风景区），涉及范围广、占地面积大。

为了更准确测定树葬在武汉的可行性，以及与墓葬在生态保护上的差异，团队通过查阅文献法与实地测量法，对龙泉山孝恩园内部分树葬覆盖的区域以及荒山坡地区域进行了测试分析。

根据数据分析得出：①树葬在武汉市的生态适应性较好；②对于山体环境，树葬相比传统墓区有更好的地表保护与修复能力（图 10~图 13）。

2.1.4 后期保养、管理费用

与武汉市当前物价水平相比，树葬所需后期管理以及保养费用依然十分高昂（表 2、表 3）。

图 7 树葬设计概念图解

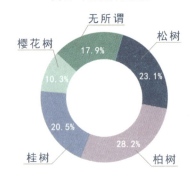

图 8 不同树种的树葬

图 9 武汉市民对树葬树种的喜好

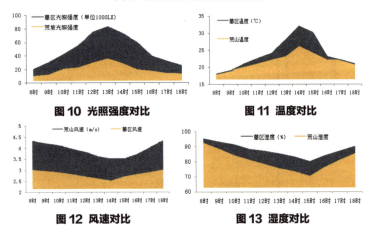

图 10 光照强度对比   图 11 温度对比

图 12 风速对比   图 13 湿度对比

表 2 树葬年均养护费用明细

项目	基本费用								
	浇水	绿化工人	服装	工具	意外事件处理	补植及其他	修剪	施肥	松土除草	病虫害防治
费用/（元/m²·年）	2.5	0.315	0.035	0.125	0.0875	0.6124	1.1	0.495	0.37	1.104
总计基本费用/（元/m²·年）	6.7439

表 3 树葬年均其他基本费用明细

项目	养护费用		
	乔木养护费	灌木养护费	草坪及地被养护费
费用	10 元/株·年	4 元/m²·年	5.5 元/m²·年

2.2 使用特征

从空间分布来看，武汉中心城区的14家公墓对树葬的施行状况以及重视程度都有所差异（图14、图15）。

从数量增长变化来看，自2007年，随着政府宣传力度下降以及市民对"环保殡葬流"的热情逐渐冷却下来，每年选择树葬的人数急剧下降，目前维持在一百人左右（图16、图17）。

武汉市近些年树葬的分布配比在不同地区不同陵园都表现出较大差异：①扁担山公墓树葬"从有到无"；②石门峰公墓树葬从1997年开始，数量增幅虽然有减少，但整体维持增长趋势（图18）；③龙泉山孝恩园短时间内下葬了大量树葬选择者，成为武汉最大的树葬陵园。

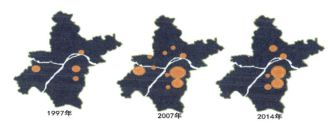

图14 武汉市树葬空间分布变化趋势

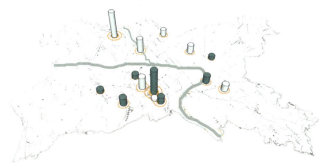

图15 武汉中心城区墓地分布及规模

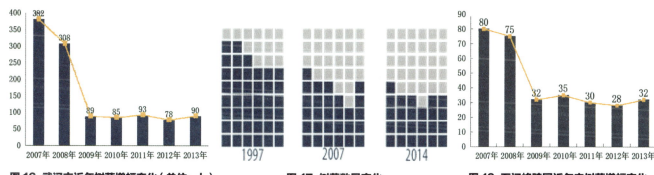

图16 武汉市近年树葬增幅变化（单位：人） ／ 图17 树葬数量变化 ／ 图18 石门峰陵园近年来树葬增幅变化（单位：人）

小结

①有树葬的陵园公墓在武汉逐渐减少，树葬呈现出集中在少数陵园公墓的趋势。

②从2007年起，武汉市民选择树葬的人数大幅减少。

③选择树葬的武汉市民人数较为稳定，但总体不多。

2.3 价格特征

2.3.1 普遍价格

树葬相对于传统土葬的优点就是价格偏低，然而近年来无论是传统土葬还是树葬，价格都以飞快的速度增长（图19、表4、表5）。

图19 市民表示能接受的树葬价格

> 树葬价钱一年比一年贵，虽然整体比传统土葬便宜很多，但是照这样趋势下去早晚会和传统土葬平齐，我还不如加点钱葬传统土葬，也省得以后担心虫灾、闪电什么的不稳定因素。
>
> 受访者张女士

表4 武汉市2014年主要生态葬价格现状

项目	最低价（不计算政府补贴）/元	最高价（不计算政府补贴）/元
树葬	600~2000	30000以上
花坛葬	1000~2000	5000以上
草坪葬	1000~2000	10000以上

表5 武汉市2014年主要生态葬价格现状

项目	最低价/元	最高价/元
树葬	680	16888
花葬	980	4988
壁葬	3888	19888
传统土葬	43900	89900

2.3.2 价格演变趋势

墓地价格年年攀升，据相关统计，2000—2009年这十年期间，武汉墓地价格翻了整整5倍，相较于涨幅巨大的传统土葬，树葬价格涨幅虽然一直远远低于土葬，但也有较大程度的上涨（表6、表7）。

由此可见：①武汉传统土葬与树葬的价格近年来都有较大上涨；②传统土葬由于基数大，增长幅度不及树葬增长幅度；③树葬价格增长的很大原因在于树维护成本较高。

2.4 树葬在武汉心理实际认同度分析

2.4.1 心理认同倾向探析

通过提取因子，建立认同适应模型的方法，研究市民对于树葬心理认同情况，对选取的问题进行数据统计及分析。正值表明市民态度倾向同意，负值表明市民态度倾向拒绝，且绝对值越大，倾向越明显，态度越强烈。市民对于树葬整体态度较为积极，但实际落实意愿不强烈（图20）。

2.4.2 市民心理认同因子获取

选取前两项作为实际认知问题，后两项作为意愿倾吐问题，进行心理认同因子提取，将新因子命名为未来情感归属和目前树葬认知（表8、表9）。

2.4.3 心理认同同因子分析

市民的未来安葬意愿均值为-0.29，该值为负，说明市民未来的安葬意愿倾向于拒绝树葬；目前树葬认知均值为0.22，该值为正，说明市民目前对树葬是接受的，总体心理认同的均值为0.11，说明市民对于树葬在总体上还是倾向于拒绝的（表10）。

表6 武汉土葬价格趋势 单位：元

名称	石门峰	寿恩园	寿安陵园	长乐园	九龙宫	逸园	幸福山
2007年	6888	3888	3088	3888	3288	3188	3088
2013年	19888	6888	7888	9088	6088	6188	6388
涨幅	188.73%	77.16%	155.44%	133.74%	133.74%	94.10%	106.87%

表7 武汉树葬价格趋势 单位：元

名称	石门峰	寿恩园	寿安陵园	长乐园	九龙宫	逸园	幸福山
2007年	688	888	888	688	2288	688	688
2013年	3688	4088	2880	3888	2688	2388	3000
涨幅	436.04%	360.36%	224.32%	465.11%	17.48%	247.09%	336.04%

表8 调研分析数据统计

问题	总均分/分	均值
我对树葬了解已经足够	26	0.26
我认为树葬非常环保，非常有竞争力	32	0.32
如果有可能我会为自己选择树葬	-37	-0.37
如果有可能我会为家人选择树葬	-30	-0.30

图20 分析方法流程图

表9 心理认同因子提取表

变项	提取因子	
	因子1	因子2
我对树葬了解已经足够	—	26
我认为树葬非常环保,非常有竞争力	—	32
如果有可能我会为自己选择树葬	37	—
如果有可能我会为家人选择树葬	30	—
特征值	0.88	0.67
新因子命名	安葬意愿	树葬认知
方差贡献率	35.385%	64.615%
积累方差贡献率	100%	

表10 心理认同因子数据统计

项目	未来安葬意愿	目前树葬认知	心理认同
均值	-0.29	0.22	0.11
众值出现比例	0.59	0.62	0.29
方差	0.00888	0.00046	0.00589

2.4.4 心理认同坐标建立

以未来安葬意愿为X轴,正向一端为同意,负向一端为拒绝,以目前树葬认知为Y轴,正向一端为同意,负向一端为拒绝,建立市民对于树葬心理认同的坐标体系,共有100个有效样本落入相应象限之内(表11、图21)。

我们对数据交互分析得到,心理认同适应良好的市民约占38%,心理认同适应不良的市民约占25%,心理认同适应失调的市民约占37%。在心理认同上不适应的市民占了大多数,约占62%。

> **小结**
>
> 总体来说,市民心理认同呈现几个现象:①总体认同度不高,较多表现拒绝心态;②市民存在相当一部分认知拒绝但同意树葬,也有认知同意但拒绝树葬的现象。

> **分析**
>
> ①树葬认知程度取决于社会整体宣传水平。
>
> ②人们对树葬的态度主要取决于其经济条件以及支付能力(图22)。

表11 心理认同坐标系表

数据对正负情况对应象限	代表含义	命名为
·(+,+)——第一象限	·对树葬认知态度同意,并且愿意未来采取树葬安葬	·认同适应良好
·(-,+)——第二象限	·对树葬认知态度同意,但是拒绝未来采取树葬安葬	·认同适应失调
·(-,-)——第三象限	·对树葬认知态度拒绝,并且拒绝未来采取树葬安葬	·认同适应不良
·(+,-)——第四象限	·对树葬认知态度拒绝,但愿意未来采取树葬安葬	·认同适应失调

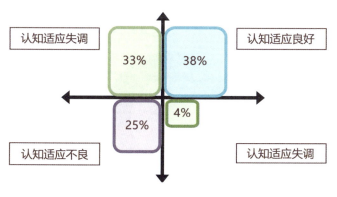

图21 心理认同坐标体系

图22 市民对树葬认知层面递进模式

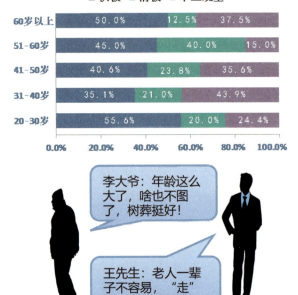

图 23 不同年龄段市民对树葬态度

图 24 不同教育程度市民对树葬的态度

3 影响树葬推行的主要因素

3.1 市民：传统观念固化与认知的不足

3.1.1 年龄结构：年轻人未必更开明

从市民对树葬的了解以及对此持有的态度情况来看，不同年龄段的市民对于树葬的态度也不同。

值得注意的是，20~40岁中青年相比于40~60岁以及60岁以上的中老年人来说，对树葬持有的态度相较来说更消极。经过后期的访谈以及调研，我们发现大部分中老年人对自己去世后选择什么葬式并不在意，因此较为偏向价格比较低廉的树葬等生态环保葬，而中青年多认为难以接受树葬，因为"不想老一辈不太体面地走"（图23）。

同时，也有一部分扫墓者认为传统墓葬太浪费土地，终究会被淘汰，这也显示出树葬等生态殡葬方式得以推广的希望。看来要改变大家的观念并不是做不到，只是没有切身惠及市民百姓。

3.1.2 教育程度：学历越高，对生态树葬支持程度也越高

受教育程度和对树葬的态度基本上是正相关的关系。调查显示市民受教育程度越高，对树葬的认知度及支持程度越高（图24）。

3.1.3 认知程度：对树葬认知程度

调研发现市民对于树葬的认知程度直接影响到树葬在武汉的推行，而市民难以接受树葬的原因也存在很大差异。

大部分市民认为树葬优势在于节约土地与其环保性，而难以接受的原因多为传统观念认为逝者应入土为安或不习惯新的祭拜方式（图25~图26）。

市民接受树葬的原因是树葬推行有优势，但有时不能够落实（图27）。

图 25 市民认知中的树葬缺点优势

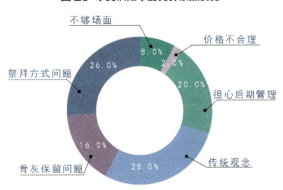

图 26 市民难以接受树葬的原因

图 27 市民接受树葬的原因

3.2 运营商：盈利短板与环保的矛盾

武汉市中心城区有 14 家公墓，对于树葬的推广以及落实程度都有所差异。公墓的盈利目的决定了其运营机制，开发商还是将"核心葬式"确定为以墓葬为代表的利润较高的非生态葬式（图28）。

在这种情况下，环保、节地的树葬等生态葬式陷入不被开发商青睐的处境。环保、节地优先还是利润优先，这两种是目前开发商难以逃避的选择。

围绕中心城区各墓地的调研显示，武汉中心城区拥有树葬的墓地共有 7 个，其中树葬规模最大的是江夏区龙泉山孝恩园，拥有树葬墓穴 3764 座，其他墓地的规模很小，在几十座到几百座之间。树葬墓地价格在几千元到几万元不等，相对普通公墓，价格比较低。但树葬在墓地整体所占的比例比较小，最大的也只有 3.9%，还有很大的开发余地（图29、图30）。

图28 公墓的利益追求

图29 中心城区各墓地树葬规模

树葬陵园	石门峰	九峰山	孝恩园	长乐园	九龙宫	幸福山	逸园
陵园照片							
树葬价格	680~16888	2880~28800	4880~30800	3888~40000	2688~23880	3000-38880	2388-25000
树葬比例	2.7%	1.2%	3.9%	0.9%	0.3%	2.5%	0.5%

图30 武汉中心城区树葬情况

> 武汉扁担山公墓从 1993 年便将树葬等生态环保葬纳入规划，但由于入不敷出，到了 2007 年，树葬等生态葬式也逐渐被取消，取而代之的是一些盈利较高、认可度较高的传统葬式。

3.3 监管部门：政策缺失与宣传的匮乏

3.3.1 政策方面

武汉市现行的殡葬管理条例为2010年11月15日市人民政府第119次会议通过的《武汉市殡葬管理办法》（以下简称《办法》），自2011年1月7日起施行。该《办法》虽然表明了关于生态葬式相关政策导向，但存在如下问题（图31）。

1. 经营性公墓规定缺失

《办法》对于公益性公墓作出了较明确的生态葬式条例规定，但对于城市经营性公墓却缺乏相关的明确规定。

2. 具体奖励细则模糊不清

该《办法》指出，对于采用生态葬式的陵园，民政部门会给予奖励，但并未说明奖励的明细及机制。在如今生态葬后期维护管理成本高，陵园时常亏本经营树葬的情况下，一定的奖励是否能达到促进生态葬发展的目的仍不得而知。

3. 奖励对象多以运营商为主，缺乏针对市民的奖励措施

《办法》新规提倡生态葬式虽具有现实意义，但却缺乏相关政策和法律支持。大力推行生态树葬涉及多个方面，包括社会大众、陵园产业以及国家监管部门等。因此未来的政策也应针对不同人群的需求，不仅是对于墓地经营者的奖励措施，对于选择树葬的市民也应制定相关的奖励机制和更为人性化的树葬形式。

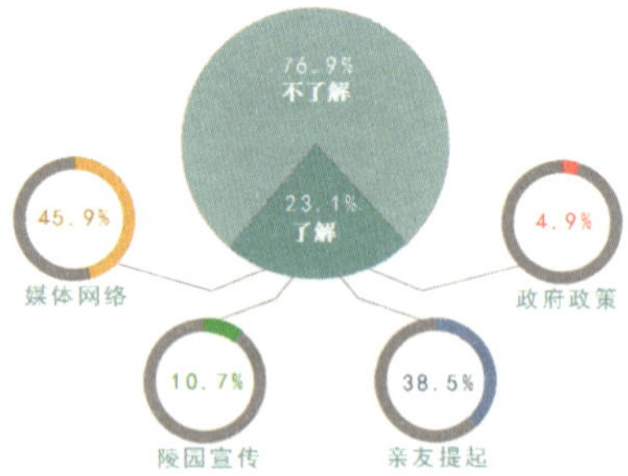

图 31 政策缺失

3.3.2 宣传方面

根据问卷反映的情况来看，在收回的113份有效问卷中，了解树葬的市民仅有23.1%，这说明市民对树葬的了解程度匮乏，树葬的宣传力度仍需加强（图32）。

> 大连龙山纪念园为了扩大树葬等生态殡葬的影响，将往年只在清明节期间施行的政策拓展到全年，即低保家庭免费安葬"花葬"区，五保老人免费安葬"归石葬"区，离休干部、50年党龄的老党员、市级以上劳动模范免费安葬"树葬"区，另外再免收10年维护管理费。这种价格上的减免对于普通大众来说具有一定的吸引力和宣传效力，长期推行有望使生态树葬更加深入民心。

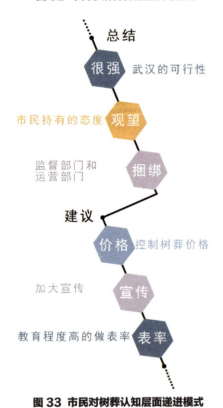

图 32 市民了解树葬的程度与渠道

图 33 市民对树葬认知层面递进模式

4 总结与建议

4.1 调研总结

4.1.1 "可行"——树葬在武汉可推广

树葬在武汉具有独特的适宜条件，无论是生态性、节地性、美观性还是后期经济管理因素，都具有很好的发展契机与前景（图33）。

4.1.2 "观望"——市民树葬持有的态度

武汉市民对于树葬等生态葬式普遍具有较积极的态度，但是树葬对于大部分市民来说只是一个没人敢触碰的新鲜"浆果"，谁也不愿第一个去触碰。由此大部分市民对于树葬都采取的是中立观望的态度。

4.1.3 "捆绑"——监管部门和运营商

在市民、运营商、监管部门这三方合作机制中，政策存在漏洞，优惠补贴偏向运营商而未落实到市民，宣传不到位，造成市民对树葬的了解不够。

4.2 相关建议

4.2.1 价格：合理控制树葬的价格

监管部门应加大对殡葬事业投入。合理控制树葬价格，确保树葬等生态环保葬在价格方面的核心竞争力。

4.2.2 宣传：加大对树葬等生态葬法的宣传

坚持持续深入的宣传教育工作。推行树葬的关键在于更新市民观念，要丰富宣传方式、途径，让全市、全省人民了解树葬、接受树葬、选择树葬。

4.2.3 表率：鼓励文化程度较高的人做表率

在树葬改革中，党员和领导干部要以身作则，带头接受树葬、选择树葬并宣传树葬。

附录A 调查问卷

您好，我们是华中科技大学建筑与城市规划学院的学生，正在对武汉市生态墓葬以及树葬的现状进行调查，感谢您配合我们的工作。

十分感谢您能从百忙之中抽出时间来帮助我们！

您的调查内容将完全保密，谢谢合作。

1.请问您所处的年龄阶段是（ ）

A.20~30岁　　　B.31~40岁

C.41~50岁　　　D.51~60岁

E.60岁以上

2.请问您的教育程度是（ ）

A. 初中及以下　　B. 高中

C. 大学　　　　　D. 硕士及以上

3.请问您现在或退休之前的职业是（ ）

A. 商业、服务业　　B. 农民　　　C. 工人

D. 专业技术人员　　E. 公务员

F. 教育工作者　　　G. 其他

4.【多选】请问您所了解的墓葬方法有哪些（ ）

A. 传统土葬　　B. 水葬　　C. 树葬　　D. 草坪葬

E. 壁葬　　　　F. 花坛葬　　G. 其他

5.您主要是从哪些渠道了解到树葬这种形式（ ）

A. 听亲友提起过　　　B. 政府的政策

C. 陵园的宣传　　　　D. 从网络媒体或报纸获取

6.在你看来，树葬有什么主要优点（ ）

A. 环保、防止水土流失　　B. 价格低廉

C. 节约土地　　D. 形式新颖　　E. 美观　　F. 其他

7.在你看来，树葬难以被接受的主要原因是（ ）

A. 不够"场面"　　　　B. 价格不合理

C. 担心后期自然灾害、虫害等

D. 受传统观念影响认为逝者应入土为安

E. 骨灰不一定被保留

F. 不习惯新的祭拜方式

8. 您对树葬持什么态度（ ）

A. 支持，认为会成为将来的主流趋势

B. 反对，认为生态葬法终究无法超越传统形式的墓葬

C. 中立，认为什么形式的葬法都行

9. 在您观念里能接受的树葬最高价格？

A.1000 元以下　　　　B.1000~5000 元

C.5000~10000 元　　　D.10000~20000 元

E.20000 元以上

10. 您比较愿意接受的树木种类？

A. 松树　　B. 柏树　　C. 桂树

D. 樱花树　E. 什么样的形式无所谓

以下问题可能会涉及较为敏感的问题方面，若引起您的不满与忌讳，可以选择不填，谢谢您的支持。

11. 我对树葬了解已经足够。

□是　　□否

12. 我认为树葬非常环保，非常有竞争力。

□是　　□否

13. 如果有可能我会为自己选择树葬。

□是　　□否

14. 如果有可能我会为家人选择树葬。

□是　　□否

附录B　访谈录

访谈一对象：公墓管理人员

1. 您认为树葬这种生态葬法是不是真的生态环保？

答：那是肯定啊。你想象一下，漫山遍野的山包包上都种树，和漫山遍野都是水泥板的墓碑，你觉得哪种更生态环保。

2. 您方便透露下贵园近些年选择树葬的人数和比例么？

答：这个还真不太方便告知，我给你说个大体数据吧。其实吧，这几年整体生态葬式的趋势都不是很乐观，树葬这种方式接受的人还相对多一些，每年生态葬占全部墓葬形式 5%~10% 的样子，树葬可能只占一半。每年选用树葬的人数这些年基本不变，维持在三五十个人。

3. 您觉得树葬这种既生态又环保的葬法为什么不能被百姓所接受呢？

答：传统吧，主要还是百姓的传统观念吧，总是觉得人应该入土为安，居有定所，随便这么撒在土里总觉得不太能接受，而且这些年大部分市民都觉得树葬不比传统土葬便宜，过了刚开始大力宣传的那段时期之后，也就慢慢失去了兴趣。

访谈二对象：扫墓者

1. 您认为树葬这种形式怎么样呢。

答：树葬啊，总的来说，就是叫好不叫座。我能接受，但是我不会为我和我的家人选用树葬。

2. 那您为什么不选树葬呢？您觉得它差在哪里呢？

答：怎么说呢，这是个多方面的因素吧。首先，可能像我们这种中青年人知识文化程度都够，都能理解树葬这种生态环保的新玩意儿，但是，父母毕竟养了我们一辈子，如果最后不让他们"风风光光"地走，我们会被其他亲戚看笑话的。而且再说了，也不缺那几个钱。

3. 那您认为树葬的核心竞争力在哪里呢？

答：首先，这个东西确实是生态环保的，具体是不是我们也没人去考究。应该是没什么疑义的吧。其次，价格低应该是它主要的核心竞争力，但是最近听很多亲戚说树葬越来越贵，快要赶上普通土葬了。那如果这个优势都没

了,谁还会去选树葬,你说是不是?

4. 那您认为影响树葬推广的主要因素是什么呢。

答:这么说吧,老百姓、墓地管理处、政府,三个方面,三个角度,缺了谁都不行。市民老百姓的传统观念要改,墓地管理处的价格要低,政府的宣传要到位,否则,任何一方做再多的努力,都白搭。

访谈三对象:花圈寿衣店老板

1. 您觉得树葬这种新形式的葬式怎么样?

答:还好吧,就是感觉接受的程度不高。

2. 那您觉得到底为什么大家都不接受树葬呢?

答:反正吧,对在我这里买扫墓用品的人进行分析,我粗略估计下,一个月不会有超过20个,大部分都是按照祖宗的老规矩来。至于大家都不接受树葬,我觉得吧,主要还是钱的问题。政府给了补贴,都到运营商那里去了,老百姓没什么实惠,没什么鼓励,谁去干这事。

3. 那您觉得树葬以后能不能搞得起来?

答:搞不起来。老祖宗的东西怎么是说换就换的,总得需要个过程吧。反正要是我我就不会用树葬,越来越贵不说,以后万一出个意外,虫灾、闪电什么的,那我的墓不就没了,总不能让自己死了都不安心吧。

访谈四:对象: 民政局工作人员

1. 请问武汉现在关于树葬有哪些参考条例呢?

答:目前的话,武汉市现行的殡葬管理参考条例为2010年11月15日市人民政府第119次常务会议通过的《武汉市殡葬管理办法》,自2011年1月7日起施行。

2. 那这个办法里对树葬有什么提到的补贴或鼓励措施么?

答:这个的话,这么说吧,有这些补贴和鼓励措施。首先是数量要求,本市限制经营性公墓的建设,鼓励和推进公益性公墓的建设。经批准的经营性公墓,应按照不少于规划建设安葬总容量30%的要求建设树葬等低价位安葬设施。然后是规模要求,针对"豪华墓"攀比风气,《办法》出台限定标准:公墓内单个墓穴(含合墓)的面积不得超过1平方米,推行墓穴构筑物和标志的小型化、艺术化和环保化。城市公益性公墓骨灰安葬设施的建设,应当以深埋、植树(花坛、草坪)以及立体安葬等不占、少占土地或有利于生态环境的方式进行。城市公益性公墓的墓碑应当卧置。最后来说的话,关于树葬的一些奖励,采取深埋、树(花坛、草坪)葬、骨灰撒葬等不占、少占土地或有利于生态环境的方式安置骨灰的陵园,由民政部门予以奖励。

3. 那您认为这个《办法》对于树葬有没有什么没有提到或者现在难以作为解决根据的地方呢?

答:这个还是有的,首先这个《办法》对于公益性公墓作出了较明确的生态葬式条例规定,但对于城市经营性公墓却缺乏相关的明确规定。

然后,该《办法》指出,对于采用生态葬式的陵园,民政部门会给予奖励,但并未明确说明奖励的明细及机制。在如今生态葬后期维护管理成本高,陵园时常亏本经营树葬的情况下,一定的奖励是否能达到促进生态葬发展的目的仍不得而知。

最后,《办法》新规提倡生态葬式虽具有现实意义,但却缺乏相关政策和法律支持。大力推行生态树葬涉及多个方面,包括社会大众、陵园产业以及国家监管部门等。因此未来的政策也应针对不同人群的需求,不仅是对于墓地经营者的奖励措施,对于选择树葬的市民也应制定相关的奖励机制和更为人性化的树葬形式。

2013年
全国高等学校城乡规划专业城市交通出行
创新实践竞赛评优一等奖

"盲目穿行"不如"走走停停"
——武汉市东西湖区"区域的士"调研与优化

指导老师：罗 吉

作者：张宝方　聂晶鑫
　　　李建沂　赵 粲

摘要

调研以武汉市东西湖区出租车为研究对象，分析了城市"区域的士"这一新生事物的运营特征和使用特征，发现了其与其他交通形式相比的优劣势，特别是和黑车相比较，找到"区域巴士"的不足之处。

调研通过归纳"区域巴士"的现状特征及其与"黑车"的竞争情况，总结出司机与乘客之间的信息不平等所导致的不便以及高空车率等问题。

目 次

1 绪论
　1.1 调研对象与范围
　1.2 调研缘起
　1.3 调研目的
　1.4 调研技术路线

2 调研与分析
　2.1 运营调查
　2.2 乘客使用特征调查
　2.3 司机运营特征及收入调查
　2.4 黑车竞争调查

3 优化方案
　3.1 划分区域出租车候客点
　3.2 推行信息交互软件
　3.3 优化票价机制
　3.4 管理优化
　3.5 小结

附录 A　车流量调查统计
附录 B　乘客调查问卷
附录 C　乘客调查问卷结果统计
附录 D　司机调查访谈问卷

1 绪论

1.1 调研对象与范围

1.1.1 区域的士的特征（图1）

（1）在限定区域内运营，GPS定位，越界罚款。

（2）车辆标识、收费价格有别于中心城区出租车。

（3）一般为保障偏远区域的居民出行而设，具有微循环的特征。

图1 东西湖区域的士样车

1.1.2 区域的士产生的背景（图2）

区域的士是为了解决大城市远城区居民出行问题而产生的一种交通形式，目前已实施城市包括上海、武汉、杭州等。

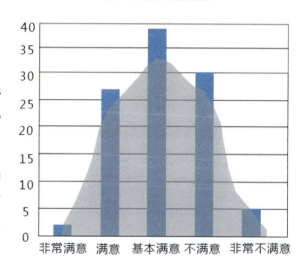

图2 区域的士发展背景

1.1.3 调研范围

东西湖区位于武汉西北，是武汉六个远城区之一。截至当前，东西湖区人口有48.96万，下辖11个街道办事处。为满足居民出行需求，规范客运秩序，该区于2012年9月率先推行区域的士。

1.2 调研缘起

根据预调研中对于乘客满意度的调查，我们发现：区域的士的乘客满意度还是比较高的，但是仍有相当一部分人不满意，甚至有极少数人非常不满意。乘客对区域的士的不满意成为我们展开深入调查的契机（图3）。

图3 区域的士乘客满意度调查（单位：%）

1.3 调研目的

（1）对比分析区域的士与其他交通工具的特点，探寻区域的士的定位及运营意义。

（2）通过对乘客的问卷与访谈，以及对区域的士空间分布的观测，分析得出区域的士运营现状。

（3）深入挖掘区域的士在运营机制、管理模式、空间分布等方面所存在的问题，并提出简易可行的优化改进意见，从而提高其运行效率，更好地服务居民。

（4）优化区域的士的运行模式，为解决远城区交通问题提供可行的参考方式。

1.4 调研技术路线

调研技术路线分为初步调研、深入调研及优化总结（图4）。

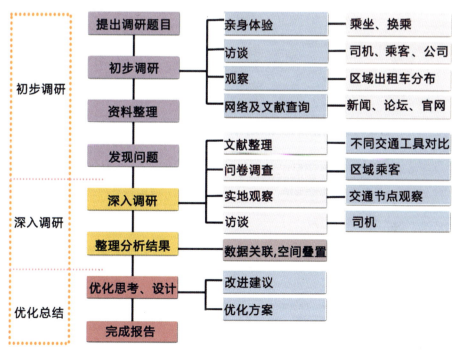

图4 技术路线

2 调查与分析

2.1 运营调查

2.1.1 区域的士重要性

1. 空间分布范围比较

东西湖区主要公共交通工具为公交,轨道交通主要用于跨区域出行。公交线路有 34 条,站点 123 个,覆盖了吴家山和金银湖地区;轨道交通线路 2 条,分别位于金银湖和吴家山。公共交通尚未覆盖整个东西湖区,未覆盖区域居民出行存在困难。

对乘客出行起止点进行汇总,得到区域的士的出行分布图。区域的士主要集中于吴家山,向外呈圈层式递减,覆盖了东西湖区人口集中的区域,给公共交通未能覆盖区域居民的出行提供了一条途径。调研以最集中的吴家山为例具体解析区域的士(图 5)。

将公共交通覆盖范围与区域的士覆盖范围进行比较可以看出,二者都集中于吴家山等人流密集的地区,而区域的士所覆盖的范围比公共交通更广,服务对象更多,方便了偏远地区居民的出行,为居民的出行提供了多样化的选择(图 6)。

2. 时间分布范围比较

(1)轻轨与公交的运营时段为 6:00—22:00,区域的士运行时间接近 24:00,运行时间长于其他交通工具,有一定优势(图 7)。

(2)目前不能满足居民夜间需求。夜间的小运量达不到公交与地铁运行的门槛量,而区域的士小运量、灵活、直达等特点恰好满足了居民夜间出行的特点与需求。

(3)区域的士延长运行时间,在满足居民需求前提下,可以使整体交通系统运行成本降至最低。

3. 空车率分析

区域的士平均空车率为 43.5%,平均载客率为 56.5%。出吴家山的士载客率较高,返程载客率低,而吴家山内部的士多在道路上盲目穿行寻客。因此,可以设置一定的候客点让的士既能自由穿梭,又可以停下来候客,从而提高载客率,提高效率(图 8)。

2.1.2 候客点需求与现状

区域的士在全区候客点目前仅有三个轻轨站点。而站点交通结构复杂,接驳工具丰富。公交数量较少,实际分担的客流量较大,区域的士承担了相当比例的客流,但与区域的士差别小且竞争力强的黑的、摩的等,抢占了区域的士的客流(图 9、图 10、表 1)。

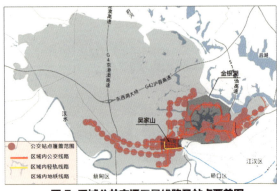

图 5 区域公共交通工具线路及站点覆盖图

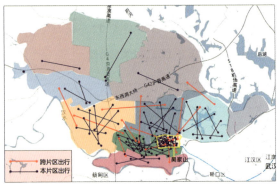

图 6 区域的士出行分布分析

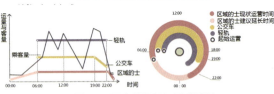

图 7 不同主体运行与需求时间

图 8 主要路口区域的士流量监测

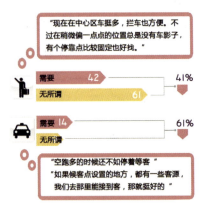

图 9 主观需求分析

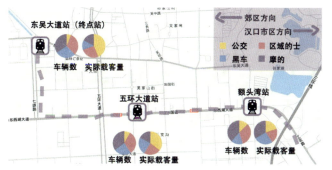

图 10 主要候客点及交通结构分析

表 1 轻轨站点 10 分钟内乘客换乘情况

交通工具	载客出站数/辆	载客进站数/辆	起始等候数/辆	终止等候数/辆	等候数差值/辆
黑的	7	1	8	11	3
公交	5	3	3	3	0
摩的	12	5	32	30	-2
区域的士	9	8	19	21	2

2.1.3 小结

1. 相当比例的司机与乘客均赞成设置候客点。而现有候客点秩序混乱，效率低下，需要整治。从区域角度来看，应设置外围候客点以满足居民出行需求。

2. 区域的士流动性能够充分发挥出来，但缺乏相对固定的候客点供的士停靠。未来优化的方向是在吴家山及其周边地区设置若干候客点，使其成为居民与区域的士之间的固定联系点，让区域的士既能跑起来也可以停下来。

2.2 乘客使用特征调查

2.2.1 出行选择特征

1. 年龄与出行方式

搭乘区域的士的乘客年龄结构合理，20~35 岁人群所占比例最高，为 40%。出行方式选择上，公交为第一位，占 41%，区域的士次之，占 29%。区域的士使用率较高，得到居民认可。对二者的相关性进行分析，可以看出区域的士在各个年龄层都有相当的比例，普及率高（图 11）。

2. 收入与出行方式

东西湖区搭乘区域的士的乘客月收入在 2000 元以下的占 41%，收入在 2000~4000 元的占 35%。对二者的相关性进行分析可以得出，随着收入的增加，居民搭乘公交、非机动车及其他交通工具的比例下降，搭乘区域的士、私家车的比例上升。选择不同出行方式的乘客价值指向不尽相同（图 12）。

2.2.2 搭乘规律

1. 出行距离与出行频率

平均单人单程运行距离为 4.1 千米。距离较远的地方客流少，返程难以载客，开辟固定候客点供的士"停一停"，避免空车而归。同时，提高起步里程数，适应更多在 3~5 千米范围出行居民的需要，以获得更多客源（图 13）。

2. 出行频率与同行人数

平均单次同行人数为 2.8 人，乘客乘坐区域的士时多结伴出行，区域的士的运力得到了很好的发挥（图 14）。

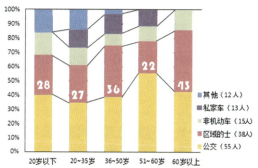

图 11 乘客年龄与出行方式相关性分析

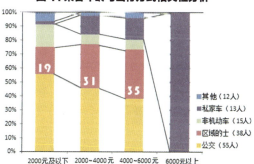

图 12 乘客收入与出行方式相关性分析

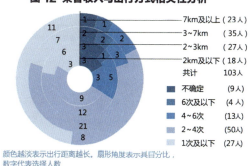

颜色越淡表示出行距离越长，扇形角度表示其百分比，数字代表选择人数

图 13 乘客出行距离与出行频率相关性分析

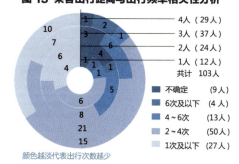

颜色越淡代表出行次数越少

图 14 乘客同行人数与出行频率相关性分析

2.2.3 满意情况

1. 候车时间

从候车时间可以看出区域的士运行较为合理,不过仍有部分偏远地区的居民很难打到车,需要等较长时间(图15)。

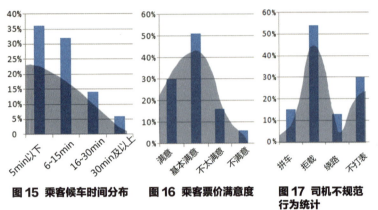

图15 乘客候车时间分布　　图16 乘客票价满意度　　图17 司机不规范行为统计

2. 票价满意度

居民对票价满意度较高,在此基础上对票价进行小幅度的调整与修正也是可以被接受的(图16)。

3. 不规范行为

许多的士不愿意单程去往偏远地区,认为很难找到返程乘客,所以经常拒载,或是不打表,随意提高价格,以保证自身的利益(图17)。

2.2.4 小结

(1)不同年龄、不同收入阶层居民对区域的士使用情况较好,区域的士是第二大交通工具。

(2)区域的士的搭乘规律体现出短程频率较高,远程频率较低的特点。

(3)乘客整体满意度较高,不过拒载、不打表等情况时有发生。

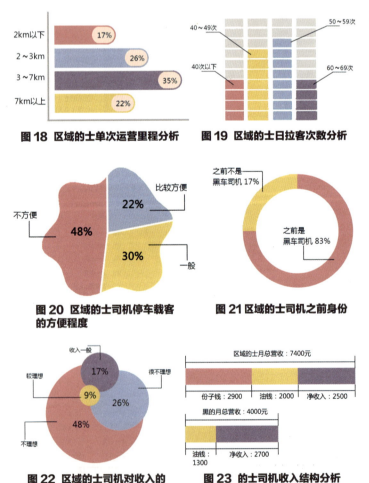

图18 区域的士单次运营里程分析　　图19 区域的士日拉客次数分析

图20 区域的士司机停车载客的方便程度　　图21 区域的士司机之前身份

图22 区域的士司机对收入的满意度分析　　图23 的士司机收入结构分析

2.3 司机运营特征及收入调查

2.3.1 问卷调查

区域的士司机最常见的单次运营里程是3~7km的中远途,而2km以下的短距离运营次数最少(图18)。

区域的士日均拉客数量大多为40~49次(图19),他们的日运营额维持在500元左右。

区域的士司机多数认为载客上下车时,停车不是很方便,反映了该区域对路边停车的交通组织不友好(图20)。

区域的士司机绝大多数以前是黑车司机,不规范行为时有发生(图21)。

绝大部分区域的士司机对当前收入表示不理想或很不理想。为防止区域的士司机的流失,应对其收入状况进行改善(图22)。

从区域的士司机与黑车司机收入结构对比得知,区域的士尽管有着较高的总营业额,但由于其每月需要缴纳大量的份子钱,区域的士司机收入仍然偏低(图23)。

2.3.2 访谈调查

（1）乘客满意度高，司机的感觉不太好。在油价高涨的年代，"空跑耗油，停靠无门"的无奈跃然脸上。再加上黑车抢生意，区域的士生存环境堪忧。

（2）区域的士司机的困境应该得到解决。除了政策上的支持与帮扶，还应合理设置候客点，使区域的士发挥自身优势，解决当前问题（图24）。

图24 区域的士司机访谈

2.4 黑车竞争调查

2.4.1 特性对比

根据已有文献资料，区域的士的运力要低于公共交通的运力，跟黑的、摩的的运力也差别不大。与公共交通相比，区域的士没有中途站点，运营形式更为灵活；黑的、摩的通常在固定地点候客。相较而言，区域的士是动态流动的，相同时间内，其效率要高于黑的、摩的（图25）。

值得注意的是，区域的士是一种方便快捷的出行方式，但会占用更多道路空间，能耗也是公交的4倍。因此区域的士的数量应该控制在合理的范围内。

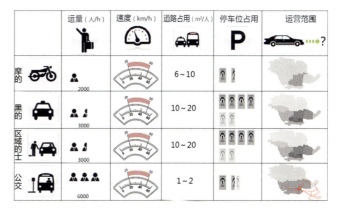

图25 区域现有交通工具特征比较

2.4.2 分布对比

在各种交通工具之中，区域的士以及黑的都在中近距离的运输中占有较大百分比，并且黑的所占份额十分接近区域的士，对区域的士的运营构成了极大的竞争和威胁（图26）。

黑车的聚集点遍布吴家山地区，而区域的士聚集点仅存在于三个轻轨站点，黑车在一定程度上确立了自己的"运营"范围，严重影响了区域的士的运营。

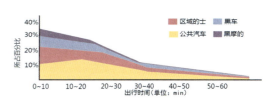

图26 不同出行方式的时耗分布图

2.4.3 黑车对比

黑车在运行方式上与区域的士无异，且具有独特的优势，一定程度上挤压了区域的士的生存空间。要改善区域的士运营环境，必须整治黑车（图27）。

图27 黑车聚集点分布

2.4.4 小结

（1）与黑车相比，区域的士在物理特性上并没有优势可言。而黑车则拥有较多的固定的聚集点，与周围居民的联系比之区域的士更为密切。

（2）黑车的存在与特有的优势是值得区域的士借鉴的。例如加强与居民的联系，开辟固定聚集点成为正规候客点（图28）。

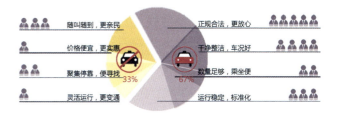

图28 区域的士投票对比分析

3 优化方案

3.1 划分区域出租车候客点

3.1.1 划分候客点位置

1. 将黑车聚集点辟为区域的士候客点

东西湖吴家山地区有8个主要的黑车停靠聚集点（图29），这也说明了这些地区居民对的士的需求，把部分地点辟为区域的士的候客点，不仅能满足附近居民的出行需求，也能让黑车面临压力，压缩黑车的运营空间，从而为乘客提供优质、便捷的出租车客运服务。

2. 结合社区分布总体确定候客点位置

结合吴家山地区主要社区的分布情况，将社区分布与黑车聚集点叠置分析，最终确定出租车候客点的位置。且候客点的存在使得区域的士不需要不停地行驶来找寻乘客，为区域的士的运营节省了成本，侧面提高了区域的士司机的收入。

3. 部分设置为夜间候客点

将部分居住密集区的区域的士候客点设置为24小时候客点，可以供的士夜间停靠等待，填补东西湖区夜间出行的空白（图30）。

3.1.2 具体设置手段

以轻轨站黑车点的整治为例，整合地铁站混乱的候车区域，划定有利区位为区域的士专用候客点，并通过隔离柱隔离引导将区域的士的地位凸显，防止黑车非法在步行道上停车候客，抢占优势区位（图31）。

图29 区域的士需求叠加

图30 区域的士停靠候客点位置设计

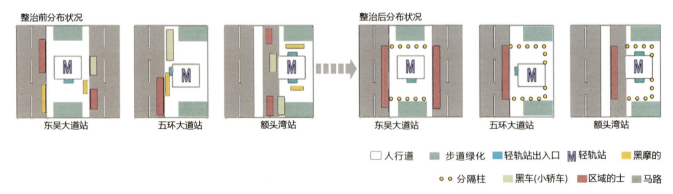

图31 轻轨站点空间整治图

3.2 推行信息交互软件

（1）司机、乘客双向信息自主交流，预知供需情况，及时调整出行，达到迅速、准确、便捷的目的。

（2）通过二维码、"摇一摇"等信息技术让搭乘信息从手机终端上传。

（3）先到先得、按顺序排队、保持良好秩序。

（4）配对成功注销信息，完成搭乘（图32）。

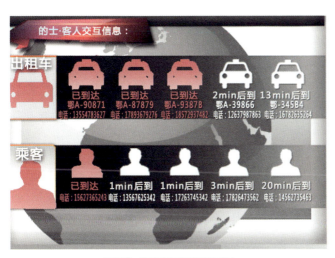

图32 信息交互软件设计图

3.3 优化票价机制（表2）

表2 区域的士价格表

费用种类	起步价	每千米价格	即时电召附加费	提前预订附加费	夜间行驶附加费	空返费	候时费
价格	2千米以内6元	1.5元	1元	2元	起步价8元，每千米加收20%	超过10千米，每千米加收50%	每分钟1元

3.4 管理优化

1. 严格管理，强化司机纪律

针对运营过程中一些不规范的行为，鼓励市民在遇到司机不打表、拒载等违规现象时，通过举报热线进行投诉，对司机的违规行为进行严惩，规范司机的运营行为。

2. 加大对黑车查处、惩治力度

对发现的黑车及其司机进行严厉的处罚，运用吊销驾照、扣押车辆等强有力的手段来遏制黑车的发展。

3. 政策支持，扶持区域的士发展

对区域的士司机收入结构进行政策调整，降低收取的"份子钱"，从而提高区域的士司机的收入，促进区域的士的发展与推广。

3.5 小结

（1）通过现状多因素叠加分析，得出区域的士候客点"外多里少"的布局图。

（2）每个候客点划分用地空间，确保区域的士停靠处区位最佳，场地充裕。

（3）候客点配置信息交互显示屏，司机乘客通过手机软件进行信息上传交流，及时调整出行。

（4）优化票价机制，对不同情况设置不同收费标准，改善司机拒载、居民偏远地区打车难等问题。

（5）对管理进行优化，加大黑车整治力度，并适当调整"份子钱"，促进区域的士的发展。

附录A 车流量调查统计

1.10分钟内各地铁站出口车辆来往情况（数量分别为10分钟时间起始点的数量）。

地铁站点	类型	出站	进站	数量	
东吴大道	黑的	1	1	4	3
	麻木	0	0	0	0
	的士	0	3	7	10
	摩的	2	1	10	10
五环大道	黑的	4	0	1	2
	麻木	5	3	3	3
	的士	6	3	10	9
	摩的	6	4	11	10
额头湾站	黑的	4	0	1	2
	麻木	5	3	3	3
	的士	6	3	10	9
	摩的	6	4	11	10

2. 其余街道办。

走马岭：30分钟2辆。

慈惠：五环大道—团结街交叉口1小时22辆，有11辆至慈惠。

辛安渡：几乎没有。

3. 各主要交叉路口的士流量。

路段	交叉路口	方向	时间	总流量/辆	空车量/辆	过路公交/辆
革新大道	五环路口	五环	9:25	8	3	3（560）
		革新	9:40	4	1	2（H84）
	七雄路口	七雄	10:17	13	1	4（722）
		革新	10:06	7	2	4（722）
	四明路口	四明	11:09	7	3	1（741）
		革新	11:09	3	1	0
	三秀路口	三秀	11:21	7	2	0（560）
		革新	11:21	2	1	3（741,220）
东西湖大道	七雄路口	东西湖	10:35	10	4	5
		七雄	10:46	23	17	5
	五环大道路口	东西湖	9:40	22	10	5
		五环	9:25	68	36	4
	三秀路口	东西湖	11:41	4	2	11
		三秀	11:41	13	8	6（546,220,741,736）
	二雅路口	东西湖	10:40	2	1	14
		二雅	10:50	6	5	2
吴中路	五环大道路口	五环	9:17	19	2	4
		吴中	9:30	5	2	0
	二雅路口	二雅	10:32	22	9	6
		吴中	10:45	27	16	4
东吴大道	七雄路口	东吴	9:57	24	10	6
		七雄	10:12	10	4	3
	五环大道路口	东吴	10:20	35	14	7
		五环	10:00	32	8	6
	三秀路口	东吴	9:40	44	15	6
		三秀路	10:10	27	5	3
	二雅路口	东吴	9:55	22	13	6
		二雅	10:05	14	6	3

统计：途经东西湖的公交有环线H81-84，市内公交有220、546、560、722、736、741。

附录B 乘客调查问卷

您好！我们是XXXX大学《武汉市东西湖区区域的士现状调研》课题组的调查员，希望通过了解您对东西湖区域的士的使用情况，来指导区域的士运营模式的优化，并为相关部门的决策以及区域的士在武汉市其他区域的推广提供参考，改善您的日常出行。

我们的调查不记名、不涉及个人隐私，问卷将不单独公开，仅被用于全部资料的综合统计，因此不会给您的生活带来不便。

谢谢您的合作！

XXXX大学XXXXXXX学院

2013年5月

一、居民基本信息

1. 您的年龄（ ）

A.20岁以下　　B.20~35岁

C.36~50岁　　D.51~60岁

E.60岁以上

2. 您每月的平均收入（ ）

A.2000元及以下　　B.2000~4000元

C.4000~6000元　　D.6000以上

3. 您居住的街区（ ）

A. 吴家山街　　B. 走马岭街

C. 新沟镇街　　D. 常青街区

E. 慈惠街　　F. 径河街

G. 金银湖街区　　H. 将军路街

I. 东山办事处街　　J. 柏泉办事处

K. 辛安渡办事处

4. 您常用的出行方式（ ）

A. 非机动车　　B. 公交

C. 区域的士　　D. 私家车

E. 其他

二、搭乘区域的士的乘客出行规律

5. 您一般在什么情况下会搭乘区域出租车（ ）

   A. 上班　　B. 上学　　C. 购物

   D. 游玩　　E. 办事　　F. 其他

6. 您乘坐区域出租车的距离一般是（ ）

   A. 2km 及以下　　B. 2~3km

   C. 3~7km　　D. 7km 及以上

7. 您每周搭乘区域出租车的频率平均是（ ）

   A. 一次及以下　　B. 2~4 次

   C. 4~6 次　　D. 6 次及以上

   E. 不确定

8. 您多数情况下的同行人数（包括您在内）（ ）

   A. 1 人　　B. 2 人

   C. 3 人　　D. 4 人

三、居民对区域的士的满意度

9. 您认为票价是否合理（ ）

   A. 合理　　B. 基本合理　　C. 不合理

10. 您一般的候车时间（ ）

    A. 5 分钟以下　　B. 6~15 分钟

    C. 16~30 分钟　　D. 30 分钟及以上

11. 您认为现在的士数量够不够（ ）

    A. 很不够　　B. 不够

    C. 略微不够　　D. 刚刚好

    E. 有点多

12. 您乘坐时常遇到过下列哪些情况（ ）

    A. 不打表　　B. 拒载

    C. 拼车　　D. 无

13. 您还有其他问题或者建议吗 ＿＿＿＿＿＿＿＿＿

＿＿＿＿＿＿＿＿＿＿＿＿＿＿＿＿＿＿＿＿＿＿＿

附录C　乘客调查问卷结果统计

1. 您的年龄

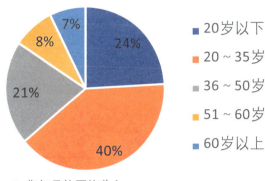

2. 您每月的平均收入

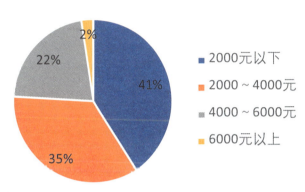

3. 您居住的街区

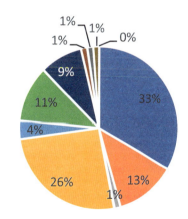

4. 您常用的出行方式

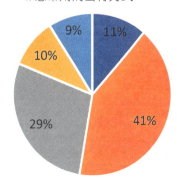

5. 您一般在什么情况下回搭乘区域出租车

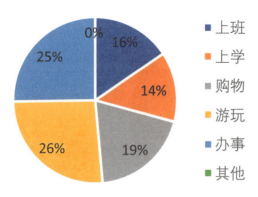

9. 您认为票价是否合理

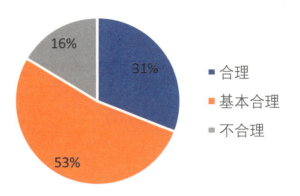

6. 您乘坐区域出租车的距离

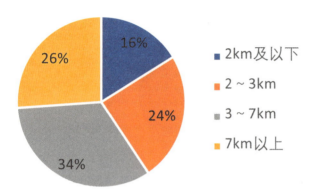

10. 您一般的候车时间

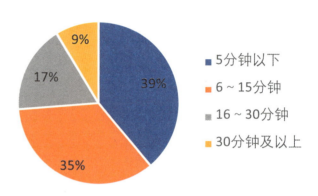

7. 您每周搭乘区域出租车的频率

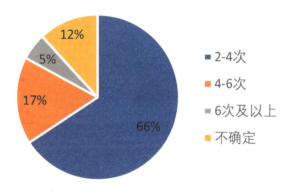

11. 您认为现在的士数量够不够

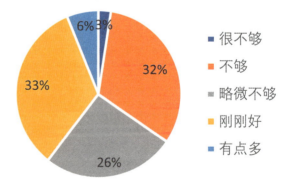

8. 您多数情况下的同行人数（包括您在内）

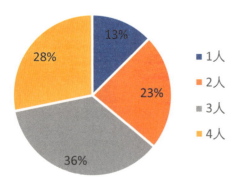

12. 您乘坐时常遇到过下列哪些情况

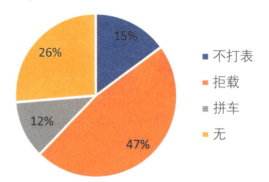

附录D 司机调查访谈问卷

您好！我们是XXXX大学《武汉市东西湖区区域的士现状调研》课题组的调查员，希望通过您了解区域的士的运营状况，来指导区域的士运营模式的优化，并为相关部门的决策以及区域的士在武汉市其他区域的推广提供参考，改善乘客的出行和您的工作状况。

我们的调查不记名、不涉及个人隐私，问卷将不单独公开，仅被用于全部资料的综合统计，因此不会给您的生活带来不便。

谢谢您的合作！

XXXX大学XXXXXXX学院

2013年5月

一、司机运营情况信息

1. 您一天之内平均运营多少次？

A.40次以下　　B.40~49次　　C.50~59次　　D.60~69次　　E.60及更多

2. 其中单次运营的距离是多少？

A.2km以下　　B.2~3km　　C.3~7km　　D.7km以上

3. 您平时觉得载客上下车时停车方便吗？

A. 不方便　　B. 比较方便　　C. 一般

4. 您以前是黑车司机吗？

A. 是　　B. 不是

5. 您对自己的收入满意吗？

A. 很不理想　　B. 收入一般　　C. 较理想　　D. 不理想

二、司机访谈

1. 您平常的候客地点？

回答1：一般就是在吴家山这一片街上转，等的话一般就是地铁站点，别的也没什么地方。

回答2：一般就是轻轨站口，有的时候拉不到客就随便找个路边地方停着，等客人。

回答3：吴家山，还有中百超市吧，没有太多地方，总之就是一些繁华人多的地方。

回答4：也没什么点，倒是那些黑车在大街小巷中一波一波地停着，有好多固定的黑车点。

2. 平时主要去哪些地方？

回答1：轻轨站、商场、就在吴家山这一片，其他地方跑的少，一天1~2趟，人少的地方不主动去。

回答2：往吴家山外跑的生意不好做，回来时地广人稀拉不到客人，宁可不做这种生意。

回答3：像金银湖那边人是蛮多，但客人大多要去汉口，所以也不怎么去那做生意。

3. 平时什么时候生意好？

回答1：像有些节假日的时候，许多吴家山地区的人都要乘车到周边农场去探亲。在东西湖这个地方，年轻人大部分聚集在吴家山地区，而他们的父辈或祖辈很多还在周边的农场中。所以节假日依靠探亲流有不少生意可以做，但是回来空跑的距离就有点长了。

回答2：下雨的时候最不愁生意了，平时上下班或者周末节假日生意也不错。

4. 平时工作时间？

回答1：到晚上10点地铁收班基本上就没客了。晚上市区的的士多，地铁收班后很多人从汉口回来只能打的，要几十块钱。

回答2：我和别人拼着，每隔一天开一次区域的士，其他的时间开自己家里的黑车，这样赚得比较多，单开的士赚不到钱。

回答3：晚上时间比地铁稍微晚一些，晚上人比较少，主要就是等着地铁站点的乘客。

5. 您每天收入情况怎么样？：

回答1：生意比较好的时候大概500块一天，不过每天有150块的租金，再扣除油钱也就没有多少了。

回答2：肯定没有市区的司机收入多啊！每个月净赚一两千吧。

回答3：收入还是可以的，但作为我们来讲还是希望收入多点，你看现在什么都涨价，毕竟我们也不容易。

6. 您对自己的工作满意吗？有什么困难？

回答1：肯定比以前开黑车安稳放心些，但是，感觉赚钱更不容易了。

回答2：基本满意吧，就是份子钱太多了，赚的钱都交上去了。

回答3：客人还是很多的，就是黑车、摩什么的太多了，我们总是抢不过人家。

回答4：有时拉不到客，想找个停着候客的地方都找不到。

回答5：有的时候客人要出区域，但我们有严格的运营边界，我们也蛮为难。我们知道这样对乘客不是很方便，但这是公司的规定，我们还是要遵守的，不然要罚钱。

2013年
全国高等学校城乡规划专业城乡社会综合实践
调研报告课程作业评优三等奖

零距离：图书馆与市民
——武汉市24小时自助图书馆POE调查

指导老师：戴 菲

作者：高雅清　何宗玲
　　　何笑梅　武明妍

目 次

1 绪论
 1.1 调研背景
 1.2 调研目的
 1.3 概念界定
 1.4 调研范围及方法
 1.5 技术路线

2 调研与分析
 2.1 零距离：传统图书馆与自助图书馆对比分析
 2.2 POE：市民对自助图书馆使用后评价

3 总结与建议
 3.1 自助图书馆续存分析
 3.2 对自助图书馆改进的建议

附录　调查问卷

参考文献

摘要

  从2012年开始，武汉市大力推进精神文明建设。为打造"书香江城"形象，着力推进阅读硬件设施建设，47个自助图书馆逐步投入使用。然而，在实际运营中，这些自助图书馆的使用情况并不尽如人意，存在不少发展空间。

  本文对自助图书馆进行了实地调研，对使用者进行了问卷调查，发现了自助图书馆的使用现状，归纳总结自助图书馆的优点与不足，并对其提出了相应的改进措施，旨在为自助图书馆的续存发展提供参考与建议。

读书方式的变迁

封建社会的大多数人是没有读书机会的，书的种类少，读书是上层阶级所从事的活动。

近代社会出现了大量的公共图书馆，书涵盖的内容广泛，公众得到良好的获得知识的途径。

电子书的出现，宣告一个新的读书时代的到来，读书不再受场所的约束，同时有利于环保，但却缺少了些许书本的厚重感。

自动借书机，数字时代与笔墨书香的完美结合，拉近人与图书馆的距离。

1 绪论

1.1 调研背景

1.1.1 "书香江城"形象建设

随着武汉经济快速发展，市民文化素质水平不断提高，人们对精神生活有了更高的追求，读书成了很多市民的生活习惯。从2012年开始，武汉市致力于打造"读书之城"的形象，着力推进阅读硬件设施建设，在全国首创书香地铁，47个自助图书馆和300多个图书漂流点逐步投入使用。"书香江城——分享阅读，放飞梦想"的形象逐渐深入人心。

1.1.2 传统图书馆服务质量不高

在武汉市的传统图书馆中，省级与市级图书馆服务半径为40分钟车程距离，区级图书馆服务半径则为15分钟车程距离。武汉市主城区共有7座省市区级图书馆。

武汉市内的传统图书馆数量有限，服务半径也受到交通环境的制约，这些都为市民的阅读带来了一定的阻碍。传统图书馆的服务范围有限、质量不高是促使自助图书馆出现的根本原因。为提高市民阅读质量，改善阅读环境，自助图书馆的建设成为必然。

1.2 调研目的

建设24小时自助图书馆是2013年武汉市"十件实事"之一，分布在7个中心城区和3个开发区的第一批25台自助图书馆目前已全部建设完成并正式投入使用，将为武汉市民提供全国一流的公共图书馆服务体验。可是我们在日常观察和走访中发现，自助图书馆的使用率并未达预期，许多市民对此并不十分了解。为找出这种现象发生的原因以改进自助图书馆，提高其使用率以落实武汉"文化五城"的建设，我们针对自助图书馆的使用现状开展了调研。

1.3 概念界定

POE（Post Occupancy Evaluation，使用后评价）是一个度的评价，指建成后环境如何支持和满足人们明确表达或暗含的需求，目的是为策划提供决策信息研究手段，并强调利用社会学的调查研究方法评价现状环境。由此开展的社会调查体现为通过对武汉市24小时自助图书馆POE进行调研，从而获得其存在的优缺点，提出进一步改进措施和方案。

自助图书馆指读者不必亲临图书馆，不受图书馆开馆、闭馆时间的限制，在街边的一台自助图书馆服务机上就能办理借书证借书、还书，享受图书馆的预借送书服务。

自助借书——持证读者可以借自助图书馆书架上的图书，就像在真实图书馆借书一样。

自助还书——读者在图书馆借的书或在自助图书馆借的书均可以归还到任何一个自助图书馆。

申办新证——未办证读者可凭二代身份证在自助机上申办新证。

预借服务——读者通过自助图书馆查询机或图书馆网站查到所需图书，可提出预借请求，图书馆的工作人员将帮读者找到图书，送达读者指定的自助图书馆，通过短信通知读者，读者凭证直接到自助图书馆取书。

查询服务——读者可通过自助图书馆查询机访问图书馆网站，查询图书馆信息和馆藏状况，提出预借请求。

1.4 调研范围及方法

在实际调查中，我们共发放问卷110份，收回有效问卷100份，有效率为91%，针对的是正在使用24小时自助图书馆的人群。

1.4.1 选择区域

经过资料收集和预调研，我们发现武汉市自助图书馆的布点主要分为四大类——地铁站、城市广场、城市公园以及城市社区。我们在以上各类别中选取调查点进行了问卷调查，具体调查地点如下（图1）。

地铁站：光谷广场站（商业街区，人流量大，样本具有普遍性）、循礼门站（换乘站，联系武汉市各区市民，样本具有多样性，汉口火车站站（具有特殊服务性质，获取不常住武汉市但仍使用过自助图书馆的人群样本）。

城市公园：解放公园，武汉市最大的休闲公园之一，使用人群多，自助图书馆的使用率大，样本涵盖范围广。

城市广场：首义广场，位于武昌区中心，人流量大，样本类别丰富。

1.4.2 调研对象

问卷的研究人群涵盖了各个年龄段和文化层次，具有广泛性与多样性。在调查过程中我们还对市民与服务人员进行了访谈调查，进一步了解适用人群的实际想法。

图1 调研区域

1.5 技术路线（图2）

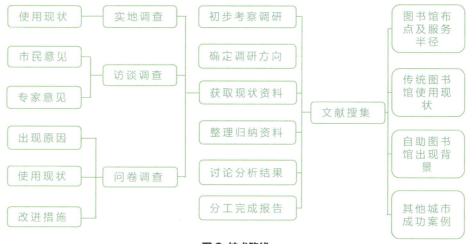

图2 技术路线

2 调研与分析

2.1 零距离：传统图书馆与自助图书馆对比分析

2.1.1 省市区图书馆分布及硬件设施

武汉市现有省市区级图书馆共16座，分别分布在7个主城区和6个远城区中。其中江岸区拥有2个市级图书馆和2个区级图书馆，武昌区拥有1个省级图书馆和1个区级图书馆，其他各区均有一座区级图书馆（图3、表1）。

图3 武汉市区图书馆分布

主城区人口众多且面积较小，图书馆密度高，馆藏书籍数量多，硬件设施强。远城区人口较少但面积广大，图书馆水准参差不齐。

2.1.2 自助图书馆分布及硬件设施

1. 地上布点

武汉市共建成地上24小时自助图书馆25座，遍布市内各主城区。25个自助图书馆依托武汉图书馆馆藏资源，目前单机藏书量和可外借图书量为全国"24小时自助图书馆"最多（表2）。

表1 省市区图书馆分布及硬件设施

所属区	图书馆	硬件设施
江岸区	武汉图书馆	建筑面积3.2975万平方米，拥有读者阅览座席1587个，馆藏文献总量已达240.9万册（件），曾获国家一级图书馆认证
	武汉市少年儿童图书馆	占地4000多平方米，被多次评为"全国一级少年儿童图书馆"
	江岸区图书馆（江岸区少儿图书馆）	占地3000平方米，馆藏图书16万余册，国家一级图书馆。江岸区少年儿童图书馆位于三楼，馆藏图书3万余册
武昌区	湖北省图书馆	新馆占地6.7万平方米，总建筑面积达10万余平方米，文献总藏量可达1000万册，各类阅览座席达6300个，日接待能力10000人次。国家一级图书馆
	武昌区图书馆	面积1500平方米，总藏量13万册（件），每周对外开放时间达60个小时。曾获国家二级图书馆认证
洪山区	洪山区图书馆	藏书10万册
青山区	青山区图书馆	馆舍面积3200平方米，馆藏文件17.5万册（件）
硚口区	硚口区图书馆	馆舍面积3400平方米，藏书17万余册，拥有阅览座席400多个，国家一级图书馆
江汉区	江汉区图书馆	面积3000多平方米，现有藏书20万余册，年订报刊300余种。国家一级图书馆
汉阳区	汉阳区图书馆	馆舍面积3377.05平方米，现拥有藏书13.7万余册
江夏区	江夏区图书馆	馆舍面积1700平方米，馆藏总量16.4万册，其中少儿连环画3.3万册。曾获国家一级图书馆认证
东西湖区	东西湖区图书馆	馆舍面积2075平方米，藏书13万册，报刊305种
新洲区	新洲区图书馆	面积1732平方米，藏书11万余册，每周7天都开放，共60个小时。曾获国家二级图书馆认证
汉南区	汉南区图书馆	建设面积2008平方米，现有藏书9万余册
蔡甸区	蔡甸区图书馆	建筑面积2037平方米，阅览座席310个，全馆文献总藏量计14.6万册（件），每周开放时间超过56个小时
黄陂区	黄陂区图书馆	馆舍面积1700平方米，馆藏文献12万余册，曾获国家二级图书馆认证。一楼租借给幼儿园作为办学场地

表2 武汉市25座地上自助图书馆布点

序号		布点
1	江岸区	吉庆街
2		青少年宫
3		汉口江滩三阳路
4		解放公园内
5	江汉区	西北湖
6		新华家园小区内
7		武汉博物馆
8	硚口区	宝丰路硚口区体育广场
9		宗关站
10		古田三路辛家地
11	汉阳区	自力社区
12		汉阳动物园
13		王家湾
14	武昌区	湖北剧院
15		水果湖步行街
16		武汉廉政文化公园
17	青山区	青山百货绿荫广场
18		青扬十街建八路口
19		青山区青少年宫
20	洪山区	金地格林小城
21		欧亚达家具雄楚店
22		关山荷兰风情公园
23	武汉经济开发区	沌口街文体服务中心
24	东湖高新开发区	光谷步行街
25	东湖生态风景区	听涛读书点

2. 地下布点

武汉成为全世界首个"书香地铁"建设城市，轨道交通2号线一线工程21个车站全部设有自助图书馆（图4），每个自助图书馆容纳可借阅图书402册，容纳还书600多册。21座站点的自助图书馆全线联网，具备通借通还的功能。从开通到调研截止，全线共有5749人办理了借书证，累计借出书籍22755本。

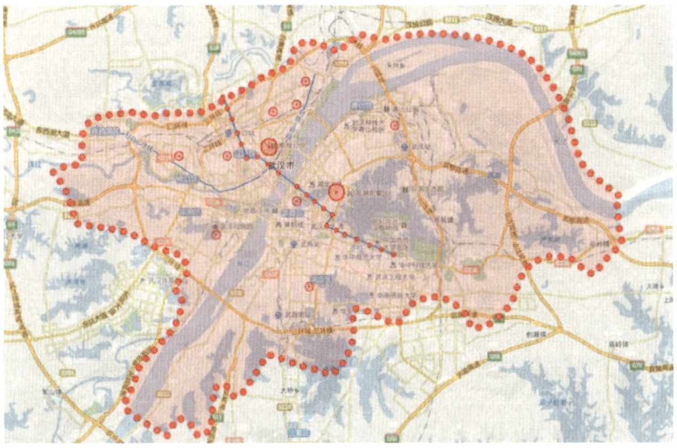

2.1.3 小结

武汉市传统图书馆的服务范围仅能覆盖武汉市主城区的5%，其服务半径过小，体现出公共服务设施不到位的问题。而新增的自助图书馆有利于解决这一问题，布点丰富，覆盖面广，具有良好的发展前景。

图4 省市区图书馆及地下布点

2.2 POE：市民对自助图书馆使用后评价

2.2.1 使用人群分类

调查人群中，青壮年（18~50岁）使用者的比例占到79%。

在有关受调查者所受教育程度（包括在读）的统计中，受过高等教育的人群占到总数的83%（图5）。通过调查，可以得出以下结论。

①青壮年劳动人群是使用自助图书馆的主力军，书籍类型可考虑更年轻化，以贴近工作人群的日常生活为宜。

②使用自助图书馆的人群普遍受教育程度较高，在书籍选择上内容可以有一定深度。

2.2.2 传统图书馆的服务现状

1. 使用意向

在总共100人的调查对象中，有69人选择了"平时不会去省市区级图书馆"，占总数的70%，而仅有31人表示"会使用传统图书馆"。汪先生表示："虽然办理了湖北省图书馆的借书证但也是一时兴起，真正用过不超过两三次。"市民对传统图书馆普遍没有很积极的使用意向，传统图书馆使用率低直接影响了武汉市"书香江城"精神文明的建设，这也促进了武汉市自助图书馆的建设（图6）。

2. 使用频率

对表示会使用传统省市区图书馆的31名市民，我们进行了关于其使用频率的问题调查，大多数市民对省市区图书馆的使用频率多集中在一个月1~2次，并不频繁，而频繁使用的人则少之又少。访谈过程中，周小姐表示："最近一次去武汉市图书馆是一个月前，虽然平时很想去但总抽不出时间，放着那么好的资源无法利用也很遗憾。"

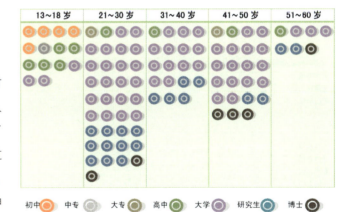

图5 受调查者所受教育程度

图6 受访者使用意向

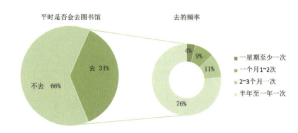

图7 受调查者使用图书馆的频率

武汉并不乏爱读书的市民，但大多数市民去省市区级图书馆借阅书籍的频率都不高（图7），这说明传统图书馆难以满足群众的阅读需求。但另一方面体现自助图书馆具有良好的群众基础。

3. 拒绝原因

问及不去图书馆的原因，超过50%的市民选择了"离家远，不方便"，刘女士在采访中说道："作为一个上班族，平时朝九晚五的时间与图书馆的开放时间有冲突。"（图8、图9）

从影响传统图书馆的原因可以看出，自助图书馆的"自主性、开放性、智能性"可以很好地弥补传统图书馆的不足。因此，自助图书馆在群众中拥有良好优势。

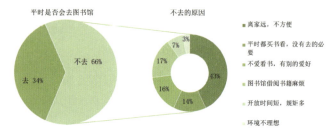

图8 受调查者不去图书馆的原因

2.2.3 自助图书馆使用现状

1. 使用频率分布和市民布局意向

我们对市民在何处使用过自助图书馆进行了调查，使用人群规模由大到小依次是：社区周边—地铁站—城市广场—城市公园—商业街区。与此同时，我们也对市民对图书馆布点位置的期望进行了研究，由高到低依次是：社区周边—城市广场—城市公园—地铁站—商业街区。另外有三位市民提出了利于布点的其他位置（图10）。

自助图书馆的实际布点位置以社区周边的使用频率最高，紧随其后的是地铁站。其原因很大一方面是由于在这两类位置布点的自助图书馆数量最多，其中地铁站内更有21个之多。然而，我们可以发现市民对布点的期望中，地铁站反而排在倒数第二的位置，而市民对布点期望较高的城市广场和公园在现实生活中的使用频率却不高。这体现了现实与期望的差距，也对自助图书馆的布点提出了改进要求——增加城市公园与城市广场中自助图书馆的数量，提高社区周边自助图书馆的质量以满足市民的实际需求（图11）。

图9 受调查者对图书馆的想法

2. 不同类型的具体布局意向

以地铁站、城市公园与城市广场这三大使用率高的布点类别作为调查背景（图12），分别研究市民在其具体位置的布局意向。值得一提的是，市民陈先生特别提出："在人流量大的地铁站设置自助图书馆并不合理，因为人多会导致环境变差，在这种拥挤的环境里人们无法静下心来找自己需要的书进行借阅。"

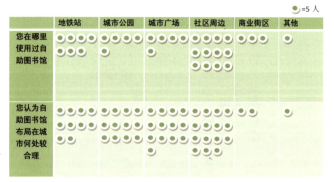

图10 市民对图书馆的使用频率分布

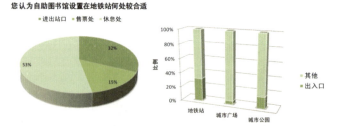

图11 市民对图书馆的布局意向　　**图12 自助图书馆在出入口的布局点**

可以看出自助图书馆在不同类别的布点中的具体设计应该因地制宜。比如在地铁站中自助图书馆设置在出入口是可行的，而在城市公园与城市广场则不合理。而这三者都适合在休息处设置自助图书馆，这与人的环境行为有关——在环境安静优美的休息区域比较适合阅读（图13、图14）。

3. 市民认可程度与不利影响因素

100人中绝大多数人对自助图书馆表示印象"一般"，仅有30人认为"满意"（图15）。任先生表示："自助图书馆的书种类太少，没有自己需要的。"而董小姐则认为："自助图书馆要么太不显眼要么环境不好，让人没有心情停下来关注。" 影响市民使用自助图书馆的主要原因涉及机器自身与场地问题，这在改进中需要分别关注与处理。

2.2.4 市民对自助图书馆设计改进建议

调研针对自助图书馆所在具体场地的设计进行了现场踏勘。

对于自助图书馆场地具体设计，市民普遍认为基础设施布置不到位，休息座椅、饮水机、遮阳伞等便民公共服务设施不够，无法营造舒适的氛围（图16）。

关于自助图书馆终端，广大市民认为图书的种类不够丰富是硬伤。要特别注意基础便民服务设施的配置与图书类别的更新与丰富程度。场地形态方面也要进行深化设计，以符合市民的环境行为需求（图17）。

2.2.5 小结

通过对自助图书馆进行POE分析，我们发现自助图书馆的出现可以弥补传统图书馆的短板。虽然自助图书馆的使用频率以及满意度并不高，总体布点和局部设计有待改进，但仍具备一定群众基础与发展前景。

3 总结与建议

3.1 自助图书馆续存分析

自助图书馆在一定程度上缓解了传统图书馆服务半径有限的问题，为更多的市民提供了免费借阅书籍的条件，对打造"书香江城"有极大的助推力，但仍存在问题与不足。通过SWOT分析，对其主要条件进行了评析（图18）。

1. 布点有待改进

自助图书馆部分布点没有与市民生活圈紧密联系。如在欧亚达家居雄楚店内

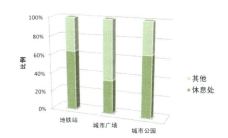

图13 自助图书馆在休息处的布局点

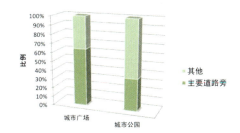

图14 自助图书馆在道路旁的布局点

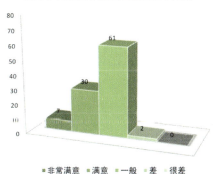

图15 市民对自助图书馆的印象（单位：%）

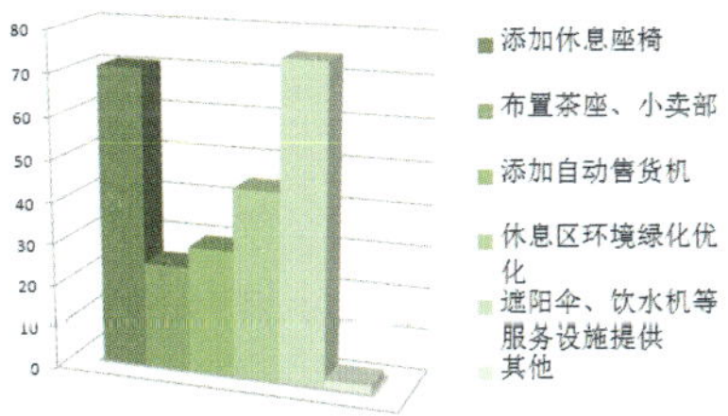

图16 市民对自助图书馆的改进建议（单位：%）

图17 影响自助图书馆使用不便的因素

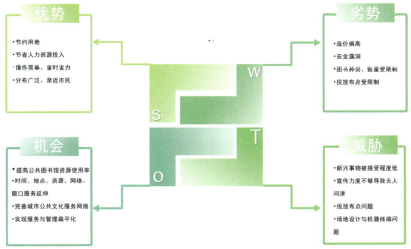

图18 自助图书馆未来发展情况SWOT分析

的自助图书馆使用率非常低，一方面是因为在其附近并没有大规模的社区，使用人群规模小；另一方面会接触到自助图书馆的市民大多数是前去购买家居的，并不会花费自己的购物时间去进行书籍借阅。这一情况在汉阳动物园等处的自助图书馆同样也存在。

自助图书馆布点与市民期望有差距。通过问卷调查，市民普遍希望将自助图书馆布置在城市公园和城市广场中。然而，在实地调研中，我们发现自助图书馆的实际布点与市民期望大相径庭。如地铁站内的自助图书馆数量有21个之多，几乎占到总数的50%。现实与期望的不对等是自助图书馆布点中的一大弊端，直接导致了自助图书馆使用率不高的问题。

2. 场地设计存在不足

自助图书馆在不同类别的布点中的具体设计没有做到因地制宜。从调研结果可以看出，市民对自助图书馆在不同类别如地铁站、城市广场及城市公园内的具体终端位置的期望是不同的。在实际调查中我们发现，自助图书馆的实际布置和人们的期望仍存在出入，导致很多自助图书馆终端位置隐蔽，无法引起市民注意。

在自助图书馆场地具体设计中，市民普遍认为自助图书馆基础设施布置不到位，休息座椅、饮水机、遮阳伞等便民公共服务设施不够，无法营造舒适的氛围。市民对其具体场地形态设计也提出了不满，认为场地绿化不足，并没有营造相对安静、环境优美的适合阅读的空间。

3. 对市民的吸引力不足

自助图书馆的使用者中高等学历的市民比例较高，而自助图书馆目前放置的多为快餐式书籍，书籍内容单一，无法满足各阶层市民的阅读需求。实际走访中，市民普遍认为自助图书馆内提供的图书种类不够丰富，吸引力不足。

3.2 对自助图书馆改进的建议

（1）通过举办专题讲座、印发宣传资料、调查问卷等方式，了解读者结构、物业、场地、周边情况等，以确定在何地投放自助图书馆。

（2）设备投放需要综合考虑，如读者结构、物业、场地、周边情况等，因地制宜地进行具体场地布置。

（3）在图书种类上虽要以休闲阅读为主，多备休闲、健康、网络畅销等图书，但也要考虑读者的个性需求，针对周边读者群的素质，有选择地备点专业文献，以满足读者需求。可设置预约书服务，工作人员会在次日将新书送到自助图书馆。至于图书更新，现在还是按照借出量进行补充，对于一个月一次未借的书，图书馆将进行下架处理，更换新书。

（4）增加监控设施，提高安全性能。借助先进设备收集有关证据，便于处理图书错借、漏借等问题。24h自助图书馆还是检验读者素质高低的一个试金石，高素质的读者可以凭借自助借还系统方便、快捷地利用图书馆，低素质的读者可能会利用自助借还系统的漏洞从事违规活动。

附录　调查问卷

关于24小时自助图书馆使用现状的调研

问卷编号：_____　　调查员：_____

调查时间：_____　　调查地点：_____

亲爱的武汉市民朋友：

您好！为响应精神文明建设的号召，今年武汉市将着力推进"文化五城"建设。为全方位营造"书香江城"，武汉市今年内建成了47座24小时自助图书馆。为了解武汉自助图书馆的使用现状，我们开展了这项问卷调查。问卷中的所有问题仅为调查而设计，没有对错之分，您只需根据自己的感受、想法和实际情况如实回答即可。所有问卷均为匿名填写，感谢您的协助！

XX大学XX学院调研小组

填写方法：请在符合您情况的选项上打钩，如果您选择了"其他"项，请在括号里填写具体内容。

您的性别：□男　□女

您的学历：□中专　□大专　□高中　□大学　□研究生　□博士　□其他

您的年龄：_____

1. 最近的省市区级图书馆距您生活圈的交通时间？

□ <10分钟　　□ 10~20分钟

□ 20~30分钟　□ >30分钟

2. 您平时是否会去省市区图书馆？

□不会　　　　□会

3. 您不去图书馆的原因是什么？（多选）

□离家远，不方便

□平时都买书看，没有去的必要

□不爱看书，有别的爱好

□图书馆借阅书籍麻烦

□开放时间短，规矩多

□环境不理想

4. 您到武汉市/湖北省/区级图书馆借阅图书的频率？

□一星期至少一次　　□一个月1~2次

□2~3个月一次　　□半年至一年一次

5. 您在哪里使用过自助图书馆？（多选）

□地铁站　　□城市公园　　□城市广场

□社区周边　　□商业街区

6. 您认为自助图书馆布局在城市何处较合理？（多选）

□地铁站　　□城市公园　　□城市广场

□社区周边　　□商业街区

□其他_____

7. 您认为自助图书馆布置在地铁站的何处较合理？

□进出站　　□售票处　　□休息处

8. 您认为自助图书馆布置在城市广场的何处较合理？

□出入口　　□主要道路旁　　□休息处

9. 您认为自助图书馆布置在城市公园的何处较合理？

□出入口　　□主要道路旁　　□主要景点旁　　□休息处

10. 影响您使用自助图书馆的因素是？（多选）

□布点不利民　　□实际操作不便

□图书数量及种类不齐全　　□机器状况不稳定

□其他_____

11. 您对自助图书馆服务印象如何？

□非常满意　　□满意　　□一般　　□差　　□很差

12. 您认为自助图书馆还需要进行其他设计吗？（多选）

□添加休息座椅　　　　□适当布置茶座、小卖部

□添加自动售货机　　　□休息区环境绿化优化

□遮阳伞、饮水机等服务设施提供

□其他_____

13. 您对24小时自助图书馆服务有何建议？

感谢您对我们工作的支持和配合！

题号	自助图书馆出现的原因	自助图书馆使用现状	自助图书馆改进意见
01			
02		●	
03		●	
04		●	
05		●	
06		●	
07		●	
08		●	
09		●	
10		●	
11			
12			●
13			●

参考文献

[1] 欧阳洪. 面向第三代图书馆技术的专业技能教育 [J]. 今日科苑, 2008（18）：252-253.

[2] 刘哲. "城市街区24小时自助图书馆系统"——文献资源配置与服务浅析 [J]. 深图通讯, 2008（2）：29-31.

[3] 吕欣.24h自助图书馆在西北地区的发展探讨 [J]. 科技情报开发与经济, 2010, 20（36）：77-78.

[4] 李卫珊. 城市街区24小时自助图书馆的服务及运营管理 [J]. 数字图书馆论坛, 2009（3）：77-81.

[5] 杨春兰. 城市街区24小时自助图书馆服务浅析——以云南省图书馆为例 [J]. 云南图书馆（季刊），2012（2）：36-38.

2013年
全国高等学校城乡规划专业城乡社会综合实践
调研报告课程作业评优三等奖

未完"城"
——武汉市南湖片区"上楼农民"社会适应性调查

指导老师：陈征帆　刘晓晖
作者：李文越　顾萌
　　　沈潇　袁敏航

摘要

调研选取武汉市南湖片区城中村还建社区中的"上楼农民"为主要调查对象，从经济情况、行为习惯、社会交往、心理认同四个维度，研究了其社会适应情况，并与周边市民进行比较。调研发现"上楼农民"适应城市社会生活的情况并不理想，并探求了影响其适应性的原因及四个维度的交互关系。最后针对调查发现的问题提出相应建议，以促进"上楼农民"更好地与市民融合。

目　次

1 绪论
　1.1 调研背景
　1.2 调研目的
　1.3 概念界定
　1.4 调研地点及对象

2 调研与分析
　2.1 经济情况
　2.2 行为习惯适应性
　2.3 社会交往
　2.4 心理认同

3 结论与建议
　3.1 调研总结
　3.2 建议

附录A　调查问卷
附录B　数据计算方法详解
附录C　访谈记录

1 绪论

1.1 调研背景

1.1.1 现实背景

随着中国城市化进程加速，城市不断向外围扩张，大量农村生产生活用地被征用，很多农民失去了赖以生存的土地，离开了院落式的平房，搬到社区单元楼中居住，实现了由“农”到“非农”的身份转变，由此出现了“农民上楼”的现象。他们是否适应城市生活？社会适应性调查由此展开。

1.1.2政策背景

2008年颁布的《城乡建设用地增减挂钩试点管理办法》为“上楼工程”提供了政策依据，越来越多的农民“洗脚上楼”。

武汉市南湖片区城中村改造的具体补偿政策总体相似。此片区的改造均属于“就地还建”。“上楼”后，村民根据原有住房的建筑面积获得相应的还建补偿。还建房没有房屋房产证明和土地使用证，房子只能出租不能买卖。农民上楼后获得的户口是“湖北居民”，性质上介于城市和农村之间，部分居民可以享受医保和每月1000元左右的社保（图1）。

1.2 调研目的

了解“上楼农民”社会适应情况，找出影响因素及其交互关系，对此提出相应建议，促进“上楼农民”适应城市社会，融入城市生活。

1.3 概念界定

上楼工程：指为了适应城市扩张发展，将农民的宅基地复垦，以增加的耕地换取城镇建设用地指标，同时农民失去土地，住进城市还建楼房的现象。

社会适应性：指行动者对周围环境变化的调适，对于“上楼农民”，主要是指农民“上楼”后在经济情况、行为习惯、社会交往、心理认同四个方面融入城市环境和市民生活的情况。

1.4 调研地点及对象

1.4.1调研地点

1. 宏观范围

南湖片区位于武汉市洪山区中部，片区近十年来兴起了大量城中村改造工程，片区内高楼林立，商业、教育、景观资源良好，呈现出繁华的城市景观（图2）。

城乡建设用地增减挂钩试点管理办法 国土资发【2008】138号

2009-03-02 信息来源：国土资源部

国土资发【2008】138号

第一条 为进一步加强和规范城乡建设用地增减挂钩试点工作，根据《国务院关于深化改革严格土地管理的决定》（国发〔2004〕28号）的规定，制定本办法。

第二条 本办法所称城乡建设用地增减挂钩（以下简称挂钩）是指依据土地利用总体规划，将若干拟整理复垦为耕地的农村建设用地地块（即拆旧地块）和拟用于城镇建设的地块（即建新地块）等面积共同组成建新拆旧项目区（以下简称项目区），通过建新拆旧和土地整理复垦等措施，在保证项目区内各类土地面积平衡的基础上，最终实现增加耕地有效面积，提高耕地质量，节约集约利用建设用地，城乡用地布局更合理的目标。

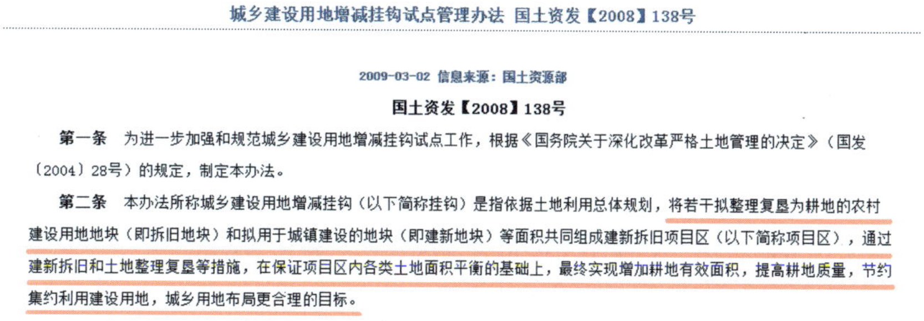

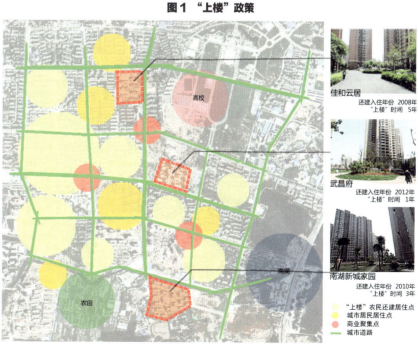

图1 “上楼”政策

图2 调研社区概况与周边环境

2. 微观范围

根据分层抽样法,确定了佳和云居、武昌府、南湖新城家园三个还建社区作为重点调研地点。三者区位条件相同,还建政策类似,还建时间均在5年以内,具有代表性。

1.4.2 调研对象

本次调研的对象为微观区域内的"上楼农民"和宏观区域内的城市居民(图3、图4)。

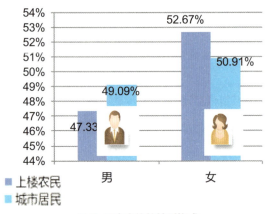

图3 调查主体的性别构成

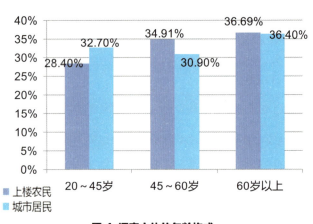

图4 调查主体的年龄构成

2 调研与分析

2.1 经济情况

2.1.1 就业情况:临时、低端、近距离

1. 就业率

在"上楼农民"反馈的100份有效问卷中,其中已经就业的占调查对象的45%,失业者占36%,学生、离退休人员等占19%。而周边城市居民的失业率仅为5%(图5)。

> "我们种了一辈子地了,土地说没有就没有了,现在也不知道能干啥。"
> ——南湖新城花园 赵师傅

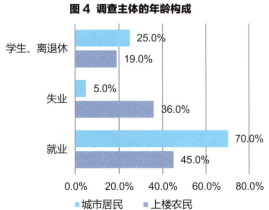

图5 就业率

2. 工作来源

在"上楼农民"的工作来源调查中,政府安置占已就业样本的15.6%,工作自寻占71.1%,其他占13.3%。大部分"上楼农民"就业没有得到很好的保障(图6)。

图6 工作来源

3. 工作性质

"上楼农民"种工作性质为临时工的占已就业样本的71%,正式工占29%。城市居民工作较为稳定,仅有15%的样本工作性质为临时工。从中可以看出"上楼农民"大多希望工作性质灵活机动,对工作稳定性没有过高要求(图7)。

图7 工作性质

未完"城"——武汉市南湖片区"上楼农民"社会适应性调查

4. 工作行业

"上楼农民"中从业于一般服务行业的占已就业样本的33.3%；从业于个体经营服务业的占31.1%；从业于交通、制造、机电、建筑、运输等工业的占20%；从业于商业的占8.9%；从业于行政事业单位的占6.7%；其他占2.2%。城市居民就业呈现多元化特征并且技术性较强（图8）。

5. 就业地点

"上楼农民"就业地点在本街区附近的接近60%，城市居民工作地点相对分散（图9）。

2.1.2 收支情况：收支低，基础消费为主

1. 收入来源

转移性收入（主要为拆迁款和社会保障）和财产性收入（租房、卖房所得）是"上楼农民"最主要的收入来源，城市居民收入来源则主要为工资性收入（图10）。

2. 人均月收入

"上楼农民"人均月收入集中在0~2500元，其中0~1000元占40%，1000~2500元的占33%。城市居民人均月收入集中在1000~5500元（图11）。

3. 人均月开销

"上楼农民"人均月开销集中在0~1000元，占总调查者的47.0%。城市居民开销较高，70%的调查者人均月开销在0~4000元（图12）。

4. 消费结构

"上楼农民"消费以食品和生活日用品为主。而城市居民消费结构多元化，在子女教育、交通通信、娱乐文化等方面的消费明显高于"上楼农民"（图13、图14）。

图8 工作行业

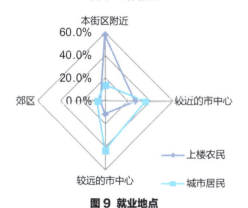

图9 就业地点

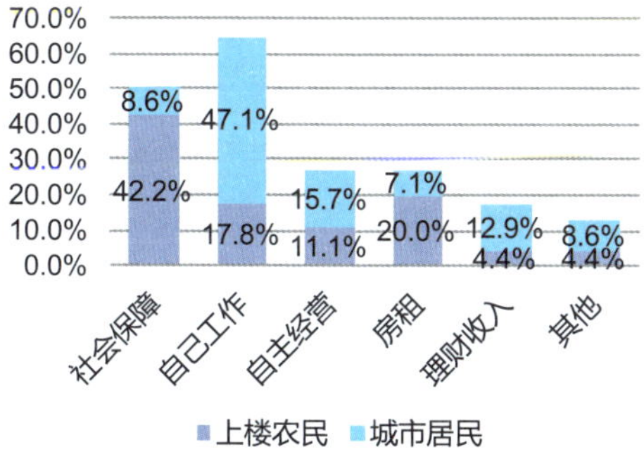

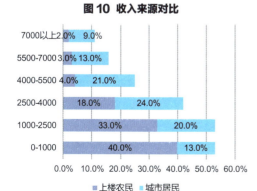

图10 收入来源对比

图11 人均月收入（单位：元）

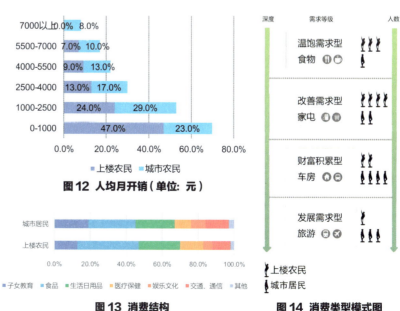

图12 人均月开销（单位：元）

图13 消费结构

图14 消费类型模式图

2.1.3 总结与分析

"上楼农民"的经济生存呈现高度的一致性:"上楼农民"的经济生存处于边缘化状态,他们从事着大部分城市居民不愿干的职业,拿着低于城市居民的工资,也无法享有和城市居民一样的权利。马克思在资本论里将其形容为"流动状态的失业形式"。

相当数量的"上楼农民"生活在城市居民最低生活保障线以下,且尚未被纳入城市"低保",其虽然拥有了城市居民的身份,但无法享有和城市居民一样的社会保障。究其原因,当初推动他们城市化的政府部门,只提供了城市的地理空间和空头名分,却没有准备相应的经济舞台。而且,"上楼农民"自身知识技能较低且大多没有自主学习的意愿。

在市场经济社会,职业与收入具有很强的关联度,有无职业、有无工作、职业性质不同,工作复杂程度等因素直接影响收入,与收入呈正相关,同时收入与消费支出也是正相关的关系。与城市居民相比,"上楼农民"个人消费结构单一、消费水平和质量还不高。但是"上楼农民"消费结构也展现出两个趋势:一是由重物质消费向重服务消费转变,二是由满足生活需要向追求生活质量提高转变。与城市居民相比,"上楼农民"提高型和享受型消费较少,城市化程度有待提高。

2.2 行为习惯适应性

2.2.1 居住交通:居住亲缘性强,交通公共性高

1. 家庭结构及居住模式

"上楼农民"家庭结构以父母和未婚子女两代人构成的"核心家庭"为主,一代或独居的"空巢家庭"比例较低,占16%(图15)。

剖析:还建小区延续了农村传统的亲缘社会结构,形成了一种较为理想的家庭居住模式:父母与已婚子女之间有分居倾向,但居住距离非常近,交往频繁;由于村民之间密切的亲缘关系,传统大家庭亲密的生活关系得以保留。

2. 日常交通出行方式

约52%"上楼农民"的主要交通工具为公交,而只有13%选择私家车,私有化明显低于城市居民。"上楼农民"的交通方式倾向于公共性,而城市居民出行的私有化程度更高(图16)。

剖析:"上楼农民"工作地点近、日常活动范围小,以中短距交通为主,使用"公交+电动/摩托车"的方式较为经济、高效。

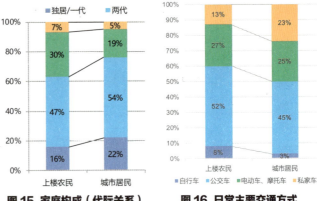

图15 家庭构成(代际关系)　　图16 日常主要交通方式

> 我三个儿子都住在这里的,他们晚上经常过来吃饭,热闹得很。
> ——武昌府王奶奶

2.2.2 文化娱乐:休闲方式单一、活动范围局限

农民"上楼"后,对城市休闲娱乐方式有一定适应性,但活动体现出"方式单一、范围局限"的特点。

从活动种类来说,看电视、串门聊天是"上楼农民"的主要休闲方式,同区域的城市居民则通常选择上网、逛街、逛公园等(图17)。很多村民表示"上楼"后娱乐活动丰富了许多,但村民参与赌博等违法行为的现象也较普遍,赋闲中青年尤其易沉迷于此。

从活动距离来说,大部分"上楼农民"的活动范围局限在本街区,较少利用城市休闲设施,如大型公园等,内向特征明显。

图17 休闲娱乐方式

> 我晚上在那边超市前面跟她们跳跳广场舞，蛮有意思的。
>
> ——佳和云居顾阿姨

剖析：①消费观上，大部分"上楼农民"消费观保守，消费水平低，不愿意为"玩"而花费；②生活习惯上，农村娱乐设施匮乏，农民闲暇时间较少、娱乐方式单一，"上楼"后，还没有形成利用服务设施的意识和习惯；③从心理上，"上楼农民"对城市公共活动场所归属感较弱，倾向于在片区内部活动。

2.2.3 生活习惯：起居作息适应、市民观念缺乏

1. 起居作息

"上楼农民""上楼"前起居时间集中在5：00—7：00和20：00—22：00，而"上楼"后则有推迟趋势，集中在了6：00—8：00和晚21：00—23：00，作息逐渐与市民趋同（图18）。

剖析：①随着生产方式的转变，"上楼农民"季节性的农作时间观念转变为严格的工作时间观念，对于赋闲农民来说，作息则更加随意（访谈记录5）；②城市活动的多样化，促使"上楼农民"生活节奏改变，生活更丰富。

> 以前三四点就要起来下地干活，八点多回来吃个早饭又要去，晚上七八点回来就要睡觉，累都累死了。现在早上七八点起来买个菜，陪孙子玩一下，晚上看个电视再睡，舒服多了。
>
> ——佳和云居孙大妈

2. 市民意识

通过对"上楼农民"的行为观察及访谈，我们从六个维度对其市民意识进行了分析，发现"上楼农民"对于城市的一些观念规则不适应较明显（图19）。

剖析：①城乡居民的心理意识存在着二元对立的分野，城市的规则、价值观念等与农村相差较大，"上楼农民"短期内较难与城市完全融合；②政府和社会缺乏有效的教育、宣传及引导。

2.2.4 总结与分析

总结："上楼农民"虽然在其物质层面如衣着、饮食、居住、交通等方面的适应性较强，但在思想观念层面如日常行为、价值观念等方面的适应性较弱，在后者之中，又以价值观念方面的不适应性最为明显。

分析：①"上楼农民"的思想观念相对于物质层次具有适应滞后性；②城市多元、开放，不同思想观念交融，城市居民的观念也更具有弹性和适应性，而农村社会较为简单、封闭，"上楼农民"适应性较弱。

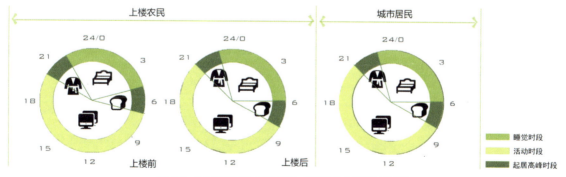

图18 "上楼农民"上楼前后、城市居民起居作息对比

图19 "上楼农民"市民意识缺乏的表现

2.3 社会交往

调查运用社会网研究方法,以最富代表性的讨论网为对象,定量测量社会交往情况(图20)。

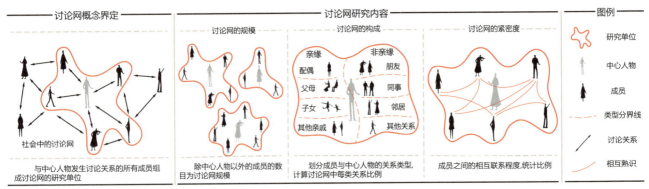

图20 讨论网调查方法示意

2.3.1 讨论网规模：规模较小

从规模分布来看,城市居民普遍拥有大规模讨论网,"上楼农民"普遍拥有小规模讨论网。从统计数据来看,"上楼农民"讨论网规模的平均数为4.3人,城市居民为5.5人(图21、图22)。

2.3.2 讨论网构成：亲缘为主

对于城市居民,同事、朋友和其他家庭成员都是讨论网的重要构成部分;"上楼农民"缺乏与朋友、同事等非亲人士的交流。将构成中心人物讨论网的成员分成亲缘和非亲缘两类,"上楼农民"讨论网主要由亲缘关系构成,非亲缘关系的比例仅为38%,而城市居民讨论网非亲缘比例是89%,非亲缘关系也是城市居民主要交往纽带(图23、图24)。

2.3.3 讨论网紧密度：紧密度高

讨论网内两两成员之间的关系组合可能有三种情况:相识不熟、互不认识和关系密切。后两者反映讨论网的紧密度。调查用互不认识比例和密切关系比例作为计量指标,分别表示这两种关系组合占讨论网内所有关系组合的比例。城市居民讨论网中,互不认识比例大的情况居多,密切关系比例小的情况居多;而"上楼农民"讨论网中,互不认识比例小的情况居多,密切关系比例大的情况居多。综合来看,"上楼农民"讨论网中互不认识和关系密切的平均比例分别为3.7%、53.8%;而城市居民为27.3%、48.3%。"上楼农民"的讨论网主要由相互熟识的人构成,较城市居民讨论网更为紧密(图25~图27)。

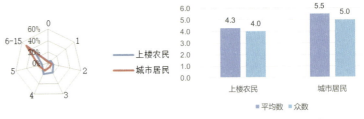

图21 讨论网规模统计　　**图22 讨论网规模分布**

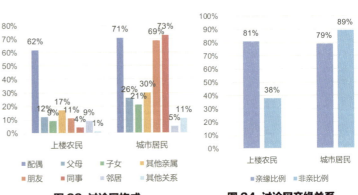

图23 讨论网构成　　**图24 讨论网亲缘关系**

图25 讨论网紧密程度统计　　**图26 讨论网互不认识比例**

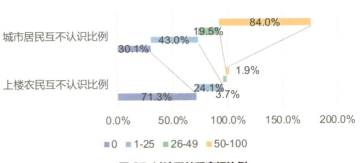

图27 讨论网关系密切比例

2.3.4 总结与分析

调研发现,"上楼农民"社会交往呈现出规模较小、亲缘为主、紧密度高的特点,即同质性社会网络规模较小,异质性社会网络还未建立起来,"上楼农民"仍没有完全适应城市社会。

随着传统乡村社会向现代工业社会转型,乡村社会中以血缘、地缘为连接的初级关系重要性不断降低。

以共同利益为纽带的次级关系重要性逐渐提高,人们的社会关系变得更加正式。因此,亲缘关系可以投射交往形式从传统乡村模式向现代城市模式的转变,而"上楼农民"仍然保留传统农村社会的交往特性。

南湖片区农村的开发采用就地还建政策,原来的整个村落就地还建为相对完整的小区。农民"上楼"前后保留了类似的人际环境,缺乏接触城市居民的机会和场合,因而在短期内,社会交往情况没有发生较大改变。

2.4 心理认同

2.4.1 心理认同倾向探析

该探析主要通过提取因子,建立认同适应模型的方法研究"上楼农民"心理认同情况(图28)。

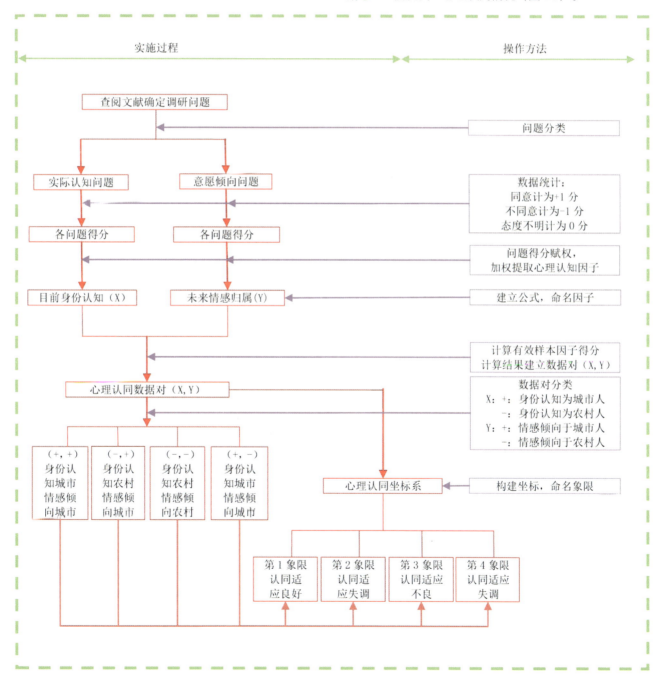

图 28 分析方法流程图

对选取问题进行数据统计及分析。正值表明态度倾向于城市，负值表明态度倾向于农村，且绝对值越大，倾向越明显，态度越强烈。"上楼农民"整体态度倾向于城市，但程度不强烈。

2.4.2 "上楼农民"心理认同因子获取

选取问卷调查中前三项问题作为实际认知问题，后三项作为意愿倾向问题，进行心理认同因子提取，将新因子命名为未来情感归属和目前身份认知（表1、表2）。

表1 调研问题数据统计表

问　题	总 计 分	均　值
1. 我已经是城市人了	22	0.22
2. 我不是农村人	31	0.31
3. 我已经适应了城市生活	35	0.35
4. 如果可能我非常愿意和城市人打交道	-22	-0.22
5. 如果有可能我会留在城市	-24	-0.24
6. 我非常愿意成为一个城市人	-21	-0.21

表2 心理认同因子提取表

变　项	提取因子	
	因子1	因子2
1. 我已经是城市人了	—	0.22
2. 我不是农村人	—	0.31
3. 我已经适应了城市生活	—	0.35
4. 如果可能我非常愿意和城市人打交道	0.22	—
5. 如果有可能我会留在城市	0.24	—
6. 我非常愿意成为一个城市人	0.21	—
特征值	0.88	0.67
新因子命名	未来情感归属	目前身份认知
方差贡献率	35.385%	64.615%
积累方差贡献率	100%	

2.4.3 心理认同因子分析

"上楼农民"的未来情感归属均值为0.29，该值为正，说明"上楼农民"未来的情感认同倾向于城市；目前身份认知均值为-0.22，该值为负，说明"上楼农民"目前倾向于认为自己是农民身份。总体心理认同的均值为0.11，说明"上楼农民"总体倾向于城市（表3、图29）。

表3 心理认同因子数据统计表

项　目	未来情感归属	目前身份认知	心理认同
均值	0.29	-0.22	0.11
众值出现比例	0.59	0.62	0.29
方差	0.00888	0.00046	0.00589

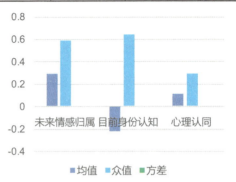

图29 心理认同因子数据分析图

2.4.4 心理认同坐标建立

以未来情感归属为X轴，正向一端为城市，负向一端为农村，以目前身份认知为Y轴，正向一端为城市人，负向一端为农村人，建立"上楼农民"心理认同的坐标体系，使得100个有效样本落入相应象限（表4、图30）。

对数据交互分析得到，心理认同适应良好的"上楼农民"约占28%，心理认同适应不良的"上楼农民"约占20%，心理认同适应失调的"上楼农民"约占52%。总体而言，在心理认同上不适应的"上楼农民"占了大多数，约占72%（图31）。

表4 心理认同坐标体系表

数据对正负情况及对应象限	代表含义	命名为
· (+, +)——第一象限	· 认为自己是城市人，情感倾向城市	· 认同适应良好
· (−, +)——第二象限	· 认为自己是城市人，但情感倾向农村	· 认同适应失调
· (−, −)——第三象限	· 认为自己是农村人，情感倾向农村	· 认同适应不良
· (+, −)——第四象限	· 认为自己是农村人，但情感倾向城市	· 认同适应失调

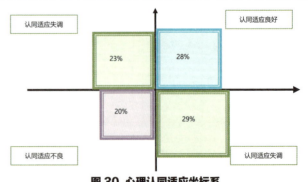

图30 心理认同适应坐标系

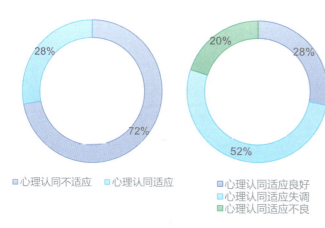

图 31 心理认同适应情况图

2.4.5 总结与剖析

大部分"上楼农民"仍然认为自己是农民，虽然他们具有了城市居民的身份，也渴望融入城市生活，但还没有彻底完成认同系统的转换，以致大部分的"上楼农民"产生心理认同的不适应。

剖析：①在长期的城乡二元制社会体系下，"上楼农民"产生了根深蒂固的身份甄别认知，从根本上削弱了其社会适应性；②城乡经济情况及物质生活的差异，直接导致其社会适应能力减弱。

3 结论与建议

3.1 调研总结

3.1.1 经济生存是行为适应的关键

"上楼农民"在经济生存、行为习惯、社会交往三方面的适应程度是相互关联的，其中经济生存对后两者的影响更大。城市生活的经济成本高于农村，因而，工作性质不稳定、收支水平低的"上楼农民"常常对城市生活采取不参与的态度，进而影响其行为习惯和社会交往适应情况。

3.1.2 行为不适应阻碍身份认同转换

经济生存、行为习惯、社会交往三方面体现出"上楼农民"的行为特点，调查显示，其行为方式仍与城市居民不一致。而城市居民是"上楼农民"自我认同的参照系，这样的不一致导致多数"上楼农民"仍然在心理上认为自己的身份是农民。

3.1.3 身份适应转换具有时间延宕性

国外研究表明，移民的融合要经过定居、适应和完全同化三个阶段，是一个漫长的融入过程。"上楼农民"适应城市社会的过程与此类似：社会适应较空间转换而言，具有时间延宕性。调查显示，"上楼农民"目前在行为上不适应城市社会、心理上不认同城市身份，处于这个过程中最初的定居阶段。

3.2 建议

3.2.1 "上楼农民"的社会接纳

1. 提供就业途径

建立"上楼农民"再就业部门，定期开设职业技能培训班，并建立考核机制，协调帮扶单位，安置技能考核合格的"上楼农民"上岗就业。通过资产鉴定、减免税费以及定期专项指导培训等政策，鼓励"上楼农民"自主创业。

2. 增强文化建设

利用解组的村委会成立社区管理委员会，开展社区文化建设，促进融合。建设社区书屋，增添健身器材、文化展板等，完善社区文化设施。同时开展文明宣传、法律普及、文化教育和文艺展演等活动，提高"上楼农民"的文化素养，丰富其精神生活。

3.2.2 "上楼社区"的空间营建

（1）"上楼工程"还建的社区宜选址在设施完善、商业繁华的地区：一方面，完善的基础设施和公共服务设施为"上楼农民"提供方便，减少生活支出，加速适应过程；另一方面，劳动需求密集的商业服务设施为"上楼农民"就近提供就业岗位。政策上将"上楼社区"的还建纳入控制性详细规划，并将以上原则作为城乡规划主管部门审批建设用地、批准规划建设的审核标准。

（2）布局上引导混居模式，还建社区宜与现有城市居民社区混合开发，在同社区内布局两类住房，引导混居模式，改善"上楼农民"的人际交往环境。

政府可以通过容积率奖励政策，鼓励开发商在商品房开发时纳入"上楼工程"还建房。

附录A 调查问卷

武汉市上楼工程调查问卷

尊敬的居民：

您好！我们是XX大学城市规划专业大四的学生，为了完成课程作业，特以上楼工程为主题展开调研，旨在征询广大居民对上楼工程的建议和意见。敬请支持！感谢您的参与，您的意见就是我们未来的行动指南，让我们的生活因为上楼而更美好！

问卷填写方式：请在相应的空格处打"√"。

注：本问卷如果不做特殊说明，所有问题的选项都为单选。

您的姓名：　　联系电话：　　居住街道社区：

1. 您的性别：□男 □女

2. 您的年龄

□18岁及以下 □19~30岁 □31~40岁

□41~50岁 □51~60岁 □61岁及以上

3. 您的户籍

□武汉市城市户口 □其他城市户口 □本地农村户口

□外地农村户口 □湖北居民户口

4. 您几代人一起居住

□独居家庭　□一代　□两代

□三代及以上人 □隔代　人口数：

5. 您的月开销（衣、食、住、行、用、医疗、教育等家庭生活消费）

□1000元以下 □1000~2500元 □2500~4000元

□4000~5500元 □5500~7000元 □7000元以上

6. 您的月收入（衣、食、住、行、用、医疗、教育等家庭生活消费）

□1000元以下 □1000~2500元 □2500~4000元

□4000~5500元 □5500~7000元 □7000元以上

7. 您最主要的收入来源

□社会保障 □自己工作 □自主经营 □房租 □其他

8. 您上楼后家庭的消费支出最大的是哪三项

□子女教育 □食品 □生活日用品 □医疗

□娱乐 □交通、通信 □其他

9. 您的职业是：（若选失业，请跳转到第13题）

□领导干部 □教师或科研人员 □国企管理人员

□私营企业主 □企业员工 □专业技术人员

□体力劳动者商业、服务业员工 □个体户

□离退休 □下岗职工 □失业 □其他

10. 您的工作性质是：□临时工 □正式工

11. 您谋得现在职业的途径

□政府安置 □工作自寻 □其他

12. 您目前的工作地点是：□本街区附近 □较近的市中心 □较远的市中心 □郊区 其他

13. 您日常出行的主要非步行交通方式：□自行车 □电动车/摩托车 □公交车 □私家车

14. 您平时选休闲娱乐的方式频率最高的是哪三项：

□看电视　□上网　□看书看报　□逛街　□逛公园

□旅游　□打牌打麻将　□串门聊天

□日常社交（亲戚、朋友聚会）　□运动/健身

□KTV/泡吧　□电影院　□其他

15. 您现在的作息习惯：□睡觉时间 □起床时间

16. 您上楼前的作息习惯：□睡觉时间 □起床时间

17. 在最近半年中您讨论过重要的问题的人数

18. 这些人中，有/无 配偶，有/无 父母，有/无 子女，有/无 其他亲属，有/无 朋友，有/无 同事，有/无 邻居，有/无 其他关系（选择有/无，在文字上打√）。

19. 这些人之间是否相互认识，关系是否密切？（人数大于5时，选取最重要的前五个；两人互不认识打×，相互认识，关系不密切画〇，关系密切打√）

成员代号	A	B	C	D	E
A					
B					
C					
D					
E					

20. 您认为您已经是城市人了：□是 □否 □不确定

21. 您认为您不是农村人：□是 □否 □不确定

22. 您认为您已经适应了城市生活：□是 □否 □不确定

23. 如果有可能您非常愿意和城市人打交道：□是 □否 □不确定

24. 如果有可能您会留在城市：□是 □否 □不确定

25. 如果有可能您非常愿意成为一个城市人：□是 □否 □不确定

我们的调查结束了，再次向您表示感谢！您对我们的调查有什么建议、意见和要求，欢迎写在下面。

武汉市南湖片区上楼工程调查问卷

尊敬的居民：

您好！我们是城市规划专业大四的学生，为了完成课程作业，特以上楼工程为主题展开调研，旨在征询广大居民对上楼工程的建议和意见。敬请支持！感谢您的参与，您的意见就是我们未来的行动指南，让我们的生活因为上楼而更美好！

问卷填写方式：请在相应的空格处打"√"。

注：本问卷如果不做特殊说明，所有问题的选项都为单选。

您的姓名：　　联系电话：　　居住街道社区：

您的性别：□男 □女

2. 您的年龄：

□18岁及以下 □19~30岁 □31~40岁

□41~50岁 □51~60岁 □61岁及以上

3. 您的户籍是：

□武汉市城市户口 □其他城市户口 □本地农村户口

□外地农村户口 □湖北居民户口

4. 您几代人一起居住：

□独居家庭 □一代 □两代

□三代及以上人 □隔代 　人口数：

5. 您的月开销（衣、食、住、行、用、医疗、教育等家庭生活消费）为：

□1000元以下 □1000~2500元 □2500~4000元

□4000~5500元 □5500~7000元 □7000元以上

6. 您的月收入（衣、食、住、行、用、医疗、教育等家庭生活消费）为：

□1000元以下 □1000~2500元 □2500~4000元

□4000~5500元 □5500~7000元 □7000元以上

7. 您最主要的收入来源是：□社会保障 □自己工作 □自主经营 □房租 □其他

8. 您上楼后家庭的消费支出最大的是哪三项

□子女教育 □食品 □生活日用品 □医疗

□娱乐 □交通、通信 □其他

9. 您的职业是：（若选失业，请跳转到第13题）

□领导干部 □教师或科研人员 □国企管理人员

□私营企业主 □企业员工 □专业技术人员

□体力劳动者商业、服务业员工 □个体户

□离退休 □下岗职工 □失业 □其他

10. 您的工作性质是：□临时工 □正式工

11. 您谋得现在职业的途径是：□政府安置 □工作自寻 □其他

12. 您目前的工作地点是：

□本街区附近 □较近的市中心

□较远的市中心 □郊区 □其他

13. 您日常出行的主要非步行交通方式：

□自行车 □电动车/摩托车 □公交车 □私家车

14. 您平时选休闲娱乐的方式频率最高的是哪三项：

□看电视 □上网 □看书看报 □逛街 □逛公园

□旅游 □打牌打麻将 □串门聊天

□日常社交（亲戚、朋友聚会） □运动/健身

□KTV/泡吧 □电影院 □其他

15. 您现在的作息习惯：□睡觉时间 □起床时间

16. 在最近半年中您讨论过重要的问题的人数

17. 这些人中，有/无 配偶，有/无 父母，有/无 子女，有/无 其他亲属，有/无 朋友，有/无 同事，有/无 邻居，有/无 其他关系（选择有/无，在文字上打√）。

18. 这些人之间是否相互认识，关系是否密切？（人数大于5时，选取最重要的前五个；两人互不认识打×，相互认识，关系不密切画○，关系密切打√）

成员代号	A	B	C	D	E
A					
B					
C					
D					
E					

我们的调查结束了，再次向您表示感谢！您对我们的调查有什么建议、意见和要求，欢迎写在下面。

附录B　数据计算方法详解

社会网计量方法

社会网是社会学中计量研究社会交往研究情况的一种方法，起源于美国。社会网是具有一定信任程度的人际关系网，这种关系可能是讨论、借钱、帮助等。我们调查了调查对象的讨论网，要求调查对象提出的人员是与他讨论过重要问题的人。

在每一个调查对象周围，都有一个由讨论对象所组成的社会网（除了没有提出任何讨论对象的人以外）；这个网络就是我们的研究单位。研究单位中，调查对象为讨论网的中心人物，与其发生讨论关系的人员是讨论网的成员。

我们通过调查得出了讨论网的规模大小、构成比例和紧密程度值，其计量方法分别如下。

1.讨论网规模

概念阐释：中心人物所在讨论网的成员数就是讨论网的规模。

数据统计：通过问卷统计得出每个研究单位的讨论网规模。统计讨论网规模平均数，讨论网规模分布情况。

讨论网规模分布统计表

讨论网规模/人	上楼农民比例/(%)	城市居民比例/(%)
0	3	2
1	6	2
—	9	6
3	18	7
4	21	14
5	12	18
615	31	51

问卷问题：在最近半年中与您讨论过重要的问题的人数。

2.讨论网构成

概念阐释：社会网的构成由中心人物的各类关系成员出现在讨论网中的百分比来表达。

数据统计：综合所有问卷在讨论网构成中提到的配偶、父母或其他某种关系的比例，作为此种关系的在"上楼农民"讨论网中的构成比例。所有问卷中提到的配偶、父母、子女和其他亲属的比例，为讨论网的亲缘关系比例；提到的朋友、同事、邻居和其他关系人员的比例，为非亲缘关系比例。

讨论网亲缘关系比例

关系类型	上楼农民比例/(%)	城市居民比例/(%)
亲缘比例	81	79
配偶	62	71
父母	12	26
子女	9	21
其他亲属	17	30
非亲比例	38	89
朋友	21	69
同事	4	73
邻居	9	5
单位领导	1	11

问卷问题：这些人中，有/无配偶，有/无父母，有/无子女，有/无其他亲属，有/无朋友，有/无同事，有/无邻居，有/无其他关系（选择有/无，在文字上打√）。

3. 讨论网紧密度

概念阐释：社会网的紧密程度是由两个变量来代表的，一个是互不相识的讨论网成员占所有成员的百分比（低紧密程度），另一个是关系密切的成员所占的百分比（高紧密程度）。

数据统计：问卷调查了讨论网研究单位中两两成员之间的关系，对于规模大于5的讨论网，选取最重要的5个成员进行研究。讨论网中关系密切的组合数占所有可能两两组合数的比例，为关系密切的比例；互不认识的组合数占所有可能的两两组合数的比例，为互不认识的比例。简单统计为表中的√、×数量除以√、×、○的总数量。进而计算了两种比例的分布情况，得到讨论网紧密度分布特征。

讨论网亲缘关系比例

	上楼农民比例 /(%)	城市居民比例 /（%）
互不认识比例	3.7	2.7
0	71.3	30.1
1~25	24.1	43.0
26~49	3.7	19.5
50~100	1.9	84.0
密切关系比例	53.8	48.3
0	39.0	15.2
1~25	17.0	22.7
26~99	60.3	47.9
100	18.8	14.2

问卷问题：19. 这些人之间是否相互认识，关系是否密切？（人数大于5时，选取最重要的前五个；两人互不认识打×，相互认识，关系不密切画○，关系密切打√）。

心理认同因子提取方法

1. 因子提取方法

因子分析方法：用少数几个因子去描述指标或因素之间的联系，即将相关比较密切的几个变量并在同一类中，每一类变量就成为一个因子（之所以称其为因子，是因为它是不可观测的，即不是具体的变量），以较少的几个因子反映原资料的大部分信息。本报告中主要运用因子概括法为提取方法。

因子概括法：因子提取的常用方法之一，主要通过相关变量的性质、含义以及对于指标或者因素影响方向相同或相似的特征将多因子概括总结为几类因子的方法。

2. 因子提取过程

①参考文献得到调研问题作为研究指标，且指标已经KMO检验，其共同度均达到合格值（共同度大于0.5为合格）。

调研问题共同度统计表

指 标	共同度
我已经是城市人了	0.498
我还是农村人	0.628
我已经适应了城市生活	0.586
我非常愿意和城市人打交道	0.532
我非常愿意成为一个城市人	0.760
如果可能我会留在城市	0.710

②将以上问题数据通过正负赋值法进行统计，将统计数值输入SPSS中进行指标对于因子的权数以及方差贡献率计算。

正负赋值法：统计程度问题数值的常用方式，赋分方式一般分为五分法和三分法。本报告中采用三分法赋值，即选项分为三项"同意""不同意""说不清"分别赋值"+1""-1""0"分。

因子权数计算统计表

变项	提取因子	
	未来情感归属	目前身份判断
我已经是城市人了	0.020	0.395
我还是农村人	-0.189	0.538
我已经适应了城市生活	-0.14	0.452
我非常愿意和城市人打交道	0.377	-0.097
我非常愿意成为一个城市人	0.415	-0.027
如果可能我会留在城市	0.420	-0.051

因子方差贡献率统计表

变 项	提取因子	
	因子1	因子2
1. 我已经是城市人了	—	0.22
2. 我不是农村人	—	0.31
3. 我已经适应了城市生活	—	0.35
4. 如果可能我非常愿意和城市人打交道	0.22	—
5. 如果有可能我会留在城市	0.24	—
6. 我非常愿意成为一个城市人	0.21	—
特征值	0.88	0.67
新因子命名	未来情感归属	目前身份认知
方差贡献率	35.385%	64.615%
积累方差贡献率	100%	

③通过指标的对应权数计算样本的未来情感归属以及目前身份认知情况,将其以对应的方差贡献率为权数,计算心理认同的综合得分。

心理认同综合得分统计表

项 目	未来情感归属	目前身份认知	心理认同
均值	0.29	-0.22	0.11
众值出现比例	0.59	0.62	0.29
方差	0.00888	0.00046	0.00589

附录C 访谈记录

访谈记录整合

时间:___月___日___(时) 地点:____调查员____

□ 年龄____ 性别____ 居住小区名称____

□ 月收入____   是否本地户口____

访谈记录1:以前有个地,实在没有技能种个地还是饿不死的,现在没有土地了,也不知道干什么,先在家玩一段时间吧!

——武昌府 陈青年

访谈记录2:我们种了一辈子地了,土地说没有就没有了,现在也不知道能干啥。

——南湖新城花园 赵师傅

访谈记录3:以前我们就是望天吃饭,收成好的时候就多点钱,现在基本每个月差不多,平时没什么消费,本来就没什么钱,吃得饱就行。

——佳和云居 金大妈

访谈记录4:住进楼房,但是跟城里人又不一样,我们住得都很近,你看,我三个儿子都住在这里的,他们晚上经常过来吃饭,热闹得很。有时候我还得去照顾我的孙子们。

——武昌府 王奶奶

访谈记录5:娱乐活动比以前强多了,现在我晚上都去XX大学操场上散步的,还在那边超市前面跟她们跳跳广场舞,蛮有意思的。

——佳和云居 顾阿姨

访谈记录6:以前三四点就要起来下地干活,八点多回来吃个早饭又要去，晚上七八点回来就要睡觉，累都累死了。现在早上七八点起来买个菜，陪孙子玩一下，晚上看个电视再睡，舒服多了。

——佳和云居 孙大妈

访谈记录7：都说建设什么社区，也没看到什么效果，这里说是社区还不如说是村庄呢，还是原来的感觉。

——武昌府 赵奶奶

访谈记录8：平时说话的人也不多，但是基本都互相认识，不能跟城里人比，他们认识人多，不过说回来，我跟他们都不熟。

——南湖新城花园 李阿姨

访谈记录9：我觉得虽然我们上了楼，但还是个农村人，生活方式还是农村的好。农村以前家家户户有点什么事，乡亲们都可以帮衬帮衬，现在就感觉你不知道我住哪，我不知道你住哪，串个门都不方便。我们又没有手机，跟以前的老朋友就只有在社区活动场地碰，运气好久见得到。所以，上了楼，还是比以前更孤单啊。

——武昌府 袁大爷

访谈记录10：其实我们不反对跟城里人交往，但是就是怕他们看不起我们。毕竟我们就是一个种地的，也没有什么钱，没有什么技能，别人怎么会跟我们交往。另外，我们这就感觉是贫民窟，基本就是划分人群居住，也没什么机会去接触城里人，其实我还是很好奇他们的生活方式的，不过话说回来，都差不多吧。

——佳和云居 曹青年

访谈记录11：有时候我在想，这"上楼"到底算什么，莫名其妙地失去了土地，城里人不算城里人，说农村人吧，又没有了土地。而且当初说好的政策也不是很到位。医保、社保都是老年人有，我们这些年轻人啥都没有。

——南湖新城花园 高青年

访谈记录12：我们搬进楼房之后吧，其实吃穿也都还好，就是周边的建设力度不够，有点什么事都不方便。那个片区公交还是我们大队组织起来的。

——武昌府 张阿姨

访谈记录13：周边的交通很不方便，出个门每次就只能走几百米在个鬼公交车站等半天的车，购物也不是很方便，都是城里人去的地方，那些地方哪是我们去的。我们没钱去，有钱我也不会去。

——佳和云居 方大爷

访谈记录14：我们的医保落实的也不是很好，一些小病还行，那些大医院一看我们是湖北居民户口就不接受我们的医保。所以我们还是病不起啊。

——南湖新城花园 汪阿姨

访谈记录15：周边也没有什么玩的地方，出去又麻烦，我们也就只能打打牌然后就是睡觉了，还能指望有什么咧？

——武昌府 胡青年

2013年
全国高等学校城乡规划专业城乡社会综合实践
调研报告课程作业评优三等奖

当"乔迁之喜"遭遇"出行之难"
——武汉市主城区新建小区公交盲点问题调研报告

指导老师： 郭　亮

作者： 杨　晨　　陈建滨
　　　　曾亚婷　　徐钰清

摘要

调研聚焦武汉市存在公交盲点的新建小区，运用调查分析与案例研究的方法，对研究对象小区、物业公司、公交运营管理部门以及相关媒体进行现场踏勘，结合对居民需求、设施配套与公交运营的调查，剖析了公交盲点小区公交的发展症结及其原因，并对新建小区的公交配置发展提出相关建议。

目　次

1 绪论
  1.1 现实背景
  1.2 调查目的
  1.3 调查范围及对象
  1.4 调研思路与研究框架

2 普遍性调查分析
  2.1 基本特征分析
  2.2 小区公交配置现状
  2.3 小区公交线路便利度分析

3 典型案例分析
  3.1 总体概况
  3.2 小区公交配置情况
  3.3 小区公交使用情况
  3.4 衍生问题分析
  3.5 小区公交配套影响因素
  3.6 建议改进方式

4 建议与总结
  4.1 建议
  4.2 总结

1 绪论

1.1 现实背景

近年来，武汉中心城城镇化速度不断加快。为了满足新增人口居住需要（图1），大量新建居住小区如雨后春笋般拔地而起。然而，部分新建小区却没有同步配置公交交通，小区附近公交线路过少、公交站点距离小区过远、公交覆盖出现盲点等问题常常出现，给入住居民的生活和出行带来诸多不便。

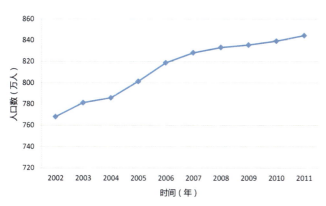

图1 武汉市近十年人口增长

按照《武汉市公交管理条例》，新建的大型商业、文体中心和居民小区，应该同步规划和建设公交场站，但多大面积的新小区该配建，由谁建，不建有何处罚，条例都没有明晰。因此对开发建设单位约束力不强，新建小区缺少公交覆盖的现象频频发生。

武汉市正在积极申报国家"公交都市"示范城市，目标是基本建成设施完善的一体化公共交通体系，实现建成区公交站点500米覆盖率达到90%以上，主城区500米上车、5分钟换乘。目前，拟增加30条公交线路消除盲点。因此，调研将以武汉主城区为基础，对武汉主城区的新建小区公交盲点问题进行调查研究。

1.2 调查目的

针对新建小区公交配套不完善的现象，调研选取武汉市不同区位的若干新建小区作为研究对象，希望通过调查研究实现以下目的。

①对新建小区公交配套设施的布点、使用情况、满意程度等方面进行综合统计分析，归纳总结出它们之间的关系。

②综合分析新建小区公交配置的特点，找出问题缘起，衍生问题及其对居民日常出行的影响。

③结合其他城市成功案例，为武汉市新建小区公交配套设施的改善提出可行的建议。

1.3 调查范围及对象

1.3.1 调查范围

通过对从《武汉晚报》"征集武汉市主城区公交盲点"活动相关负责人处收集到的信息进行整理，从市民普遍反映的"公交盲点"中，选取了武汉市主城区内，建成时间在10年以下，公交配套不完善的22个新建居住小区进行普遍调查（图2），并从中选取2个典型案例。

图2 市民普遍反映"公交盲点"小区分布示意图

1.3.2 调查对象

①居住者：在各小区长住及暂住人口。

②服务人员：小区物业负责人。

③管理者：武汉市客运公共交通管理办公室相关人员。

④媒体从业人员：《武汉晚报》负责相关报道的记者。

1.4 调研思路与研究框架

1.4.1 调研思路

获取资料的过程中主要采用以下几类调查方法。

①观察类：现场勘踏，采用实地观察法，通过拍照、空间注记、行为记录等方法获取大量数据资料，支撑结论。

②访问类：通过问卷调查和深度访谈，基于调查结果进行数据统计分析。问卷调查中总样本量为220份，有效问卷181份，有效率为82.3%。访谈主要涉及四类对象：居住者、服务人员、管理者和媒体从业人员。资料通过访谈记录整理及语义分析，选取最具代表性的内容作为证据支持。

③资料调查类：在调查过程中搜集文献资料，并利用网络资源获取大量相关报道及规范，为调查报告提供理论依据。

1.4.2 研究框架（图3）

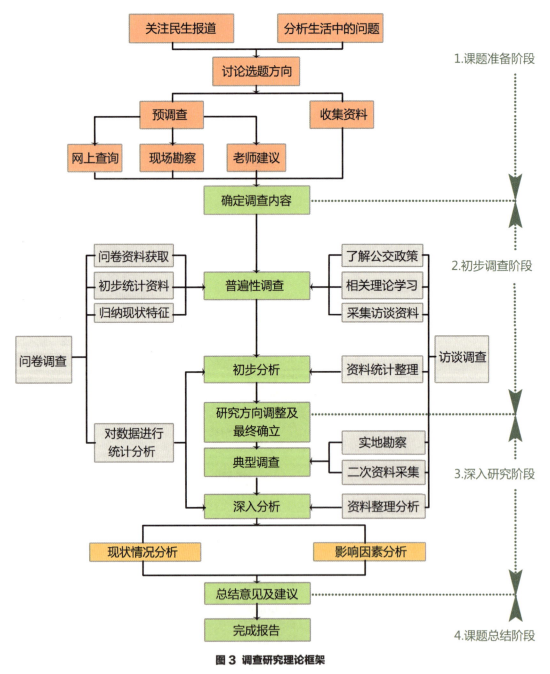

图 3 调查研究理论框架

2 普遍性调查分析

选取 22 个小区进行调查，对存在的公交盲点进行分析。

2.1 基本特征分析

2.1.1 区位特征

存在公交盲点的小区集中位于二环与三环之间（图4）。这一现象反映了在武汉城市向外扩张的过程中，外围新建小区不断增多，边缘地区交通需求日益增长。

2.1.2 规模特征

公交盲点小区规模大小不一，一般靠近城市中心的小区规模较小，而偏远地区小区规模一般较大（图5）。我们从武汉市公交办了解到，站点的设置主要依据规划道路，按中心城区间隔 500 米、远城区间隔 800 米的规则布局，在设置时并未考虑到小区规模的因素。

2.1.3 房价特征

2012 年，武汉平均房价约为 6300 元/平方米，在受调查的 22 个小区中，不到 1/5 的小区房价低于平均水平，2/3 的小区房价为 6000~9000 元，小部分达到 1 万以上（图6）。

由于现代居住小区住房类型混合，各类档次的小区居住着收入不同的人群，混合的居住群体导致交通需求混杂。各类小区均存在依赖公交出行的人群，但一些高档别墅区的居民对公交的需求较小，相应的公交配套也会适当减少。

2.2 小区公交配置现状

以 500 米作为评估度量，我们对 22 个小区的公交配置基本情况进行了分析，统计得 500 米内公交站仅有 0~1 个的小区有 7 个，占 1/3，公交线数量不足三条的小区占 1/2，公交站的缺乏直接导致线路的不足。同时，公交配置的不足直接影响居民出行的便利度，也会造成单一公交线路过于拥挤的情况（图7、表1）。

公交站距离小区几何中心点的步行距离基本满足要求，大部分的小区步行距离均在 800 米内，步行时间大约 10 分钟，在居民可接受范围内。

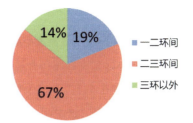

图4 公交盲点小区分布情况

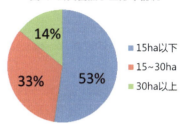

图5 公交盲点小区规模情况

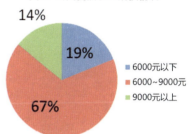

图6 公交盲点小区平均房价情况

[1] **500m内公交站数量**：指以小区几何中心为圆心，半径500m以内的公交站点数量。

[2] **500米内公交线路数量**：指500m内公交站可乘坐的公交线路数量。

[3] **平均绕行系数**：指小区与武汉三镇六个重要商圈或交通枢纽的绕行系数平均值。

绕行系数：用来描述从一点到达另一点所需要绕行的程度。
绕行系数a=L/S

[4] **总换乘次数**：指从小区乘坐公交到武汉三镇六个重要商圈或交通枢纽需要换乘次数的总和。总换乘次数超过三次，则表示小区公交线路便利度不足。

[5] **总步行距离**：指在换乘过程中步行距离的总和（不包括从家步行到公交站和最后下车步行到目的地的步行距离）

图7 相关术语解释说明

表1 小区公交配置现状及线路便利度情况统计表

公交配置基本情况			公交线路便利度		
评价指标	区间值	小区个数	评价指标	区间值	小区个数
500米内公交站数量	0~1个	7个	平均绕行系数	1.4以下	5个
	2~4个	11个		1.4~1.5	11个
	5~6个	4个		1.5以上	6个
500米内公交线路数量	0~3条	11个	总换乘次数	3~4次	4个
	4~7条	7个		5~6次	14个
	8~11条	4个		7~8次	3个
小区几何中心点至最近公交站步行距离	400米以下	11个	总步行距离	0~400米	16
	400~800米	8个		400~800米	4
	800米以上	3个		800米以上	1

2.3 小区公交线路便利度分析

调研以武汉三镇重要商圈与交通枢纽作为基点（图8、表2），通过对小区公交线路与各基点联系程度的分析，我们发现平均绕行系数在1.4以下的仅有4个小区，总换乘次数超过5次的有17个小区。这说明大部分小区居民到达这六个基点均需要换乘。在换乘途中，步行距离在400米以上的也占到了1/4。显然，公交线路便利度低是公交盲点小区存在的主要问题。线路与重要节点的联系度不够，以及换乘次数过多，严重影响了居民出行。

图8 武汉三镇重要商圈、交通枢纽分布示意图

表2 武汉三镇重要商圈与交通枢纽

	重要商圈或交通枢纽
武昌	中南路、光谷
汉口	江汉路、王家墩
汉阳	王家湾、钟家村

3 典型案例分析

调研在前期分析基础上，选取两个具有代表性的小区，进行了深入研究。

3.1 基本概况

3.1.1 基本信息（表3）

表3 基本信息

小区名称	开盘时间	规模	容积率	住宅类型	平均房价	入住率
碧水晴天	2003年	12.9 ha	2.3	普通住宅	6602元	大于90%
青菱城市花园	2008年	17 ha	1.9	经济适用房	2699元	较低

3.1.2 区位及周边环境

碧水晴天小区位于汉阳区一环与二环间，离王家湾商圈较近，区位较好，小区周边开发建设较为成熟，东侧有大片绿地；青菱城市花园位于洪山区三环线附近，距商圈与交通枢纽较远，区位较偏，周边基本为农田等未开发或初步开发用地（图9～图11）。

图9 碧水晴天与青菱城市花园在武汉市所处区位

图10 碧水晴天小区周边道路

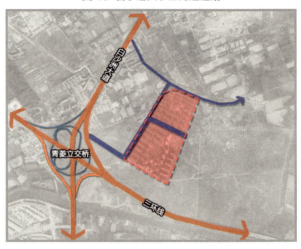

图11 青菱城市花园小区周边道路

3.2 小区公交配置情况

3.2.1 公交站点配置

区位较好、建设完善的碧水晴天小区，其公交站点的位置及数量已经能够满足人群的基本需求。青菱城市花园由于入住率较低，同时周边缺乏主要道路，公交站点数量较少且位置过远（图12、图13）。

3.2.2 公交线路配置及便利度分析

碧水晴天小区500米内有两处公交站点，有4条公交线路。青菱城市花园620米内有两处公交站点，4条公交线路（图14、图15），其便利度如表4所示。

两个小区的线路数量较少，便利度普遍不高，其中青菱城市花园小区由于区位较偏，线路的便利程度较碧水晴天小区更低。

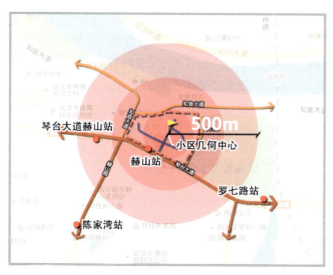

图12 碧水晴天小区周边公交配置情况

图14 途经碧水晴天小区的主要公交线路

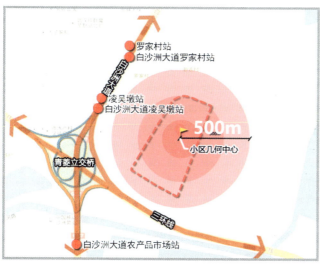

图13 青菱城市花园小区周边公交配置情况

图15 途经青菱城市花园小区的主要公交线路

表4 小区公交线路便利度情况

	碧水晴天			青菱城市花园		
	绕行系数	步行距离/米	换乘次数/次	绕行系数	步行距离/米	换乘次数/次
王家湾	1.44	0	0	1.51	370	2
钟家村	1.33	40	1	1.7	230	1
光谷	1.22	520	1	1.43	360	1
中南路	1.42	30	1	1.19	300	1
王家墩	1.7	0	0	1.56	580	1
江汉路	1.25	0	1	1.56	460	1
合计	8.36（平均值：1.39）	590	4	8.95（平均值：1.49）	2300	7

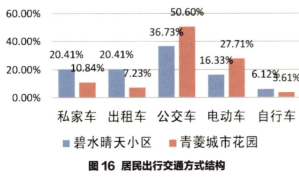

图 16 居民出行交通方式结构

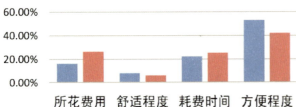

图 17 居民选择出行方式主要考虑因素

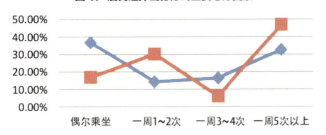

图 18 居民乘坐公交的频率

3.3 小区公交使用情况

3.3.1 居民主要出行方式

碧水晴天小区居民出行方式较为多样,以公交车、私家车及出租车为主,居民出行主要考虑因素为方便程度;而青菱城市花园 3/4 以上的居民出行以公交车、电动车为主,私家车很少,居民出行不仅考虑方便程度,也会考虑出行费用(图16、图17)。

公交车的方便程度决定其对小区居民的吸引力,而小区的档次则决定了小区居民对公交的依赖程度。碧水晴天小区居民为了更为方便舒适的交通出行而会考虑私家车、出租车等交通工具,而青菱城市花园居民受限于经济水平则大多依赖于公交以及成本较低的电动车等交通工具。

3.3.2 居民使用公交的情况

1. 居民使用公交的频率

碧水晴天的居民呈现出两极化的趋势,拥有私家车的居民基本上很少乘坐公交车,而其他居民则主要依靠公交车出行。青菱城市花园的居民对公交的使用率较高,基本依靠公交车完成日常上下班与远距离出行(图18)。

2. 居民对公交站的选择

两个小区居民经常使用的公交站,基本为最邻近的公交站(图19、图20),体现居民在选择公交站点时的距离优先心理。但有部分居民为了避免途中换乘,会选择距离较远的公交站。由此可知在站点距离差距不太大的情况下,居民主要考虑因素为公交线路的便捷度。

3. 居民使用公交的时间花费

①步行至站点的时间:通过模拟正常步行速度,从小区最不利点步行至最近公交站,在碧水晴天小区与青菱城市花园分别花费 8 分钟与 13 分钟(图21),与调查结果较为一致。

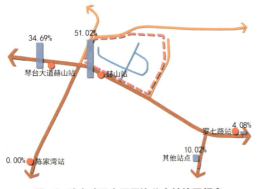

图 19 碧水晴天小区周边公交站使用频率

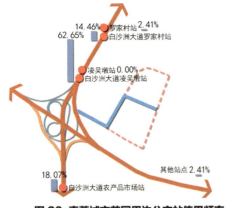

图 20 青菱城市花园周边公交站使用频率

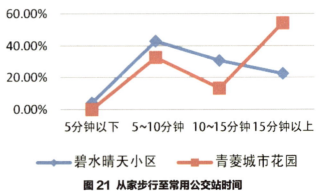

图 21 从家步行至常用公交站时间

②等待公交时间：碧水晴天小区的公交发车频率较青菱城市花园频繁。这既受到区位的影响，也反映出入住率较低导致使用人数较少，公交发车间隔相应延长的特点（图22）。

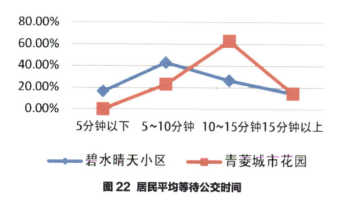

图22 居民平均等待公交时间

3.3.3 小区上班族公交使用情况

乘公交上下班是居民出行的刚性需求。碧水晴天小区的居民经济条件较好，在公交不便的情况下，过半居民选择公交以外的出行方式；而青菱城市花园的居民则多以公交作为上下班主要方式。在选择乘坐公交上下班的居民中，两个小区均存在半数以上的居民需要在途中换乘的情况。其中，碧水晴天小区居民上班总耗时大部分需要30分钟至1.5小时，相较于其区位而言，总耗时较长。而青菱城市花园由于区位偏远，换乘次数较多，基本耗时达到一小时以上，耗时较长（图23）。

图23 上班行程总用时

3.3.4 公交满意度分析

经过调查可知，两小区居民基本上对公交配置不满意。具体来看，碧水晴天小区的居民对公交线路的不满意程度更为明显，这体现了区位较好的小区，在公交站点配置基本完善的前提下，居民对公交线路便利度的要求更高。而青菱城市花园的居民则对公交站点的不满意度更高，这是由小区周边道路配套不足使得站点位置较远导致的。此外，还建住户的满意度普遍不高。

3.4 衍生问题分析

3.4.1 私家车数量增多，侵占公共空间

通过实地观察，我们发现碧水晴天小区居民较多购买了私家车、电动车等私人交通工具，形成了公交不便→居民购买私家车→乘坐公交人数减少→公交配置相应减少的恶性循环。同时，由于私家车数量增多，小区停车位配套不足的问题逐渐凸显，使得大量私家车停于地面，侵占了小区的公共空间，严重影响了小区的环境量（图24）。

图24 碧水晴天小区私家车侵占情况

3.4.2 居民出行量减少，与城市联系度降低

访谈发现，由于出行不便，两小区的居民日常生活基本局限在小区周边，还有部分居民甚少出行，仅在小区内部活动。这一现象反映了出行条件的不充分会造成小区居民与城市其他部分的联系度降低的问题，同时也加大了小区周边配套设施的压力。

3.5 小区公交配套影响因素

通过对居民、物业以及公交管理办公室相关人员的调查及访谈，我们分析新建小区出现公交盲点的影响因素有以下几个方面。

1. 小区入住率

据公交办管理人员介绍，公交线路的设置是与小区的入住率相互适应、同步增长的。设置过多线路会造成资源浪费，公交也无法承担过高成本。因此在布置线路时，首先会进行客流调查，按线路与客流量相匹配的原则调整线路。碧水晴天小区的线路配置滞后于其居民人数的增长。而青菱城市花园由于入住率较低，线路配置暂时较少。

2. 道路通行能力

道路通行能力是否适合高强度开发，开发后能否满足居民出行需求，这些在小区开发前很少成为考虑因素。碧水晴天小区紧邻赫山路，赫山路道路偏远，等级较低，不便设计较多的公交线，是造成小区周边公交线路少的原因

之一。同时，小区内居民较多，也增加了对赫山路的交通压力。青菱城市花园规模较大，小区选址距主干道较远，小区外围道路修缮滞后，因而导致公交线路无法延伸至小区，站点的位置距小区普遍过远。

3. 周边公共服务设施配置

周边公共服务配套设施会影响小区入住率，从而影响公交站点及线路设置。碧水晴天小区周边原有的公交枢纽被撤销，同时周边存在大片的绿地，会导致公交较长时间的空驶，使得公交运营成本增加。青菱城市花园临近大学城，在周末尤其是节假日，学生对公交车的使用较为频繁，导致车少且拥挤的状况时常发生，延长了公交的等待时间。

4. 公交基础建设

公交站点的调整需要考虑到用地、地下管道、人行横道等因素，并需要根据实际情况同交管、城管等部门共同协商。公交场站是公交建设的重要组成部分，由政府投资的非商业房因为缺乏有力建设主体而难以解决场站建设问题。碧水晴天小区正是由于原有的公交枢纽的撤销加大了线路增设的难度，而青菱城市花园也缺乏相应的场站建设。

3.6 建议改进方式

结合问题分析以及对居民的调查结果，分别对两个小区的公交配置提出不同的改进建议（图25）。

图26 延长26路至碧水晴天小区

图27 调整589路至碧水晴天小区

对于青菱城市花园而言，首先需要强化公交站点的配套建设（图28），即开发主体应加速配套道路的建设，为公交站点更方便地设置在小区周边提供前提。同时，考虑到居民出行的时间较长，可在入住率较低时通过增加局部循环线路方便居民出行（图29）。

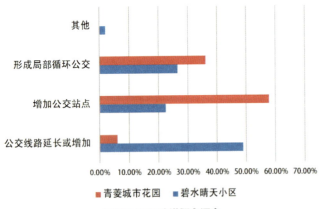

图25 居民改进倾向调查

对碧水晴天小区而言，首要的任务是改进公交线路。根据居民反馈，目前乘公交到汉口较方便，但到汉阳钟家村以及过江去武昌十分不便。尤其是小区存在大量至武昌的上班族，公交线路现状亟待改进。目前可采取的最适当的方式便是适当延长部分公交线路，如26路、589路等，以保障居民可方便到达钟家村或汉阳大道进行换乘（图26、图27）。

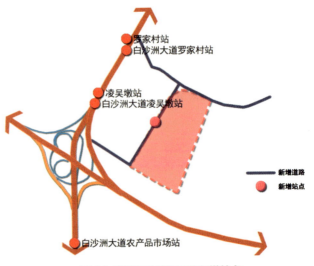

图28 青菱城市花园周边新增站点

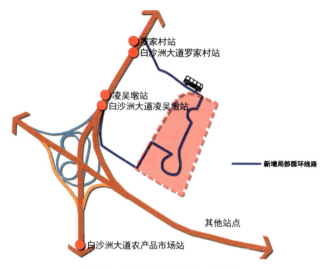

图29 青菱城市花园增加内部循环

4 建议与总结

4.1 建议

4.1.1 对交通路网进行有效改善，降低绕行系数

绕行系数不仅是判断线路走向合理性的关键因素，同时也是影响线路运营的一个关键因素。在城市路网更新与改善的过程中，通过有效增加支路，在增强城市道路通达性的同时，可大大增强公交线路的通达性。

4.1.2 降低公交开通的门槛，扩大公交覆盖面

由于公交配套与小区入住率密切相关，公交的开通往往需要评估小区的需求及公交的可盈利情况。因此，可通过对新建小区实际情况的调查，建立起一套适用于新建小区的公交设置机制，以保证公交为新建小区提供良好的基础设施支持。

4.1.3 合理选择居住区开发地块，方便居民出行

在批准开发居住区前，应考察周边道路状况，以确定该地块是否适合高强度开发，开发后能否满足居民出行需求。应鼓励在等级较高的道路周边开发居住区，以保证较为通畅的出行条件。小区的位置应尽量靠近公交车枢纽站，为公交站点及线路的设置创造良好的先决条件。此外，新建小区应成片开发，档次低的小区更应靠近交通便利的区位。

4.1.4 科学设计小区道路及出入口，便利公交开通

开放的内部路网，充足的人行出入口数量能有效减少由于小区规模过大而导致居民距公交站过远的情况。因此，在进行居住区设计时，要合理设计小区内部路网及出入口数量、位置，有效减少出行时间；合理控制新区规模，加大道路网密度，将公交引入组团，更好地服务小区居民。

4.1.5 设计弹性的公交线路开通方案，进行有效过渡

公交线路的设置与小区的入住率是相辅相成的，为了更好地满足小区初期入住率不高时居民对公交的需求，可采取微公交等方式进行过渡，以适应小区基础配套设施由不成熟向成熟的转变。微型公交线的主要目的是衔接偏远小区和公交站点，而不是将乘客送往比较远的目的地。有些小区属于公交盲区，由于所处位置比较偏，原有公交线很难再延伸进去，因此微型公交线将居民从家门口接到大的公交站点，方便居民再次换乘。

4.2 总结

随着近年来城市化进程加快，城市居民数量激增，越来越多的小区在城市中拔地而起。城市生活给居民带来了便利，然而，在公共交通建设滞后的情况下，缺站点、少线路、出行难的新建小区，让居民对城市的美好憧憬大打折扣。

新建小区公交配套完善举步维艰，任重而道远。私家车并不能解决所有的问题，对于老人与儿童，低收入人群，公交车依然是他们最便利的选择。本次调研期望能够助这样的"便利"一臂之力。

公共交通在城市中具有举足轻重的作用，特别是随着城市的发展，对于主城区私家车的出行将出现更多的限制，因此，公共交通是未来城市交通发展的必然趋势。在调查过程中，我们不仅仅感受到公共交通对于普通民众的重要性，更为公交不便所产生的相关问题感到担忧。

2011年
全国高等学校城市规划专业社会综合实践
调研报告课程作业评优三等奖

漂泊的童年
——武汉市流动儿童社会调查

指导老师：陈征帆

作者：梁力予　孙蕴慧

任露凌　艾丽米热·艾尔肯

摘要

随着我国城市化进程的不断推进，越来越多的进城务工人员由"单身迁移"转向"举家迁移"。在这种新的人口迁移结构性变化趋势下，流动儿童的问题不断显现。调研以武汉市的流动儿童为例，分析了流动儿童的社会、学校、家庭生活的现状、特征及存在的问题，并对促进流动儿童的健康生活提出相应建议。

目　次

1 绪论
1.1 调研背景

1.2 调研目的

1.3 调研方法

1.4 调研对象

1.5 技术路线

2 调研与分析
2.1 流动儿童家庭教育适应性分析

2.2 流动儿童学校教育适应性分析

2.3 流动儿童社会生活适应性分析

2.4 流动儿童心理适应性分析

3 总结与建议
3.1 调研情况与总结

3.2 问题与建议

附录 A　流动儿童家长问卷

附录 B　流动儿童问卷

附录 C　家庭相关信息调查问卷

附录 D　学校相关信息调查问卷

附录 E　社会相关信息调查问卷

附录 F　流动儿童学校问卷

1 绪论

1.1 调研背景

随着我国城市化进程的不断推进,越来越多的进城务工人员由"单身迁移"转向"举家迁移",进入城市的流动儿童人数不断增加,在2000年的时候就达到了1973千万(表1)。

在这种新的人口迁移结构性变化趋势下,流动儿童的问题开始不断凸显。武汉市有流动人口115万人,学龄流动儿童16万人,学龄留守儿童3万余人。他们主要居住在环境较差的城中村,给周边的社会结构、商业服务和文化休闲、教育医疗等基础服务设施带来了一定的影响(图1、表2)。

表1 中国流动人口人数统计

	流动人口总量	流动儿童数量
人 数/人	1亿	1973千万
百分比	100%	19.83%

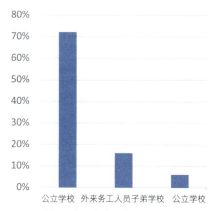

图1 武汉流动儿童入学分布

表2 中国流动儿童受教育情况统计

学业完成情况		6~11周岁/(%)		12~14周岁/(%)		15~17周岁/(%)		总 体/(%)	
		男	女	男	女	男	女	男	女
城市流动儿童	未上过学	3.58	3.68	0.33	0.25	0.37	0.52	1.80	1.70
	在校	95.68	95.43	94.37	94.15	46.33	36.62	78.29	69.85
	毕业	0.58	0.54	3.46	4.33	47.78	58.32	17.55	26.14
	肄业	0.05	0.06	0.44	0.42	1.99	1.59	0.80	0.78
	辍学	0.07	0.25	1.28	0.76	3.47	2.83	1.50	1.45
	其他	0.04	0.04	0.12	0.09	0.06	0.12	0.06	0.08
	合计	100.00	100.00	100.00	100.00	100.00	100.00	100.00	100.00
城市本地儿童	未上过学	2.84	2.53	0.49	0.39	0.36	0.36	1.47	1.29
	在校	96.36	96.56	96.55	96.29	82.26	82.82	92.12	92.23
	毕业	0.64	0.76	2.21	2.63	15.19	15.14	5.48	5.71
	肄业	0.05	0.04	0.18	0.18	0.79	0.62	0.31	0.26
	辍学	0.05	0.04	0.51	0.41	1.35	1.03	0.57	0.44
	其他	0.06	0.07	0.06	0.10	0.05	0.03	0.05	0.07
	合计	100.00	100.00	100.00	100.00	100.00	100.00	100.00	100.00

1.2 调研目的

(1)综合分析大量一手资料,生动阐述流动儿童的生活状况(图2)。

(2)通过总结归纳流动儿童日常生活特征,发现他们的生存问题(图3)。

(3)从专业角度提出相关建议,为流动儿童营造更好的生活环境(图4)。

图2 流动儿童居住环境

图3 流动儿童学习环境

图4 流动儿童生活环境

1.3 调研方法

调研主要采用定量分析和定性分析相结合的方法,采用了问卷法、个案访谈法和文献法收集资料。

问卷法:收集流动儿童生活状况的描述性资料,共向两所农民工子弟学校和一所公立学校的学生发放问卷 150 份,回收有效问卷 146 份。

个体深度访谈法:对个案深度访谈,深入流动儿童的家庭及生活的具体环境,加强对调查对象的理解。

文献法:查阅国内外一些与本文有关的资料。

1.4 调研对象

(1)东升农民工子弟学校、凌智小学等两所民办学校以及光谷第八小学一所公办学校学生及教师。

(2)流动儿童父母及聚居区周边居民和商业人员。

对回收后的问卷进行分析,将受访者的个人信息进行整理(图 5~ 图 7)。

1.5 技术路线

本次调研通过定量分析的问卷调查法、定性分析的访谈法、固定区域和对象的实地考察、查阅文献等方法,对社区进行深入调研,发现问题,并利用专业知识进行分析(图 8)。

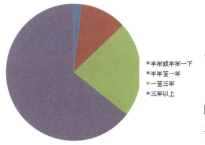

图 5 来汉生活时间分布

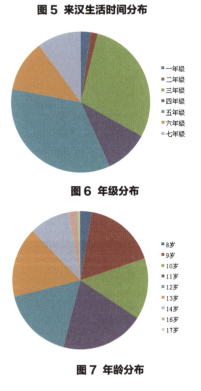

图 6 年级分布

图 7 年龄分布

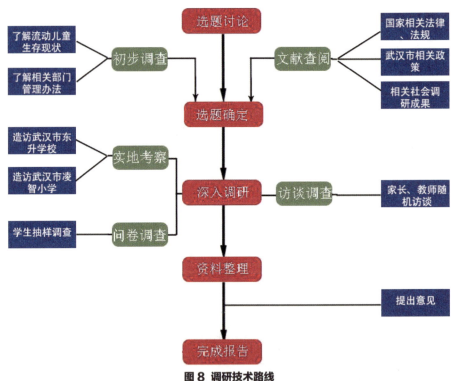

图 8 调研技术路线

2 调研与分析

小玉是流动儿童中普通的一员,她是农村户口的孩子,随着打工父母"寄居"在"大城市"武汉(图 9)。城中村和无照学校是她居住和学习的环境。她的日常生活可以折射出城市流动儿童的生活。

图 9 小玉和她的母亲

2.1 流动儿童家庭教育适应性分析

2.1.1 流动儿童家庭基本情况

1. 父母的职业

小玉的父亲是装修工人，母亲是小时工，父母所从事的工作劳动强度较大、收入不高。小玉的父母平时基本上没有时间和精力对孩子进行家庭教育，有的甚至都没有时间照顾孩子的日常生活。

2. 父母的文化水平

小玉的父母都是小学文化水平，他们的文化水平和修养与孩子的健康成长关系最为密切。较低的文化水平，直接影响家庭教育的质量，特别是在当前教育理念下，父母家庭教育对孩子的智力、体格、身心等方面作用越发突出。

3. 家庭总收入

儿童接受教育的水平高低直接取决于家庭收入的多少。流动儿童家庭月收入在1200元以下的占85%，三口之家每月日常开销在600元以上，遇到特殊情况花销更大，这样的家庭无力承担孩子的额外教育费用。

4. 家庭结构情况

家庭结构是否稳定对儿童的身心有很大的影响。54%的家庭人口均在四人以上，小玉一家居住在房东用彩钢板加盖的15平方米的小屋里，但他们依然感觉很幸福，不打算回到农村去。

2.1.2 流动儿童家庭教育情况

被调查的流动儿童家庭教育状况并不令人满意，有些问题还很让人担忧，引人深思。

1. 家庭教育行为

家长对家庭教育的重要性和自己在家庭教育中所承担的责任有明确的认识是搞好家庭教育的前提。仅有1.5%的家长认为家庭教育不太重要或不重要（表3）。

流动儿童都受到了基本的教育和监护，发生意外伤害的比例很低。但是，家长对儿童保护的观念还有待提高或改善，很少有家长会为孩子买保险，而且对儿童监护的质量也有待提高。

2. 家庭教育投入

小玉家每个月为她交学费的钱为300元，小玉的父母

表3 家长对流动儿童的教育方式   单位：%

经济条件	好	中	差	总体
托幼结构	25.8	25.6	22.0	24.5
母亲边工作边照顾	18.7	21.3	26.2	22.0
母亲专职照料	29.0	34.6	35.1	33.1
家里其他人	21.3	14.3	12.1	15.7
请人照料	2.7	1.5	0.8	1.7
无人照料	0.6	1.0	1.7	1.1
其　他	1.2	1.4	1.5	1.4
不适用	0.8	0.3	0.6	0.5

经常陪小玉出去玩，父亲很宠小玉，从来不对小玉发火，而母亲则会带着小玉到雇主家里做活，陪小玉做作业。

在家庭收入不高的情况下，很多家庭在孩子的教育上每月花费超过200元，但是父母对孩子的时间投入则明显不足。

3. 家庭教育信息来源

家庭教育知识的来源渠道非常有限，主要来源于父母的经验传授和自己从小接受家庭教育的体验。值得高兴的是，小玉的父母对了解学习家庭教育知识有较高的积极性。

2.2 流动儿童学校教育适应性分析

学校教育是青少年发展的根本，是提高青少年能力、增强青少年竞争力的重要环节。学校成为儿童和青少年社会化的最重要的社会环境因素。

2.2.1 知识接受情况

针对流动儿童学校教育方面的调研，从知识接受、学校适应以及费用承担等三部分展开。

同时，根据人格发展阶段理论，从普通知识教育、心理知识教育及安全知识教育三个方面来考察流动儿童的知识接受情况。

1. 普通知识教育

普通知识教育是学校教育的重心。流动儿童在普通知识的学习中，面临着不同程度的困难。

流动儿童到武汉时间、学习习惯情况、语言障碍情况、参加辅导班情况等因素与学习吃力状况存在着相关性。流动儿童到武汉时间和学习习惯情况与其学习吃力状况成反相关，而语言障碍与学习吃力状况成正相关（图10、表4）。

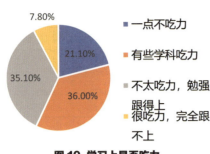

图10 学习上是否吃力

表4 流动儿童学习成绩调查

单位：%

	频率	百分比	有效百分比	累计百分比
很 好	10	6.8	6.8	6.8
中等一般	100	68.5	68.5	75.3
不太好	36	24.7	24.7	100
总 计	146	100.0	100.0	—

2. 心理教育状况

心理教育是学生教育的一部分，也是保证学生心理健康的一个重要举措。调查发现，流动儿童容易出现心理健康问题（表5）。

课程教育对流动儿童心理教育的重视程度还比较薄弱，学生个人未形成注重心理健康的意识。

表5 心理教育参与度

单位：%

心理健康的课程参与度	不知道	参加过	很少参与	偶尔参加	经常参加
百分比	86	7.1	3.2	2.4	1.3

3. 安全知识教育

健康的身体和安全的环境是青少年成长的必要条件。流动儿童长期远离熟悉的生活环境，缺少足够的家庭看护，更需要在学校接受安全知识的培养。但学校没有开展过安全方面的教育（图11）。

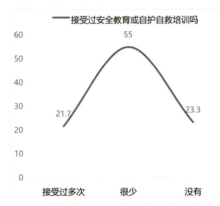

图11 流动儿童接受安全教育的比率

2.2.2 学校适应情况

流动儿童在校行为表现良好，能够按时完成作业、专心听讲，多就读于参差不齐、内化行为问题较多的民办打工子弟学校（图12）。

2.2.3 费用承担情况

相较于早期，武汉市新出台的流动儿童义务教育政策更趋向逐步缩小与户籍儿童之间的差距，主要表现在借读费的下调或取消，逐步在政策层面使流动儿童与户籍儿童享受到同等待遇。但武汉市流动儿童就学高收费的情况仍比较突出（图13）。

图12 小玉的学校生活

1998年，为避免进城的孩子失学，武汉市审批了198所民办简易学校，但条件简陋、师资匮乏。1999年，武昌区尝试在部分中小学取消针对流动人口子女的借读费，愿意到这些学校就读的流动人口子女，每学期只需缴纳270元（含书杂费）。

1999年起，武汉市公办学校开始向农民工子女开放，并免收借读费。2000年，武汉市教育行政部门在全市推出免除流动人口子女借读费的举措。

2002年，武汉市将流动人口子女就学纳入教育事业发展规划，全市已有近百所中小学取消借读费或实行"一费制"，教育管理部门给这些学校以政策倾斜。

从2003年起，武汉市开始实行政府统筹，将进城务工就业农民子女入学纳入教育事业计划，按照《武汉市义务教育入学管理办法》，让农民工子女在武汉接受义务教育，按照相对就近的原则进行划片安排。学生家长只需凭暂住证和务工证，就可就近送孩子入学，学生就读全部实行"一费制"。

2004年，武汉市政府将解决农民工子女的入学问题列入十件为民办实事之一，约2/3的城市公办学校向农民工子女敞开大门，当年有8万余名农民工子女进入公办学校。

2005年，67%的进城务工农民工子女进入公办中小学就读。当年也是武汉市对农民工子女在汉参加中考全面敞开报名的第一年。

2006年，武汉市教育局在《关于进一步加强农民工子女义务教育教学管理工作的意见》中表示，"保障农民工子女平等接受义务教育的权利，使他们在入学就读、教育资源、师资条件、入队入团、表彰奖励、考试评价、毕业升学、教育教学、学籍管理、收费管理等十个方面都享受与城市学生同等的待遇"，实行"无差别就学"政策。

从2006年9月开始，武汉将进城务工农民子女入学纳入教育统筹规划范围，在全市10所学校的起始年级开展农民工子女就学单独编班试点。这一举措在社会上引起一定争议，推动了"融合教育"思路的形成。

2007年，武汉市按照相对就近的原则进行了划片安置。2008年8月，武汉市教育局公布，从2008年秋开学起，该市指定283所公办初中、小学，免借读费接纳进城务工人员子女入学。

图13 武汉市流动儿童政策演进历程

2.3 流动儿童社会生活适应性分析

流动儿童处于早期社会化阶段,这一时期要求社会提供特定的条件:一是相对稳定、统一的社会规范和社会价值标准;二是令人敬佩和信服的社会权威形象。

但流动儿童经历了从乡村到城市的环境巨变,生活、文化、社会规范、价值标准差异巨大,影响着流动儿童的正常社会化(图14)。

2.3.1 性格行为特征

性格行为特征是流动儿童适应城市生活,进一步发展的基础。分析流动儿童的性格与行为特征,对把握其社会态度和行为方式具有重要意义,有助于对流动儿童的人格结构进行分析,对他们进行针对性的社会化工作。

流动儿童和城市儿童的性格与行为特征虽然不存在显著性差异,但从调查统计来看,流动儿童呈现"任性""呆板""不合群""没礼貌""无主见"等性格与行为特征方面的比例显著高于城市儿童(表6)。

从熟悉的家乡来到陌生的城市,他们的社会化环境发生了转变,必会对他们的社会化造成一定的影响,但随着他们对城市的熟悉以及年龄的增长、心理的成熟,他们最终会融入城市社会,与城市儿童逐渐趋于一致。

2.3.2 生活技能

儿童期社会化的一项重要内容是学习和掌握一定的生活技能。生活技能可以从两方面来理解:一是基本的生活自理能力,二是初步的谋生技能,其中第一方面更为基本,也是我们研究的重点。

流动儿童与城市儿童的生活技能状况相似性多于相异性,但由于父母的职业特性,流动儿童的生活技能要高于城市儿童(图15)。

2.3.3 课余活动

武汉市有许多专门为进城务工子女提供服务的机构——青少年空间,它们具有专业性以及资源整合等方面的优势,针对流动儿童面临的系列困境,青少年空间为流动儿童群体开展系列服务型项目。青少年空间不仅是政府机构的简单延伸,政府服务功能的补充和固定化,更是青少年工作和服务的具象化、机构化和专门化,其工作方法从行政性工作方法向专业化工作方法转变,是政府青少年工作的新形势(图16)。

图14 小玉的社会生活

表6 家长对流动儿童的教育方式

单位:%

性格与行为特征	是否是流动儿童			
	流动儿童		城市儿童	
	流动女童	流动男童	城市女童	城市男童
胆小	43.3	47.7	58.1	44.4
娇气	8.3	2.3	9.7	5.6
任性	41.7	37.2	2.3	11.1
不能吃苦	5	3.5	9.7	5.6
呆板	18.3	15.1	3.2	16.7
交往能力差	36.7	27.9	12.9	16.7
懒惰	5	8.1	9.7	16.7
没礼貌	15	16.3	12.9	11.1
粗心	68.8	61.6	74.2	61.1
没主见	43.3	22.1	25.8	5.6

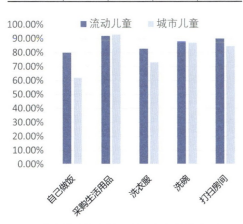

图15 流动儿童与城市儿童生活技能对比

图16 流动儿童的课余生活

2.4 流动儿童心理适应性分析

2.4.1 心理适应与幸福感

在流动儿童的社会适应过程中，城市对他们的接受程度是一个重要的影响因素。

流动儿童的生活幸福指数很大程度上取决于父母的工作、家庭收入、儿童的成长环境、自身的身份被社会的接受程度等方面。

结论分为三个方面：①家庭贫困率；②受教育和语言能力；③成长在不安全社区中的危险因素。流动儿童家庭的贫困率较高，无力负担治安较好的区域的房租，只能租住在治安差的地区。

移民家庭贫困→居住在不安全社区中→危险指数增加，与原来在农村相比，流动给儿童的生存和受保护带来一定的有利条件，但歧视问题和童工问题依旧存在（表7）。

多数流动儿童远远没有真正融入城市，部分流动儿童在身份认同上产生矛盾和困惑，成为"双重边缘人"（表8）。

在主观幸福感方面，多数流动儿童觉得自己生活幸福，对自己的未来充满信心。在自尊方面，大多数流动儿童认识比较积极，感到自己是一个有价值的人，认为自己有许多好的品质，认为自己能把事情做好，七成儿童对自己感到满意（图17）。

与同龄的城市儿童相比，流动儿童在主观幸福感和自尊上的得分都显著低于城市少年儿童，这说明流动儿童的心理积极程度整体上低于城市少年儿童。

2.4.2 人际交往

多数流动儿童乐于人际交往，且具备一定的交往技能，拥有多个朋友（表9）。但有一成以上流动儿童不适应学校生活、教学方法、课程内容及学校评比，与老师交往的冲突率也较高，亲密性和满意度低于城市少年儿童。约两成流动儿童同伴接纳感较低，孤独感较高，超过四成的孩子曾经被玩伴欺负，近六成的孩子曾感到害怕、紧张、担心，他们与城市儿童交往不多。

流动儿童的交往能力也需要被关注，至少有61%的流动儿童在与人交往中存在一定程度的障碍（表10、表11）。流动儿童的交往障碍问题，随着在武汉居住的时间不同，困难程度也不同，在武汉居住时间越短的流动儿童

表7 心理适应性 单位：%

心理适应性	百分比
本地人不够友好	30
本地人歧视外来人员	36
与本地人能相处融洽	42
城市对自己接纳度不高	30
感觉现在生活得很好	63
如果条件允许，愿一直生活在武汉	63
不想在武汉生活	20

表8 城市认同度 单位：%

	心理适应性	百分比
生活认同度	家在武汉	34
	家不在武汉	53
	不知道家在哪里	13
社会认同度	自己是武汉人	8
	自己不是武汉人	88
	不知道属于哪里	4

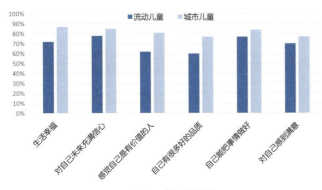

图17 幸福感比较

表9 心理教育参与度 单位：%

朋友数量	五位以上	3~5位	2~3位	1位	没有
百分比	37	19	14	7	3

表10 与人交往是否存在困难 单位：%

与人交往不存在问题	有时候有问题	存在严重障碍
39	57	4

表11 来汉时间同与人交往障碍比例的关系 单位：%

	半年以下	半年至一年	一年至三年	三年以上
交往没有问题	43	37	33	38
有一些障碍	28	48	56	52
有严重障碍	28	8	3	2

交往困难程度越严重，但数据不完全成比例。流动儿童交往障碍没有随着时间完全消失，而是得到部分改善。认为自己交往没问题的比例随着在武汉居住的时间变长有所降低。随着时间的推移，暂时性交往障碍可能就变成长期性或顽固性的交往障碍，这对流动儿童的交往和融入城市很不利，因此交往方面的指导和帮助对于他们是很必要。

75.3% 的孩子没有抱怨过城里人看不起他们，24.7% 的孩子抱怨过城里人看不起他们。儿童是否抱怨受过歧视不因儿童的年龄、他们来所在市时间长短和父母职业的变化而变化（表12）。

2.4.3 行为问题

小学儿童的行为问题主要表现为骂人、打架、逃学、吸烟、喝酒等外在行为问题，以及回避、害怕等内在行为问题。多数流动儿童很少或从未有过外在行为问题（表13）。

流动儿童的内化行为问题较为严重。他们在内在行为上的消极比例高出同龄城市儿童十几个百分点。内化行为问题更加隐蔽，不容易被成年人发现并给予及时的关注和辅导，因此往往会对孩子影响更大（表14）。

3 总结与建议

3.1 调研情况与总结

通过对实地的观察，对象的访谈，数据的分析，我们对流动儿童社会问题进行了相关的总结（表15）。

3.2 问题与建议

调研中分析，流动儿童的生存现状在物质环境方面仍有许多问题，比如家庭居住条件、学校学习条件、费用负担等，但更突出的是流动儿童在城市生活中体现出来的种种心理问题。

在调查中我们清晰地感受到流动儿童在面对全新的城市生活时表现出来的焦虑与期许。也许流动儿童的父母满足于地域上的横向流动，但在城市里长大的他们更要求地位上的垂直上升，这意味着他们需要更多的尊重、帮助和人文关怀。

目前我国流动儿童的境况较之以往有了一定程度的改善，但相关政策法规需加强其可操作性。改善流动儿童的生活和学习环境，建立健全他们的社会福利保障机制，积

表12 流动儿童对歧视担心程度的分布情况

单位：%

	对歧视的担心	不担心	有点担心	不知道	比较担心	非常担心
父母劳动性质	脑力	58.1	23.6	14.3	2.5	1.6
	脑体结合	55.0	27.4	10.5	4.9	2.2
	体力	51.0	33.3	8.4	5.4	2.1
家庭经济条件	好	57.7	25.9	10.2	4.9	2.2
	中	53.3	29.5	9.9	5.0	1.7
	差	50.5	32.8	9.1	4.7	2.8
学校类型	打工子弟学校	46.2	30.3	18.2	3.6	1.7
	普通学校	56.2	28.8	8.2	4.8	1.9
总体	—	53.7	29.5	9.7	4.9	2.1

表13 外在行为问题反馈

单位：%

外在行为表现	百分比
从未欺负别的同学	75
从未不尊重甚至骂老师	91
从未破坏自己或别人的东西	80
从未逃学、逃课	96
从未离家出走	98
从未偷偷拿别人的东西	97
从未吸烟	96
从未喝酒	86

表14 心理影响分析

单位：%

	流动儿童	城市儿童
曾经回避与他人交往	37	25
曾经被玩伴欺负	51	34
交往中曾经感到紧张、害怕、担心	67	52

表15 流动儿童的社会环境特征

调研方向	调研方面	影响	
家庭	家庭基本情况	父母职业	劳动强度大，收入不高
		父母文化水平	低
		总收入	收入水平低
		家庭结构	成员多，结构复杂
	家庭教育情况	教育行为	重视家庭教育
		教育投入	金钱投入多，时间投入少
		教育信息来源	来源于上辈的教育
学校	知识接受程度	普通知识	较为重视，但学习吃力
		心理教育	没有心理健康意识
		安全知识	不够重视
	学习适应性		表现良好，但民工子弟学校的问题多于公立学校
	费用		有改善，但政策到位，管理不到位
社会生活	性格行为特征		受两方价值观的影响，并逐步适应武汉的环境
	生活技能		生活技能高于城市儿童，但相差不大
	课余活动		文化娱乐活动较少，期待改变
心理	城市认同度		城市认同不高，幸福感低于城市儿童
	人际交往		人际交往能力较好，但弱于城市儿童
	行为问题		外在行为问题较少，内在行为问题较多

极营造尊重和关心他们的社会环境，促进他们的平等权利的实现，仍是刻不容缓的事。

（1）完善机制，制定政策，为流动儿童在学校获得与城市儿童同等的待遇作保障。

（2）督导招收流动儿童较多的民办、公立学校加大开设心理教育课程的力度，帮助流动儿童适应城市学习、生活环境。

（3）倡导城市儿童与流动儿童的互动互助，组织开展交流活动，让流动儿童与城市儿童加强了解，增进友谊。

（4）设立专项基金，为解决流动儿童问题提供资金支持。

附录A 流动儿童家长问卷

答题说明：选择题在选定的题号上打"√"号，填空题将结果填在题后的（ ）内。

1. 每年平均比当地学生多交（ ）元的费用。

2. 多交的费用主要是（ ）

A 借读费　　B 赞助费　　C 管理费　　D 其他

3. 在孩子上学问题上，作家长的烦恼主要是（ ）

A 费用太高　　B 户口不在本地影响升学

D 学校条件差　C 没有烦恼　E 其他

4. 监护类别（ ）

（1）单亲监护：A 母亲　　B 父亲

（2）隔代监护：A 祖父母　　B 外祖父母

（3）亲戚监护　　（4）同辈监护

（5）其他寄养监护（6）独立生活

5. 父亲的文化程度（ ）

A 没上过学　　B 低于小学水平　　C 小学

D 初中　　E 高中、中专、师范

F 大专以上　　G 不知道

6. 母亲的文化程度（ ）

A 没上过学　　B 低于小学水　　C 小学

D 初中　　E 高中/中专/师范

F 大专以上　　G 不知道

7. 流动儿童参与社会保障体系情况（ ）

A 为孩子买了保险　　B 在学校或幼儿园买了保险

C 没有买保险

8. 所在学校的性质（ ）

A 公办学校　　B 私立学校

9. 儿童辍学的原因是（ ）

A 家中无力负担　　B 孩子自己不想上学

C 成绩差　　D 学了也没用　　E 身体原因

10. 进城上学的原因（ ）

A 情感因素　　B 城里的学习条件好

11. 家庭住房条件（ ）

A 单元楼　　B 平房　　C 生活上照顾方便

12. 家庭房子所有权（ ）

A 自购房　　B 租房　　C 借房

13. 家庭房子住房面积（ ）

A 10-20 ㎡　　B 21-30 ㎡　　C 31-400 ㎡

D 40-60 ㎡　　E 60 ㎡以上

14. 对《未成年人保护法》的知晓情况（ ）

A 知道　　B 不知道

15. 流动儿童父母对《预防未成年人犯罪法》的知晓情况（ ）

A 知道　　B 不知道

16. 您希望政府在关爱流动儿童工作中出台哪方面的政策（ ）

A 入学　　B 户口　　C 就业

D 卫生保健　　E 生活保障

附录B 流动儿童问卷

填卷说明：

1. 本问卷由被调查人自己填写，填答前请调查员将说明2、3向被调查人解释清楚。

2. 空格内填写所选的答案或答案序号。

3. 如果题目为选择题，除注明"可多选"之外，每题只可选一项。

基本信息

1. 你的性别：____ ①男 ②女

2. 你的出生时间是：_____年____月____日

3. 你的年级：

4. 你是在哪儿出生的？____ ①武汉 ②外地

5. 你在家排行第几？____

①独生子女 ②非独生子女，第一 ③第二 ④第三

6. 你的民族：____ ①汉族 ②少数民族（　　族）

7. 你的户口在：____ ①武汉 ②外地 ③不知道或没户

8. 你爸爸的学历：_____

9. 你妈妈的学历：_____

10. 你在老家里还有亲生兄弟姐妹吗？____

①还有哥哥 ②还有姐姐 ③还有弟弟

④还有妹妹 ⑤没有兄弟姐妹

11. 你觉得你家是在武汉吗？____

①是 ②不是 ③不知道

12. 你最早是哪一年来武汉的？_____年

13. 你最近一次是什么时候来武汉的？_____年

14. 你来这所学校上学前，在哪里上过学？_____
【可多选，按先后顺序填写】

①一直在这里上学【如果选择①，请跳至19题】

②在老家上过学（上了_____年）

③在武汉的其他公立学校

④在武汉的其他打工子弟学校 ⑤在其他城市的学校上过学

15. 如果你在老家上过学，那么你觉得现在的学校比老家的学校好吗？____

①好很多 ②好一些 ③差不多

④差一些 ⑤差很多

16. 如果以前在其他公立学校上学，那么到这里来上学的主要原因是：____

①这里的学生都是外地的 ②这里的学费低

③这里离家近 ④这里的老师好 ⑤其他_____

17. 如果以前在打工子弟学校上学，那么到这里来上学的主要原因是：____

①这里离家近 ②这里学费低 ③这里都是老乡

④这里的老师好 ⑤其他_____

18. 你觉得哪些方面比以前的学校好【最多选四项】：
_____

①学校环境 ②师资力量 ③教学内容

④教学方法 ⑤老师对你的态度 ⑥和同学的关系

⑦其他_____

19. 你回过老家没有？____ ①回过 ②没回过

20. 你在老家有亲人吗？____ ①有 ②没有

21. 你在老家有朋友吗？____ ①有 ②没有

22. 你会说家乡话吗？____

①会 ②不会【如果选②，直接跳至24题】

23. 你平时和父母在一起时，说哪里的话？____

①一般说普通话 ②一般都说家乡话

③有时说家乡话，有时说普通话

24. 平时你家人都和你说老家的事吗？____

①经常说 ②有时说 ③几乎或一点都不说

25. 你喜欢老家吗？____

①喜欢 ②不喜欢

③不太清楚，没什么印象

附录C 家庭相关信息调查问卷

1. 你现在和谁住在一起？【可多选】____

①和爸爸妈妈住在一起 ②爸爸不在武汉

③妈妈不在武汉 ④我没有爸爸 ⑤我没有妈妈

⑥和爷爷奶奶住在一起

⑦和外公、外婆住在一起 ⑧和其他人住在一起

2. 你家附近主要都住了哪些人？____

①都是武汉的当地人 ②有少数外地人 ③外地人很多

3. 你喜欢你家附近的人吗？____

①很喜欢 ②比较喜欢 ③不喜欢也不反感

④比较反感 ⑤很反感

4. 你觉得你家附近的环境怎么样？____

①很好 ②有些好 ③不好也不坏 ④有些差 ⑤很差

5. 你爸爸和妈妈都经常在家吗？____

①他们都经常在家 ②爸爸在外很忙，经常不在家

③妈妈在外很忙，经常不在家

④他们两人都很忙，经常都不在家

⑤我只有爸爸或我只有妈妈

6. 平时在家里有专门的人照顾你吗？____ ①有 ②没有

7. 平时你的父母如何与你互动？____

①带我出去玩 ②和我聊天

8. 你爸爸或妈妈给你零花钱吗？____

①给，有很多 ②只给很少 ③不给

9. 你爸爸是否经常辅导你的学习？____ ①是 ②否

10. 你妈妈是否经常辅导你的学习？____ ①是 ②否

11. 你平时和外地人交往多吗？____

①经常见面 ②有时见面 ③没什么交往

12. 你在家有自己的房间吗？____ ①有 ②没有

13. 除了做作业外，你放学后和周末一般都做什么【可多选，限四项】____

①看课外书 ②体育活动 ③逛公园/游乐场

④看电影/电视/听音乐 ⑤和同学一起玩

⑥练琴或练习其他爱好 ⑦帮爸爸妈妈做家务

⑧照看弟弟妹妹 ⑨帮爸爸妈妈照看生意

附录D 学校相关信息调查问卷

1. 你住校吗？____ ①是的【回答①的请直接答5题】②不是

2. 你通常上学的方式是：____

①自己乘公共汽车 ②自己乘学校班车

③自己骑车上学 ④自己步行上学

⑤家长坐公共汽车送 ⑥家长开车送

⑦家长骑车送 ⑧家长步行送

⑨其他方式（请写明：_____）

3. 你平时上学要花多长时间？____

①10分钟以内 ②11~30分钟 ③31分钟~1个小时

④1个小时~1.5小时 ⑤1.5小时以上

4. 你一般午饭在哪儿吃？____

①学校管午饭 ②从家里带饭吃

③在外面买点吃 ④回家吃

5. 平时在上学和放学的路上，你最害怕遇到什么事情？____

①被别人打骂 ②被人带到外地，回不了家

③吃不干净的东西肚子痛 ④被车撞到

⑤被人抢钱或抢东西 ⑥什么也不怕

6. 你觉得你现在学的功课难吗？____

①特别难 ②比较难 ③一般 ④比较容易 ⑤很容易

7. 能否按时完成作业？____

①能 ②大多数时候能 ③有时不能

8. 是否购买过喜欢图书？____

①经常买 ②有时买 ③很少买 ④从没买过

9. 你这学期是否参加了课外辅导班？____

①是 ②没有 【回答②的请直接答11题】

10. 每周大约上多长时间课外辅导班？____

①2个小时以内 ②2~3个小时

③3~4个小时 ④4~6个小时

⑤6~8个小时 ⑥8~10个小时

⑦10~12个小时 ⑧12个小时以上

11. 你希望有人能经常给你辅导功课吗？____

①希望 ②不希望 ③无所谓

12. 你喜欢现在的学校吗？____

①非常喜欢 ②有点喜欢 ③没什么感觉

④有点讨厌 ⑤特别讨厌

13. 你希望以后能学习到什么程度？____

①现在就不想读了 ②小学毕业 ③初中

④高中 ⑤大学 ⑥研究生

14. 你希望你自己以后能做什么样的人？【限选一项】____

A 工人　B 农民　C 公务员　D 企事业单位负责人

E 个体、私营企业主　F 公司职员　G 教师、培训师

H 医生、护士　I 研究人员、技术人员

J 演员、歌手、运动员

K 军人、警察 L 律师、法官、检察官

M 厨师、餐饮服务人员

N 播音员、主持人、电影电视编导

O 其他　P 没想过

7. 你觉得城里和农村比起来哪里更好些？____

①城里好一些 ②农村好一些 ③都差不多

8. 你觉得城里人和农村人比起来谁更好些？____

①城里人好一些 ②农村人好一些 ③都差不多

9. 你觉得大多数城里人在对待其他城里人和农村人时有什么不一样吗____

①不一样，他们对城里人好一些，对农村人差些

②不一样，他们对城里人差些，对农村人好一些

③他们对城里人和农村人都一样的

10. 你是否担心会有人会看不起你？____

①一点都不担心 ②有点担心 ③比较担心 ④非常担心

11. 你觉得平时有人看不起你吗？____ ①有 ②没有

12. 如果现在有人欺负你，你首先告诉谁？【限选一项】____

①父亲 ②母亲 ③同学 ④老师 ⑤兄弟姐妹

⑥亲戚 ⑦治安民警 ⑧邻居 ⑨跟谁都不说

13. 你长大后想要在哪里工作与生活？____

①就在武汉 ②到别的城市去 ③回农村去生活 ④港澳台或国外

附录E　社会相关信息调查问卷

1. 你喜欢武汉吗？____

①很喜欢 ②比较喜欢 ③不喜欢也不反感 ④比较反感 ⑤很反感

2. 你喜欢武汉人吗？____

①很喜欢 ②比较喜欢 ③不喜欢也不反感 ④比较反感 ⑤很反感

3. 你喜欢武汉的同学吗？____

①很喜欢 ②比较喜欢 ③不喜欢也不反感 ④比较反感 ⑤很反感

4. 你觉得现在你自己是武汉人吗？____ ①是 ②不是

5. 你在这儿有朋友吗？____

①很多 ②没有几个 ③一个也没有【如果选③，请直接答7题】

6. 你的朋友都是什么样的人？____

①都是武汉本地的 ②都是老乡或外地人 ③既有本地的，也有外地的

附录F　流动儿童学校问卷

答题说明：选择题在选定的题号上打"√"号，填空题将结果填在题后的（　）内

1. 解决流动儿童入学时，学校存在何困难：

A 经费不足　B 容量不足

2. 你校流动儿童的留级率是（　　　）

3. 你校流动儿童的失学率是（　　　）

4. 你校流动儿童中"超龄"儿童现象比例（　　　）

5. 你校在流动儿童上学问题上有哪些规定？